Eduard Vehse

Kaiser Otto der Grosse

aus dem alten Hause Sachsen und sein Zeitalter

Eduard Vehse

Kaiser Otto der Grosse
aus dem alten Hause Sachsen und sein Zeitalter

ISBN/EAN: 9783742890085

Hergestellt in Europa, USA, Kanada, Australien, Japan

Cover: Foto ©ninafisch / pixelio.de

Manufactured and distributed by brebook publishing software
(www.brebook.com)

Eduard Vehse

Kaiser Otto der Grosse

Aus alter und neuer Zeit.

Geschichtsbibliothek

für Leser aller Stände.

Dritter Band.

Kaiser Otto der Große

aus dem alten Hause Sachsen und sein Zeitalter.

Von

Dr. Eduard Vehse.

Dritte umgearbeitete Auflage.

Zeitz und Leipzig.
J. H. Webel Verlagshandlung.
1867.

Kaiser Otto der Große

aus dem alten Hause Sachsen

und sein Zeitalter.

Von

Dr. Eduard Vehse,

Archivar am Königl. Geheimen Archive in Dresden.

Dritte umgearbeitete Auflage.

Zeitz und Leipzig.

J. H. Webel Verlagshandlung.

1867.

Vorrede zur dritten Auflage.

Das Werk, welches ich hier in einer neuen Auflage den Geschichts-
freunden übergebe, erschien zuerst in Dresden, in zweiter Ausgabe
zu Zittau. Dieser letztern hatte der Herr Verfasser eine Vorrede hinzu-
gefügt, weil man es ihm zum Vorwurfe gemacht, daß er sein Buch
zuerst ohne eine solche in das Publicum geschickt. Diese Vorrede
enthält eine kurze Selbstcritik über den Geist, in welchem die Arbeit
abgefaßt ist; sie bezeichnet dem Leser den richtigen Standpunkt zur Beurtheilung des letztern und sie mag, weil diese auch in der gegenwärtigen Auflage noch wesentlich dieselbe geblieben, hier, soweit es nöthig
erscheint, folgen.

„Das vorliegende Buch, sagt in derselben Herr Dr. Vehse, ward
in einer Zeit, wo am deutschen Horizonte Windstille herrschte, ein
Theil der deutschen Jugend, sich abscheidend von Allem, was außer
ihm nur vorging, in die Betrachtung mittelalterlicher Zustände versenkt
lebte, geschrieben. Während außerhalb Deutschland mancherlei sich begab, blieb dieses in der lautlosesten Stille. Unter dieser Constellation
der Entbehrung jeder äußeren, nationalen Anregung und des Gährens
einer von der Vorliebe für das Mittelalter entzündeten Phantasie ward
die Biographie Kaiser Otto's geboren. Sie trägt die guten und
schlimmen Seiten, die durch eine solche Geburtsstunde bedingt werden,
deutlich an ihrer Stirn. Während das Bestreben, das hohe Bild des
großen, und was das Größere ist, des mildesten deutschen Kaisers, in
seiner ganzen Erhabenheit in die kühle Zeit hinauszustellen, lobenswerth
erscheinen kann, während die warme Liebe für jene hinabgesunkene, in
vielem Betracht schöne Zeit — der Darstellung ein eigenthümliches Leben, Glanz und Farbe verleiht, darf nicht übersehen werden, daß bei
vielen Partieen dieser Darstellung eine gewisse Ueberschätzung des Germanischen im Gegensatz der fremden, namentlich slavischen Völker, mit

untergelaufen ist. Keine Zeit, noch mehr aber kein Volk ist über=
mäßig hoch zu stellen: Vorzüge, deren das eine entbehrt, sind dem
andern zu Theil geworden und offenbart sich solches, wenn auch erst in
späterer Entwickelung. Wir Deutschen sind zwar ein ausgezeichnetes
Volk, gewiß aber nicht blos durch unsere vorzüglichen Tugenden, son=
dern auch durch unsere vorzüglichen Fehler. Wir haben z. B. das von
Chlodwig in seinem Reiche gegründete Lehnswesen in seiner ursprüng=
lichen Reinheit unter uns ausgebildet, es aber auch am längsten in
seiner Entartung beibehalten; wir haben der christlichen Liebe und
Demuth uns mit der höchsten Selbstaufopferung hingegeben, aber auch
zu Zeiten am bereitwilligsten statt derselben uns der absoluten Unter=
würfigkeit unter Menschengebote schuldig gemacht.

Dieß vorausgeschickt, wird sich manches auf den nachstehenden
Blättern vom richtigeren Standpunkte auffassen lassen."

Da ein Augenleiden dem Herrn Dr. Vehse nicht erlaubte, bei der ge=
genwärtigen neuen Auflage des Werkes thätig zu sein, so habe ich die
Bearbeitung desselben übernommen und bin dabei von dem Gedanken
ausgegangen nichts an dem ursprünglichen Character des Buches zu
verwischen. — Wohl aber habe ich — abgesehen von einer sorgfältigen
allgemeinen Revision des Werkes — alle jene neuen Forschungen
auf dem Gebiete der Geschichte, die seit dem ersten Erscheinen des
Werkes an das Tageslicht getreten sind, sorgsam benutzt und erkenne
hierbei dankend die Dienste von mir zu diesem Zwecke zur Verfügung
gestandenen Bibliotheken in Magdeburg an, die mir solche durch ihre
reichen Quellen gerade in diesem Fache der Geschichte geleistet haben.

Leipzig.

Der Herausgeber.

Inhalt.

Einleitung.

Ueber die beiden Grundlagen der neueren Zeit: das Christenthum und das Lehnswesen. Eigentliche und ursprüngliche Bedeutung der Lehnsverfassung. Verhältniß derselben zum Christenthum. Wie Chlodwig, der Franke, das Christenthum und das Lehnswesen in seinem Reiche gegründet. Wie seine Nachfolger das Reich verloren. Wie Karl der Große die Herrschaft über die deutschen Völker gewonnen und wie er sie verwaltet. Besiegung der Sachsen, Uebernahme der römischen Kaiserkrone. Die Hauptzüge seiner großartigen Reichsordnung. Regierung seiner Nachfolger bis zum Vertrag zu Verdün. Wie das zertheilte Frankenreich durch die Normannen, Ungarn und Slaven bedrängt ward. Lostrennung der Reiche Burgund und des Reiches Italien von der fränkischen Herrschaft. Schicksale Frankreichs. Geschichte Deutschland's bis zum Ausgang der Karolinger. Wiederaufleben der sechs großen Herzogthümer: Sachsen, Thüringen, Baiern, Lothringen, Rheinfranken und Alemannien. Conrad I. Macht der Sachsen. Wie das Reich an die Sachsen gekommen. Darstellung der damaligen Zerrüttung der Staats- und Kirchenverfassung. Wie Heinrich in Deutschland für die Wiederherstellung beider gesorgt und wie er überhaupt gewaltet. Die Herzoge unterwerfen sich der königlichen Macht. Bestätigung Lothringens bei Deutschland. Besiegung der Ungarn. Heinrich lenkt die Wahl der Fürsten auf seinen Sohn Otto.

Erstes Buch.

Von der Thronbesteigung Otto's bis zu seinem ersten Zug nach Italien und seiner Vermählung mit Adelheid 936—951.

Krönung Otto's zu Aachen. Züge nach Böhmen, gegen die Ungarn und in's Baierland. Eifersucht und Feindschaft zwischen der fränkischen und sächsischen Nation. Empörung und Tod Tancmar's, Otto's Bruders. Unruhen Eberhard's, Herzogs der Franken, Giselbert's Herzogs von Lothringen und Heinrich's Otto's Bruders. Siege des Königs bei Birten und Andernach am Rheinstrom. Untergang Giselbert's und Eberhard's. Besiegung der Slaven zwischen der Elbe, Saale und Oder. Markgraf Berengar von Jvrea an Otto's Hofe. Besiegung Ludwig's Uebers Meer, Königs von Frankreich. Das Reich Burgund in die Lehnsabhängigkeit vom deutschen Reiche gebracht. Wiederholte Empörung Heinrich's, Otto's Bruders. Otto begnadigt ihn und ertheilt ihm das Herzogthum Baiern. Wie Otto die Angelegenheiten des Reichs und der Kirche geordnet. Darstellung der ganzen Staats- und Kirchenverfassung. Des Königs Verhältniß zu den geistlichen und weltlichen Großen, vornehmlich den Bischöfen und Herzogen. Stiftung der Bisthümer Brandenburg und Havelberg für die bekehrten Slaven. Züge gegen den Grafen Hugo von Paris nach Frankreich und endliche Beruhigung dieses Landes. Zug nach Dänemark gegen Harald Blauzahn, der Lehnsmann des deutschen Reiches wird. Stiftung der Bisthümer Altenburg, Schleswig, Aarhus und Ripen. Unterwerfung Boleslav's des Grausamen, des Herzogs der Böhmen: er tritt in die Lehnspflicht zurück und bekehrt sich zum Christenthum. Stiftung des Bisthums Prag. Wie Otto die Kriegsverfassung gebildet. Persönlichkeit und Character Otto's. Sein Zug nach Italien, um die Königin Adelheid aus den Händen der Könige Berengar und Adalbert zu befreien und die Herrschaft über das Lombardenreich zu übernehmen. Beilager mit Adelheid zu Pavia.

Zweites Buch.

Otto's weitere Regierung bis zu seiner Kaiserkrönung in Rom.
952 — 962.

Vereitelter Zug nach Rom. Otto's Rückkehr nach Deutschland. Berengar und Adalbert nehmen Italien auf dem Tage zu Augsburg von Otto zu Lehen. Aufstand Ludolf's, Otto's Sohnes und Konrad's, Herz. v. Franken und Lothringen, seines Eidams. Reichstag zu Fritzlar: die Empörer in der Reichsacht. Belagerung von Mainz und von Regensburg. Ludolf und Konrad rufen die Ungarn herein. Reichstag zu Zinna. Treffen bei Roßstal. Endliche Versöhnung des Königs mit seinen Söhnen zu Arnstadt. Wiederholter furchtbarer Einbruch der Ungarn. Großer Sieg Otto's über sie auf dem Lechfeld. Der Ungarn nachmalige Bekehrung zum Christenthum. Großer Sieg über die Slaven an dem Rekenitzfluß. Der Herzog der Polen Mjesko wird Lehnmann des deutschen Reiches und nimmt das Christenthum an. Stiftung des Bisthums Posen. Unterwerfung und Bekehrung aller slavischen Völker bis über die Weichsel hinaus. Wie Otto von den christlichen Herrschern Europa's und von den saracenischen Fürsten zu Cordova, in Asien und Afrika geehrt ward. Wie er seine Hofhaltung mit dem Schmucke der Weisheit und Bildung geziert. Ueber die Hervorbringung jener Tage in Wissenschaft und Kunst. Zug Ludolf's nach Italien und Tod daselbst. Wahl und Krönung Otto's II. zum König der Deutschen. Einladung des Papstes und der italienischen Großen, die Tyrannei Berengar's und

Abalbert's zu brechen. Zweiter Zug über die Alpen. Otto empfängt die eiserne Krone zu Mailand und die Kaiserkrone zu Rom. Rechtfertigung Otto's, daß er die Kaiserkrone übernommen. Ueber die Bedeutung des Kaiserthums. Darstellung der guten Folgen, die die Erneuerung der Kaiserherrschaft nicht bloß für Italien und Deutschland, sondern auch für das gesammte Europa und für die Kirche gehabt hat.

Drittes Buch.

Otto als Kaiser bis zu seinem Tode. 962—973.

Wie Otto die Verwaltung zu Rom und im italischen Reiche geordnet. Wie der Papst Johannes XII. sich wieder zu dem abgesetzten Abalbert gewendet und diesen nach Rom eingeladen. Kaiser Otto erhält den Schwur der Römer, keinen Papst ohne seine Einwilligung zu wählen. Er beruft ein großes Concilium in den St. Peter, darin der geflohene Papst Johannes abgesetzt wird. Wahl Papst Leo's VIII. Wiederholte Empörung der Römer gegen den Kaiser: er schlägt sie auf der Engelsbrücke. Berengar gefangen. Papst Johannes des XII. Rückkehr nach Rom, sein Tod. Die Römer wählen eigenmächtig P. Benedictus V. Otto erobert Rom und setzt Papst Leo wieder ein. Seine Rückkehr nach Deutschland. Wie unter ihm die Harzbergwerke aufgefunden worden. Wie er den deutschen Städten aufgeholfen, Märkte gestiftet und den Handel gefördert. Ueber den Handel und Gewerbfleiß damaliger Zeiten. Ueber das Verhältniß der Städte zum freien Land. Des Kaisers dritter Zug nach Italien. Bestrafung der abtrünnigen Lombarden und Römer. Seine Pläne auf das untere, griechische Italien. Die Fürsten von Benevent und Capua werden seine Vasallen. Unterhandlungen mit dem griechischen Hofe wegen einer Heirath Otto's II. mit Teophania, des Kaisers Nicephorus Stieftochter. Otto II. empfängt die Kaiserkrone zu Rom. Anfang der Feindseligkeiten gegen den griechischen Kaiser. Die Gesandtschaft Liutprand's, Bischofs von Cremona, nach Constantinopel. Stiftung des Erzbisthums Magdeburg und der Bisthümer Meißen, Merseburg und Zeitz auf dem Concil zu Ravenna. Erneuerte Feindseligkeiten gegen die Griechen. Deren Verrath und Besiegung. Otto nimmt die Landschaften Apulien und Calabrien weg. Nicephorus in Constantinopel ermordet. Frieden mit Johannes Tzimisces, seinem Nachfolger. Rückkehr des Kaisers nach Deutschland. Großes Hoffest zu Quedlinburg. Otto's Tod zu Memleben in der güldenen Aue und Bestattung zu Magdeburg.

.

— —

Einleitung.

Zwei mächtige Grundkräfte sind es vornehmlich, welche sich in den aus den Trümmern des abendländisch-römischen Reiches aufblühenden Staaten, langsam zwar, aber mit unwiderstehlicher Gewalt der Gemüther ihrer Bewohner bemächtigten, und endlich jene Schöpfungen ins Leben riefen, aus denen sich die ganz neuere Zeit herausgebildet hat: das Christenthum und das bei den germanischen Völkerschaften entstandene Lehnswesen.

Wie man auch über das Alterthum denken, und wie hoch man immer das in ihm zur Erscheinung gekommene Große und Herrliche zu stellen sich gedrungen fühlen möge: so bleibt es doch unumstößlich wahr, daß eine so tiefe und umfassende geistige Richtung, wie sie die christliche Religion und die ursprüngliche und ächte auf dem Principe beruhende Lehns-Verfassung, daß nur der zum Herrschen Befähigte zu herrschen verdiene, in sich tragen, weder in den Religionen, noch in den Staatsverfassungen der vorchristlichen Zeit sich finden und nachweisen läßt. Denn alle bei den alten Völkern als Völkern herrschende Religionen waren mehr auf die sinnliche, als geistige Natur ihrer Bekenner berechnet, sowie in gleicher Maße auch alle Staatsverfassungen der alten Welt sich nicht über den Gedanken erhoben, daß nur der herrschen dürfe und solle, der einmal die Gewalt in den Händen trage, derjenige aber, dem solche fehle, eben darum dienen und unterthänig sein, und wenn er dieß nicht wolle, mit gewaffneter Hand und im Kampfe auf Leben und Tod dazu gebracht werden müsse. Von der Idee eines freien Gehorsams, zu dem die neue Welt hinaufstieg, und nach welcher auch die kräftigsten Naturen aus Bewunderung für große und hervorragende persönliche Vorzüge eines Anderen willig und gern diesem sich zu unterwerfen bereit fühlten, hatte man damals keine Ahnung.

1

Der stärkste und schlagendste Beweis, daß die Ideen, welche das Christenthum entwickelt, einen ungleich tieferen Einfluß auf die Gemüther ausüben und mit einer beseligenderen Kraft sie zu erfüllen fähig seien, als alle Religionen, welche vor ihm da gewesen, und daß die dem Lehnswesen zum Grunde liegenden Gedanken geistigere und ein tüchtigeres Lebensfundament in sich tragende waren, als die, welche die Grundlage der früheren Staatsverfassungen bilden, liegt eben in den einfachen Thatsachen, daß jene Religion mit solchem Verlangen von den Völkern ergriffen wurde, und so im Stillen siegreich und herrlich auf dem Grund der alten Welt sich erhob, und daß diese Lehnsverfassung mit so leichter Mühe die ganze frühere Weise der Staatsregierung verdrängte, und die einzige und allgemeine ward, durch welche fortan die neugebildeten Reiche beherrscht wurden.

So geschah es denn, daß Constantin der Große, dessen hellerer und tieferer Geist den unberechnbaren Einfluß nicht verkannte, mit dem das Christenthum, wiewohl lange glühend gehaßt und angefeindet, dennoch sich die Herzen erobert hatte, dasselbe im Jahre 312 zur Staatsreligion erhob und damit dem wankenden Römerreiche eine neue Seele einzuhauchen suchte — so geschah es, daß auch Chlodowig, der Merowinger, öffentlich im Jahre 496 die neue Lehre annahm und eifrig bemüht war, sie in allen neu eroberten Theilen des großen von ihm gestifteten fränkischen Reiches zu befestigen, wie er denn auch auf der andern Seite sich vornehmlich angelegen sein ließ, das Lehnswesen in dem gesammten Gebiete seiner weithin sich erstreckenden Herrschaft in eine ordentliche Verfassung zu bringen.

Dieses Lehnswesen nun, welches in neuerer Zeit von solchen, die sein ursprüngliches Hervortreten von der spätern Ausartung desselben nicht zu trennen verstehen, und diese letztere bei ihrer Beurtheilung allein festhalten, am allerwenigsten aber die Idee, welche ihm zum Grunde liegt und die doch einzig seine wahre Bedeutung und seinen eigentlichen Werth zu bestimmen vermag, durch eine tiefere Betrachtung erfassen wollen oder können, so vielfach geschmäht und bitter angeklagt worden ist, verdient an dieser Stelle eine hellere Beleuchtung, damit gleich von vorn herein unsere Meinung darüber in den Hauptzügen klar hervortrete und der Gefahr einer Mißdeutung nicht unterliegen möge.

Bei dem starken und kriegerischen Geschlechte der Germanen war es althergebrachte Gewohnheit, daß einzelne, mit außerordentlicher Kraft ausgerüstete Männer um sich her eine Anzahl von Genossen versammelten, die mit ihnen zu Abenteuern hinauszogen und, durch

Freundschaft auf Leben und Tod an sie geknüpft, in fester Treue bei
ihnen aushielten bis an das Ende ihrer Tage. In solchen Abenteuern
aber bestand vornehmlich das Leben der alten Germanen: denn die
einzelnen Stämme waren von jeher unter einander in Feindschaft und
Haß, und eine stete Reibung beschäftigte unaufhörlich die Gedanken
und übte fortdauernd die Kräfte der Edelsten unter ihnen, welche
nichts glühender wünschten, als ihren Stamm vor allen andern durch
glänzende Thaten zu verherrlichen. Der Krieg war die Lust und
höchste Freude aller germanischen Völker.

Jene Gefolge hochgeachteter Anführer und Kriegsfürsten nun hatten
ihre Stufen [1]), und ein jeder Einzelne in denselben wetteiferte, die erste zu
erhalten. Wiederum auch suchten die Fürsten ihre höchste Ehre darin,
durch die tüchtigsten und tapfersten Gefährten zu glänzen und je her-
vorragender sie sich dadurch zeigten, desto öfter riefen Bedrängte sie
um Hülfe an; sie wurden mit Gesandtschaften und großen Geschenken
geehrt. Der Ruf, der ihrem Namen voranging, war oftmals allein
im Stande, einen Krieg abzuwenden. Das Gefolge aber, meisten-
theils aus jüngeren Söhnen und Brüdern bestehend, die, wenn das
väterliche Gut zu klein war, so daß es nur dem Aeltesten zufallen
konnte, keine Versorgung auf dem heimathlichen Hofe vor sich sahen,
blieb auch im Frieden um den Anführer, und erhielt von ihm Pferde,
Waffen und Unterhalt als Belohnung für seine Anhänglichkeit. So
waren Ariovist, Hengist und Horsa Anführer solcher Geleite.

In der Folgezeit, als die germanischen Völker erobernd auftraten,
und sich in den Besitz ganzer Landstriche setzten, welche sie vom alten
Römerreiche losgerissen, da waren es die Gefolge der Heerführer,
welchen diese einen Theil der erkämpften Ländereien zutheilten, und so
trat Grundbesitz an die Stelle der früheren Geschenke. Dieser
Grundbesitz umfaßte die volle Herrschaft über Land und Leute, und
ward nach dem alten Grundsatze der Deutschen: „Ein Jeder ist Herr
in seinem Eigenthum,“ ohne alle vorbehaltene Herrschaft unter der
einzigen Bedingung, auch fernerhin getreu zu bleiben, verliehen. Je
näher nun ein Waffenfreund dem obersten Anführer stand, um so
reichlicher ward er versorgt: doch blieb das Verhältniß lediglich auf
die Person beschränkt. Das Verdienst der Väter begründete durchaus nicht einen Anspruch der Söhne auf das jenen verliehene Besitzthum, wie denn auch auf der andern Seite wieder, als die ununterbrochen

---

[1]) Tacitus de situ, moribus et populis Germaniae, Cap. 13: „Gradus quin
etiam sqq.“

1*

von ihnen geführten Kriege die deutschen Völkerschaften gewöhnten, sich einem beständigen Anführer zu unterwerfen, derselbe sich nicht anmaßen durfte, seine Würde eigenmächtig auf seine Söhne zu vererben, sondern es der Wahl der Nationen anheimgestellt blieb, ob sie den Nachkommen des Königs zu dem Throne, auf welchem der Vater gesessen, erheben, oder, falls er keine königliche Seele besäße, die königliche Gewalt in die Hände eines Andern legen wollten. Also wurden Alarich, Athaulf, Wallia und Theodorich, Könige der Westgothen, und Gundicar, König der Burgunder, also der große Theodorich und seine Nachfolger, Könige der Ostgothen, und Alboin und Cleph, Könige der Longobarden; also endlich auch Pharamund [1]), Meroveus und Chlodowig, Könige der Franken durch die mehr oder weniger freie Wahl und Zustimmung der Nation.

Und so tritt der ursprüngliche Grundgedanke des ganzen Lehnswesens lebendig heraus, der nämlich: daß nur persönliche Kraft und Tüchtigkeit einen Anspruch ertheilen, aus der Hand Dessen Ehre und Reichthum durch Länderbesitz zu empfangen, dem wiederum nur durch das eigne hervorleuchtende Verdienst die Macht der obersten Herrschaft zugekommen war. Sein geliehenes Gut verdankte ein jeder Vasall einer Wohlthat des Höhern [2]), den seine Tüchtigkeit so hoch gestellt, oder sollte es ihm wenigstens verdanken — der aber, der als oberster Lehnherr die Herrschaft über alle übte, empfing seine Macht und seine Herrlichkeit durch die übereinstimmende Anerkennung der Edelsten und Besten, durch eine Wahl unter Einfluß und Mitwirkung des Höchsten, durch die Gnade Gottes [3]), der ja die Erde und das Leben auch nur wie ein Lehen den Sterblichen zur Nutznießung und zum Gebrauch für seine Ehre und seinen Dienst verleiht.

---

[1]) Gesta Francorum bei du Chesne T. I. Cap. 4: Tunc consilio accepto in unum — elegerunt Faramundum et honoraverunt eum super se regem crinitum. [2]) Deshalb hießen die Lehen beneficia. [3]) Der Erste, der sich gratia Dei Regem schrieb, war Pipin d. Kl. Diesen Gebrauch behielten alle Könige und Kaiser nach ihm. Eine Beweisstelle für diese in den mittlern Zeiten gewöhnliche Ansicht findet sich unter andern in Liutprands, Bischofs von Cremona, Europ. Gesch. Bd. II. Cap. 7. (Murat. Scr. Rer. Ital. T. II. P. I.) und nach ihm beim Sächs. Annalisten z. J. 920, als König Heinrich I. den Baierherzog Arnulf von der Gültigkeit seiner Wahl zu überzeugen sucht. Hier sagt der König: cur Dei ordinationi resisteret cum se ab omni populo electum sciret, quod nisi Deo disponente non fieret. Und später erklärten die Baiern ihrem Herzoge: Neque enim in Heinrici electione totius populi animum potuisse fieri unum, nisi hunc a Deo constaret esse electum. — Ebenso stellt der Erzbischof von Mainz in der K. der h. Jungfrau zu Aachen dem Volke den von den Großen des Reichs

Aus diesem so eben entwickelten Verhältnisse folgt unmittelbar, daß, da die Lehen als eine Belohnung für wohlbegründetes Verdienst zuertheilt wurden, ein Verlust dieser Wohlthat mit Recht nur dann eintreten konnte, wenn eine Verletzung jenes Verbandes geschah, der wesentlich auf die Treue der Belehnten war gestellt worden — auf der andern Seite aber auch dann nur dem Könige als obersten Lehns= herrn diese seine höchste Macht entnommen werden konnte, wenn er durch unrühmliche Eigenschaften sich befleckte, und jene königlichen Gesinnungen nicht offenbarte, die das freie und kräftige Volk der Germanen von seinen Gewaltigen forderte, und wegen deren allein es, sich unter des Königs Scepter zu stellen, für ehrenvoll hielt. Diese letztere Rücksicht muß namentlich fest gehalten werden; aus ihr allein erklärt es sich z. B., warum der letzte Merowinger durch den Groß= hofmeister, Pipin den Kleinen, von dem Königsstuhle verdrängt ward, und warum auch unter den Karolingern, ja selbst noch in weit spä= terer Zeit, deutsche Kaiser und Könige durch den gemeinsamen Willen und Spruch der Nation förmlich abgesetzt wurden. [1] Denn so groß war die Liebe der deutschen Stämme für ihre Ehre, daß sie zwar freiwillig und gern einem durch glänzende Tugenden weithin über alle sich erhebenden Fürsten sich untergeben mochten, eine Zeit lang wohl auch, der großen Thaten eingedenk, die ein früherer Herrscher unter ihnen verrichtet, seine, obwohl weniger ausgezeichneten, Nachkommen als Könige über sich duldeten, immer aber doch endlich, wenn die Schwäche und Untüchtigkeit derselben zu unrühmlich hervortrat, sich der mehr drückenden Herrschaft entledigten, und einen berühmten Mann aus einem neuen Geschlechte zum Könige setzten, damit dieser ihren Angelegenheiten mit einem neuen, kräftigeren Geiste vorstehe.

Wie sehr das Christenthum — welches nach den Gothen, Bur= gundern, Franken und Longobarden alle andere germanischen Völker, die Alemannen, Thüringer, Baiern, zuletzt die Friesen und Sachsen nach und nach annahmen — diese Lehnsverfassung begünstigte und befestigte, ergiebt sich aus der Bemerkung, daß derselbe Gedanke, welcher die wahre Seele dieser Verfassung ist, auch in jenem aufge= funden wird. Denn der innerste Kern der christlichen Religion besteht in dem Bestreben, alle Menschen als vor Gott gleich darzustellen, und ihr großer Zweck ist, dereinst sie alle zu einer einigen, umfassen=

---

zum König erhobenen Otto I. mit den Worten vor: Adduco vobis a Deo electum. S. Wittechind von Corvey Bb. II. bei Meibom Scr. Rer. Germ. I. S. 642.

[1] Karl der Dicke, Adolf von Nassau, Wenzel.

ben Gemeinde zu versammeln, in der nur die lebendige und thätige
Liebe walte, die einem Jeden den ruhigen Gebrauch der ihm von
Gott verliehenen Gaben sichert. Indem sie alle unrechtmäßige Gewalt
verdammt, beruft sie einen Jeden zu der freien Uebung der Kraft,
welche die schaffende Natur ihm zuertheilte, und setzt dieser großen
Freiheit keine anderen Schranken, als die hohe Pflicht einer ewigen
Gerechtigkeit und Wahrheit, und das erhabene Gebot einer ächten
und reinen Liebe. Da aber, wo überall die inwohnende Kraft unge-
hindert sich äußern darf, und die angeborne Tüchtigkeit ihre volle
Anerkennung findet, indem der Bahn, welche sie sich schafft und bereitet, nichts Hemmendes in den Weg tritt, da wird ein Jeder auf
den Standpunkt sich zu stellen, vollkommen befähigt sein, zu welchem
er ursprünglich durch jenes bestimmte Maß von Kraft, welches ihm
zu Theil wurde, berufen war. Eben diese Ordnung aber nun, in der
einzig der Maßstab gilt, welchen die Natur selbst vorgezeichnet hat,
ist es, welche auch der Lehnsverfassung zu Grunde liegt: denn auch
sie will ihrem Wesen nach nichts anderes, als daß überall nur die
persönliche Tüchtigkeit frei sich entfalte, und derjenige nur über andre
herrschen und reich an Ehren und Gütern werden solle, der dazu die
Kraft und die Würdigkeit in sich trage. Deßhalb verstattet sie keinen
festen Besitz, und will, indem sie denselben auf des Einzelnen Lebens-
dauer beschränkt und jeden erblichen Anspruch ausschließt, daß die
Herrschaft über Grund und Boden immer nur in den Händen derer
sich befinde, von denen man sich versichert halten dürfe, daß sie kräftig von ihnen werde gehandhabt werden.

Dadurch also, daß das Lehnssystem, obgleich früher schon unter
den Germanen entstanden und eingeführt, nach dem hier angedeuteten
ursprünglichen Sinne jenem großen Hauptgedanken des später ange-
nommenen Christenthums so nahe tritt, „die vollkommene Gleichheit
der Menschen herbeizuführen", sowie dadurch, daß es denselben auf
dem Boden der Wirklichkeit und nach den durch die Menschennatur
bedingten Verhältnissen im Großen auszuführen strebt, mußte dasselbe
nothwendig nur noch inniger in das germanische Leben sich verflößen
und zu dem wesentlichsten Element der neu entstehenden Staaten sich
erheben. Und so geschah es, daß überall, wo germanische Stämme
Reiche gründeten, — die Westgothen in Spanien, die Angelsachsen in
England, die Ostgothen und später die Longobarden in Italien, und
in dem großen Frankenreiche des Chlodowig, das über Frankreich
und einen großen Theil von Deutschland sich erstreckte — auch die
Lehnsverfassung begründet, und durch immer weiter fortgesetzte Aus-

dehnung und fortlaufende Unterabtheilungen im Innern dieser Reiche ausgebreitet ward, so daß der große aufgerichtete Stamm gleichsam immer neue Aeste, Zweige und Blätter trieb, und endlich alles weithin überschattete. Wie hierdurch es möglich ward, die ungeheuern, alle Selbstständigkeit und Freiheit niederdrückenden, kriegerischen Staatenmassen der altrömischen Herrschaft wieder in viele kleine aufzulösen, und das Aufblühen der einzelnen Theile zu befördern, das genügt uns hier angedeutet zu haben, ingleichen, daß die Lehnsverfassung auch dadurch so heilsam für die eroberten Länder wurde, daß sie die siegenden Feinde durch die Ueberweisung von Grundbesitz auf die leichteste Weise aus ungestümen Kriegern zu freien Eigenthümern und väterlichen Herren umschuf, wodurch die Provinzen, in denen früherhin die römischen Proconsuln mit unsäglicher Habgier gehaust hatten, allererst wieder zu Blüthe und Wohlstand sich erhoben.

Nachdem nun also das Christenthum und die Lehnsverfassung die großen und mächtigen Lebenselemente der neuen Zeit geworden, konnte es nicht fehlen, daß das Aufrechterhalten und die weitere Entwickelung derselben die unerläßliche Bedingung ward, unter welcher die neuen Staaten kräftig zu gedeihen vermochten, und daß im Gegentheil ihre Vernachlässigung einen um so schwerer fühlbaren Nachtheil hervorbringen und um so mißlichere Folgen nach sich ziehen mußte, je geistiger die Verfassung war, und je mehr, ja fast ausschließlich es hierbei auf die Tüchtigkeit der Nation ankam. Denn gewiß ist, daß wie der ganze innewohnende Gedanke dem Lehnswesen nur unter einem ganz kräftigen und unverdorbenen Volke sich zu bilden vermochte, auch derselbe Grad von Tüchtigkeit forthin erforderlich blieb, um die Uebel zu entfernen, die dann nothwendig hervortreten mußten, wenn niedere Leidenschaften einen überwiegenden Einfluß gewannen. Und so läßt es sich an der ganzen Geschichte des fränkischen Staats und der späteren deutschen durchgehends nachweisen, daß überall, so lange jene großen bildenden Kräfte in ihrer Reinheit und Lauterkeit walteten, glorreich und herrlich die Reiche blühten, und um so höher sich erhoben, je kräftiger und umfassender jene großen Gedanken im wirklichen Leben ausgeprägt wurden, und daß nur dann erst, als gemeinere Antriebe jene edleren anfochten und befeindeten, und endlich an ihre Stelle sich drängten, jene unsägliche Verwirrung und Zerwürfniß herbeigeführt ward, die man so ganz mit Unrecht dem Lehnssystem selbst Schuld zu geben gewohnt ist, während dieselbe ausschließlich durch die Ausartung der ursprünglichen Lehnsverfassung und das immer leidenschaftlicher und gieriger sich Bahn brechende

Allobialſyſtem[1]) bedingt ward, deſſen erſte Spuren ſogleich nach dem Untergange des ſächſiſchen Kaiſerhauſes in der unter Konrad II. den kleineren Vaſallen zugeſicherten Erblichkeit der Reichs⸗ lehngüter ſich zeigen und das wir in der ganzen darauf folgenden Periode im Kampfe mit dem Lehnsſyſtem erblicken, bis es endlich unter den Hohenſtauffen, die auch die größeren Reichslehne erblich machten, und nach dem großen Interregnum durch Rudolph von Habsburg, der eine Hausmacht zu Erhaltung ſeines könig⸗ lichen Anſehns für nöthig hielt, während die früheren größten Kaiſer und Könige gerade darin, daß ſie kein Reichsland ſelbſt in den Hän⸗ den behielten, ihre Hoheit gefunden hatten, förmlich ſeinen Sieg erfocht. —

Wir kehren jetzt nach dieſer vorläufigen Erörterung, die uns dringend nothwendig ſchien, zu dem Punkte zurück, der uns zu ihr Veranlaſſung gab, zu der Gründung des fränkiſchen Staats durch Chlodowig, von dem wir erwähnten, daß er nicht nur die ange⸗ nommene chriſtliche Religion weiter zu verbreiten eifrig bemüht war, ſondern auch das Lehnsſyſtem durch das ganze weite Gebiet ſeiner Herrſchaft hindurch in eine ordentliche Verfaſſung gebracht habe. Chlodowig war es, der, indem er auch die geiſtlichen Vorſteher, die Biſchöfe, welche er in den meiſten Gegenden ſeines Reichs bereits vorfand, zur Theilnahme an den Reichsgeſchäften zog, die er bisher nur mit den weltlichen Herren, ſeinen Vaſallen, berathen hatte, ein ganz neues Element in das vorher rein militairiſche Syſtem hinüber⸗ trug und dadurch die Grundlage zu jener, in der folgenden Zeit immer ſorgfältiger ausgebildeten Reichsordnung legte, die von nun an weſentlich aus einer geiſtlichen und einer weltlichen Seite beſtand. Hiermit war der bedeutendſte Schritt zu einer freundlichen Zuſammenſchmelzung des ſiegenden Volks und der Beſiegten gethan, und den Letzteren, die nothwendig in einem untergeordneten Verhält⸗

---

[1]) Allod heißt in den mittleren Zeiten überhaupt Alles, was auf die Erben übergeht, und in dieſem allgemeinen Sinne, wo es ſo viel wie hereditas be⸗ deutet, iſt es hier genommen. So kommt es in den alten deutſchen Rechtsbüchern, der L. Ripuar. Angl. Bajoar, dem ſaliſchen Geſetz und in den Capitularien Karls des Großen überall vor. Das wahre und eigentliche Lehen dagegen, das nicht in feſten Beſitz, nur der Perſon gegeben ward, und ohne Einwilligung des Lehnsherrn nie auf die Erben überging, hieß beneficium. Erſt in dem 11. Jahrh., wo auch die Erblichkeit der Lehen aufkam, ward das Wort feudum allgemein. S. Du Fresne Glossar. unter b. W. Allodium T. I. p. 176. Beneficium erat ad vitam — praedium seu Alodus hereditas (Erbe), 'proprietas (feſter Beſitz).

niſſe ſich befinden mußten, durch die Biſchöfe, ihre natürlichen Vertreter gegen die großen Lehnsherren, die unter dem Namen der Herzoge und Grafen auftreten, ein mittelbarer Einfluß auf die Leitung
der Regierungsangelegenheiten gegeben, deſſen ſie ſonſt wohl vollkommen ermangelt haben würden.

Zweihundert und einundvierzig Jahre nach dem Tode Chlodo-
wigs, 511, herrſchte die Dynaſtie der Merowinger über das von
ihm gegründete Reich — erblich, doch ſo, daß die Nation die Wahl
ſich vorbehielt, unter den Abkömmlingen des Hanſes den Tüchtigſten
vorzuziehen [1]); glücklich im Anfang, als die Könige noch Kraft genug
beſaßen, ihre eigene Würde aufrecht zu erhalten und ihre Vaſallen
auf das urſprüngliche Verhältniß, kraft deſſen ihre Lehen ihnen durch
des Königs Gnade nur auf die Perſon verliehen wurden, zu beſchrän-
ken. Doch nicht lange erhielt ſich der männliche Geiſt des großen
Ahnherrn in dem fränkiſchen Königshauſe; die ſpäteren Herrſcher ver-
ſanken immer mehr in eine unrühmliche Trägheit und Schwäche, die
ihr Anſehn in den Augen der Nation immer tiefer untergrub, und
dieſe Schwäche war es, welche die Vaſallen benutzten, um immer
größere Vorrechte zu ertrotzen, immer eigenmächtiger mit ihren Lehen
zu verfahren. Hierzu kam, daß die letzten Merowinger, weit entfernt,
die chriſtliche Lehre, zu der Chlodowig ſich gewandt, in dem Reiche
weiter zu verbreiten, es geſchehen ließen, daß in den neu eroberten
Provinzen über dem Rhein und der Donau, in Thüringen, Baiern
und Alemannien, das Heidenthum fortdauerte, ja daß ſelbſt die chriſtlichen Brüder in Franken jener tiefſten Laſterhaftigkeit ſich ergeben
durften, über welche Bonifacius im achten Jahrhundert ſo ſchmerz-
liche Klagen erhebt. Deßhalb mußte nothwendig das fränkiſche Reich,
indem ſeine Beherrſcher von dem urſprünglichen Geiſte ſich entfernten,
der es im Anfang zu ſolchem hohen Anſehen gehoben, zu immer
größerer Verderbniß herabſinken und eine Zügelloſigkeit in blutigen
Befehdungen, Räubereien und andern Gewaltthaten, eine Schlechtigkeit
und Sittenloſigkeit allgemein überhand nehmen, welche die Geſchichtſchreiber jener Zeiten mit den ſtärkſten Farben ſchildern. Denn das

---

[1]) Chronicon Fossaticum: „Ita reges Francorum electione pariter et
successione soliti sunt procreari a primo Faramundo usque in Hildericum
regem.“ So heißt es z. B. von Dagobert's I. Sohn, Sigebert II. (König zu
Metz 645—657), bei Fredegar in Chron. Cap. 75. Dagobertus, cum Mettis urbem
venisset, cum consilio Pontificum et Procerum, omnibusque primatibus Regni sui consentientibus Sigibertum filium suum in Regnum
sublimavit.

eben ist das Unglück, welches schwache und kraftlose Fürsten über ihre Reiche bringen, daß die Völker, denen an ihrem Haupte kein Vorbild der Gerechtigkeit und der ächten geistigen Größe vorleuchtet, selbst dann so leicht in jene Erniedrigung und Entwürdigung mit hinabgezogen werden, welche sie an ihren Herrschern erblicken.

Nachdem über ein Jahrhundert hindurch der fränkische Königsstuhl durch kraftlose und weichliche Könige war besetzt worden, regte sich endlich der bessere Geist unter dem Geschlechte der Franken, und auf einer großen Reichsversammlung zu Soissons im Jahre 752 wurden dem letzten Merowinger die Insignien des Königsthums abgenommen, die er schändete, und an seiner Statt Pipin der Kleine, der Sohn jenes Karl Martell, der das Frankenreich und ganz Europa vor dem Andrange der Saracenen geschützt, ein tapferer, weiser und gerechter Mann, in dessen Hand schon längst die oberste Gewalt geruht hatte, durch eine förmliche Wahl[1]) zum Könige der Franken erhoben und gesalbt.

Er nun war es, der durch Beschränkung der großen Vasallen das königliche Ansehen zuerst wieder herstellte, ihren hochfahrenden Anmaßungen besonnen und kräftig in den Weg trat, und mit aller Macht den Befehdungen der Einzelnen wehrte. Durch seine wahrhaft großen Eigenschaften erwarb er sich die Liebe und Bewunderung der Gemüther; er strebte durch ein inniges Einverständniß mit dem Papste, dem Erzbischofe von Mainz und den übrigen Prälaten des Reichs, die gesunkene Kirchenzucht thätig zu verbessern und die christliche Lehre auch in den überdonauischen und überrheinischen Provinzen in Alemannien, Baiern, Thüringen und in dem nun auch bezwungenen Friesland auszubreiten, zu welchen Ländern der große Apostel der Deutschen, Bonifacius, und andre heilige Männer sie während des siebenten und achten Jahrhunderts gebracht hatten. Und so bereitete er, indem er die ursprüngliche Ordnung der Staatsverfassung wieder zu begründen bemüht war, und das große schaffende Element der christlichen Bildung wieder in Bewegung setzte, jenes Werk vor, das sein großer Sohn Karl glorreich und herrlich hinaus führte.

Mit so hellem und klarem Blick als Karl hatte noch kein germanischer Fürst vor ihm es erkannt, daß das Christenthum und das

---

[1]) Fredeg. Cap. 107: Quo tempore una cum consilio et consensu omnium Francorum etc. praecelsus Pipinus electione totius Franciae in sedem Regni cum consecratione Episcoporum et subjectione Principium etc. sublimatur in Regno. So alle andern gleichzeitigen Schriftsteller.

Lehnswesen die Wurzeln der ganzen neueren Zeit geworden seien, keiner aber auch vor ihm mit so hoher und unerschütterlicher Kraft es unternommen, nach dieser klar vor seiner Seele stehenden Ueber=zeugung seine Umgebungen zu gestalten. Sein ganzes Leben war gleichsam in diesem Gedanken aufgegangen, und darum vermochte er so glücklich jenes großartige Staatsgebäude aufzurichten, das tausend Jahre lang der Zeit getrotzt hat und dessen Ruinen uns noch jetzt zur Bewunderung zwingen.

Als Karl das Reich überkam, fand er die einzelnen Theile desselben durch Herzoge und Grafen regiert und viele von ihnen ge=neigt, größere Vorrechte für sich geltend zu machen, als dem könig=lichen Ansehen zuträglich war. Die bedeutendere Gewalt einzelner Herzoge, welche, wie z. B. der baierische, über ganz weitläufige Pro=vinzen geboten, war ein zu verführerisches Beispiel, als daß nicht auch solche Grafen, die etwa durch ausgedehnteren Länderbesitz, in den sie durch die Freigebigkeit und Nachsicht der merowingischen Re=genten gekommen waren, stärkere Macht besaßen, es sich hätten an=gelegen sein lassen, zu einer gleichen Höhe, auf der jene standen, em=porzustreben. Deßhalb war es Karls vornehmste Sorge, um dem ursprünglichen Lehnsverhältnisse wieder in allen Theilen des Reiches die volle Geltung zu verschaffen, einen gleichmäßigen Maaßstab der Macht der großen Lehnträger der Krone festzusetzen. Aus diesem Grunde ließ er die herzogliche Würde ganz eingehen und ordnete überall nur Grafen an, welche er auf Lebenszeit mit ihrer Würde belehnte, und denen er genau die Grenzen ihrer Befugnisse vorzeichnete. Nur selten, und meist nur an die Markgrafen, weil die Bewachung der Grenzen eine umfassendere Macht erforderte, vergab er mehrere Graf=schaften zugleich. Dadurch nun setzte er sich vollkommen in den Stand, jederzeit die einsichtsvollsten und tüchtigsten Männer der Nation um sich her zu versammeln, und mit den von Zeit zu Zeit durch Todes=fälle zurückfallenden Lehngütern fortwährend ihre, ihm und dem Reiche geleisteten, Dienste zu belohnen.[1])

Um sie aber noch sorgfältiger im Auge zu behalten und jedem Versuche, der Machtüberschreitung zu wehren, befehligte er die Bi=schöfe, genau auf alle ihre Bewegungen zu achten, und im Fall sie Eigenmacht und Willkühr an ihnen wahrnähmen, darüber an ihn zu berichten. Da das Richteramt das vornehmlichste Geschäft der Grafen

---

[1]) Monachus S. Gallensis de gestis Carol. M. bei Canis, Vet. Lect. T. II. P. III. p. 61.

war, so hatte diese Aufsicht, welche den Bischöfen zur ernsten Pflicht
gemacht wurde, noch das besondere Gute, daß es ihnen dadurch mög=
lich ward, jedwede Bedrückung der Gemeinen und Armen, zu deren
besonderem Schutz sie vermöge ihrer kirchlichen Würde berufen waren,
zu mildern und abzuwenden. Wiederum aber trug Karl auch den
Grafen auf, das Leben und den Wandel der Bischöfe zu beobachten
und gleichmäßig an seine Person Anzeigen gelangen zu lassen, dafern
sie Sittenlosigkeit und Pflichtvergessenheit an den Männern der Kirche
erblicken sollten.

Indem auf solche Weise Karl den Grafen und Bischöfen ver=
einigt die Verwaltung der besondern Angelegenheiten der einzelnen
Theile des Reichs übertrug [1]), beide als untergeordnete Handhaber des
königlichen Amtes betrachtete, und dadurch ihre Macht in ein heil=
sames Gleichgewicht stellte, verkettete er ungleich inniger, als es ehe=
dem geschehen war, die beiden von ihm verfolgten großen Zwecke, und
durfte ungleich sicherer auf die glücklichsten Erfolge seiner Bemühungen
rechnen. Aber er beruhigte sich hierbei noch nicht, sondern setzte diesen
Einrichtungen noch eine andere hinzu, kraft deren in vier Monaten
des Jahres, im Jänner, April, Julius und October königliche Send=
boten in die verschiedenen Provinzen des Reichs reisen mußten [2]), um
Nachfrage zu halten, wie die Geschäfte betrieben würden, und große
Versammlungen zu halten, auf denen alle Bischöfe, Aebte, Grafen
und begüterte freie Männer bei Strafe des Königsbannes zu erscheinen
verpflichtet waren, und wo ein Jeder über die Verwaltung der Prä=
laten und Grafen Klage anbringen durfte. Diese Sendboten, gewöhn=
lich ein Graf und ein Bischof, saßen an Königs Statt zu Gericht
und schlichteten die an sie gelangten Streitsachen entweder selbst, oder
brachten sie an den königlichen Hof zurück, wo sodann der König, als
höchster Richter, den enscheidenden Ausspruch fällte.

Also ordnete Karl sein Reich im Innern; aber auch nach Außen
hin wandte er seine Blicke: denn das war sein fester Wille, alle ger=
manischen Völker zu einem einigen Ganzen zu verbinden. Bereits
der große ostgothische König Theodorich, der Zeitgenosse Chlodo=
wigs des Franken, der zu Ende des fünften Jahrhunderts in Italien ein
deutsches Reich gegründet hatte, das über die Alpen bis zur Donau
und in Frankreich bis an den Rhonefluß sich erstreckte, hatte den Ge=
danken zu einem solchen großen Bunde aller christlichen Völker deut=

---

[1]) Capitulare IV. v. J. 806. Cap. 4. apud Baluz T. I. p. 450.
[2]) Capit. Car. M. v. 812. Cap. 8. bei Baluz I. 498.

schen Stammes, die in Europa ihre Sitze genommen hatten, gefaßt, der, auf ächt christlichen Sinn und Gerechtigkeit gestützt, alle rohe, wüste Gewalt bändigen und einen friedlicheren Zustand in Europa begründen sollte. Solche Absicht und Gesinnung hatte er deutlich in den Schreiben verrathen, die er an die anderen abendländischen Könige sandte, welche ihn oftmals angingen, ihre Streitigkeiten zu schlichten. Jedoch vergebens verhallten die friedenstiftenden Worte, die er als Schiedsrichter sprach, und die milde Gewalt seiner Rede war nicht im Stande, die heftigen Leidenschaften zu zähmen, welche die Gemüther beherrschten. Für seine großen Gedanken war die damalige Zeit noch nicht reif, und beinahe drei Jahrhunderte mußten vergehen, ehe die= selben in dem Geiste eines andern tiefschauenden Mannes entzündet wurden.

Karl der Große aber fühlte sich berufen, diesen Plan auszuführen. Er hatte es klar erkannt, daß die unter den einzelnen Völkern seit Jahrhunderten bestehenden Streitigkeiten, wenn sie fortdauerten, noth= wendig jene freiere Entwickelung von Staat und Kirche, die er her= zustellen so eifrig bemüht war, hemmen, und die Blüthen des neuen Lebens, welches aufgegangen war, zertreten müßten. Dafern von nun an alle blinde Gewalt in Recht gewandelt werden sollte, so mußte ein Einziger über die verschiedenen deutschen Stämme gebieten, der als oberster Friedensrichter, von allen geehrt und gefürchtet, keinem der streitenden Theile eine andere Entscheidung ihrer Sachen, als durch den Weg der Gerechtigkeit vergönnte — es mußte ein oberster Schutz= herr über die germanischen Völker sich erheben, vor dessen Stuhle Jedweder, der Mächtigste wie der Niedrigste, sein Recht finden konnte, und dessen Ausspruch durch jenes höchste Ansehen, vor dem alle frei= willig sich beugten, geheiliget ward.

Aber Karl hatte die ganze Kraft seines Genies dazu nöthig, zu diesem Ziele sich hinaufzuarbeiten, und mußte durch blutige Kämpfe seine Bahnen sich brechen. Leicht zwar machte er sich zum Herrn des großen Reiches der Lombarden in Italien; unterwarf Baiern, das, obwohl lange schon unter fränkischem Schutz, bisher immer noch einen eigenen Herzog besessen, völlig seiner Herrschaft, indem er Thassilo, den letzten Agilolfinger, entthronte; trug selbst nach Spanien bis an den Ebro seine siegreichen Waffen: aber 32 Jahre lang brach seine Macht an dem bisher unbezwungenen Volke der Sachsen, deren Reich die weiten Strecken von Norddeutschland zu beiden Seiten der Weser, von dem deutschen Meere bis nach Thüringen, und von der Elbe und Saale bis nahe an den Rheinstrom umfaßte.

Dieses Volk, das einzige unter den germanischen, welches bisher weder die herrschende Staatsverfassung, noch das Christenthum angenommen hatte, lebte frei und nach eignen Gewohnheiten, der altväterlichen Religion glühend ergeben, in seinem Gebiete. Unbekannt war den Sachsen die königliche Macht; eine Menge kleiner Fürsten beherrschte ihre Gaue und nur zur Zeit eines gemeinsamen Krieges wählten sie ein gemeinsames Oberhaupt. Unbezwinglich war ihre Liebe zur Freiheit, und ihre Tapferkeit stand auf derselben Stufe mit dieser Liebe. Nach Abend hin grenzten sie mit den Franken, und unausgesetzt thaten sie die verheerendsten Raubzüge in dieses nachbarliche Reich. Karl überschaute recht wohl das eigene Verhältniß mit diesem kräftigen und furchtbaren Volke: der große, in seiner Seele lebende Gedanke, eine rechtliche Ordnung unter den gesammten Stämmen der Germanen zu begründen, vertrug es nicht, einen so mächtigen Feind dieser Ordnung auf seinem Nacken zu dulden — er mußte ihn stürzen. Gegen andre minder starke Völkerschaften, wie z. B. gegen die Slaven und Avaren, mochte es hinreichen, eine wohlgedeckte Grenzmacht anzuordnen; die Sachsen aber, diese kräftigen Naturen, mußte er bezwingen. Sollte indeß seine Herrschaft von Dauer sein, so war er genöthigt, auch ihre Religion und ihre Verfassung zu vernichten. Denn diese waren es, die ihre Sitten und Gewohnheiten begründeten, nach denen es ihnen erlaubt, ja rühmlich und ehrenvoll dünkte, wiederholt mit Waffengewalt aus ihren Sitzen zu brechen und Krieg und Beute zu suchen. Wie tief diese Lebensansicht bei ihnen eingewurzelt war, und wie sie Alles aufboten, um ihre Ungebundenheit zu behaupten, das bewies Karl'n der Fortgang des Krieges mit ihnen. Denn obschon er sie wiederholt in blutigen Schlachten bezwungen, und von ihnen Friedensversprechungen und Geiseln erhalten, benutzten sie doch jede Gelegenheit, wenn er anders wo beschäftigt war, das ihnen auferlegte Joch wieder abzuschütteln, und unternahmen es wiederholt, ihre Zusagen brechend, in offener Empörung aufzustehen und plündernd und verwüstend die fränkischen Lande zu durchstreifen. So hatten sie im Jahre 782, als sie Karl mit einem fränkischen Heer gegen die Slaven aufbot, auf dem Berge Suntel an der Weser treulos die Franken umringt und die ganze Schaar mit ihren Anführern niedergehauen, und eben so im Jahre 793, als Karl sie gegen die Avaren in's Feld sandte, ein fränkisches, nach der Donau bestimmtes Hülfsheer überfallen und zu Grunde gerichtet.

Solche Treulosigkeit bestärkte Karl'n immer mehr, unerbittlich auf seinem Gebote zu beharren, daß sie des Heidenthums sich begeben und zur Annahme der fränkischen Verfassung bequemen sollten. Aber es schien, als wenn sie verlangten, daß Karl seine überwiegende Macht ihnen vorerst ganz und vollständig zeigen und dadurch sein Recht und seinen Beruf, über sie zu herrschen, ihnen offenbaren sollte. Er mußte daher wiederholte Feldzüge gegen sie unternehmen und dann erst, als er endlich auch im Jahre 800 mit der abendländischen Kaiserkrone geschmückt worden, und dadurch den höchsten Glanz, den ein Fürst in der Christenheit zu erlangen vermochte, um seinen Namen verbreitet hatte, schlossen die Sachsen zu Selz im Jahre 803 den festen Frieden mit ihm, durch den ihnen Karl zwar die Freiheit und das ungestörte Recht, nach ihren alten Gesetzen und Gewohnheiten zu leben zusagte, in welchem sie aber den Götzendienst aufgeben, die christliche Religion annehmen und durch Grafen, die ihnen jedoch Karl zumeist aus der Mitte ihrer eigenen Großen setzte, sich fortan regieren zu lassen, versprechen mußten.

Je längeren Widerstand die Sachsen geleistet hatten, desto fester waren sie von nun an überzeugt, daß die größere Macht und die größere Weisheit bei Karl sei, und desto glücklicher fand das Christenthum, das dieser durch viele errichtete Bisthümer unter ihnen verbreiten ließ, Eingang. Wiewohl es ihnen leicht gewesen sein würde, unter den schwachen Nachfolgern ihres großen Bezwingers sich von dem fränkischen Reiche wieder zu trennen, sind sie dennoch treu bei demselben geblieben, so wie bei der neuen Lehre, lebendig es fühlend, daß der uralte Stamm der Germanen fest zusammenhalten müsse in Einem Reiche und in Einem Glauben.

Drei Jahre vorher, ehe Karl den Frieden mit den Sachsen schloß, war ihm in Italien jene neue Würde zu Theil geworden, durch welche gleichsam der Schlußstein in das große Gebäude, das seine Hände gebildet hatten, eingefügt ward: der Papst hatte ihm am Weihnachtsfest des Jahres 800 zu Rom die Kaiserkrone auf's Haupt gesetzt. Mit dieser feierlichen Handlung ward das abendländische Kaiserthum 324 Jahre, nachdem es untergegangen war, in seiner Person wieder erneuert. Vor einer großen Versammlung der Erzbischöfe, Bischöfe, Aebte und des ganzen fränkischen und römischen Adels hatte Leo III. diese Angelegenheit in der Peterskirche, bei dem dort gehaltenen Concilio, zur Sprache gebracht, und es schien damals allen, daß der, in dessen Hand die Hauptstadt des abendländischen Reiches, wo vordem die Kaiser beständig ihren Sitz gehabt, sich befinde, und dem durch Gottes Hülfe die übrigen Länder des Römerreichs im Abendland, in Italien, Gallien und Deutschland zugekommen seien, auch wieder mit dem alten ehrwürdigen Kaisernamen beehrt werden müsse.[1]) Hierzu kam, daß der Einfluß des morgenländischen Kaisers zu Constantinopel, der vordem die oberste Herrschaft über die Stadt und das Herzogthum Rom gehabt hatte, seit langer Zeit immer tiefer gesunken war, und daß die Römer nur ungern die Schmach ertrugen, von einem ausländischen Hofe Befehle anzunehmen. Wohl mußten sie Herrscher verachten, die nicht im Stande waren, ihnen ihre Hoheit zu beweisen. Und als nun eben jetzt gar Irene, eine Frau, auf dem byzantinischen Stuhle saß[2]), beschlossen sie die günstige Gelegenheit zu nutzen, von der lästigen Herrschaft sich gänzlich zu befreien. Also geschah es, daß sie Karl'n, der als Patricius vorher schon der Schirmvoigt der römischen Kirche war, die alte Würde der Imperatoren übertrugen.

Diese Würde, welche ihrer Natur nach von einer Wahl abhing, die Augustus durch eine solche erhalten und alle seine Nachfolger, dafern sie als rechtmäßige Oberherren und nicht als Tyrannen gelten wollten, selbst dann noch, als die Legionen das Recht sich anmaßten, Kaiser einzusetzen, anzuerkennen genöthiget waren, ward solchergestalt auch jetzt wieder erneuert. Nachdem jene Versammlung, die für eine Vertreterin der ganzen abendländischen Christenheit galt, ihre einmüthige Einstimmung erklärt, krönte der Papst am Weihnachtstag 800 Karl den Großen, und die Tausende von Menschen, die aus allen Theilen des Abendlandes zusammengekommen waren, erklärten durch Zuruf und frohlockendes Geschrei ihren Beifall.

So ward, nachdem lange vorher durch allmälige Gewohnheit ein oberstes Haupt der Christenheit in geistlichen Dingen in der Person des römischen Papstes sich erhoben hatte, auch ein höchster Herr in weltlichen Angelegenheiten ihm zur Seite gesetzt. Wie jenen, den Papst, seit langer Zeit die römische Geistlichkeit und das römische Volk erwählt, und von nun an der Kaiser auf seinem Stuhle zu bestätigen und mit den weltlichen Gütern zu belehnen hatte, so konnte auch dieser nur durch die Wahl der christlich-abendländischen Völker und vornehmlich der Römer, als der Bewohner der Hauptstadt des Occidents, zu seiner Würde gelangen und er mußte die Krone aus der Hand des Papstes, als des obersten Bischofs in der Christenheit, empfangen.

Karl der Große übernahm als Kaiser die oberste Schutzherr-

---

[1]) Annales Lambec. et Chronicon Moissiac. zum Jahre 801.
[2]) Annales Lambec. et Chronicon Moissiac. ibid.

lichkeit über alle Kirchen und alles Volk des christlichen Abendlandes: dies ist die einzige wahre Bedeutung und der ächte Sinn dieser erneuerten Würde — und auf solche Weise ward der große Gedanke, welchen Theoderich geahnet, durch die Hoheit und Majestät Karl's, mit welcher er die Gemüther der Völker erfüllt hatte, und die ihn dafür freiwillig auf die erste Stufe der ganzen christlichen Welt erhoben, in die Wirklichkeit gerufen.

Vierzehn Jahre lang noch, seitdem er die Kaiserkrone trug, herrschte Karl über sein weitläufiges Reich, das über Italien, Frankreich, Catalonien, die Balearen, Deutschland bis zur Nordsee und Elbe, und weiter bis zur Weichsel, Raab und an die Gebirge Croatiens sich erstreckte. Nur das auch germanische England fehlte wegen seiner insularischen Lage in diesem großen Bunde germanischer Völker und Staaten. In diese letzteren Jahre Karl's nun fallen seine meisten Verordnungen für den Staat und die Kirche, die uns noch erhalten sind, und aus diesen und den Nachrichten der gleichzeitigen Schriftsteller vermögen wir die Hauptzüge seiner großartigen Reichsordnung aufzufassen, deren Darstellung um so nöthiger erscheint, als dieselbe immer noch als Grundlage unter den Ottonen angetroffen wird. Des Reiches Zustand unter seiner Herrschaft war ungefähr folgender:

Der König, durch die Einwilligung der Vornehmsten des Reichs, der geistlichen und weltlichen Großen, und die Beistimmung des Volks eingesetzt[1]), war oberster Lehnherr im Reiche: aus seiner Hand erhielten die Markgrafen, die Pfalzgrafen und Grafen ihre Aemter und Lehen, die Hofwürdenträger, die Referentarien, die königlichen Kämmerer u. s. w. ihre Ministerial=Ehren, ein Jeder die Güter, die des Reiches waren. Diese Vergabungen geschahen auf die Dauer des Lebens: nur im Fall einer Felonie wurden sie früher wieder dem Inhaber genommen — aus Gnade folgten bisweilen wohlverdiente Söhne in der Grafschaft und den Lehen des Vaters. Der König führte die Bischöfe und Aebte in ihre Sitze ein: die Wahl der Bischöfe geschah durch das Volk und die Geistlichkeit[2]), die der Aebte durch die Kloster-

---

[1]) Karl der Kahle bei Baluze II. 5. c. 3. „Quia vero debitum esse agnoscimus, ut a quibus honorem suscipimus, eos juxta dominicum dictum honoremus etc. volumus, ut omnes fideles nostri certissimum teneant etc.

[2]) Capitulare Carls d. Gr. vom J. 803. c. 2. bei Baluze I. 379. „Sacrorum Canonum non ignari, ut in Dei nomine S. Ecclesia suo liberius potiretur honore, adsensum ordini ecclesiastico praebuimus, ut scilicet Episcopi per electionem Cleri et populi secundum statuta Canonum de propria dioecesi remota personarum et munerum acceptatione ob vitae meritum et

gesellschaft.[1]) Alle Simonie war verboten; des Königs Einwilligung und Bestätigung erforderlich; er belehnte die Bischöfe durch Ring und Stab, die Aebte durch letzteren allein mit ihren weltlichen Gütern; sie schwuren ihm den Lehnseid, wie alle übrigen Vasallen.

Der König war oberster Richter im Reiche: in seinem Namen sprachen die Gaugrafen, unter denen die Centgrafen und Schöffen der Städte standen, und die Vögte der Bischöfe und Aebte das Recht. Königliche Sendboten wurden ausgesandt, um zu sehen, wie die Gerechtigkeit verwaltet werde. Jedem stand es frei, seine Sache bis vor des Königs Stuhl zu bringen, der dann den letzten entscheidenden Ausspruch that.

Zu dieser oberstrichterlichen und oberstlehnherrlichen Würde kam noch eine dritte: der König war der oberste Befehlshaber des Heeres: unter ihm führten die Herzoge, die er auf die Dauer des Feldzugs auserwählte, die Kriegshaufen, zu deren Fahnen die einzelnen Grafen mit der in ihren Gauen aufgebotenen Mannschaft und die Leute der Bischöfe und Aebte entweder von ihnen selbst, oder ihren Hauptleuten geführt, stießen.

Außer diesen drei großen Befugnissen war die Macht des Königs beschränkt durch die Stände des Reichs, wozu die großen Prälaten, die Bischöfe und Aebte, die Grafen und die übrigen Lehnsträger von Reichsgütern, so wie alle edle und freie Herren, welche eigene Güter besaßen, gerechnet wurden. In dem Rath dieser Getreuen beredete der König die Kriegszüge auf alljährlichen großen Reichstagen im Mai; mit ihnen überlegte er auf den Herbstversammlungen die Gesetze, welche nothwendig schienen: der Referendarius sandte die Entwürfe derselben dann an die Erzbischöfe und Grafen; durch diese gelangten sie an die Bischöfe und Aebte, an die Centgrafen und Schöffen der Städte — sie wieder brachten sie an die Volksgemeinde, welche die Hände für sie aufhob, oder sie murrend verwarf. Nur die durch die Gesammtheit beliebten bekräftigte auf den großen Maitagen der König.[2])

---

sapientiae donum eligantur, ut exemplo et verbo sibi subjectis usque quaque prodesse valeant.“ Vergl. Concil zu Orleans v. J. 549. c. 9 u. 10. „Ut cum voluntate Regis juxta electionem Cleri ac plebis etc. Pontifex consecretur.

[1]) Concilium Lateranense unter Gregor d. Gr. in Gratian Caus. XVIII. quaest. 2. c. 5. „Defuncto vero Abbate cujusdam congregationis non extraneus eligatur, nisi de eadem Congregatione, quem sibi propria voluntate concurs fratrum societas elegerit, et qui electus fuerit, sine dolo vel venalitate aliqua ordinetur.“

[2]) Capitulare Carls d. Gr. v. J. 803. §. 19. bei Baluze I. 394. „Ut po-

Wie ein jeder begüterte Franke lebte dieser von dem Ertrage seiner Ländereien, der großen Reichsdomainen, der Städte, Schlösser und Höfe, die in allen Gauen des Reichs, in Gallien, Deutschland und Italien zerstreut lagen, welche zum Theil schon die Merowinger besessen, und die zumeist aus den Gütern der ehemaligen römischen Regierung und denen der später bezwungenen Fürsten bestanden. Diese Städte und Schlösser besuchte der König von Zeit zu Zeit; eine feste Residenz hatte er nicht; beständig reiste er in dem Reiche umher, um überall mit eigenen Augen zu sehen. Steuern kannte man nicht: freiwillig brachten die Völker ihrem Herrn auf den jährlichen Maifeldern Geschenke [1]), — außerdem war dieser in dem Besitze der Regalien, einiger besonderen Gerechtsame, die seiner Hand vorbehalten waren, und die er durch einzelne Begnadigungen den geistlichen und weltlichen Großen verlieh. Hierzu gehörte vornehmlich der Blutbann (das Richteramt über Leben und Tod), der Königsbann (eine Geld= strafe von 60 Solibos [2]), das Münzrecht, die Befugniß, Märkte zu ordnen und die Zölle. Zu diesen letzteren war Niemand gezwungen, der sich des Wegs oder der Brücke, wegen deren sie gesetzt waren, nicht bedienen mochte. [3]) Die Lehen= und Freiherren mußten die Ab= geordneten, welche der König in die Reichsprovinzen sandte, bewirthen und ihnen Vorspann zu ihrer weitern Reise geben. An großen Fest= tagen, zumeist an Weihnacht und Ostern, erschienen die Großen am königlichen Hofe. Dieß und die Verbindlichkeit, dem Aufgebot des Heerbannes zu folgen, waren die einzigen Lasten der Franken. Nur einzelne unterworfene Völker, wie dieß z. B. von den Thüringern be= kannt ist [4]), zumal aber die Slaven und Avaren, zahlten einen jähr= lichen Tribut.

Außerdem lebte ein jeder freie Mann als unumschränkter Herr auf seinem Besitzthume; der Vasall eben so, wie der, der ein eignes, anererbtes Gut besaß. Die Bischöfe, Aebte, die Grafen und übrigen großen Lehnsträger und die mächtigen Freiherren übten in ihren Herr=

---

pulus interrogetur de Capitulis, quae in lege noviter addita sunt, et postquam omnes consenserant, subscriptiones et manufirmationes in ipsis faciant Capitulis.“ Karl der Kahle bei Baluze II. 177. „Lex consensu populi fit et constitutione regis.“

[1]) Beispiele in Eginharb's Annalen v. J. 817. im Chron. Arnulphi v. J. 833.

[2]) Der Solibus war einem leipziger Reichsthaler gleich, 60 standen in dem Werth von 35 Wispel Roggen. Hüllm. Finanz=Gesch. d. M.=Alt. S. 212.

[3]) Capitul. Carl's d. Gr. v. J. 805. bei Baluze I. 426. L. III. Capit. c. 54.

[4]) Die Thüringer zahlten bis z. J. 1002 500 Schweine jährlich, s. Dithmars Merseb. Chronik B. 5. S. 118. der Wagner'schen Ausgabe.

schaften fast dieselben Rechte, wie der König; sie verliehen Theile derselben wieder an andere Mannen und versammelten so eine Schaar
von Vasallen und Ministerialen um sich her, die ihnen wieder besonders zu Kriegsdiensten und Hofleistungen verbunden waren. Sie zogen
alle Nutzungen, die der Grund und Boden trug; selbst die Bergwerke[1]), die Fischerei, die Salzgruben, der Wildbann ꝛc. gehörten
ihnen. Die Bischöfe empfingen außerdem noch den Zehnten.[2]) Die
auf dem Eigenthum zerstreuten Güter und Höfe wurden entweder durch
Hofmaier verwaltet, die den Ertrag der Ländereien dem Herrn über-
lieferten, oder sie waren in den Händen höriger Hintersassen oder
Leibeignen, die für den lebenslänglichen Besitz dieser Güter dieselben
bauen und nach dem Verhältniß ihres Genusses Zins in Geld oder
in natürlichen Erzeugnissen zu entrichten und Bau- und andre Frohnen
zu leisten gehalten waren. Jene Hintersassen waren die alten Landes-
eingebornen, die besiegt worden, und denen man ihre Güter unter dem
Beding, einen Theil ihres Ertrags abzugeben, gelassen hatte. Die
Leibeignen dagegen waren meist Kriegsgefangene: sie waren an Grund
und Boden gefesselt und in dem untergeordnetsten Verhältnisse. Doch
jene furchtbare persönliche und häusliche Sclaverei, wie sie unter den
Griechen und Römern gebräuchlich gewesen war, kannte man nicht:
der tüchtige und biebre Sinn der Germanen verschmähte es, den
Menschen so tief herabzuwürdigen; die christliche Lehre befestigte diese
Ansicht; die Kirche züchtigte blutgierige Herren[3]); es war die besonderste Pflicht der Geistlichkeit, die Armen zu schützen und zu vertreten. — Die Lehn- und Freiherren hatten die Eigengerichtsbarkeit
über die auf ihren Gütern angesessenen Leute nach uraltem Brauch:
doch nur in Civilsachen und über geringere Vergehungen — über
solche sprach der Edelvoigt das Recht. Den Blutbann, das Richteramt über Leben und Tod, übte der Graf als öffentlicher Richter des
Königs und der Voigt des Bischofs, wenn diesem der Bann vom
Könige verliehen war.

So viele besondere Völkerschaften das große Reich umschloß, so
viele besondere Gesetze und Gewohnheiten gab es: denn allen ließ
Karl — edler, als die Römer, die nach ihrer Meinung nicht anders

---

[1]) Sie wurden erst unter Heinrich IV. Regal. [2]) Nämlich zum vierten
Theil: die übrigen drei waren für die Priester, die kirchlichen Gebäude und für
die Armen bestimmt. [3]) Concilia Agathense, Epronense, Wormatiense T. II.
addit. IV. ad Capitul. I. S. 1204. si quis servum proprium sine conscientia
judicis occiderit, excommunicatione vel poenitentia biennii reatum sanguinis
emendabit.

konnten, als allen überwundenen Völkern ihre römischen Gesetze, ja
sogar ihre römische Sprache aufzubringen — die altherkömmliche Verfassung. Der Westgothe in Spanien, der Franke und der ehemalige
Römer in Gallien und Deutschland, der Burgunder, der Friesländer,
der Alemanne, der Baier, der Thüringer, der Sachse, und in Italien
der Longobarde und Römer — alle lebten nach ihren althergestamm-
ten Gesetzen und Gebräuchen, die aus ihrer Eigenthümlichkeit sich
herausgebildet hatten, selbst der Slave behielt sein uraltes Recht.
Nur der Geistlichkeit war das römische Gesetz ausschließlich zugetheilt.[1])
Die Capitularien, die alle Unterthanen des Reichs verbanden, mußten
auch durch die Einwilligung aller freien Männer des Reichs bestätiget werden.[2])

Der erste Satz in der Rechtsverfassung war der: Ein Jeder kann
nur durch seines Gleichen gerichtet werden, am allerwenigsten der
Höhere durch einen Geringeren.[3]) . Daher sprach der Graf oder Voigt,
welcher in den Gerichten, die jederzeit öffentlich gehalten wurden, den
Vorsitz führte, nicht etwa selbst aus eigner Macht das Urtheil, sondern er erwählte mit dem gesammten Volke[4]) sieben oder zwölf eben-
bürtige Schöffen, von denen Karl selbst anbefiehlt, daß es biedre,
wahrheitsliebende und billige Männer sein sollen. Sie thaten den
Ausspruch, welchen der Voigt oder Graf dann nur kund that und
durch die Gewalt seines Ansehens zur Ausführung brachte. Ernst
und bringend ermahnte Karl alle Herren, ihre Untergebenen freundlich und mild zu behandeln und sie nicht durch ungebührliche Gewalt
zu drücken und die Richter vornehmlich, die Gerechtigkeit streng und
gewissenhaft zu handhaben.[5]) Auf den vierteljährlichen großen Versammlungen, zu denen die Sendboten des Königs die Bischöfe, Aebte,
Grafen, Vicegrafen, die Abgeordneten der Schöffenstühle der Städte,
die Voigte und Vitzthümer der Klöster und alle Mannen des Königs
beriefen, kamen Klagen über die Verwaltung der Rechtspflege vor,

---

[1]) Capitul. Ludovici Pii bei Baluze I. 691 ut omnis ordo ecclesiarum secundum legem Romanam vivat.   [2]) Capit. Carol. M. v. J. 803. §. 19. bei
Baluze I. S. 394 — oben angeführt.   [3]) Major a minori non potest judicari
L. V. Capitul. c. 397.   [4]) Capit. C. M. L. III. c. 40. Scabini 7 ad omnia pla-
cita praeesse debent. Capit. Car. M. bei Baluze I. 466. Ut scabini boni et
veraces et mansueti cum Comite et populo eligantur.   [5]) Capit.
C. M. bei Baluze I. 366. Ut Episcopi, Abbates et Abbatissae advocatos le-
gum scientes et justitiam diligentes pacificosque et mansuetos habeant. Vergleiche L. Capit. III. c. 11. — und: „Admonendi sunt domini subditorum, ut
circa suos pie et misericorditer agant, nec vi opprimant etc." in L. II. Capit.
c. 47.

und ungerechte Richter wurden ihrer Ehren entsetzt. Die Sachen der Witwen, der Waisen und der armen Leute empfahl Karl vornehmlich ihrer Beachtung — sie mußten vor allen andern vorgenommen und entschieden werden.[1]) Hierin, wie überall, spiegelt sich des großen Kaisers hoher, ächt christlicher Sinn für das Wohl und Glück seiner Untergebenen, auch der Geringsten.

Noch ist einer großen Staatseinrichtung Erwähnung zu thun, welche durch Karl'n anbefohlen und mit großem Nachdrucke allgemein eingeführt wurde: der des Heerbannes oder der Landwehr. Karl ging bei ihr von dem Gedanken aus, daß ein jeder freie, begüterter Mann, wie er an der Mitberathung der Reichsgeschäfte auf den großen Versammlungen Antheil habe, auch durch seines Armes Kraft den gemeinschaftlich gefaßten Beschlüssen Nachdruck zu verschaffen und in allgemeinen Reichskriegen unter des Reiches Banner mit zu treten gehalten sein müsse. Indem er alle diejenigen ausschloß, die entweder nicht frei geboren oder in die Dienstbarkeit eines andern getreten waren, und nur solche der Waffenehre theilhaftig werden ließ, welche für Eigenthum und Familie zu streiten hatten, die Freiherren und die Lehnsmannen, hoffte er seinen Heeren die stärkste Kraft einzuhauchen und den Sieg an ihre Waffen zu fesseln. Deßhalb gebot er, daß wer drei oder vier Mannwerke (mansos) in freiem Besitz oder in Lehn trage, zu dem Aufgebot sich stellen und mit Waffen, Kleidung und Mundvorräthen auf drei Monden versorgen solle. Aermere Freie, die weniger als drei Mannwerke besaßen, traten zusammen und steuerten zum Unterhalt eines Kriegers; von zwölf Mannwerken konnten elf dadurch freikommen, daß ein geharnischter Mann gestellt ward. Wer bei der Heerfahrt nicht erschien, fiel in den Königsbann und mußte 60 Solido's zahlen, oder fiel so lange der Knechtschaft anheim, bis er die Strafe abgetragen hatte.

Diese Anordnung, so Gutes und Treffliches Karl damit im Sinne gehabt, war dennoch wegen der unaufhörlichen Kriege, die er führte, zumal den gemeinen freien Leuten sehr drückend: viele von ihnen, um der Verbindlichkeit überhoben zu sein, immer ins Feld zu ziehen, gaben sich den Bischöfen, den Aebten, Grafen und andern mächtigen Herren als Hörige zu eigen und blieben nun bis an das Ende ihrer Tage in der Ruhe, die sie wünschten — weil, wie er-

---

[1]) Capitular Carl's d. Gr. L. II. c. 33. „De causis viduarum, pupillorum et reliquorum pauperum in primo Conventu ante mediam diem illarum ratio et querela definiatur, et post mediam diem causa regia et ecclesiarum vel potentum hominum etc.

wähnt, der, welcher einem Andern nicht etwa zu Kriegsdiensten in der
Eigenschaft eines Vasallen, sondern zu gemeineren Leistungen sich überliefert hatte, die Waffen zu führen nicht für würdig gehalten wurde.
Karl selbst erkannte das Schlimme dieser Erscheinungen, er versuchte
auch Erleichterungen und Abhülfe, aber durchgreifend vermochte er
nicht das Uebel zu heben. Unter seinen Nachfolgern sank der Heerbann
immer mehr und unter Otto werden wir einer ganz andern Ordnung
der Kriegsführung begegnen, die sich reiner und inniger an das Lehnssystem anschloß und deßhalb eine freudigere Aufnahme und einen leich-
teren Fortgang in dem germanischen Leben fand.

Trotz der ungeheuern Anstrengungen, welche Karl in seiner ganzen thatenreichen, beinahe ein halbes Jahrhundert umfassenden Regierung auf die Waffen verwandte, war er dennoch unaufhörlich bedacht,
auch dafür zu sorgen, daß das heilbringende Evangelium immer tiefere
Wurzeln in seinem Reiche schlagen möge, und jedwede andere geistige
Bildung seinen Untergebenen näher gebracht werde. In allen Ländern
seiner Herrschaft legte er daher große Klosterschulen an: berühmt vornehmlich waren die zu Lyon, Orleans und Tours, zu Osnabrück,
Corvei und Fulda, zu Metz und Prüm, zu St. Gallen und Reichenau,
zu Pavia und Bologna — in Rom gab es besondere Schulen für
die Kranken, die Sachsen, die Friesen, die Lombarden [1]) — weithin
verbreitete sich der Ruf der Mönche zu Monte Casino, des Mutter-
Klosters des Abendlandes. An seinem eignen Hofe hatte Karl eine
gelehrte Gesellschaft, aus allen Reichen berief er die weisesten Männer.
Sechs neue Bisthümer zu Osnabrück, Minden, Verden, Bremen,
Paderborn und Münster stiftete er im Lande der Sachsen; und in
Baiern hat er das Bisthum Salzburg zum Erzbisthum erhoben.
Eifrig wachte sein Auge über strenge Zucht unter den Bischöfen und
Aebten; auch ihnen gab er sehr ernste Gesetze; zu großen Versamm-
lungen berief er sie von Zeit zu Zeit, um mit ihnen die Angelegen-
heiten der Kirche zu berathen. Dem Volke ließ er in deutscher Sprache
die Predigten halten. Seine Vorliebe für Acker- und Gartenbau be-
weisen die Verordnungen für seine Hofmeier, die uns noch erhalten
sind. Handel und Kunstfleiß fingen an in dem großen Reiche sich
immer weiter zu verbreiten. Regensburg und Lorch im Baierlande,
Erfurt in Thüringen, Magdeburg und Bardewick in Sachsen, St.
Denys in Frankreich, Wyk in Friesland, in Italien vor allen Pavia,
— Straßburg, Worms, Speier, Mainz, Cölln am Rheinstrome und

---

[1]) Anastas. Biblioth. in V. Leonis III. Sect. 372. pag. 281.

Frankfurt am Main wurden reiche, blühende Handelsplätze durch eifrigen Umtausch von Waaren, welche im Morgen die Avaren und
Griechen, im Norden die slavischen Völker und Dänen, im Mittag
die Araber brachten und nahmen. [1]

Im Jahre 814 starb Karl, weithin berühmt in der ganzen
christlichen Welt, von allen Königen Europas, den angelsächsischen,
denen von Galicien und Asturien und von den byzantinischen Kaisern,
selbst von den arabischen Fürsten in Spanien oftmals durch Gesandtschaften, Schreiben und Geschenke geehrt, ja wegen seiner bewundernswürdigen Thaten selbst im fernen Morgenlande glorreich, von dem
Patriarchen zu Jerusalem mit den Schlüsseln des heiligen Grabes
beschenkt und von dem gewaltigen Kalifen zu Bagdad, Harun al
Raschid so werth gehalten, daß dieser Karl's Freundschaft über die
aller Fürsten der Welt gesetzt haben soll, zu seinen Lebzeiten noch mit dem
glänzenden Beinamen des Großen geschmückt, dessen er so werth war.

Karl hinterließ seinem Sohne, den er, nach erhaltener Einwilligung der zu Aachen im Jahre 813 versammelten geistlichen und
weltlichen Großen, zum Mitregenten ernannt, ein wohlgeordnetes und
blühendes Reich: man durfte erwarten, daß aus des Vaters herrlich
gegründetem Werke der Segen nun erst recht reichlich hervorgehen
werde. Aber diese Hoffnung scheiterte an der Persönlichkeit Ludwig's
des Frommen. Gutmüthig bis zur Schwäche und unentschlossen bis
zur Furchtsamkeit, war seine Hand nicht im Stande, das Scepter
über das große Frankenreich zu führen, zu dessen Beherrschung auch
eine große Seele erfordert wurde. In einem Lehnsstaate mußte der
Erste an Macht und Ansehn auch der Erste an Fähigkeit sein, diese
Macht zu gebrauchen und dieses Ansehn geltend zu machen. Diese
erhabenste Kraft ward Ludwig nicht zu Theil: sein beschränkter Geist
vermochte nicht sich zu der Höhe zu erheben, auf welcher sein Vater
ihm vorausgegangen war, und zu der er ihm eine weite Bahn eröffnet und hinterlassen hatte. Zwar hat er nach außen hin durch glückliche Züge, namentlich gegen die Normannen, die Ueberlegenheit der
fränkischen Waffen bewiesen, auch im Innern des Reiches gute Anstalten für die Kirche, der sein ängstliches Gemüth nur zu schwärme-
risch ergeben war, und für die Pflege der Gerechtigkeit getroffen; aber
jener wahren Größe ermangelte er durchaus, die jederzeit nur im
Gefolge der hohen Weisheit sich findet, welche, die Verhältnisse der

---

[1] Hüllmann Gesch. der Stände Theil I. S. 214 ff. (nach den alten Schriftstellern und Urkunden.)

Welt klar und hell überschauend, überall die rechten Mittel auswählt, und diese dann ernst und fest zur Erreichung ihrer Zwecke gebraucht. Ludwig, anstatt in eigner Person, wie es seines Berufs war, kräftig und muthvoll die Angelegenheiten des Reiches zu leiten, überließ sich dem Rathe seiner Günstlinge, und vertraute diesen das Heft der Regierung, das nur von ihm, als dem Könige, geführt werden sollte. Jene dagegen, mehr auf ihren eignen Vortheil bedacht, drückten das Reich, und so geschah es, daß namentlich dann, als Ludwig den Herzog von Septimanien, Bernhard, zu seinem ersten Minister erhoben hatte, ein Unwillen allgemein ward, der sehr bald in Ungehorsam, ja in Widersetzlichkeit überging — und seine eigenen Söhne waren es, die sich an die Spitze dieser Unzufriedenen stellten.

Ludwig nämlich hatte im Jahre 817 auf einem Reichstage zu Aachen unter seine drei, von seiner ersten Gemahlin ihm geborenen Söhne, Lothar, Pipin und Ludwig, mit Einwilligung der Großen, das Reich vertheilt, und als ihm später in seiner zweiten Ehe noch ein Sohn, Karl, geboren ward, strebte er auch diesem, auf Kosten der älteren Brüder, eine Herrschaft zuzuwenden. Jene Theilung, und namentlich diese letztere Bemühung für den jüngsten Sohn, war der unselige Anlaß zu Ludwigs Unglück und tiefer Schmach.

Schon Karl der Große hatte, ungewarnt durch das Beispiel der Merowinger, die durch öftere Theilung und die daraus nothwendig entstandenen Kriege ihr Reich geschwächt, im Jahre 806 zu Diedenhofen unter drei Söhne, die ihm damals lebten, den fränkischen Staat in drei, von einander unabhängige, Theile getrennt — eine Veranstaltung, die so ganz seinem großen Plane zuwiderlief, alle germanische Völker unter Ein oberstes Haupt zur Aufrechterhaltung einer rechtlichen Ordnung zu stellen [1]), daß sie die überwiegende Liebe eines Vaters zu seinen Kindern zwar erklären, nicht aber entschuldigen kann. Damals starben zum Glück bald darauf (in d. J. 810 und 11) die beiden ältesten Söhne, Karl und Pipin, und Ludwig, der Jüngste, überkam allein das Reich; aber das Beispiel, das Karl mit dieser Zersplitterung aufgestellt, wirkte nur zu sehr auf seinen Sohn, als daß er nicht hätte nachfolgen sollen, und so war es Karl selbst, der, indem er das Reich auf der einen Seite zur höchsten Herrlichkeit emporbrachte, auf der andern wieder die hauptsächlichste Veranlassung zu seiner Zertrümmerung gab.

---

[1]) Dessen Verwirklichung die großen Herzoge, der König der Lombarden und die freie Verfassung der Sachsen von ihm waren aufgefordert worden.

Durch die Pflichtvergessenheit seiner Söhne, die dem Jüngsten keinen Antheil gönnen wollten, und durch Ludwigs eignen Kleinmuth kam es zum förmlichen Kriege zwischen Vater und Söhnen — zweimal ward jener von diesen gefangen, und das letzte Mal mußte er, entthront und mißhandelt, sein eignes Urtheil, das ihm die Krone absprach, öffentlich in der Kirche des Klosters zu Soissons, wo er sich von nun an als Mönch aufhalten sollte, dem Volke verkünden.

Nur die Eifersucht zwischen den lasterhaften Söhnen selbst brachte Ludwig wieder auf den Thron; er starb bald nachher, 840, in neue Fehden mit ihnen verwickelt als ein furchtbares Beispiel, wie tief Unthätigkeit und Schwäche, auch bei sonst guten Eigenschaften, einen Herrscher und sein Reich zu erniedrigen vermögen.

Nach dem Tode Ludwigs sprachen 'die drei Brüder Lothar, Ludwig (der Deutsche) und Karl (der Kahle) (Pipin war schon vor dem Vater gestorben) drei Jahre lang noch durch fortwährende Uneinigkeit aller rechtlichen Ordnung Hohn und trugen, ein Jeder nur für seine eigene Bereicherung bedacht, feindliche Waffen gegen einander. Alle jene großen Gedanken für Erhaltung eines friedlichen Zustandes unter den Völkern waren verklungen: es schien, als ob diese nur deßhalb unter die Botmäßigkeit eines Einzigen gebracht worden wären, damit die Nachkommen desselben das ausschließliche Recht erhalten möchten, die alte, nur mühsam bezwungene, Gewohnheit der germanischen Stämme wieder aufzunehmen und wie diese, die früher durch beständige Raubzüge einander befeindet hatten, nun sich gegenseitig mit blutigem Streit und Hader zu bekämpfen.

Nicht einmal das große Treffen zu Fontenay, in der heutigen Bourgogne, 841, entschied ihre, mit der gierigsten Leidenschaft geführten Kriege, ohnerachtet es so mörderisch war, daß die Geschichtschreiber versichern, so viel Frankenblut sei seit Menschengedenken nicht vergossen worden, und von dieser Zeit an habe diese Nation nicht nur keine Eroberungen mehr wagen, sondern auch die Grenzen ihres Reichs nicht mehr decken und vertheidigen können. [1]) Erst zwei Jahre darauf, 843, kam jener berühmte Vertrag zu Verdun zu Stande, durch welchen die mächtige Herrschaft der Franken in drei einzelne Reiche: Italien mit Lothringen, (einem schmalen Striche zwischen Rhein, Schelde, Maas, Saone und Rhone) Deutschland oder Ostfranken, und Frankreich oder Westfranken zerspalten ward.

Dieser Vertrag, so nothwendig er auch denen, die ihn schlossen,

---

[1]) Annales Fuldenses et Metenses ad a. 841.

erscheinen mochte, ist die Quelle des Verderbens für die fränkischen Länder geworden: beinahe ein ganzes Jahrhundert hindurch zeigt die Geschichte derselben nichts anderes, als ein schauerliches Bild von Uneinigkeit und Zerrüttungen, von unnatürlichen Kriegen verwandter Fürsten, von tiefem Verfall aller Ordnung und Ruhe, von allgemein wieder überhand nehmender Barbarei. Mit blutigen Furchen ward des großen Ahnherrn Saat überzogen und, tief entwürdigt, in den Staub darniedergetreten. Die drei Länder, in welche das Frankenreich aufgelöst worden, zu schwach, sich selber zu schützen, wurden der Spott und die Beute der Fremden: auf sie sehen wir von nun an unausgesetzt die Rotten barbarischer Nationen sich wälzen und, ungezüchtigt, durch Raub und Mord ihre wilden Begierden sich kühlen. Furchtbar sollte der Beweis geführt werden, wie nothwendig es sei, die germanischen Völker unter Einem obersten Lehnherrn zu versammeln, der durch diese Vereinigung und seine eigne allen vorleuchtende Kraft stark genug sei, das Reich der neu erweckten Bildung gegen die zerstörende Wuth roher Barbaren zu schirmen.

Wir überheben uns gern des widrigen Geschäftes, in eine ausführliche Schilderung jener inneren Zerrüttungen einzugehen und beschränken uns, einen Blick auf die Gefahren zu werfen, die von außen her durch die Waffen fremder Völker herbeigeführt wurden. Diese Darstellung möchte um so nothwendiger sein, als durch sie am deutlichsten sich erkennen lassen wird, wie groß das Verdienst des sächsischen Kaiserhauses war, unter dem zuerst Europa sich wieder von den Wunden erholte, an welchen es in dem ganzen Zeitraume, bis an Heinrich und Otto der Thron kam, unausgesetzt blutete. Es waren aber die Völker, die von allen Seiten her in das alte Frankenreich verwüstend einbrachen, vornehmlich die Normannen, die Saracenen, die Ungarn und die Slaven.

Jene Inseln und Küstenländer im Norden und Nordwesten der fränkischen Monarchie, die jetzt dem dänischen und dem schwedischen Scepter huldigen, waren das Vaterland der Normannen, der Männer des Nordens. Von altdeutschem Herkommen, rauh und wild, wie das Meer, das ihr immerwährender Aufenthalt war, und dem Heidenthum ergeben, übten sie keck und kühn ihr Lebelang die alte Gewohnheit aller germanischen Völker, auf Abenteuer auszuziehen und Kampf und Beute zu suchen. Mit ungeahnter Schnelligkeit erschienen ihre Fahrzeuge in den Mündungen der Flüsse; als wären sie aus der Erde emporgekommen, zeigten sie sich; drangen in das innere Land, wo sie alles, was ihnen wünschenswerth erschien, Güter und Menschen, mit

sich fortnahmen, und eben so schnell, als hätte sie das Meer ver=
schlungen, schifften sie wieder von dannen auf den Wellen, die sie
aller Verfolgung entzogen. So hatten bereits vom 6ten Jahrhundert
an normännische Seekönige oftmals die englischen Küsten beunruhigt [1])
und waren zu Anfange des 9ten auch an den fränkischen gelandet.
Karl der Große erkannte die Gefahr wohl, die von diesen unruhi=
gen Nachbarn her drohte: er befahl, die Mündungen der Ströme
mit zahlreichen Schiffen zu versehen, um jedem Einfall dieser gefähr=
lichen Abenteurer kräftig zu begegnen. [2]) Auch Ludwig der Fromme
hatte noch ihre Waffen im Zaume gehalten: durch seine Vermittlung
nahm König Harald von Jütland zu Ingelheim 826 die Taufe. [3])
Es schien, als sollte ein freundliches Verhältniß zwischen den Franken
und Normannen sich begründen lassen. Aber noch lange zogen die
letzteren das Heidenthum und ihre Raubzüge vor, und das Zerwürfniß
von Ludwig's Söhnen rief ihre Schaaren unwiderstehlich herein.
Lothar nahm sie sogar wider seine Brüder zu Hülfe und wies ihnen
Lehen in Seeland an. [4]) Nun umschwärmten ihre Flotten fast jährlich
alle Küsten des Frankreichs: der Schrecken, der vor ihnen herging,
soll so groß gewesen sein, daß der bloße Ruf ihres Namens die Men=
schen schon zur Flucht bewegte. Zuerst wagten sie sich nur an die
zunächst an den Ausflüssen der Ströme gelegenen Städte: Rouen an
der Seine, Nantes an der Loire wurden oftmals von ihnen heimge=
sucht. Aber der Reichthum im Innern des Landes machte sie immer
begieriger, sich tiefer hinein zu wagen; der schwache Widerstand immer
geneigter, ihre Einfälle zu wiederholen. Im Jahre 845 liefen 120
Fahrzeuge von ihnen in die Seine und 600 in die Elbe ein: alles
Land an den Ufern ward verwüstet; Hamburg erobert und zerstört;
Paris rettet Karl der Kahle nur durch eine Zahlung von 7000 Pfd.
Geldes. [5]) So tief war jetzt die fränkische Nation, welche die gefürch=
teten Saracenen, die tapfern Lombarden und die mächtigen Sachsen
besiegt hatte, gesunken, daß man Räuberrotten, statt des Eisens, Gold
zu bieten genöthigt war.

Schon vorher hatten die Normannen durch die Straße von
Gibraltar geschifft, und die spanischen und aquitanischen Küsten ge=
plündert. In demselben Jahre, wo sie Hamburg verwüsteten und
Paris bedrohten, war auch Lisboa und Cadiz von ihnen gebrandschatzt

---

[1]) Sprengel Gesch. von Großbrittanien I. 130. [2]) Eginhards Leben Karls
des Großen c. 17. [3]) Theganus de Gestis Lud. Pii §. 33. [4]) Nithard de Dis-
sens. Filior. Lud. Pii L. IV. bei Duchesne T. II. p. 377. [5]) Annales Bertin.
u. Fuld. z. J. 845.

worden. [1]) 859 kamen sie wieder in das Mittelmeer, liefen die Rhône hinauf, verwüsteten das Land weit umher und durften ungestraft an den Mündungen dieses Flusses überwintern. [2]) Das überraschende Glück, das sie begünstigte, forderte sie zu immer weiteren und verwegeneren Raubzügen auf: 860 hatte einer ihrer kühnsten Helden, Hasting, sogar Rom zu überfallen versucht, Luni und Pisa wurden bei diesem Unternehmen verwüstet. [3]) Seit 864 zinste ihnen Lothringen. [4]) Einzelne Siege, welche die Friesen und Sachsen über sie gewannen [5]), vermochten eben so wenig wie das Gold, das man ihnen zahlte, eine dauernde Ruhe zu sichern. Die Blüthe des sächsischen Adels sank in den blutigen Schlachten gegen diese unüberwindlich scheinenden Feinde; selbst Herzog Bruno, der Vatersbruder Heinrich's des Ersten, verlor das Leben in einem mörderischen Treffen gegen sie bei Ebsdorf [6]) 880. [7]) Das Jahr darauf erschienen 252 Schiffe der Normannen im Rheinstrom: Utrecht, Bonn, Cölln, Lüttich, Tongern und Trier wurden Opfer ihrer Raubgierde; als blühende, reiche Städte trafen sie sie, als Aschenhaufen wurden sie von ihnen verlassen. Selbst der alte Kaiserpalast, den Karl der Große zu Aachen erbauet, ward nicht von ihnen verschont. [8])

Endlich, im Jahre 882, ward auf dem Reichstage zu Worms, wo Karl der Dicke, der Sohn Ludwig's des Deutschen, als König anerkannt wurde, ein allgemeines Aufgebot gegen die Normannen beschlossen, und ein starkes Heer von Lombarden, Alemannen, Rheinfranken, Baiern, Thüringern, Sachsen und Friesen gegen sie geführt. Zwölf Tage lang belagerte sie Karl in ihrem großen Lager an der Maas; zuletzt aber bequemte er sich zu einem schimpflichen Vergleiche, räumte ihrem Anführer, Gottfried, der sich taufen ließ, Friesland als Lehen ein, und reizte durch eine große Summe, die er ihnen zahlte, von neuem ihre nie ersterbende Lüsternheit. [9]) Schon nach drei Jahren machte Gottfried neue Ansprüche auf größeren Länderbesitz, und nun entschloß sich Karl, der unterdessen fast die ganze fränkische Monarchie, wie sie Karl der Große besessen, überkommen hatte, zu dem unwürdigen Schritte, ihn, der zu gefährlich zu werden schien, nach der Betuwe, zwischen Rhein und Maasfluß, zu

---

[1]) Beck's Weltgesch. Th. III. S. 172. [2]) Muratori Gesch. von Italien Th. V. p. 61. [3]) Annales Bertin. u. Gesta Norm (bei Duchesne) zu diesem J. [4]) Ann. Bertin. zu diesem J. [5]) Ann. Fuld zu den Jahren 873. 876. [6]) Ohnfern der Lüneburgischen Haide. [7]) Ann. Fuld. zu° diesem Jahre. [8]) Rhegino Abt von Prüm zum J. 881. Ann. Fuld. zu den J. 881. 882. Chron. Fontanell. bei Duchesne T. II. [9]) Ann. Fuld Lambeciani u. Rhegino von Prüm zum J. 882.

locken, und hier ermorden zu lassen. [1]) So feig und ehrvergessen handelte der, dessen Scepter halb Europa unterworfen, und der als Kaiser der Welt durch Gerechtigkeit den Frieden geben sollte. Aber die Normannen, tief erbittert über die schändliche That, beschlossen Rache zu nehmen. Mit 700 Segeln erschien ihre Flotte in dem Seinefluß, schiffte auf Paris los, und schickte sich zur Belagerung dieses Platzes an. Furchtsam zog der Kaiser, der eben aus Italien zurückkam, seiner bedrängten Hauptstadt entgegen; er begnügte sich, auf der Höhe des Montmartre dem Feinde seine Schlachtordnung zu zeigen und erkaufte wiederum durch 700 Pfund Silbers den Abzug desselben. Ja, er gebrauchte ein noch entehrenderes Mittel zu seiner entehrenden Rettung; er wies den Normannen das Königreich Nieder-burgund, das Land diesseits des Jura, wo Graf Boso, sein Vetter, im Jahre 879 von den Ständen zum König gewählt und gekrönt worden, und sich jetzt seiner Herrschaft nicht untergeben wollte, zur Plünderung an. [2]) Endlich rettete sein Nachfolger Arnulf das be-drängte Europa von der Wuth dieser gefürchteten Corsaren: er schlug sie bei Löwen, in den heutigen Niederlanden, in einem so entscheiden-den Treffen, daß die Geschichtschreiber erzählen [3]), es sei kaum Einer von ihnen übrig geblieben, der die Nachricht von der Niederlage sei-nen Landsleuten habe zurückbringen können.

Seitdem wurden ihre Einbrüche weniger häufig: sie selbst grün-den zu Ende des 9ten Jahrhunderts festere Staaten in ihrem Nor-den, in Dänemark, Norwegen und Schweden; das Christenthum wird allmälig durch Missionarien, unter denen der berühmteste der Erz-bischof Ansgar von Hamburg war, - unter ihnen weiter verbreitet; England gönnte ihnen feste Ansiedelungen in Northumberland unter dem großen Alfred; Frankreich überläßt ihrem Herzog Rollo 911 die Normandie als Lehen, und nur von dem Könige von Dänemark hatte fortan Deutschland noch zu fürchten, bis auch dieser durch Heinrich und Otto bezwungen ward.

Nicht minder furchtbar, als durch die normännischen Seehelden, ward das Frankenreich durch die Saracenen bedroht. Dieses Volk, ursprünglich in den heißen Wüsten Arabiens seßhaft, hatte zu Anfang des 7ten Jahrhunderts durch seinen großen Propheten Mahomed einen mächtigen Aufschwung erhalten, der es erobernd in die weitesten

---

[1]) Ann. Fuld. Met. Lamb. Rhegino zum J. 885. [2]) Ann. Met. u. Rhegino zum J. 887. Abbo. Monach de bellis Paris. Urb. bei Duchesne T. II. 501 sq. [3]) Annal. Fuld. u. Rhegino zum J. 891.

Fernen trieb. Die neue Lehre, die er predigte, gebot: durch sie oder durch Waffen alle Nationen der Erde zu vereinigen. Begeistert durch diesen Befehl und durch die Glut, die eine feurige Einbildungskraft, das Geschenk des Südens, verleiht, hatten die Moslemin in einer kurzen Reihe von Jahren Jerusalem, Phönizien, Syrien, ganz Mittel= asien bis Indien, Aegypten und die Nordküste Afrikas bezwungen; seit der Mitte des 7ten Jahrhunderts waren sie plündernd in Sicilien erschienen [1]); Constantinopel, zweimal von ihnen belagert, hatte sich nur durch das griechische Feuer gerettet [2]); das westgothische Reich in Portugal und Spanien fiel in ihre Hände; bis in das Herz von Frankreich drang ihre drohende Macht: da rettete Europa Carl Martell durch den großen Sieg zwischen Tours und Poitiers 732. Von da an blieb ihnen in Europa nur noch Spanien, bis auf die kleinen christlichen Königreiche in den Gebirgen Galizien und Astu= riens. Ihr Hauptsitz seit 759 war zu Cordova. Das Reich blühte durch alle Künste des Friedens: noch hat Spanien die prachtvollen Ueberreste jener Paläste der saracenischen Fürsten aus dieser Zeit zu Cordova, Sevilla und Granada.

Mit Karl dem Großen hielt Harun al Raschid, der ara= bische Kalif zu Bagdad, gute Freundschaft: bis Saragossa hin schreckte jener die spanischen Mauren und setzte einen Grenzgrafen zu Barcel= lona, Corsika, Sardinien und die Balearen schützte er durch seine Flotten.

Doch als er, der allein Schirm und Hülfe bringen konnte, ge= storben war, erneuerten die spanischen und afrikanischen Mauren ver= wegener ihrer Raubzüge: seit 826 setzt sich der afrikanische Stamm in Sicilien fest [3]), die Eroberung von Syrakus vollendet 52 Jahre darauf die Eroberung dieser dem griechischen Reiche unterworfenen Insel. [4]) Die spanischen Mauren beunruhigen fast unausgesetzt die Küsten der Provence bis zu der Stadt Arles. Das ganze Mittelmeer wird von ihren Raubflotten durchkreuzt: die Balearen, Corsika, Sar= dinien, Malta und Kreta fallen kurz hinter einander in ihre Hände. [5]) Von Sicilien aus schiffen diese räuberischen Horden auch nach Apu= lien und Kalabrien hinüber: an den Ufern des Garigliano und in den Gegenden des Vesuvs auf der Westküste Italiens, auf der Ost=

---

[1]) Muratori Gesch. von Italien Th. IV. S. 122 u. 161. [2]) Muratori Gesch. von Italien S. 168 u. 270: das erste Mal dauerte die Belagerung v. 672—678. Das zweite Mal von 717 und 718. [3]) Cedreni Annales z. J. 826. [4]) Epist. Theodosii Monachi bei Murat. Scr. Rer. Ital. T. I. P. II. Chron. Sarac. daselbst z. J. 878. [5]) Ohngefähr in den Jahren 850—70.

küste zu Gargano und Bari behaupten sie feste Standpunkte. [1] Von hier aus tragen sie Schrecken und Verwüstung in die innern Gegenden dieser blühenden Provinzen des ehemaligen Großgriechenlands, die jetzt dem byzantinischen Scepter gehorchten. Bis nach dem obern Italien, ja nach Dalmatien hinauf dringen ihre wüthenden Rotten; die Venetianer zittern vor ihren streifenden Fahrzeugen. Vergebens baut der Papst Gregor IV. an dem Hafen Ostia bei Rom eine neue Festung, Gregoriopolis, um sie abzuwehren: sie laufen 846 in die Tiber ein, landen bei Rom, und verwüsten den diesseits des Flusses gelegenen Theil; alle Kostbarkeiten der Kirche St. Peters fallen in ihre Gewalt. [2] Nur die angestrengten Bemühungen Papst Leo's IV., der 849 durch Erbauung der leoninischen Vorstadt Rom sichert [3]), und bei Porto die Tiber mit Ketten sperren läßt, retten die Hauptstadt der Welt vor ihren wiederholten Anfällen. Aber das ganze abendliche und morgenliche Gestade Italiens leidet unausgesetzt durch ihre furchtbaren Landungen. Das Herzogthum Benevent, in den Händen lombardischer Fürsten unter griechischer Hoheit, durch innere Streitigkeiten geschwächt, vermag nicht ihren Waffen zu widerstehen. Umsonst beschwören die Päpste die Kaiser und Könige der Franken, Hülfe zu bringen für die immer dringender werdende Gefahr. Einige Siege, welche die Griechen, und besonders Kaiser Ludwig II. bei Lucera in Apulien über sie erfochten [4]), dienen nur dazu, ihre Wuth zu verstärken. Noch im Jahre 880 schreibt Papst Johann VIII. an Karl den Dicken, daß die Saracenen die Gegend um Rom unaufhörlich brandschatzten, so daß Niemand aus der Stadt sich herausbegeben könne. [5] Vier Jahre darauf fällt das reiche Kloster Monte Cassino in ihre Hände. [6] So jämmerlich war der Zustand Italiens, daß selbst einzelne Fürsten, ja Bischöfe, wie der zu Neapolis, ungestraft gemeinschaftliche Sache mit den Saracenen machen konnten. [7]

Ungefähr seit dem Jahre 900 ward Italiens Schicksal noch trauriger. Einige spanische Mauren hatten sich um diese Zeit zu Fraxinetum, dem heutigen Frainet in der Gegend von Frejüs, festgesetzt, auf der Grenze von Provence und Italien. [8] Der dichte Eschenwald,

---

[1] Liutprands Europ. Gesch. bei Mur. T. II. P. I. B. II. c. 11. Annales Bertin. z. J. 942. Erchembert. Hist. c. 16. bei Mur. T. V. Leo Ost. bei Mur. T. IV. B. I c. 43. [2] Annal. Francor. Met. Fuld. Bertin. z. J. 846. [3] Anastas. Bibl. in V. Leonis IV. S. Peter ward von den Mauren der leonischen Vorstadt eingeschlossen. [4] Leo von Ostia B. I. c. 36. [5] Der 245ste Brief P. Johannes VIII. Vergl. Mur. Gesch. von Italien Th. V. S. 170. [6] Leo von Ostia B. I. c. 44. [7] Mur. Gesch. von Italien Th. V. S. 193. [8] Liutprand's Europ. Gesch. B. I

den sie hier trafen, war ganz geeignet, um von hier aus Burgund zu bedrohen, und zugleich die Gegenden Oberitaliens zu schrecken, wo sie mit ihren afrikanischen und sicilianischen Brüdern raubend zusammenstießen. Daher legten sie zu Fraxinetum eine starke Befestigung an, und besetzten alle Pässe der Alpen, die von Burgund und Alemannien aus nach Italien führen. Die Pilger, welche von diesen Ländern aus nach Rom zogen, die Kaufleute, welche über das Gebirge ihre Waaren vertrieben, wurden unrettbare Opfer ihrer Gewaltthätigkeiten. [1]

In solcher gedoppelten Bedrängniß, zu welcher in der letzteren Zeit auch noch die Hungarn-Gefahr gekommen war, blieb Italien bis zu den Zeiten Otto's des Großen.

Das Volk der Hungarn hatte seine ursprünglichen Wohnsitze in dem großen Striche Landes zwischen dem Wolgafluß und dem östlichen Weltmeere, in der heutigen Tages sogenannten großen Tartarei. Von den Chinesen bezwungen und gedrängt, hatten sie westwärts auf die Alanen und Gothen sich geworfen, und dadurch zu Ende des 4. Jahrhunderts den Anlaß zu der großen Wanderung der Völker gegeben. Ueber den Donfluß brachen der Hunnen weltenstürmende Horden und setzten sich zwischen Donau und Theiß in dem heutigen Ungarn fest. Ihr großer König Attila oder Etzel, die Gottesgeißel genannt, hochberühmt in Liedern und Sagen, drang aus Ungarn weiter vor: Constantinopel mußte ihm zinsen — nachdem das morgen- und abendländische Kaiserreich, Deutschland und Gallien vor seinem gewaltigen Arm gebebt hatte, kehrte er an die Donau zurück. Als er nach wenig Jahren starb, 453, zerfiel seine Herrschaft durch die Uneinigkeit seiner Söhne.

Nun kam im Jahre 550 ein neuer Schwarm derselben, oder doch einer verwandten Nation, Avaren genannt, nach Europa, und nahm Besitz von dem Ungarnlande. Gegen sie führte Karl d. Gr. glückliche Kriege, als sie mit Thassilo von Baiern in ein Bündniß gegen ihn getreten waren: die Anlegung der östlichen Mark, des Landes zwischen der Ens und Raab, des späteren Oesterreichs, wo Karl einen Markgrafen setzte, und die Errichtung eines großen Grenzwalls hielten sie von ferneren Raubzügen ab, die sie oftmals nach Friaul und Baiern gewagt hatten. Kaum aber hatte das Christen-

---

c. 1. vergl. B. V. c. 6. Ekkehard de Casibus Monast. S. Galli c. 5. bei Goldast Scr. Rer. Alem. S. 34.

[1] Ein Beispiel bei Froboard, Chorherrn von Rheims z. J. 940. Vergl. Liutpr. V. 4.

thum, das Karl unter ihnen zu verbreiten bemüht gewesen war,
Wurzel gefaßt, als ohngefähr im Jahre 889 ein anderer Zug desselben
wilden heidnischen Volkes, die Madscharen, von den byzantinischen
Geschichtschreibern Ononguri genannt, woraus der Name Hungarn
entstanden ist, wiederholt die Landschaften Panoniens überschwemmten.
Sieben Horden, jede zu 30,000 Mann, unter 7 Woiwoden und unter
Arpad, dem Großwoiwoden, waren von ihren Sitzen, den Steppen
zwischen Don und Wolga und am Fuße des Uralgebirges, aufgebrochen, hatten Rußland über Kiew durchwandert und die Karpathen
überstiegen. Innerhalb zehn Jahren vollendeten sie die Eroberung
alles Landes von diesem Gebirge bis zur Sava, und von der Mo-
rawa bis an den Donaustrom. Die alten Einwohner, theils Avaren,
theils Slaven und Altrömer, wurden zu Sclaven gemacht.

Die neuen Einwanderer behielten den alten nomadischen Gebrauch: ohne feste Sitze zogen sie im Lande mit ihren Heerden umher, Ackerbau trieben sie nur wenig; Viehzucht, Jagd und Fischerei
waren ihr einziger Erwerb. Ihre kleine Gestalt, ihr gräßliches Antlitz,
die tiefliegenden Augen, ihre rauhe, furchtbar tönende Sprache, ihre
Grausamkeit gegen die Gefangenen, deren Herzen sie zu verzehren und
deren Blut sie zu trinken gewohnt gewesen sein sollen, schildern die
Geschichtschreiber mit den lebendigsten Farben.[1]) Ihre übermäßige
Vermehrung und der Mangel an hinreichender Nahrung trieben sie
sehr bald aus ihren neuen Wohnsitzen auch in benachbarte Länder.
Hier erschienen sie auf ihren pfeilschnellen Pferden zum Schrecken der
Einwohner, die sie als Gefangene mit sich schleppten, deren Güter sie
raubten. Erst wenn sie in einer Gegend nichts mehr finden konnten,
zogen sie weiter, brandschatzten von neuem und ließen bei ihrem Abzuge überall nichts als verwüstete Flecken, zerstörte Schlösser und
Kirchen und in Flammen aufgegangene Städte und Dörfer zurück.
Ihre Sitte, den Krieg zu führen, bald anzugreifen, bald zu fliehen
und im Fliehen rückwärts aus hornenen Bogen ihre nie fehlenden
Pfeile abzuschießen, machte sie zu den schrecklichsten Feinden. Oft geschlagen, kamen sie immer wieder verstärkter zurück: Europa verzweifelte an ihrer Bezwingung.

Nach Deutschland herein rief König Arnulf im Jahre 893 ihre
furchtbare Macht, um mit ihr den mährischen König Zwentibold,
der ihm den Gehorsam versagt hatte, zu demüthigen: er, der auf der
einen Seite das Reich gegen die Räubereien der Normänner geschützt,

---

[1]) Rhegino von Prüm z. J. 889.

eröffnete auf der andern einem neuen, nur noch stärkeren Feinde eine
Bahn, es zu vernichten. Die Vormauer, die Karl der Große aufgerichtet hatte, ward niedergerissen, und kaum war Arnulf gestorben,
899, so ergoß sich ihre längst verhaltene Wuth in jährlich wiederholten Einfällen auf das erschreckte Deutschland, Frankreich und Italien.

Im Jahre 900 brach ein Theil von ihnen über die Ens in
Baiern ein und verwüstete das Land weit und breit an 50 Meilen
in der Runde — ein anderer rückte in demselben Jahre durch das
Friaul in die Lombardei, wo Aquileja und Verona in ihre Gewalt
fielen.[1] In den folgenden Jahren erschienen sie verheerend in Kärnthen[2], im Jahre 907 sank gegen sie die Blüthe des baierischen Adels
unter ihrem Herzog Luitpold, dem Stammvater der Wittelsbacher.[3]
Das Jahr darauf wurden auch die Sachsen und Thüringer von ihnen
heimgesucht; der Herzog Burchard von Thüringen blutete vergebens
für die Rettung seiner Landsleute.[4] 910 erreichten sie Franken:
Ludwig das Kind, bei Augsburg von ihnen aufs Haupt geschlagen,
mußte sich zu einem Tribute an sie verstehen.[5] Unter seines Nachfolgers Konrads I. Regierung werden alle deutsche Lande, Thüringen,
Sachsen, Baiern, Rheinfranken und Schwaben fast jährlich von ihnen
durchzogen. In Italien sinkt das große und reiche Pavia, der alte
Königssitz der Lombarden, blühend durch Kunstfleiß und Handel, 924
in ihre Hände. Die ganze ungeheure Bevölkerung mit dem Bischof,
bis auf 200, die sich mit acht Scheffeln Silbers loskauften, wird
niedergehauen, die Stadt selbst mit 43 Kirchen ein Raub der Flammen.[6] Und noch dazu war es der italische König Berengar selbst,
der damals auch die Kaiserkrone trug, der ihnen den Antrieb zu dieser
That gegeben hatte, um seinen Gegner Rudolf von Burgund zu
überwältigen.

Ueber den Rhein selbst, in's lothringische Land, ja bis in das
Herz von Frankreich hinein[7], durften die Ungarn ungezüchtigt sich
wagen, bis Heinrich zum erstenmale 933 entscheidend sie bei Merseburg schlägt. Aber nach seinem Tode brachen sie wieder hervor: alle
drei Reiche der zertheilten Monarchie müssen von neuem ihre Ver-
wüstungen dulden, bis endlich Otto der Große durch den Sieg

---

[1] Hermann der Lahme von Reichenau. Annal. Fuld. z. J. 900. Liutpr. II. 4.
Mur. Gesch. von Italien Th. V. S. 277 ff. [2] Suppl. Ann. Fuld. z. J 901.
[3] D. Fortsetz. des Rhegino von Prüm z. J. 907. [4] Annal. Hildesh. z. J. 908.
[5] Liutprand B. II. c. 1 u. 2. Sigbert von Gemblours z. J. 905 (die Jahrzahl
ist falsch). [6] Frodoard, Chorherr von Rheims z. J. 924. Liutpr. B. III. c. 1. ff.
[7] Fortf. d. Rhegino z. J. 926.

auf dem Lechfelde vollkommen ihre Macht bricht und sie für immer in ihre eignen Landesgrenzen zurückschreckt.

Indem die Normänner alle nördlichen Gestade, die Saracenen die südlichen und westlichen Europa's umschwärmten und das Reitervolk der Hungarn das Festland durchstürmte, beunruhigten auch die Slaven die Nachfolger Karl's des Großen. Aus Asien eingewandert und zwischen der Weichsel und dem schwarzen Meere ausgebreitet, war dieser große Völkerstamm erst dem Scepter des Gothenkönigs Hermanrich, dann der Herrschaft Attila's unterworfen gewesen. Nach dem Tode des Letztern frei geworden, hatte er sich durch Illyrien hindurch, in Kärnthen, Steiermark und Krain, in Mähren, Schlesien, Polen und Rußland, in den Lausitzen und Meißen und durch das ganze nördliche Deutschland bis zur Saale und Elbe festgesetzt, so daß er dieses Reich seit dem sechsten Jahrhundert vom adriatischen bis zum baltischen Meere umschlossen hielt.

Schon zur Zeit der Merowinger hatten die Feindseligkeiten mit diesen neuen Nachbarn begonnen und sie hatten sich den Franken stark und gewaltig gezeigt. Erst Karl der Große überwältigte ihre Macht; er besiegte die Sorben jenseits der Saale, die Tschechen in Böhmen und die Slaven an der Donau; ja er soll bis zur Weichsel hin alle slavische Stämme sich zinsbar gemacht haben.[1] Aber nach seinem Tode versäumten diese nicht, das drückende Joch abzuwerfen und erhoben sich zur Rache. Ludwig der Deutsche mußte fast in jedem Jahre seiner Regierung gegen sie ziehen; doch besiegte er sie meist glücklich. Mehr Gefahr zeigte sich, als der großmährische König Zwentibold sich gegen das Scepter Arnulf's auflehnte: aber auch er ward, wie oben gesagt, mit Hülfe der Ungarn zur Unterwerfung genöthigt.

Die alten Schriftsteller[2] schildern uns die Slaven bei ihrem ersten Auftreten in Europa als ein sehr zahlreiches und mannhaftes Volk, das, in großen und oft veränderten Wohnungen lebend, durch Viehzucht und einigen Ackerbau sich genährt und durch eine glühende Liebe zur Freiheit ausgezeichnet habe. Diese Liebe hielt sie ab, die Oberherrschaft eines Einzelnen anzuerkennen: von Alters her herrschte eine Menge kleiner Herren unter ihnen. Aber die immerwährenden Kriege vermochten endlich einzelne Zweige der Slaven, sich unter einem obersten Herzog zu vereinen: so errichteten die Tschechen und

---

[1] Eginhard Leben Karl's des Großen. c. 6. [2] Procop. de B. Goth. III. 4. Maurit. Strateg. II. 5.

die Lechen in ihren Niederlassungen geordnete Reiche. Indem diese beiden Zweige, die edelsten des ganzen Stammes, nun unter dem neuen Namen der **Böhmen** und **Polen** auftreten, die Donauslaven den Ungarn und die Kärnthner dem baierischen Herzoge unterthan wurden, wurden die eigentlich sogenannten slavischen Lande auf das Gebiet zwischen der Saale, Elbe, Oder und dem baltischen Meere beschränkt, dessen Bewohner fortfuhren, nach der alten Weise unter ihren vielen kleinen, von einander unabhängigen Stammfürsten zu leben. Von den wiederholten Einbrüchen, Ueberfällen und Listen dieser einzelnen, noch sehr wilden und furchtbaren slavischen Stämme, die im Osten unmittelbar an Sachsen und Thüringen grenzten [1]), hatte Deutschland fortwährend zu leiden, zumal da sie bei den Raubzügen der Ungarn an diese sich anschlossen: auch sie wurden unter Heinrich und Otto erst wieder unter die deutsche Botmäßigkeit gebracht.

Während auf solche Weise von allen Seiten her fremde Völker auf das zertheilte Frankreich hereinstürzten, hatten in dem Schooße desselben theils neue Reiche sich gebildet, theils war die Herrschaft aus der Hand der karolingischen Fürsten an andere gekommen.

Noch bevor Karl der Dicke alle Kronen, die Karl der Große getragen, auf seinem Haupt wieder vereiniget hatte, war in den Land-schaften diesseits des Jura, an den Rhone=Mündungen durch Boso, Grafen zu Vienne, den Schwiegersohn Kaiser Ludwig's II. (ältesten Sohns Lothar's und Enkels Ludwig's des Frommen), der durch seine Schwester Richilde zugleich Schwager Karl's des Kahlen war, das Königreich Niederburgund gestiftet worden. Im Jahr 879 hatten ihn die Stände dieses neuen Staats gewählt, und er war in demselben Jahre zu Lyon gekrönt worden.

Nach der Absetzung Karl's des Dicken erhob sich jenseits des Jura, in den Gebirgen der Schweiz und Savoyens, ein anderer König, Rudolf I., bisher Herzog von Westfranken, auch mit dem karolingischen Geschlecht von weiblicher Seite verwandt, einer der ältesten Ahnen der nachher so berühmten guelfischen Familie: von ihm ward das Königreich Oberburgund gegründet, das bis zu dem Rhein, der Reuß und den italischen Alpen sich erstreckte, wo es mit dem lombardischen Reiche grenzte; zu St. Moritz im Walliserlande hatten ihm die Stände gehuldigt.

Beide Staaten brachte zwar der deutsche König Arnulf unter

---

[1]) Der Daleminzier, Luzizer, Heveller, Redarier, Obotriten u. s. w. S. z. B. die Beschreibung der Redarier, die noch Menschenopfer hatten, b. Dith. VI. S. 150 ff.

seine Herrschaft und ward als oberster Lehnherr anerkannt [1]), doch wurde das Band wieder lockerer unter seinem Nachfolger, und als Rudolf II., der Sohn jenes Rudolf's I. von Oberburgund, 933 beide Königreiche vereinigte, verschwand alle Spur einer Abhängigkeit von dem Reiche der Deutschen.

Karl der Dicke war der letzte Karolinger gewesen, der die lombardische Krone Italiens und die des Kaiserthums ruhig getragen hatte: nach seinem Tode bieten die lombardischen Stände dem Herzoge Berengar zu Friaul, einem Enkel Ludwig's des Frommen durch seine Mutter Gisela, der von väterlicher Seite die alten lombardischen Könige zu seinen Ahnen zählte, die Herrschaft an: er ward 888 mit der eisernen Krone zu Pavia gekrönt. Aber seine Erwählung war das Losungszeichen zu den blutigsten Bürgerkriegen, die von nun an über ein halbes Jahrhundert hindurch das Mark Italiens zerfleischen. Dieses unglückliche Land, das, seitdem es einmal von fremden Waffen bezwungen worden, sich selbst zu beherrschen, nicht wieder die Kraft gefühlt hat, beruft jetzt zu gleicher Zeit mehrere Fürsten zu seinen Gebietern, in der Absicht, einen durch den andern zu stürzen, und die nie vergessene Freiheit wieder zu erringen, und während fremde Barbaren die Mauern seiner Städte bedrohen, giebt es noch einem selbstgeschaffenen Unheil sich Preis, das es zur tiefsten Erniedrigung und Ohnmacht hinabstößt. Kaum hatte Berengar den Thron bestiegen, als Guido, Herzog von Spoleto, ebenfalls weiblicher Seits mit dem Haus der Karolinger verwandt [2]), sich ihm als Nebenbuhler entgegenstellt. Seine Siege veranlassen Berengar'n, sich dem deutschen Könige Arnulf zu unterwerfen, und von seiner Hand Italien zu Lehen zu nehmen. Aber dennoch behauptet sich Guido: selbst die Kaiserwürde fällt ihm zu (891). Nur durch die Erstürmung Roms, fünf Jahre darauf, kann sich Arnulf die gleiche Würde erkämpfen: nun sieht Italien auf einmal zwei Kaiser, Arnulf und Lambert, den Sohn des im Jahr 894 verstorbenen Guido's, der schon vor des Vaters Tode gekrönt worden war, und einen König, den Berengar.

Endlich behauptet sich dieser allein auch gegen den zum König und Kaiser gewählten Ludwig, den Sohn Boso's von Niederburgund, den er gefangen nimmt und blenden läßt; seit 915 schmückt selbst das

---

[1]) Rhegino von Prüm z. J. 888. Vergl. Müllers Schweizergesch. I. 227.

[2]) Seine Mutter soll eine Tochter Pipins, Königs von Italien, des Sohnes Karl's des Großen, gewesen sein.

Kaiserbiadem sein Haupt. Aber neue Unruhen mit Rudolf II.
von Oberburgund, den die italienischen Großen, um seine Macht zu
beschränken, gegen ihn herbeizogen, rufen die Flamme des Bürger=
krieges wiederholt in die gesegnete Halbinsel. Da wirft sich der
geängstete Kaiser den Ungarn in die Arme; Pavia fällt; aber
er büßt die unrühmliche That durch einen gewaltsamen Tod im
Jahre 924.

Nur zwei Jahre ertragen es die Italiener, nur Einem Herren
zu gehorchen: schon 926 setzen sie Rudolf einen neuen König, Hugo,
Grafen von Provence, einen Urenkel Lothar's, des Sohnes Lud=
wig's des Frommen durch seine Mutter Bertha, der nach jenes
geblendeten Ludwig's Tode die Herrschaft über Niederburgund em=
pfangen hatte, entgegen. Leicht gelingt es diesem, nachdem er zu
Mailand gekrönt worden, seinen Gegner zur Rückkehr nach Burgund
zu nöthigen und nun beherrscht der schlaue, gewinnsüchtige Provenzale,
der durch Begünstigung der Geistlichkeit die weltlichen Großen im
Zaume zu halten suchte, mit eisernem Scepter Italien. Als die
Italiener, denen seine Thrannei unerträglich ward, den Rudolf
wieder herbeizurufen Anstalt machen, vergleicht er sich mit diesem 933
durch Abtretung seiner burgundischen Provinzen, wodurch eben damals
das ganze burgundische Reich unter Einer Herrschaft sich vereinigte.
Die Händel des Königs Hugo mit Berengar II., Markgrafen von
Jvrea in Piemont, einem Enkel Kaiser Berengar's I. durch seine
Mutter Gisela, die ihn nöthigen, seine Herrschaft an Lothar, sei=
nen Sohn abzutreten, fallen in die ersten Jahre von Otto's des
Großen Regierung: diesem erst gelingt es endlich durch seine Weis=
heit und Kraft die Ruhe und den Frieden auch in dem zerrütteten
Italien wieder zu begründen.

Ju Folge derselben Umwälzung der Dinge, die Karl'n den
Dicken vom Throne gestoßen, hatte auch Frankreich einen neuen
Herrscher erhalten. Graf Odo von Paris, berühmt durch seine Thaten
gegen die Normänner, namentlich bei der oben erwähnten Belagerung
von Paris unter Karl dem Dicken, ein Sohn Robert's des
Starken, aus einem Geschlecht, das einige auf den sächsischen Witte=
kind zurück leiten, und durch seine Mutter Adelheid Enkel Lud=
wigs des Frommen, war im Jahre 888 von einem beträchtlichen
Theile der französischen Großen zum König erwählt und zu Sens
gekrönt worden. Arnulfen, dessen Plan darauf hinausging, die
ganze Herrschaft Karl's des Großen, wie noch sein Vorgänger sie
besessen, wieder in seinen Händen zu vereinigen, unterwarf sich in

demselben Jahre zu Worms, und ward von ihm mit Frankreich belehnt.[1]

Aber nach wenig Jahren schon erhoben sich die Stimmen meh-
rerer französischen Herren für Karl, dem die Geschichte den Beinamen des Einfältigen gegeben, den Enkel Karls des Kahlen,
und ohne Arnulf's, als des Oberlehnsherrn Willen zu befragen,
erhält er zu Anfange des Jahres 893 durch den Erzbischof Fulko die
Krone zu Rheims. Wie in Italien beginnt auch nun in Frankreich
ein blutiger innerer Krieg, und erst der Tod Odo's, 898, verschafft
Karl'n den ungestörten Besitz des Königreichs, das während seiner
Regierung durch den Uebermuth und die Frechheit seiner Vasallen
schwerer als jemals vorher zerrüttet wird. Weder die Abtretung der
Normandie an den Herzog Rollo, noch die Nachgiebigkeit gegen die
mächtigen Großen sind im Stande, dem ohnmächtigen Könige Ruhe
zu verschaffen: nachdem der 922 gegen ihn erwählte Bruder Odo's,
Robert von Burgund, das Jahr darauf in einem Treffen bei
Soissons sein Leben verloren, wird dessen Schwiegersohn Rudolf,
Schwager des Grafen Hugo von Paris, der ein Sohn des Königs
Robert und Hugo Capet's Vater war, zum König gekrönt; König
Karl selbst gefangen genommen, stirbt 929 nach sechsjährigem Gefängniß. Auch Rudolf's Regierung ist ein trauriges Gewebe von
immer fortdauernden Streitigkeiten übermüthiger Vasallen. Nach sei-
nem Tode, 936, ruft Graf Hugo den mit seiner Mutter Edgina,
einer Tochter des Königs Eduard, nach England geflohenen Sohn
Karl's, Ludwig, der Ueberseeische (d'outre-mer) genannt, auf den
wankenden Thron.

Nachdem wir mit dieser gedrängten Darstellung die Geschichte
Burgunds, Italiens und Frankreichs bis zu der Zeit hinaufgeführt
haben, wo in Deutschland Otto's Regierung begann, müssen wir
die Begebenheiten dieses Landes bis zur Thronbesteigung desselben
Königs einer genaueren Betrachtung unterwerfen, und namentlich die
großen Veränderungen in der Staatsverfassung nachzuweisen bemüht
sein, welche, unter den letzten Karolingern vorbereitet, nach dem Ab-
gange dieses Hauses sich immer entschiedener und durchgreifender entwickelten.

Ludwig der Deutsche, dem in dem Vertrage von Verdun
Ostfranken oder die deutschen Länder, welche Sachsen, Thüringen,

---

[1] Ann. Fuld. Met. z. J. 888. Wittech. von Corvei b. Meibom Scr. R.
Germ. I. 637.

Baiern, Schwaben und das rheinische Franken, nebst den Städten und Gebieten von Worms, Speier und Mainz jenseits des Rheins in sich begriffen, zugefallen waren, hatte die ganze Zeit seiner 33jährigen Regierung hindurch gegen wildstreifende Normannen und abtrünnige Slaven schwere Kämpfe zu führen, und während sein Arm zu schwach war, die Grenzen seines Reichs genügend zu schirmen, vermochte er auch im Innern desselben keinen geordneten Zustand herbeizuführen. Doch war Deutschlands Schicksal, sowohl unter seiner, als unter den folgenden Regierungen ungleich glücklicher, als das, welches den andern Theilen des karolingischen Reichs gefallen war: denn wiewohl auch auf deutscher Erde brennende Städte, von den Barbaren angezündet, und einzelne blutige Fehden mächtiger Herren dem Lande bewiesen, wie Noth ihm ein kräftiger Herrscher thue, so blieb dasselbe doch von jenem unermeßlichen Elend verschont, welches Italien und das westfränkische Reich durch seine Gegenkönige erfuhr, und vor jener tiefsten Verwilderung bewahrt, welche eine Doppelherrschaft zu allen Zeiten in ihrem Gefolge geführt hat.

Vornehmlich war es die Nation der Sachsen, in welcher Deutschland schon damals seine kräftigste Schutzwehr und eine starke Hülfe gegen die Einbrüche der Fremden fand. Hätte dieses Volk den anbringenden Slaven und Normannen nicht noch hartnäckigen Widerstand geleistet, und gleichsam als eine Vormauer ihren auf die Vernichtung aller rechtlichen Ordnung gezückten Waffen sich entgegengethürmet, so würde Deutschland wohl kaum der gänzlichen Zertrümmerung entgangen sein, und die neuere Geschichte eine ganz andere Wendung genommen haben. Jetzt sollte es sich zeigen, wie tief Karl der Große in die Verhältnisse der damaligen Welt geblickt und wie sicher er die Gefahr erkannt habe, die unausbleiblich sein Frankenreich erdrückt haben würde, wenn er den Sachsen ihre alte Verfassung und ihren alten Glauben gelassen und sie nicht in den großen Bund germanischer Völker gezogen hätte, um diesem durch die herrliche Kraft, welche er in ihnen wahrnahm, die festeste Stütze zu verleihen.

Es war natürlich, daß auf der Seite, von welcher die größte Gefahr her drohte — und das war die den Normannen und Slaven offen stehende Nord und Ostgrenze des Thüringer und Sachsenlandes — auch nachdrücklichere Maaßregeln zu ihrer Vertheidigung erheischt wurden: und dies ist der Grund, weßhalb wir wenig Jahre nach der Theilung zu Verdun wieder die herzogliche Gewalt in Thüringen und Sachsen eingeführt sehen. Denn da eine gewaffnete

Macht beinahe in jedem Jahre aufgeboten werden mußte, um die
Schwärme der Fremden, die sich verwüstend hereinwälzten, abzuhalten,
so mußte der Oberbefehl über diese Macht in der Hand dessen, der
anfangs nur für die Zeit des Kriegs die herzogliche Würde überkommen hatte, ein fortdauernder werden. Hierzu kam die Ueberzeugung bei Ludwig, daß die Sachsen, in denen er sehr wohl den
wahren Kern seiner Herrschaft erblickte, inniger noch an das Interesse
des Reichs würden gefesselt werden, wenn ein einheimischer Fürst an
ihre Spitze gestellt werde, der an des gemeinschaftlichen Königs Statt
ihren besonderen Angelegenheiten vorstehe. Während in Thüringen
ein gewisser Thaculf, um gegen die Sorben in Meißen die Grenze
zu hüten, auftritt [1]), erhebt sich in Sachsen Ludolf in dieser Würde,
dessen Geschlecht einige bis zu Wittekind hinaufleiten [2]), der älteste
sichere Stammvater des nachher so berühmten sächsischen Kaiserhauses,.
der Großvater Heinrich's I. Lange schon hatte er sich Ludwig
durch tapfere Thaten und weisen Rath empfohlen, als ihn dieser zum
Grafen in Sachsen bestellt — und darum vertraute ihm jetzt der
König das Herzogthum an. [3])

In den übrigen Theilen Deutschlands dauert indessen die karolingische Grafen-Verfassung mit dem kleineren Umkreise der Herrschaft noch fort: doch wurde Sachsen das Musterbild, welches angesehene Großen in andern Provinzen sich nahmen, um sich eine gleiche,
unabhängigere Stellung zu verschaffen, als ähnliche Verhältnisse, wie
dort, ihren Absichten zu Hülfe kamen.

Im Jahre 876 starb Ludwig mit dem Ruhme, strenge Gesetze, die uns zum Theil noch erhalten sind, gegen die im Lande
immer mehr überhandnehmenden Befehdungen wenigstens gegeben zu
haben. [4]) Unter drei Söhne theilte er das Reich, von denen zwei
zum Glück bald starben, so daß die Herrschaft wieder in eines Einzigen, Karl's des Dicken, Hand kam.

Von ihm, der bald darauf auch Frankreich, Italien und die
Kaiserkrone erwarb, hätte man mit Zuversicht hoffen sollen, daß er
die alte Ordnung wieder herstellen und auch jeden äußeren Feind

---

[1]) Ann. Fuld. et Met. zu d. J. 849. [2]) So sagt das Chron. Ursperg u.
d. Chron. Reg. S. Pantaleonis — freilich keine gleichzeitigen Schriftsteller. [3]) Roswitha, der Nonne zu Gandersheim, Gedicht über die Stiftung dieses Klosters bei
Leibn. S. R. Brunsw. II. p. 319 und dann p. 325. Otto I. nennt Ludolf in
einer Urk. v. J. 956 bei Scheid Origg. Guelf IV. S. 390 selbst Herzog: „Lu-
dolphus, proavus noster, Dux Saxoniae.“ [4]) Conv. ap. Marsnam v. J. 847
bei Baluze II. 42. Pact. Confluent. v. J. 860 bei Baluze II. 143.

von des Reiches Grenzen zurückschrecken werde. Die ganze Macht
Karls des Großen war jetzt wieder, bis auf eine geringe Ver-
kürzung, unter seinem Scepter beisammen, und es bedurfte nur eines
entschlossenen, kräftigen Muthes, um das gelähmte Ansehn derselben
wieder zu erheben. Allein je größer das Glück war, das Karl'n
begünstigte, und je bringender für ihn die darin liegende Aufforderung,
es zu gebrauchen, um so kleiner war die Kraft, die er in Bewegung
zu setzen vermochte, desto schimpflicher die Schwäche, mit der er den
günstigen Zeitpunkt ungenützt vorübergehen ließ.

Nach sechs Jahren, seitdem er das kaiserliche Diadem trug, und
im dritten, seitdem er die Herrschaft über das ganze Frankenreich
überkommen hatte, ward es den Großen in allen seinen Staaten zur
Gewißheit, daß er, der den Normännern keinen andern Widerstand
als durch einen entehrenden Tribut und durch Meuchelmord entgegen
zu setzen verstand, der die Saracenen ungestört Italien und die Hauptstadt der Welt in Schrecken setzen ließ, der schon in früher Jugend
geglaubt, er sei vom Teufel besessen[1]), und nun im Alter deutliche
Spuren von Wahnsinn und Bewußtlosigkeit zeigte[2]), nicht fähig sei,
auf einem Throne zu regieren, den er durch Alles, was er unternommen, nur geschändet hatte. Zu Arnulf, seines Bruders un-
ächtem Sohne, einem tapferen Kriegsmann und Herzog in Kärnthen,
wandten sich die Deutschen hin; Ausgangs des Jahres 887 fielen sie
zu Tribur am Rheinstrome öffentlich von Karl ab; während in
Italien sogleich, und in Frankreich wenig Jahre darauf, des Bürgerkrieges blutige Fahne sich erhebt, erfolgt in Deutschland einstimmig
und ohne allen Zwiespalt die neue Wahl.[3]) Der kranke Kaiser lieferte die Reichsinsignien aus und starb, fast von Allen verlassen, in
einer bemitleidenswerthen Dürftigkeit am Bodensee zu Anfang des
folgenden Jahres.

Hart zwar und grausam erschien Manchem im Volke die Absetzung des Kaisers, und daß schon im dritten Gliede die Nachkommenschaft des großen Karl so tief war erniedrigt worden; die Geschichtschreiber jener Zeiten beklagen fast alle schmerzerfüllt sein trauriges
Geschick: aber es war derselbe Sinn und Geist der Germanen, der
dem ersten Karolinger Pipin die Krone überliefert hatte, und der
sie jetzt dem letzten vom Haupte stieß, und dieselbe Frage galt es,
die damals Pipin dem Papste Zacharias vorlegte[4]), als er nach

---

[1]) Annal. Fuld. u. Bertin. z. J. 873.   [2]) Annal. Fuld. u. Rhegino von
Prüm z. J. 887.   [3]) Annal. Fuld. Lambec. z. J. 887.   [4]) Annal. Bertin. Loisel.
et Eginh. z. J. 749. Ann. Fuld. z. J. 751.

der Herrschaft die mächtige Hand ausstreckte: „ob derjenige die Königskrone zu tragen würdig sei, der die Kraft und die Macht zu
herrschen besitze, oder der, welcher nur den Königs-Namen trage?"
Wie diese Frage damals für Pipin entschieden ward, mußte jetzt die
Entscheidung gegen Karl fallen.

Als Arnulf den deutschen Thron bestieg, von dem er seines
Vaters Bruder herunterzugehen gezwungen hatte, war es sein fester
Wille, auch die übrigen Kronen, welche dieser getragen, sich zu gewinnen, nachdem er so glücklich die eine auf seinem Haupte befestiget
hatte. Aber die Revolutionen, die, unmittelbar nach Karl's des
Dicken Fall, in Frankreich, Italien und Burgund erfolgten, verhin-
derten ihn, diese Wünsche sogleich zur Erfüllung zu bringen, und er
mußte sich vor der Hand begnügen, eine Oberlehnsherrschaft über
jene Staaten zu behaupten, während die besondere Leitung derselben
ihren selbstgewählten Herrschern überlassen blieb. Auch mochte die
Bereitwilligkeit, mit der er den König Odo von Frankreich, Berengar von Italien und Rudolf und Ludwig (Boso's Sohn) von
Burgund ihre Herrschaft bestätigte, wohl eine Folge der Nothwendigkeit sein, in die er sich versetzt sah, seine Kräfte gegen die äußere
Macht zusammenzuziehen, welche sein deutsches Reich bedrängte und
die er durchaus brechen mußte, um sowohl sich selbst die eigne Sicherheit hier zu begründen, als auch den Ständen zu beweisen, daß er
es werth gewesen sei, von ihnen mit Aufopferung des angestammten
Königs auf den Thron erhoben zu werden.

Arnulf erfocht den entscheidenden Sieg bei Löwen im vierten
Jahre seiner Regierung, 891: aber während er die westliche Grenze
Deutschlands dadurch gegen die Normänner schirmte, erhob sich im
Osten unerwartet wider ihn ein Gegner, der ihm alle Freude des er-
langten Triumphs über den bisherigen Hauptfeind vergällte. Dieß
war der Slavenfürst Zwentibold. Mit ihm, der unter Ludwig
dem Deutschen zur Unterwürfigkeit gezwungen worden und das
Christenthum angenommen hatte, stand Arnulf, als er noch Herzog
in Kärnthen war, bereits in freundlichem Vernehmen. Das Vertrauen, dessen er ihn würdigte, hatte ihm im Jahre 890, als Arnulf unterdessen König geworden war, das früher durch eigne slavische Fürsten beherrschte, jetzt eben erledigte Herzogthum Böhmen verschafft, ja es hatte ihm sogar die Königskrone von Mähren verliehen.
Arnulf rechnete fest auf Zwentibold's Treue, weil er ihm Wohlthaten erzeigt: aber schlecht lohnte der Slave die Freundschaft des
Königs. Als dieser eben auf dem Feldzuge gegen die Normannen

begriffen war, verleitete ihn das Gefühl seiner Macht, nach der Unabhängigkeit zu streben, und öffentlich kündigte er dem Könige den
Gehorsam auf. Erbittert über diesen schändlichen Schritt, beschloß
Arnulf furchtbare Rache: mit einem mächtigen Heere drang er in
Zwentibold's Lande ein, verheerte Alles mit Feuer und Schwert
— dennoch vermochte er nicht, ihn allein zu bezwingen. Da entschloß sich Arnulf zu jenem Schrit, der über Deutschland namen-
loses Verderben gebracht hat; er rief die Ungarn zu Hülfe. Mit
ihrem Beistande gelang es ihm zwar, den treulosen Vasallen so gänzlich zu demüthigen, daß er um Frieden bitten, zu dem vorigen Tribut
sich verstehen und seinen eigenen Sohn als Geisel stellen mußte: aber
den Ungarn war hiermit der Weg in das Nachbarreich eröffnet, den
sie nach seinem Tode nur allzubald wieder fanden, um dasselbe alle
Greuel der Verwüstung fühlen zu lassen.[1]

Durch diese That befleckt, welche der gerechte Unwille über die
Treulosigkeit eines hochbegünstigten Lehnsmannes nicht entschuldigen
kann, starb Arnulf im Wintermonat des Jahres 889, der Letzte
aus dem Stamme Karls, der auch die römische Kaiserkrone getragen,
und, wenigstens dem Namen nach, eine Oberherrschaft über das gesammte karolingische Reich behauptet hat. Einen sechsjährigen Knaben, Ludwig, hinterließ er von seiner rechtmäßigen Gemahlin.

Lange waren die deutschen Großen zweifelhaft[2]), ob sie diesem
Kinde die Zügel der Regierung in die Hände geben oder einen andern
mächtigeren Herrn zum König erwählen sollten. Das erkannten sie
wohl, daß Ludwig nicht gewachsen sein würde, das kräftige Regiment
zu führen, welches die immer bedenklicher werdenden Unruhen und die
von außen her drohenden Feinde bringend erheischte. Aber die Rücksicht, daß, falls ein anderer Großer gewählt werde, die Gefahr eines
Bürgerkrieges, der das bedrängte Reich zersplittern könne, nicht zu
vermeiden sei, stellte sich ihren Augen entscheidend dar, und darum
übertrugen sie Ludwig die Herrschaft. Hatten doch Italien und Frank-

---

[1] Rhegino z. J. 890. Ann. Fuld. u. Sigbert von Gembloure z. J. 893.
Liutpr. I. 5. [2]) Brief Hatto's, Erzbisch. von Mainz an Papst Johann IX. in
Labbei Concil. T. IX. S. 497. „Tali vero Domino (Arnulpho) rectore et gu-
bernatore amisso, in nostris partibus vaccilavit navis ecclesiae. Quem regem
eligeret, parvo tempore inscia mansit; et qnia timor magnus aderat ne soli-
dum regnum in partes se scinderet, divino ut credimus instinctu factumest, ut
filius senioris nostri, quamvis parvissimus, communi consilio principum
et totius populi consensu in regem elevaretur. Et qnia reges Francorum
semper ex uno genere procedebant, maluimus pristinum morem servare, quam
nova institutione incidere."

reich damals in blutigen Zügen ihnen das ganze furchtbare Bild jener Drangsale gezeigt, die ein Land zerrütten, wenn mehrere um die Herrschaft sich bekämpfen.

Aber jene Besorgniß, daß ein Kind des schwankenden Staatsschiffes Steuer nicht mit männlicher Kraft zu führen im Stande sein könne, wurden nur zu bald gerechtfertigt. Sobald die Ungarn die Nachricht von dem Tode Arnulf's, ihres ehemaligen Waffenfreundes, vernommen hatten, bricht ihre wilde Macht in Deutschland ein, und von nun an sehen wir sie beinahe jedes Jahr über alle Provinzen wie ein verheerender Strom sich ergießen.

Baiern war es, welches, im Osten unmittelbar an das ungarische Land grenzend, von diesen Raubzügen am meisten zu leiden hatte, und dieß ward die Veranlassung, daß sich auch hier, wie schon früher in Thüringen und Sachsen, ein beständiger Herzog erhob, Luitpold, der Stammvater des wittelsbachischen Hauses [1]), mit dem karolingischen Geschlecht durch seine Schwester Oda, die Kaiser Arnulf zur Gemahlin genommen, verwandt. [2]) Wie in Thüringen und in Sachsen die Einbrüche der Slaven die Nothwendigkeit herbeigeführt hatten, die herzogliche Würde in einer Person fest und bleibend zu machen: so war hier die Gefahr vor den Ungarn die Ursache, daß ein angesehener Großer den Oberbefehl über die gewaffnete Macht, die fortwährend im Felde gerüstet stehen mußte, um das Land zu schirmen, dauernd in den Händen behielt.

Der Drang der Zeiten aber und die Schwäche des Königs ließen es auch hier nicht zu, den Söhnen die einmal vom Vater behauptete Macht zu nehmen: und wie in Sachsen auf Ludolf, den ersten Herzog, dessen Söhne Bruno, der 880 gegen die Normannen fiel, und Otto der Erlauchte gefolgt waren: so kam auch in Baiern, als Herzog Luitpold im Jahre 908 bei Preßburg in der Ungarnschlacht das Leben verloren, die Herrschaft in Arnulf's [3]), seines Sohnes, Hände.

Auch in Lothringen war um diese Zeit ein Herzog emporgekommen, Raginar, ein gewaltiger Herr an der Mosel, der Vater Giselbert's, der später Eidam des sächsischen Heinrich's ward. Im Jahre 895 bereits, auf einer großen Reichsversammlung zu Worms,

---

[1]) Dux heißt er beim Fortf. d. Rhegino v. Prüm z. J. 907. [2]) Eccard ist dieser Meinung. Ludwig das Kind nennt ihn propinquum suum in einer Urk. v. 901 bei Hansiz Germ. Sacra I. S. 181. und in einer andern in Lang's Regestis Vol. I. z. J. 903. [3]) Dux nennt er sich in einer Urk. v. 908 in Buchner's Gesch. v. Baiern II. 156.

hatte Arnulf seinen natürlichen Sohn Zwentibold diesem Reiche, das die Landschaften zwischen der Schelde und Maas und dem Rheine umschloß [1]), mit Genehmigung der Großen zum König gesetzt, um desto nachdrücklicher die Normannen, deren Einfällen das lothringische Land hauptsächlich bloß gegeben war, im Zaume zu halten. Raginar war früher der vertrauteste Freund und Rathgeber des Königs Zwentibold gewesen: allein nach Arnulf's Tode ward er entfernt und, da er sich widerspenstig bezeigte, aller seiner Ehren und Würden entsetzt, aus dem Reiche verbannt. [2]) Dieß stürzte den König. Raginar wußte die Unzufriedenheit, welche allgemein gegen Zwentibold's eigenmächtiges Verfahren laut geworden war, zu benutzen; öffentlich fielen die lothringischen Herren von ihm ab, und unterwarfen sich im Jahre 905 zu Diedenhofen dem Scepter Ludwig des Kindes [3]); er selbst, der König, fiel in einem Treffen bei der Maas. Raginar aber behielt nun die Gewalt eines Herzogs über Lothringen durch die Gunst des deutschen Königs, der ihm ja allein die Oberherrschaft über das Land zu verdanken hatte.

Auf solche Weise bereitete sich allmälig jene Verfassung vor, die später allgemein wurde, daß die einzelnen Stämme wieder um einen Herzog sich versammeln, um in diesem einen gemeinsamen und nächsten Mittelpunkt zu haben, der ihren Angelegenheiten in Krieg und Frieden vorstehe, während der königlichen Macht, unter welche die Herzoge als Vasallen sich stellen, die oberste Herrschaft über sie und ihre Provinzen verbleibt. — So muß denn auch noch unter Ludwig's Regierung das Herzogthum Franken sich gebildet haben: weil Konrad von Fritzlar, der auf Ludwig als König folgte, bei seiner Thronbesteigung in dieser Würde erscheint. [4]) Dieses Franken, gewöhnlich Rheinfranken genannt, war durch Abkömmlinge der fränkischen Nation in einem Theile des alten, nach der Schlacht bei Zülpich, 496 besiegten, Alemanniens gestiftet worden, und umfaßte die Gegenden des Mittelrheins bis zum thüringer Walde, sowie die Landschaften an beiden Ufern des Mains bis zum Westerwalde, wo es an Sachsen, und bis zum Schwarzwald und Spessart, wo es an Schwaben und Baiern stieß, ingleichen die Gebiete von Mainz, Speier und Worms jenseit des Rheinstromes. [5])

---

[1]) Der andre Theil des Reiches Lothars, der die Gebiete zwischen der Saone und Rhone und den Alpen enthielt, bildete damals die Reiche Ober= und Nieder=Burgund zu beiden Seiten des Jura. [2]) Rhegino z. J. 898. [3]) Ders. z. J. 900. [4]) Dux heißt er in einer Urk. König Ludwig d. Kinds v. J. 910 bei Eccard Res. Franc. Orient. T. II S. 284. und in Brow. Ann. Trev. L. IX. §. 57. S. 445. [5]) Daß

Langsam, aber ganz aus der Natur der Verhältnisse, entwickelte sich die herzogliche Macht: denn bei so schweren Zeiten, wie die damaligen waren, mußte es jedem einzelnen Stamm ein dringendes Bedürfniß werden, in einem seiner angesehensten Herren einen gemeinsamen Führer zu besitzen, an den man, da des Königs Macht nicht hinreichte, den innern und äußern Fehden zu wehren, durch welche alle Lande zerrissen wurden, zunächst sich anzuschließen vermochte.

Die große babenbergische Fehde, die unter Ludwig's Regierung ausgekämpft ward, ist nur ein großartigeres Beispiel jener Gräuel des Faustrechts, welches damals allgemein auf deutschem Boden überhand genommen hatte: sie ist zugleich ein Beweis, in welche tiefe Sittenverwilderung die geistlichen und weltlichen Großen während der ungeheuern Anarchie versunken waren. Wo ein Graf des Reichs, Adalbert von Babenberg, es wagen durfte, dem königlichen Befehle zu trotzen, und nur seinem Rachegefühle Gehör gebend, mit dem Schwert in der Hand durch Sengen und Morden in Feindes Land sich selbst Recht zu verschaffen; wo der erste Bischof des Reichs, Hatto von Mainz, sich nicht scheute, die ärgste Treulosigkeit zu begehen, um diesen gefürchteten Gegner dem Blutgericht zu überliefern, da mußten wohl alle Besseren sehnsuchtsvoll nach der rettenden Hand hinblicken, die dieser entsetzlichen Barbarei ein Ende zu machen vermöge.

Elf Jahre lang duldete Deutschland das Unheil, welches die Regierung eines Kindes über dasselbe verhängte; da starb endlich am Ausgang des Jahres 911 Ludwig, unvermählt und ohne Nachkommen.

Kein deutscher Stamm stand damals in höherem Ansehen als der sächsische, und kein deutscher Fürst zeigte so glänzende Eigenschaften und hatte sich so eines allgemeinen Vertrauens zu erfreuen, als der Herzog Otto der Erlauchte von Sachsen. Durch seine Schwester Luitgard, die König Ludwig, der Sohn Ludwig's des Deutschen und Bruder Kaiser Karl's des Dicken geheirathet, dem karolingischen Hause verwandt [1]), hatte er schon dem Kaiser Arnulf

---

der Spessart Franken und Baiern schied, beweist V. S. Henrici von Adelbold bei Leibn. I. 438. „inde in silvam Sneicheshart, quae Bavariam a Francia dividit, veniens.“ Die Gegend von Bamberg gehörte entschieden zu Baiern, wie aus Cont. Rheg. ad. a. 964 hervorgeht, worin es heißt, daß Berengar, der bekanntlich in jener Stadt im Exil lebte und starb, nach Baiern geschickt worden sei. Vergl. Ann. Hildesh. z. J. 964. Berengarius deductus in Bajoariam ad Castellum Bavenberg.

[1]) Roswitha bei Leibnitz Scr. Rer. Brunsw. T. II. p. 325. und die Urk. Otto's I. vom 21. April 956, darin er das Kl. Gandersheim seine Gerechtsame

wichtige Dienste geleistet [1]), sein mächtiger Arm hatte das Reich vor
den Fürsten der Slaven oftmals geschützt, und während Ludwig's
des Kindes Regierung war sein Einfluß überwiegend gewesen. Große
Familiengüter in Sachsen und Thüringen, in den weiten Landschaften
zwischen der Weser und Saale, zumeist in den schönen Auen und
Bergen des Helmgau's und Harzgau's vermehrten nur noch seine
Gewalt, die er als Herzog über die sächsische Nation ausübte, welche
seine, von dem ganzen Reiche bewunderten, Tugenden mit einer unbe=
grenzten Liebe verehrte. Es ist höchst wahrscheinlich, daß seine her=
zogliche Macht sich auch über das Thüringerland mit erstreckt habe,
nachdem dessen Herzog, der tapfere Burcharb, im Jahre 908 gegen
die Ungarn gefallen war: wenigstens erblicken wir die Landschaften
an beiden Ufern der Unstrut [2]), von der Werra bis zur Saale und
von den Bergen des Harzes bis zum thüringer Wald, in der spätern
Zeit in den Händen des sächsischen Heinrichs und seines Sohnes
und die Geschichte erwähnt keines besonderen Herzogs der Thüringer
unter ihrer Regierung, ja der Bischof Liutprand von Cremona, ein
gleichzeitiger Schriftsteller, nennt Heinrich ausdrücklich Herzog der
Sachsen und Thüringer. [3])

So große Macht und so große Verdienste machten es natürlich,
daß Aller Augen sich zu Otto hinwandten, als der Tod des kinder=
losen Ludwig den Deutschen die volle Freiheit eröffnete, unter ihren
edelsten Fürsten zu wählen, wer fortan ihr König sein solle. Denn
hohe Weisheit und ein von Allen gefürchtetes Ansehn schienen erfor=
derlich, um dem Reiche wieder zum Frieden zu verhelfen, und es zu
den schweren Kämpfen zu kräftigen, durch welche die übermüthigen
Horden der Fremden gebändigt werden mußten. Einstimmig trugen
die Franken, die Sachsen und die Thüringer Otto die Krone an: der

---

bestätigt bei Scheid Origg. Guelf. T. IV. p. 390. Hier heißt es: „Bruno et Otto
(der Erlauchte) adierunt venerabilem Regem Ludowicum, qui sororem eorum
ab eis acceperat etc. und dann: „Hujus igitur venerabili exemplo provocatus
Arnolfus Rex tradidit etc. in elemosynam divae memoriae avi sui Ludowici
Regis (des Deutschen) genitorisque ejus Karlomanni Regis nec non pro beatissi-
morum Regum videlicit Ludowici et Karoli (des Dicken) patruorum ejus com-
memoratione." Wittechiub der Mönch von Corvey bei Meibom Scr. Rer. German.
T. I. p. 634 sagt fälschlich: Luitgard sei Ludwig des Kindes Gemahlin gewesen.
[1]) Des Bischofs Liutprand Europ. Gesch. 1. Buch. Cap. 7 bei Muratori Scr.
Rer. Ital. T. II. P. I. [2]) Die Unstrut und Helme waren die Grenze Thüringens
gegen Sachsen. S. Liutprand L. IV. Cap. 7. wo es heißt: Memleben liege inter
confinia Thur. et Sax. [3]) Liutpr. B. II. Cap. 7. S. auch Sigbert v. Gemblours
z. J. 914 und den sächs. Annalist z. J. 911.

4

edle Greis aber schlug sie aus, vorhersehend, daß seine herangerückten Jahre ihm nicht lange die königliche Krone zu tragen verstatten wür= den [1]), wie er denn auch bereits im folgenden Jahre gestorben ist. [2]) Dagegen trug er, weil derselbe ihm der Würdigste schien, an seiner Statt den Herzog des rheinischen Frankens, Konrad von Fritzlar, den versammelten Ständen zum Könige an; zugleich war er der Erste, der sich der Oberherrschaft desselben freiwillig mit seinem Sohne Heinrich unterwarf. Wohl hätte er diesen, der damals im kräftig= sten Mannesalter stand [3]), und durch glänzende Thaten hinreichend schon der Welt seine Tüchtigkeit offenbart hatte [4]), zum Throne er= heben können, zu dem ihn, den Vater, die deutschen Stämme beriefen: aber seine große Seele verschmähte diese kleinliche Rücksicht. Er zog es vor, seinen Landsleuten ein ernstes Beispiel zu geben, wie des Reiches Wohlfahrt über Alles gestellt werden, wie vor ihr jede eigen= süchtige Regung verstummen, ja selbst jedes stechende Ehrgefühl ihr zum Opfer gebracht werden müsse, mit welchem die Sachsen, deren Ansehn in dem Reiche immer höher gestiegen war, sich über die von der alten Kraft herabgesunkenen Franken zu erheben bemühten.

Die Empfehlung Herzog Otto's verschaffte Konrad ohne Wider= spruch die deutsche Krone: auch die Baiern und Schwaben traten der von den Franken, Sachsen und Thüringern vollzogenen Wahl bei. Rühmliche Eigenschaften brachte Konrad zu dem Throne [5]): ein männ= liches, tapferes Herz und ein scharfes und sicheres Auge, welches klar erkannte, daß ihm vor allen Dingen die Sorge obliegen werde, die Vasallen des Reichs, und vornehmlich die großen Herzoge, wieder in die Abhängigkeit von der königlichen Macht zu versetzen, deren Spuren diese immer mehr und mehr zu verwischen trachteten. Dringend stellte sich ihm die Nothwendigkeit dar, das alte Band wieder ernst und streng zusammenzuziehen, welches die einzelnen Stämme zu einem gemeinsamen Reiche verknüpfte. Tief gesunken war die königliche Macht: es galt, sie in ihrer vollen Hoheit wieder empor zu heben und die Nation wieder mit der tiefen Ehrfurcht vor einem obersten Herrn zu erfüllen. Durch Konrad's ganze Regierung hindurch zeigt

---

[1]) Bisch. Dithmar's von Merseburg Chronik Ausg. von Wagner L. I. p. 5. Wittechind a. angef. Orte B. I. p. 634. [2]) Der Fortsetzer des Rhegino von Prüm z. J. 912. [3]) Heinrich war damals ohngef. 35 Jahre alt, wie aus der Nachricht Wittechind's B. I. p. 642 hervorgeht, wo dieser erzählt, daß Heinrich ohngef. 60 J. alt gewesen sei, als er im J. 936 starb. [4]) Er hatte die balemincischen Slaven, die in Meißen wohnten, besiegt. Dithmar a. angef. O. p. 4. [5]) Die Fortf. des Rhegino z. J. 919. Liutprand B. II. Cap. 7.

sich sein unablässiges Bemühen, diese Majestät in seiner Person wieder zu erneuern: aber seine Kraft, so herrlich sie war, reichte zu diesem höchsten Ziele nicht hinauf. Jene erhabenste Größe, welche die Gemüther wunderbar zwingt und sich unterwürfig macht, vermochte er nicht zu bewähren. Einen außerordentlichen Charakter erforderte die außerordentliche Zeit — der ungewöhnlichen Aufgabe, die sie stellte, war Konrad nicht gewachsen.

Zwei große Unfälle betrafen den König sogleich, nachdem er den Thron bestiegen hatte: die Ungarn thaten einen neuen wüthenden Einbruch in Deutschland [1]), und ein ganzer deutscher Stamm, die Lothringer, fiel vom Reiche ab. [2]) Jene haben fast jedes Jahr seiner Regierung hindurch ihre Raubzüge wiederholt, und er kam nicht in die Verfassung, ihnen einen durchgreifenden Widerstand entgegensetzen zu können [3]) — diese überzog er mit Waffengewalt, mußte sie aber, nachdem er zwei fruchtlose Feldzüge wider sie gethan, in den Händen Karl's des Einfältigen, Königs von Westfranken, lassen, dem sie unter ihrem Herzoge Raginar sich untergeben hatten. [4]) Und während er so eine Schmälerung des Reichs nicht zu hindern vermochte, mißglückte ihm auch das Bestreben, die andern Stämme, vornehmlich die süddeutschen, sich inniger zu verbinden, und dadurch sein eignes Ansehn zu heben. In dieser Absicht hatte sich Konrad im Jahre 913 mit Kunigunde vermählt [5]), der Witwe des Baiernherzogs Luitpold, Mutter Herzog Arnulf's, und Schwester der Grafen Erchanger und Berthold, die als königliche Kammerboten in Alemannien eine ausgebreitete Macht behaupteten. Diese Provinz war die einzige, in welcher bisher noch kein eigener Herzog emporgekommen war: Erchanger unternahm es jetzt, angefeuert durch das Beispiel der Sachsen und Baiern, diese Würde auch in Schwaben zu begründen. Eigenmächtig warf er sich zum Herzog des Landes auf, und verband sich mit seinem Bruder Berthold, dem Herzog Arnulf von Baiern und dem Grafen Burkhard, dem Sohne des schon unter den vorigen Regierungen gewaltigen Grafen Abalbert im Thurgau, gegen den diesem Schritte widerstrebenden König. Zwar siegten Konrad's Waffen, und das Blut der durch eine Reichsversammlung verurtheilten Brüder bestrafte und vernichtete ihre Wider-

---

[1]) Die Fortf. des Rhegino z. J. 912. [2]) Chronicon Breve S. Galli z. d. J. 912 und 913. [3]) Die Fortf. des Rhegino z. d. J. 913 und 915. Der Mönch Hermann der Lahme von Reichenau in seiner Chronik z. d. J. 916 und 917. Froboard's Chorherren zu Rheims Chronik z. d. J. 919. [4]) Sigbert von Gemblours z. J. 916. [5]) Chronicon Breve S. Galli z. J. 913.

fetzlichkeit [1]); — dennoch aber warb Burkhard von den schwäbischen Ständen zum Herzog erwählt; in offner Empörung verfocht er seinen Anspruch, und der König sah sich endlich genöthigt, ihm seine Bestätigung zu ertheilen. [2]) Arnulf aber warb aus Baiern vertrieben und in des Reiches Acht erklärt: er floh mit Weib und Kind zu den Ungarn. [3])

Früher schon, als hier der König gegen die Herzoge ankämpfte, um ihre Macht darniederzubeugen, war er, um denselben Zweck durchzusetzen, mit dem Herzoge Heinrich von Sachsen und Thüringen zerfallen. Otto der Erlauchte war im Jahre 912 gestorben: noch in seinem letzten Lebensjahre hatte Er eigentlich, und nicht Konrad, das höchste Ansehn genossen [4]); um so mehr nahm nun der König Anstand, dieselbe Macht, die der Vater besessen, in die Hand des Sohnes zu legen, dessen glänzende Eigenschaften ihm wohl bekannt waren. [5]) Er verstattete ihm zwar, geruhig Besitz von seinen Erbgütern zu nehmen, enthielt ihm aber einen Theil der Lehen, welche sein Vater von dem Reiche getragen, vor, indem er ihn durch die Vertröstung zu beschwichtigen suchte, daß er mit der Zeit noch umfassendere Gnade ihm wohl angedeihen lassen wolle. Diese Beeinträchtigung, welche Heinrich nicht verdient zu haben glaubte, und der Unmuth, welchen die Sachsen über die Zurücksetzung ihres geliebten Fürsten empfanden, veranlaßte eine offene Fehde, in welcher Heinrich sich mit Gewalt im Besitz jener Lehen, die Konrad ihm verweigert hatte, behauptete. Und da im Verlaufe des Kampfes noch ein schändlicher Plan des Königs, der ihn auf den Rath des, durch Ueberlistung des babenbergischen Grafen Adalbert berüchtigten, Erzbischofs von Mainz aus dem Wege zu schaffen versucht hatte [6]), von ihm entdeckt worden: so glaubte Heinrich sich aller Verbindlichkeit gegen Konrad enthoben, und übte selbstständig und in voller Unabhängigkeit in Sachsen und Thüringen die Herrschaft. [7])

So mußte denn Konrad am Ende seiner Regierung, als er in seinem Stammschlosse Weilburg an der Lahn, zu Ausgang des Jahres 918, an einer im Kampfe gegen Arnulf in Baiern erhaltenen Wunde gefährlich krank darnieder lag, schmerzlich sich überzeugen, daß

---

[1]) Der Mönch Ekhard b. Jüngere von St. Gallen in seinem Buche: de Casibus Monast. S. Galli Cap. 1. bei Golbast Scr. Rer. Alem. p. 15. und ff. Hermann der Lahme z. b. J. 917 und 918. [2]) Ekhard b. Jüng. a. angef. O. p. 18. [3]) Liutprand B. II. Cap. 7. [4]) Wittechind B. I. a. angef. O. p. 634. [5]) Wittechind a. angef. O. p. 635. Bisch. Dithmar's Chron. B. I. p. 6. [6]) Wittechind und Dithmar an den angef. O. [7]) Wittechind I. 634.

sein Plan, durch eigne Kraft die Macht des Königsthums wieder herzustellen, gescheitert sei. Aber seine Seele war groß genug, die Gefahr des Reiches überdenkend, diesem noch sterbend die einzige Rettung zu hinterlassen: auf dem Todtenbette schlug er Heinrich, seinen Feind, den versammelten Großen zum Könige vor, und seinem eigenen Bruder Eberhard trug er auf, den königlichen Schmuck demselben zu überbringen, weil bei ihm die größere Macht und die größere Weisheit und Kraft sei. [1]

Auf solche Weise gelangte die sächsische Nation nach dem Ablaufe eines Jahrhunderts, seit sie in den großen fränkischen Staat war aufgenommen worden, zu dem Throne der Deutschen. Heinrich und seinen Nachkommen war es vorbehalten, diesem Throne den vollen Glanz wieder zu schenken, den ihm einst Karl verliehen hatte, und alle jene Größe und Herrlichkeit wieder um ihn her zu stellen, welche den Namen der Deutschen zu solcher Ehre und zu solchem Ansehn gebracht hat.

Um es aber vollständig zu erkennen und zu würdigen, wie groß die Verdienste Heinrich's und seines Stammes um das Reich der Deutschen gewesen seien, muß man den zerrissenen Zustand desselben in seinem ganzen Umfange sich vergegenwärtigen, und jene Thatsachen, die wir im Vorhergehenden anzudeuten bemüht waren, zu einem geschlossenen Bilde zusammenziehen.

Noch immer bestand die Verfassung, die Karl der Große dem fränkischen Staate gegeben hatte, dem Anschein nach unverändert auch in dem östlichen Theile desselben, in Deutschland: Bischöfe und Grafen beherrschten an Königs Statt die einzelnen Sprengel und Gauen. Aber die Grundpfeiler, auf denen Karl diese Verfassung gegründet hatte, waren in dem Drange der unglückseligen Zeit nach seinem Tode tief untergraben worden. An die Stelle der freien Wahl [2], vermöge deren das Volk und die Geistlichkeit unter ihren Edelsten und Besten die Prälaten erwählte, welche dann der König zu bestätigen hatte, war immer entschiedener eine Willführ getreten, die oftmals dem Unwürdigsten die Bahn zu den hohen geistlichen Aemtern durch Bestechung eröffnete. Die Könige, theils zu schwach, um diese Ungebührnisse zu hindern, theils so unklug, sich von den Vortheilen blenden zu lassen, welche die Ergebenheit solcher Prälaten ihnen dar-

---

[1] Bisch. Liutprand B. 2. c. 7. Bisch. Dithmar B. 1. p. 7. a. a. O. Der Mönch Wittechind B. 1. p. 636 a. a. O. Der Mönch Elhard von St. Gallen a. a. O. Cap. 5. [2] Capitulare Karls d. Gr. vom J. 803. Cap. 2. bei Baluze I. 379.

zubieten schien, die ganz in dem königlichen Interesse zu handeln ver-
sprachen, unterließen es, durch ihr Ansehn diesem Uebel zu steuern;
ja, sie beförderten wohl selbst Unwürdige zu hohen Aemtern und über-
schütteten sie nur noch freigebiger mit Gnadenbezeugungen, um an
ihnen einen Schutz gegen die drohende Macht der weltlichen Großen
zu haben. Auf solche Weise konnte jener schändliche Erzbischof von
Mainz, Hatto, der erklärte Günstling dreier Könige, Arnulf's,
Ludwig's und Konrad's werden. — Aber die Verderbniß, welche
die obere Geistlichkeit schändete, hatte auch die niedere ergriffen: die
alte, ernste Ordnung der Kirche war ganz aus ihren Fugen gerissen.
Man sah jetzt die Diener der Kirche eifriger darauf bedacht, ihre
Pfründen zu verbessern und den durch die Gefahr der Zeiten ent-
muthigten Menschen ihr Vermögen abzugewinnen, als für das Seelen-
heil ihrer Anbefohlenen zu sorgen, und mit einem fleckenlosen Leben
ihnen voranzugehen. Je höher die Verzweiflung stieg, welche die
innere Anarchie und die Einfälle der Barbaren veranlaßten, desto
gieriger waren die Hirten darauf bedacht, ihre Schafe zu frommen
Schenkungen zu verleiten; während alle Provinzen in unsäglichem
Jammer erzitterten, erhob die Geistlichkeit wohlbehaglich ihr Haupt
und schwelgte in den unermeßlichen Reichthümern, welche sie zusammengebracht hatte. Wie groß die Erbitterung aller Edeln gegen diese
tiefe Sittenlosigkeit und Verwilderung unter dem Clerus gewesen sein
muß, beweist die entschiedene Festigkeit, mit welcher Heinrich es von
sich wies, aus den Händen der Prälaten, als er zum König ausgerufen worden, die Salbung anzunehmen [1]), beweist das dringende
Verlangen des Baiernherzogs Arnulf, als er sich der Oberherrschaft
des neuen Königs unterwarf, selbst die Bischöfe in seiner Provinz
einsetzen zu dürfen [2]), und endlich die ernsten Ermahnungen, welche
Heinrich, bevor er die große Schlacht gegen die Ungarn lieferte,
an die zu Erfurt versammelten geistlichen Stände erließ, das tief ein-
gewurzelte Laster der Simonie aufzugeben und das Volk mit heil-
samem Unterricht und unsträflichem Wandel fortan zum Guten anzu-
führen. [3])

Hatte solchergestalt auf der einen Seite die kirchliche Verfassung
die nachtheiligste Verschlimmerung erfahren, und war mit ihr jenes
eine große Lebenselement, die freie Entwicklung des Christenthums,

---

[1]) Bischof Dithmar B. 1. S. 7. der Wagner'schen Ausgabe. [2]) Liutprand
B. 2. Cap. 7. [3]) Concilia General. T. IX. Hartmanni Hist. Concil. T. IV. p 258.
Vergl. Annales Hildesheimenses bei Leibn. Scr. Rer. Brunsw. T. I. p. 117 und
Liutprand B. II. Cap. 8.

wesentlich gehemmt worden: so hatte man auch auf der andern Seite von dem ursprünglichen Gesetze, welches der Staatsverfassung zum Grunde lag, sich wieder entfernt, und war von neuem und nur noch tiefer in jene Mißverhältnisse gerathen, welche schon zur Zeit der letzten Merowinger einen so fühlbaren Nachtheil geäußert hatten. Die Könige nämlich hatten fast allgemein einen erblichen Anspruch auf die damit verknüpften Lehngüter anerkannt, und dadurch den großen Reichs= vasallen wieder eine überwiegende Macht in die Hände gegeben, welche sie nur zu verwegen gegen die Könige selbst wandten, um sich die volle Unabhängigkeit zu verschaffen. Hiermit aber war das alte Band vollständig zerrissen, das den Vasallen an seinen Lehnsherrn kettete, und diesem die Möglichkeit ganz abgeschnitten, jene zu gemeinschaft= lichen Unternehmungen für den innern und äußern Frieden des Reichs zu gebrauchen. Wo einmal das Gefühl recht sicher geworden war, daß man nicht mehr der Gnade des Königs bedürfe, um seine Herr= schaft zu behaupten, da war man wohl auch nicht weiter geneigt, von dem Könige, als obersten Richter im Reiche, das Recht sich sprechen zu lassen, sondern verließ sich lieber auf die eigene Kraft, um mit Gewalt seine Händel zu schlichten. Und so konnte jenes mit Recht berüchtigte Faustrecht zum ersten Male unter den letzten Karolingern sich vollständig entwickeln und zum ersten Male seine ganze Entsetz= lichkeit fühlen lassen. Aber sehr würde man irren, wenn man diese Erscheinung dem Lehnssysteme Schuld geben wollte: denn dieses be= steht in nichts anderem, als in der Gerechtigkeit, und will seinem Wesen nach nichts anderes, als daß nur der die Macht üben solle, der sie zu üben verdiene; — jenes Faustrechts innerste Wurzel aber ist die Gewalt, die keine Schranke anerkennt, als das Verlangen der rohen körperlichen Kraft ohne alle geistige und sittliche Richtung. Dadurch eben, daß die Lehnsverfassung ausgeartet war, indem der persönliche Anspruch immer entschiedener in einen erblichen sich umge= wandelt hatte, dadurch, daß sowohl die königliche Macht, als die der Vasallen auf die Nachkommen übertragen werden durfte, welche die Tüchtigkeit der Väter nicht besaßen, entstand die grenzenlose Verwir= rung in Deutschland, die allen Frieden verscheuchte und alle rechtliche Ordnung zertrümmerte.

Was in diesen Zeiten vor allem Andern die königliche Macht, auf deren heiligstes und höchstes Ansehn es bei einem Lehnsstaat wesentlich ankam, bedrohte, waren die in den letzten Regierungen neu entstandenen Herzogthümer. Wenn jenes Streben nach voller Unab= hängigkeit, das alle Lehnsträger ergriffen hatte, auch von den Her=

zogen mit glücklichem Erfolge durchgesetzt werden konnte, so war der
gemeinsame Reichsverband, welcher die deutschen Stämme zusammen-
hielt, mit einem Male gelöst und eine Vielherrschaft begründet, die
nur zu sehr befürchten ließ, daß die einzelnen, für sich zu schwachen
Provinzen unausbleiblich in die Hände der Barbaren würden geliefert
werden. Um die Einheit des Reichs desto fester zu behaupten, hatte
Karl d. Gr. mit Fleiß alle Stammthümlichkeit unter seinen Völkern
insofern gebrochen, daß er sie alle unter das eine und gleiche Ver-
fassungssystem versammelte und den einzelnen Nationen keine aus
ihrer Mitte erwählten Herzoge ließ. [1]) Aber nur ein so ungemeiner
Geist, wie er, vermochte diese Ordnung in Ansehn zu erhalten und
die Augen Aller von ihren eigenen und besonderen Angelegenheiten
hinweg auf seine glänzende Heldenkraft und auf das große Ganze zu
wenden, an dessen Spitze er stand. Je schwächer seine Nachfolger
waren und je weniger sie strebten, den Zusammenhang des Reichs zu
bewahren, desto mehr mußte nun auch wieder das gemeinsame Band
in den Schatten zurücktreten, und die Aufmerksamkeit der einzelnen
Stämme wieder auf sich selbst und auf ihre eigenen Angelegenheiten
zurückkehren und darauf sich beschränken. Hiermit war aber auch
wieder die ehemalige Eifersucht, der alte Stolz, ja der alte Haß zurückgekehrt, der die einzelnen Stämme streng von einander hielt und
ihre Abgeschiedenheit stark und entschieden hervortreten ließ. Gewiß
ist, daß auch diese Gefühle sehr dazu beigetragen haben, die von der
Noth eingeführte herzogliche Würde dauernd bestehen zu lassen, eben
weil, nachdem des Reiches Einheit zu verschwinden angefangen hatte,
eine scharfe und schroffe Absonderung den Stämmen unter einander
wieder wünschenswerth geworden war.

Wie sehr Konrad darauf bedacht gewesen sei, die Herzoge wieder
dem gemeinsamen Ganzen zu unterwerfen, erwähnten wir oben, zugleich aber auch, wie unglücklich er diesen Kampf geführt habe. Denn
der lothringische Stamm hatte sich ganz von dem deutschen Reiche zu
dem westfränkischen hinübergewandt; Graf Burkhard in Schwaben
hatte mit den Waffen in der Hand sich das Herzogthum erkämpft,
und Arnulf, der Baierherzog, obwohl besiegt, war zu den Ungarn
geflohen, um deren furchtbare Macht von neuem nach Deutschland zu
rufen und mit ihrer Hülfe seine Unabhängigkeit zu behaupten.

---

[1]) Nur in Italien gab es unter Karl Herzoge: aber der Umfang ihrer Macht
und ihrer Lehen war sehr eingeschränkt und bei weitem nicht dem gleich, den die
deutschen National-Herzoge besessen hatten.

Mißlicher hatten sonach die Verhältnisse wohl noch nie gestanden, als jetzt, da man Heinrich die Herrschaft antrug. Blutend, veröbet, erschöpft lag Deutschland darnieder: die Verderbniß, welche den Clerus ergriffen hatte, von den obersten Gliedern bis zu den niedersten herab= gegangen und unausbleiblich auf die ganze übrige Nation war ver= breitet worden, der Uebermuth und Trotz, mit welchem die Vasallen ungewöhnliche Vorrechte in Anspruch nahmen und Frieden und Recht durch ihre Gewaltthätigkeiten verdrängten, und endlich die Wuth der barbarischen Slaven und Ungarn, welche, nachdem sie früher einzeln ihre Raubzüge ausgeführt, nun in den letzten Jahren, um die Bedräng= niß vollständig zu machen, sich auch noch zusammengefunden hatten, um gemeinschaftlich Deutschland zu zertreten [1]) — dieses dreifache Unglück war auf den höchsten Gipfel gestiegen und schien unermeßlich und unheilbar.

Aber jetzt sollte es sich bewähren, was ein großer Mann zu vollführen im Stande sei; wie der ächten Weisheit ungeahnte Kräfte zu Gebote stehen, um die verzweifeltsten Zustände überraschend zu lösen; und wie des Geistes Kraft aus Tod und Vernichtung ein neues Leben zu erwecken verstehe. Aus der Mitte seiner Sachsen heraus geht Heinrich, die wankende Krone der Deutschen auf seinem Haupt zu befestigen — wohl überschaut er die gefährliche Laufbahn, die sich vor ihm eröffnet; aber unerschrocken und kühn ergreift er das darge= botene Scepter: die höhere Macht, an die er glaubte, läßt durch seine Hand unsterbliche Thaten verrichten und schmückt den Helden mit un= verwelklichem Lorbeer.

Wohin Konrad vergeblich alle acht Jahre seiner Regierung hin= durch gestrebt hatte, die süddeutschen Provinzen, Alemannien und Baiern, fest an sein Interesse zu ketten und ihre Herzoge der königs= lichen Gewalt unterwürfig zu machen, das sehen wir Heinrich gleich am Anfange gelingen. Nachdem er von den Franken, Thüringern und Sachsen zu Fritzlar im Jahre 919 zum König ausgerufen wor= den [2]), wendet er sich gegen Burkhardt, den Schwaben. Durch die Macht der Waffen genöthigt, unterwirft sich der Herzog, indem er die Lehnspflicht leistet, dem königlichen Scepter. [3]) Von Alemannien aus zieht Heinrich nach Baiern: Arnulf war auf die Nachricht von Konrad's Tode aus Ungarn zurückgekehrt; er hatte sich in die

---

[1]) Bei der Niederlage der Ungarn im J. 933 Wittechind B. I. p. 941 der Meibom'schen Ausgabe heißt es von ihnen: iter agentes per Dalamantiam ab antiquis opem petunt amicis. [2]) Wittechind a. a. O. p. 637. [3]) Wittechind a. a. O. Albericus in Chron. ad a. 920.

Verfassung gesetzt, sich unabhängig zu behaupten; ja die Baiern waren damit umgegangen, ihm selbst die Königswürde in die Hände zu geben. [1]) Als die Heere feindlich bei Regensburg sich gegenüberstanden, fordert Heinrich den Baierherzog zu einer Unterredung. Hier stellt er ihm vor, wie durch die gemeinsame Wahl des Volks ihm die deutsche Krone anvertraut worden sei, und wie es unedel, ja sündlich wäre, wenn sein Anspruch der allgemeinen Stimme und dem Willen Gottes, der die Wahl auf ihn gelenkt habe, sich entgegenstellen wolle. Diese Rede verfehlt nicht ihre Wirkung; Arnulf bequemt sich zur Nachgiebigkeit; auch er huldigt dem Könige und stellt sich als Vasall unter seine oberste Herrschaft. [2]) Durch die Vergünstigung auf die Zeit seines Lebens, die Bischöfe in seiner Provinz selbst ernennen zu dürfen, wie es die Baiern allgemein wünschten, macht Heinrich den gefürchteten Gegner zu seinem getreuesten Anhänger. [3])

Durch solche Weisheit und Kraft war in dem ersten Jahre von Heinrich's Regierung das Wesentlichste gethan, um das Ansehn des Königthums zu behaupten: die fünf großen Stämme, die Franken, Sachsen, Thüringer, Alemannen und Baiern waren zur Einigkeit gebracht und ein festes Band hielt sie von neuem mit dem Könige verbunden. In Heinrich lebte jene erhabenste Größe, welche die Herzen zur Bewunderung dahinreißt und sie unauflöslich zu fesseln versteht, so daß sie willig in den Bahnen mit fortgehen, in welche sie sich hineingezogen sehen.

Heinrich's vornehmste Sorge ging nun dahin, auch Lothringen wieder mit dem Reiche der Deutschen zu vereinigen. Er trat deßhalb in Unterhandlungen mit dem Könige von Franzien, Karl dem Einfältigen [4]), und als dieser kurz darauf von den französischen Herren gefangen genommen und des Reichs entsetzt worden, wandten sich die lothringischen Großen unter Giselbert, dem Sohne ihres ehemaligen Herzogs Raginar, der sie zu dem westfränkischen Scepter hinübergeführt hatte, förmlich wieder zu Heinrich. [5]) Giselbert, durch die Treulosigkeit eines Verräthers in Heinrich's Gewalt überliefert, war großmüthig von ihm gehalten worden, und nun bestätigt er ihn als Herzog von Lothringen; Giselbert leistet dem Könige die Lehnspflicht [6]) und dieser giebt ihm seine eigene Tochter Gerberga zur Gemahlin. [7]) Weniger durch das Ansehn seiner Waffen, als durch

---

[1]) Liutprand II. 7. [2]) Liutprand B. 2. Cap. 7. Wittech. a. a. O. [3]) Bisch. Dithmar B. I. p. 17. [4]) Frodoard's, Chorherrn zu Rheims, Chronik z. J. 921. [5]) Frodoard z. J. 925. [6]) Wittech. I. S. 638. [7]) Die Fortf. des Rhegino von Prüm z. J. 929.

seine Weisheit und Milde, mit der er die Gemüther der Lothringer zu erobern verstand, machte er sich die schönen Landschaften an der Mosel und Maas unterthan — die lothringische Nation, berüchtigt wegen ihres Wankelmuths und ihrer vorherrschenden Liebe zu Neuerungen, blieb ihm bis zum Ende seiner Regierung in unwandelbarer Treue ergeben.

Indem Heinrich so den Umfang des deutschen Reichs auf seine früheren Grenzen zurückführte, waren seine Blicke streng und ernst auf die Begründung eines friedlicheren Zustandes im Innern gerichtet. Durch alle Mittel, welche seinem großen Geiste zu Gebote standen, suchte er daher das Faustrecht zu bekämpfen, und an die Stelle der wüsten Gewalt, die Vielen, selbst den Edelsten lieb geworden war, wieder die Herrschaft der Gerechtigkeit zu befestigen. Wohl fand er in dem Reiche noch Spuren der alten Stärke und Kraft, aber sie hatte während der entsetzlichen Bedrängniß der Zeit einen unheilbringenden Weg genommen: der Bürger hatte sie gebraucht, um seinen Mitbürger zu vernichten. Durch die unrühmliche Pflichtvergessenheit der Könige, welche, wie Karl der Dicke und Arnulf, fremde Völker hereingerufen hatten, um Reichsunterthanen zu bemüthigen, war der vaterländische Geist erstorben und jenes heilige Band, das die Stämme einer Nation treu und fest an einander schließen sollte, gelöst worden; die ungeheure Verwilderung des Clerus hatte die religiöse und sittliche Richtung unter dem Volke erstickt, das Schwanken aller Verhältnisse und die überall herrschende Zerwürfniß hatte alle Angeln des Staats aus ihren Fugen gehoben. Da trat Heinrich mit dem großen Gedanken, daß alle Kräfte sich vereinigen müßten, um die überschwellende Fluth der Barbaren von dem vaterländischen Boden hinauszudrängen, unter die Deutschen — sein Herz, dessen glühender Wunsch es von Jugend auf gewesen war, den Stamm seiner Sachsen zu verherrlichen [1]), hatte sich jetzt, seitdem er die Königskrone trug, ein höheres Ziel ersehen und eine erhabenere Aufgabe gestellt: die Rettung Deutschlands. Dieser große Gedanke ward der mächtige Antrieb, welcher die zerspaltenen und gegen sich selbst feindlich gestellten Gemüther wieder auf einen gemeinsamen Zweck wies; und indem er sie jene Raubfehden in dem wahren, unrühmlichen Lichte erblicken ließ, sie mit einer edeln Begeisterung für das Heil des gemeinsamen Vaterlandes erfüllte. Heinrich's Verdienst war es, der nicht erstorbenen, sondern nur verirrten Kraft der Deutschen wieder eine glänzende Richtung vorzuzeich-

---

[1]) Wittechind B. I. S. 634.

nen und die vereinzelten Interessen in einem großen Brennpunkte zu versammeln.

Um die im Lande umherschweifenden Rotten gemeiner Leute, welche bisher von Raub und Plünderung sich genährt hatten, zu einem geordneteren Leben zu vermögen, begnadigte er sie, und wies allen, die das Schwert tapfer zu führen verstanden und die Fähigkeit zeigten, als Krieger unter seinen Fahnen einst muthig zu fechten, Grundbesitz an, indem er ihnen aufgab, zu seinem Banner zu stoßen, dafern er sie zu Kriegsunternehmungen gebrauchen wollte. Namentlich werden uns die Landschaften rings um die von ihm mit Mauern befestigte, noch von den Römern stammende alte Stadt Merseburg genannt, welche er unter die früher das Sachsenland in Schrecken Setzenden vertheilte. Hier sollten dieselben eine Grenzwacht bilden gegen die Einfälle der Slaven, die jenseit der Saale und Elbe wohnten: dagegen untersagte er ihnen ernst alles fernere Beunruhigen der Unterthanen des Reichs. [1]

Den Adel aber der deutschen Nation suchte er durch die Waffenspiele, die er anordnete, von seinem unruhigen Treiben abzuziehen, und ihn dadurch von den Befehdungen, durch welche er bisher sich selbst und dem Ganzen Unheil gebracht, auf eine würdigere Beschäftigung hinzulenken. Große, geordnete Kampfspiele hatten, nach Tacitus Nachrichten [2], schon die ältesten Deutschen; der ostgothische König Theodorich hatte dergleichen an seinem Hoflager gegeben [3]; unter Karl und seinen Nachfolgern waren sie oftmals bei feierlichen Gelegenheiten angestellt worden; der Geschichtschreiber der Streitigkeiten der Söhne Ludwig's des Frommen berichtet uns, daß an dem Hofe Ludwig's des Deutschen zu Worms dergleichen Waffenfeste gefeiert worden. [4] Unter den folgenden Regierungen mochten sie unterblieben, oder doch weniger häufig gehalten worden sein, weil die Ungunst der Zeiten und die überhandnehmende Anarchie es nicht dazu kommen ließen; Heinrich aber führte diesen alten Gebrauch wieder ein, und gerade in ihm fand er das kräftigste Mittel, einen ganz neuen Geist unter den Großen des Reiches zu erwecken.

Denn einmal sollten diese Waffenfeste Vorübungen sein, um die Kräfte zu den ernsteren Kämpfen zu stählen, zu welchen Heinrich die Seinen bald zu führen gedachte; dann aber waren sie auch wesentlich

---

[1] Wittechind B. II. S. 643. Vergl. Sigbert vom Gemblours z. J. 922.
[2] Taciti Germania Cap. 24. [3] Ennodius im Lobgedicht auf Theodorich ed. Sirmondi p. 314. [4] Nithard de Dissensionibus filiorum Lud. Pii L. III. bei Duchesne T. II. p. 375.

darauf berechnet, die Herzen tapferer Männer mit einem rühmlichen Wetteifer der Ehre wieder ganz zu erfüllen. Indem Heinrich aus allen Gauen Deutschlands die edeln Herren berief, um auf der Kampf= bahn öffentlich darzuthun, wer unter ihnen die Waffen am geschicktesten zu führen verstehe, entflammte er auf die stärkste Weise den tief in allen deutschen Gemüthern befestigten Stolz und eröffnete der wahren Tüchtigkeit eine neue, ruhmvolle Laufbahn. Der Mönch Wittechind von Corvei erzählt uns [1]), daß er, der König, in diesen Waffen= spielen vor allen hervorgeleuchtet und solche glänzende Heldenkraft ge= zeigt habe, daß alle Anwesende von Bewunderung wären ergriffen worden. Wie sehr solche Beweise der Heldenkraft, wie der König sie bei diesen Spielen vor den Augen seiner Großen ablegte, dazu bei= tragen mußten, dieselben mit einem unbegrenzten Vertrauen gegen ihn zu erfüllen, auch in dem blutigen Ernst der Schlacht gegen gefürchtete Feinde, das läßt sich bei einer Nation wohl nicht bezweifeln, die auch noch in ihrer Verwilderung fest an dem Glauben hielt, daß der mit Recht ihr Herr und König sei, der sich so in Wahrheit als der Tüch= tigste unter ihnen bewähre.

Es darf behauptet werden, daß Heinrich, indem er die alther= gebrachten festlichen Spiele der Waffen in Deutschland wieder erneuerte, und sie in eine geordnetere Verfassung brachte, als der wahre Be= gründer jenes gefeierten Ritterthums anzusehen ist, welches sich in dem Fortgange der Zeiten immer weiter entwickelt und später durch die Errichtung einer geschlossenen Rittergesellschaft und durch die Turniere, welche seit den Kreuzzügen aufkamen, seine vollständige Ausbildung erhalten hat. Denn der ist mit Recht als der Schöpfer einer neuen Zeit zu verehren, der die Grundlagen zu den neuen Bildungen, die in ihr aufgegangen sind, errichtete, und der, in die Zukunft voraus= schauend, die Lebenskeime dem Schooße der Gegenwart anvertraute, welche jene gezeitiget hat. Das aber ist das Wichtigste, daß durch diese Spiele, die unter Heinrich's Nachfolgern immer allgemeiner wurden und zu wahren Nationalfesten sich erhoben, wie es die olym= pischen bei den Griechen gewesen, auch die Nationalerziehung einen festen Halt und eine sichere Richtung erhielt. Denn jene edelsten Leidenschaften der Ehre und Vaterlandsliebe, welche sie in den Ge= müthern entzündeten, jener beständige Wetteifer der Tapferkeit, den sie erweckten, jenes hohe Gefühl für Recht und Sitte, das sie über die Nation verbreiteten, wurden die mächtigen Triebfedern, welche

---

[1]) B. I. S. 641.

von nun an die Jugend beherrschten und zu den größten Thaten entflammten. — Die Hauptfeinde der Deutschen waren, nächst den Slaven, die
Ungarn: die Art, wie diese den Krieg zu führen gewohnt waren, bestimmte die besonderen Vorkehrungen, welche Heinrich gegen sie
treffen ließ. Die Ungarn nämlich eroberten die Landschaften, in
welche sie einbrachen, nicht, um sie zu besitzen; ihre einzige Absicht
war nur, sie zu verheeren. Mit den erbeuteten Schätzen und den
gefangenen Menschen, zogen sie, sobald sie eine Provinz bezwungen,
wieder heim: die Wüsten, die ihre Raubsucht geschaffen, ließen sie
hinter sich zurück; nur die rauchenden Trümmer der Städte und
Flecken, nur die Leichen der Erschlagenen verkündeten, daß ihre wilden
Rotten in dem Lande gehaust hatten. Deutschland hatte vor Heinrich nur wenige von festen Mauern umschlossene Orte; hierzu gehörten vornehmlich die von den Römern an dem Rheinstrome und an
der Donau erbaueten; die übrigen Städte, wo etwa die Bischöfe ihre
Sitze genommen, waren nur weitläufige, unbefestigte Plätze, die eine
Menge von einander abgesonderte Gebäude enthielten, und deren
Umfang keine Einschließung mit Thürmen und Wällen zuließ — jene
Felsenburgen und Bergschlösser aber, deren es seit der ältesten Zeit
eine beträchtliche Anzahl in allen Theilen des Reiches gab, konnten
nur wenig Menschen fassen und vermochten nur die mächtigen Dyna-
sten und Grafen, welche sie bewohnten, mit ihrer Dienstmannschaft
zu schützen. Deßhalb lagen die meisten Provinzen des deutschen Landes
der verheerenden Raubsucht jener furchtbaren Gegner offen, und vornehmlich waren es die norddeutschen Gebiete, denen, weil sie von
allen großen, befestigten Städten entblößt und durch keine Gebirge
geschützt waren, die empfindlichsten Wunden geschlagen wurden. [1]) Als
daher Heinrich, nachdem er wiederholt von den Ungarn besiegt, einmal bei einer blutigen Schlacht gegen sie sogar in Lebensgefahr gewesen und nur innerhalb der Mauern der Stadt Bichen an der Mulde
bei Wurzen war gesichert worden [2]), durch einen glücklichen Zufall
jenen ungarischen Fürsten im J. 924 in seine Gewalt bekommen hatte,
durch dessen Befreiung er sich gegen einen jährlichen Tribut eine
9jährige Waffenruhe verschaffte, ging seine vornehmste Sorge dahin,
im Lande der Sachsen mehrere befestigte Plätze anzulegen, die geräu-
mig genug wären, um eine große Anzahl von Menschen zu fassen

---

[1]) Liutprand B. II. Cap. 8. Wittechind B. I. S. 639. [2]) Dithmar B. I.
S. 12. der Wagner'schen Ausg.

und hinreichend fest, um dieselben gegen die Barbaren, die förmliche Belagerungen nicht zu führen verstanden [1]), zu schützen. Aus dieser Absicht sind eine Menge Städte, wie z. B. Merseburg [2]), auf seinen Befehl mit Mauern und Graben umgeben, und andere, unter denen Meißen [3]), Queblinburg [3]), Nordhausen [4]), Duderstadt [4]) und Goslar [5]) genannt werden, ganz neu angelegt worden, und die Geschichte hat Heinrich deßhalb den Namen des Städteerbauers gegeben.

Durch jenes berühmte Gesetz [6]), welches der König erließ, daß von den das offene Land bewohnenden, freien, zum Kriegsdienste verpflichteten Leuten der neunte allemal in die Städte rücken solle, um für die übrigen acht, denen indessen die Ernten zu besorgen und den dritten Theil derselben einzuliefern oblag, hier Gebäude aufzurichten, und durch die Verordnung, daß alle Versammlungen der Landgemeinden, sowie alle übrigen Festlichkeiten fortan innerhalb der Mauern dieser Städte gehalten werden sollten, suchte er den alten Widerwillen seiner Landsleute, deren starkes Naturgefühl das Leben im freien Lande, wo der offene Himmel sich über ihnen wölbte, bis jetzt entschieden vorgezogen hatte, zu überwinden, und wenigstens so viele von ihnen in geschlossenen Plätzen zu versammeln, als die Noth erheischte. Wohl mochte Heinrich's tiefschauender Geist auch die übrigen großen Vortheile berechnet haben, welche die Städte durch das enger verknüpfte Beisammenleben vieler Menschen, das die Ausbildung des Handelsverkehrs und der Gewerbe und Künste ihnen erleichterte, erst in der Zukunft entwickeln sollten: seine Nachfolger, die Ottonen, haben wenigstens den Gedanken festgehalten, daß die Städte wesentlich dazu bestimmt seien, vorzugsweise jene Kräfte zu erwecken und zu beleben, und haben in diesem Geiste gehandelt, wie wir aus den umfassenden Vorrechten und Begünstigungen ersehen, welche die Städte durch sie erhalten haben.

Als der König Heinrich die ersten Jahre des Waffenstillstandes mit den Ungarn auf solche Weise zu Einrichtungen verwendet hatte, die dereinst ihre Besiegung beschleunigen sollten, beschloß er die Deutschen vorerst gegen die in Morgen und Mitternacht wohnenden Bar-

---

[1]) Rhegino v. Prüm z. J. 889.   [2]) Dithmar B. I. S. 13.   [3]) Dithmar a. a. O. S. 12. 13.   [4]) Diese Städte vermachte Heinrich seiner Gemahlin Mathilde zum Leibgedinge nebst Queblinburg, Pölbe und Grone. Urk. vom J. 929 bei Leukfeld Antiq. Halberstad. p. 632.   [5]) Gobelinus persona bei Meibom I. p. 248. Libellus de fundat. quarund. eccles. in Sax. b. Leibn. Scr. R. Brunsw. I. 261. Dithm. sagt I. 13: ceteras quoque urbes ad salutem regni fabricavit.   [6]) Wittechind I. B. 639.

baren zu führen, gegen die Slaven diesseits der Elbe und Saale, von dem böhmer Walde bis zum baltischen Meere, von denen viele bisher oftmals den Ungarn Vorschub geleistet und die Einbrüche derselben in Thüringen und Sachsen erleichtert hatten, und gegen die Normannen, die in dem heutigen Dänemark saßen. In den fünf Jahren von 927 bis 931 mußten diese Völker zuerst die Macht der neuerschaffenen Kriegszucht der Deutschen erfahren: durch eine fortlaufende Reihe von Siegen unterwarf sich der König die gesammten slavischen Stämme in dem böhmischen Lande, in Meißen und der Lausitz und von Brandenburg bis Pommern und Mecklenburg, wo das Meer die Ufer bespült.[1]) Sie alle mußten dem deutschen Scepter huldigen, und dem Könige Tribut zahlen: doch ließ ihnen Heinrich die eignen Landesfürsten und ihre Verfassung. An den Grenzen setzte er Markgrafen, um die zu stetem Wiederabfall und Aufruhr geneigten Barbaren desto kräftiger im Zaume zu halten. Miceslaw, der Fürst der Obotriten, die in Mecklenburg wohnten, nahm die Taufe[2]): Heinrich befolgte den Plan Karl's des Großen, durch die milde Gewalt des Christenthums unbändige Völker allmälig zu zähmen. Zuletzt wandte der König seine siegreichen Waffen gegen die Normannen, die nun unter dem Namen Dänen in der Geschichte auftreten. Sie hatten mit einer Raubflotte Friesland wieder heimgesucht, worauf Friedrich mit Heereskraft nach Dänemark rückte, und sie nach kurzem Widerstande zum Frieden zwang. Ihr König Gorm der Alte, aus dem Geschlechte der Skiolbinger, mußte versprechen, dem Könige jährlich einen Tribut zu bezahlen, durch den Erzbischof von Hamburg das Christenthum in seinen Landen frei predigen zu lassen, und den ganzen Strich von der Eider bis nach Schleswig an das deutsche Reich abzutreten: hier errichtete Heinrich die Mark Schleswig, um den Norden zu decken; des Königs ältester Sohn Kanut nahm das Christenthum an.[3])

Nachdem Heinrich also den deutschen Namen wieder glorreich gemacht und den Muth seiner Landsleute mit der alten Zuversicht auf das Glück ihrer Waffen gestärkt hatte, nahte der große Tag der Entscheidung, wo es sich bewähren sollte, ob er auch jenem gefürchtetsten Feinde, der nun beinahe ein halbes Jahrhundert hindurch ungestraft seine Raubschaaren über die deutsche Erde gewälzt, und vor dem ein

---

[1]) Dithmar B. I. S. 8. [2]) Der sächs. Annalist z. J. 932. [3]) Wittechind I. S. 641. Liutprand B. III. Cap. 13. Adam von Bremen B. I. Cap. 48. Der sächs. Chronograph z. J. 931.

halber Welttheil gezittert hatte, die Spitze zu bieten vermöge. Jetzt war der Tag gekommen, wo Heinrich den Schimpf, 9 Jahre lang den Barbaren Tribut gezahlt zu haben, vollständig wieder auszulöschen vermochte, und wo die Rechtfertigung ihm in die Hände gelegt ward, daß um so hohen Preis die Waffenruhe von ihm erkauft worden. Dieser einzige Sieg über die Ungarn war es, der allen andern, gegen früher erfochtenen, die Krone aufsetzen, oder mit Einem furchtbaren Schlage ihn der Vortheile wieder berauben sollte, die jene ihm eröffnet hatten.

Ruhig und ernst, wie er es that, konnte Heinrich diese entscheidende Stunde herankommen sehen: die überlegene Tapferkeit des Heeres, das er gebildet hatte, das große Verlangen, welches er in aller Herzen entzündet, endlich einmal das Vaterland zu befreien, vor allen aber der begeisterte Glaube, mit dem er die Gemüther durchflammte und auf die Allmacht hinwies, die der gerechten Sache eines bedrängten Volks den Sieg nicht entstehen lassen werde [1]), waren ihm sichere Bürgen für den glücklichen Ausgang.

Heinrich erfocht den berühmten Sieg bei Merseburg im J. 933, der seinem Namen den Kranz der Unsterblichkeit verschaffte. Eine That war jetzo geschehn, welche den Ruhm der Deutschen glänzend wieder verherrlichte vor den Augen des gesammten Europa's, die alle Völker mit Bewunderung hinblicken ließ auf den gewaltigen König, dessen Arm einen unbezwinglich scheinenden Feind zu Boden geworfen, die in dem zerrissenen Frankreich und in dem blutenden Italien zuerst wieder die frohe Ahnung aufsteigen ließ, daß aus dem Herzen Deutschlands auch für sie die langersehnte Rettung hervorgehen werde.

Auf beide Länder, in denen noch immer die größte Zerwürfniß herrschte, waren des Königs Augen fortwährend gerichtet gewesen: Frankreich verdankte seiner Vermittlung die friedliche Beilegung eines gefährlichen Streits zwischen seinem Könige Rudolf und dem Grafen Heribert von Vermandois, einem seiner mächtigsten Vasallen [2]), der Zug nach Rom, das Heinrich zum Patricius erwählt hatte [3]), war schon beschlossen [4]): aber der Ewige rief ihn mitten in den Vorbereitungen dazu, in der Nacht vom 1. zum 2. Juli 936, von seiner glorreichen Laufbahn. Er entrückte ihn einem Schauplatze, den er in

---

[1]) S. die Rede Heinrich's an sein Heer vor der Schlacht bei Wittechind B. I. S. 640. [2]) Wittechind daselbst S. 641. [3]) Urk. vom 3. Junius 932 geg. zu Erfurt in Schannat. Tradit. Fuld. n. 570. Hier lautet der Titel: Heinricus divina concedente clementia Rex et Advocatus Romanorum Augustus. [4]) Wittechind a. a. O.

ber kurzen Zeit seiner Regierung bewundernswürdig umgestaltet hatte, um ihm in seinem Himmel jene unvergänglichen Belohnungen zu ertheilen, denen Heinrich's herrliche Tugend sicher entgegenblicken durfte. Wohl konnte der König, nachdem er das Vaterland befreit und errettet, nichts Größeres thun, als — sterben.

Aber noch im Tode war seine Sorge auf das Heil des Reichs gerichtet, und die entschiedenste Wohlthat hinterließ er den Deutschen noch in den letzten Athemzügen seines Lebens. Heinrich hatte zwei Gemahlinnen gehabt [1]): von der ersten, Hatheburg, der Tochter des Grafen Erwin von Merseburg, von welcher er sich getrennt und die den Nonnenschleier genommen, war ihm ein Sohn, Tancmar, geboren; seine zweite Gemahlin, Mathilde, eine Tochter des Grafen Siegfried von Ringelheim [2]), der von dem berühmten Wittechind stammte, hatte ihm drei Söhne, Otto, Heinrich, den nachmaligen Herzog von Baiern, und Bruno, der später Erzbischof von Cölln ward, geschenkt. Wenn auch der erstere, der nach der damaligen Ansicht nicht für rechtmäßig gehalten wurde, und der letztere, der frühzeitig den geistlichen Stand erwählt hatte, nicht zur Thronfolge gelangen konnten, so waren doch noch immer Otto und Heinrich übrig, die mit gleichem Rechte beide auf die väterliche Herrschaft Anspruch machen zu können meinten. Es war zu erwarten, daß der König eine Theilung unter ihnen festsetzen würde, dem Beispiele folgend, mit dem die Merowinger, Karl der Große und dessen Nachkommen ihm vorangegangen waren; und daß das Ansehen, welches Heinrich sich erworben hatte, die Großen des Reichs bestimmen würde, ihm zu dieser Theilung ihre Zustimmung zu geben. Das eigene Verhältniß, das zwischen den beiden königlichen Prinzen bestand, schien dieser Vermuthung noch ein höheres Gewicht zu verleihen: beide hatten nämlich einen gleich starken Grund, die Krone für sich zu verlangen. Otto glaubte, weil er der Erstgeborene war, mit Recht seinen Bruder ausschließen zu dürfen: dagegen stützte sich dieser auf den Umstand, daß seine Geburt in die Zeit gefallen war, wo ihr Vater bereits das Diadem getragen hatte, während Otto schon früher, da Heinrich nur als Herzog über Sachsen geherrscht, war geboren worden. Dieses verwickelte Verhältniß, nach welchem beide auf die ganze väterliche Errungenschaft Anspruch erhoben, schien Heinrich

---

[1]) Bisch. Dithmar B. I. S. 5 u. 8. Wittechind I. S. 638. [2]) In Westphalen, ohnweit Hildesheim. Auct. Anonym. V. Mathildis Reg. bei Leibn. I. 194. nennt ihn Comes in occidentali regione. Nach Möser Osnabr. Gesch. I. 318. u. II. 11. war er Graf im Grönengau im Osnabrückischen.

nicht friedlicher lösen zu können, als wenn er, die Wünsche beider befriedigend, jedem einen Theil von dem Reiche vertraute. Aber eine Zerstückelung der kaum vereinigten Macht mußte unausbleiblich dieselbe untergraben: die ganze Arbeit einer siebzehnjährigen Regierung war vergebens gewesen, wenn Heinrich ihre Fortsetzung mehr als Einer Hand übertrug.

Der König bezwang die für beide Söhne in seinem Innern sich regende Stimme der Natur; selbst die Bitten seiner angebeteten Gemahlin Mathilde, die für Heinrich, ihren Liebling, sich dringend verwandte [1], vermochten nicht, seinen Entschluß zu ändern: das große Anliegen des Vaterlands, das eines Einzigen bedurfte, um einig zu bleiben, verdrängte jede andere Rücksicht in seiner Seele. Auf dem Sterbelager zu Memleben an der Unstrut empfahl er den Fürsten, die auf einer Reichsversammlung zu Erfurt ihm bereits für seinen Erstgebornen Otto ihre Stimmen gegeben [2], denselben nochmals zum König, weil dieser allein der Würdigste sei. Unter die andern Söhne vertheilte er seine Erbgüter und Schätze. [3]

Also starb Heinrich am 2. Juli des Jahrs 936 [4], der größte Fürst, den Europa seit Karl dem Gr. gesehen, nachdem er Deutschland den Frieden zurückgegeben und die Saat zu einer herrlichen Ernte ausgestreut hatte, welche unter seinen glorreichen Nachkommen in vollem Glanze heranreifte. Die sterbliche Hülle des Königs, welchen die Deutschen noch bei seinen Lebzeiten den Vater des Vaterlandes hießen [5], ward zu Quedlinburg, der von ihm gegründeten Stadt am Fuße des Harzgebirges in die Gruft gesenkt. [6] Weinend umstanden die beim Leichenbegängnisse anwesenden Fürsten den Sarg, welcher die Ueberreste des edelsten Mannes umschloß: eine unbezwingliche Trauer erschütterte ihre männlichen Herzen bei dem Gedanken, daß der nun Asche und Staub werden solle, der im Leben so hohe Thaten verrichtet. Aber von der Gruft hinweg wandten sich ihre Augen zu dem, der nun ihre Hoffnung war, zu dem neuen, blühenden Könige, welcher nicht bloß Erbe der Herrschaft des Vaters, sondern auch aller seiner großartigen Tugenden war.

Wie Otto das Werk, das Heinrich in Deutschland begonnen,

[1] Bisch. Dithmar B. I. S. 14. V. Mathildis Reginae bei Leibn. Scr. Rer. Brunsw. I. S. 196. [2] V. Math. Reg. a. a. O. S. 196. [3] Witted. I. S. 641. [4] Dithmar I. S. 13. [5] Witted. I. S. 641. [6] Bisch. Dithmar B. I. S. 13. XVI regni anno, aetatis autem suae LX. 6 Non. Jul. Miminlevo moritur et in Quidilingaburch etc. sepultus a cunctis optimatibus merito defletur. Witted. I. 642. Corpus ejus sepultum est etc. cum lacrimis et planctu plurimarum gentium.

gefördert, wie er den Frieden hier befestigt, die Herrschaft der Gerechtigkeit begründet, des Staats und der Kirche Verfassung von neuem
geordnet, wie er Italien und Frankreich die Ruhe verliehen, in den
Ländern der Slaven, in Dänemark, Polen, Böheim und Ungarn die
Lehre des Evangeliums verbreitet, wie er mit dem Kaiserdiadem sein
Haupt geschmückt, Europa vor den Barbaren gesichert, und den Ruf
seiner ächt christlichen Heldenkraft von diesem Welttheile bis zu dem
fernen Asien und Afrika verbreitet hat [1] — dieß darzustellen, soll nun
von uns versucht werden.

---

[1] Prolog Wittech. zum 2. Buch s. Gesch. S. 642.

Erstes Buch.

Von der Thronbesteigung Otto's bis zu seinem ersten Zuge nach Italien und seiner Vermählung mit Adelheid 936 bis 951.

Im blühenden Jugendalter, in seinem 24. Jahre, stand Otto, als der Tod seines Vaters ihn auf den deutschen Königsthron erhob. Am 22. November des Jahres 912 [1]) hatte die zweite Gemahlin des Verstorbenen, Mathilde, ihn geboren. Von seinem früheren Leben schweigen die Nachrichten, welche die damaligen Geschichtschreiber uns aufbehalten haben: nur seine Vermählung mit Editha, ältesten Tochter Eduard's und Enkelin des großen Alfred, gedenken sie, welche im Jahre 929 mit königlicher Pracht gefeiert wurde, nachdem bei Lunkini (Lenzen an der Elbe) am 4. September ein großer Sieg über die Slaven war erfochten worden. [2])

Von der Natur mit den glänzendsten Anlagen ausgerüstet, war Otto unter den Augen Heinrich's aufgewachsen — durch das Beispiel, welches dieser vor ihm aufstellte, hatten die edeln Leidenschaften, die seine Brust durchflammten, frühzeitig eine feste und bestimmte Richtung erhalten. Von keiner engen Schule verdorben, sondern unmittelbar in dem großen Staatsleben herangebildet, welches sein Vater in Deutschland wieder hervorgerufen, hatte sein Gemüth ungewöhnlich

---

[1]) Otto war geboren acht Tage vor seines Großvaters, Otto's des Erlauchten, Tode, nach dem Gedicht der Nonne Roswitha über die Stiftung des Kl. Gandersheim, bei Leibnitz Scr. Rer. Brunsw. T. II. S. 329. Otto der Erlauchte aber starb den 20. November 912 nach Dithmar's von Merseburg Chronik B. I. S. 6. der Wagnerschen Ausg. u. not. 20) daselbst. Vergl. das Necrologium Fuldense bei Leibn. l. c. T. III. 763. [2]) Ranke Jahrbücher des deutschen Reiches 2c. Bd. I. Abtheil. I. S. 93 u. 96 u. ff. und die dort citirten Quellen.

schnell jene ernste und sichere Haltung gelernt, die er von dem ersten Augenblick seiner Regierung bewährt hat bis zu dem letzten. Noch auf der Schwelle des Jünglingsalters besaß Otto schon die Weisheit des gereiften Mannes. Die außerordentliche Zeit, in welche seine Jugend fiel, die bewundernswürdigen Thaten, mit denen sein Vater sie verherrlicht, der neue und frische Schwung, den dieser der Nation dadurch mittheilte, waren die mächtigen Antriebe geworden, daß sein Geist seinen Jahren vorangeeilt war. Seine Seele, ganz erfüllt von den gewaltigen Eindrücken, welche sie empfangen, bewegte nur ein ein- ziges großes Gefühl: hinter dem herrlichen Musterbilde nicht zu weit zurückzubleiben, mit welchem sein königlicher Vater ihm vorangegan- gen war.

Die edeln Fürsten und Herren, welche zu Quedlinburg dem neuen Könige schon gehuldigt hatten, begleiteten ihn nun im Anfange des Augusts 936 über den Rheinstrom in das lotharingische Reich nach Aachen, wohin auch die übrigen Großen des Reichs waren beschie- den worden, um ihre Einstimmung in die geschehene Wahl zu erklä- ren, und darauf den Eid der Treue zu schwören. In der Lieblings- stadt seines glorreichen Vorfahren, Karl's des Großen, nahe an der Gruft, die dessen Gebeine umschloß, wollte Otto die Krone empfan- gen. Von dem Krönungsfeste selbst (es ward am 8. August gefeiert[1]) berichten uns der Bischof Dithmar von Merseburg[2]) und der Mönch Wittechind von Corvei[3]) folgende Umstände, die um so merkwürdiger sind, als sie das Wesentliche der Feierlichkeiten enthalten, durch welche nach Otto beinahe neunhundert Jahre hindurch noch an fünfzig Könige zu Herrschern über Deutschland eingesetzt wurden.

Als Otto, vom Kreise der Fürsten umgeben, mit denen er nach Aachen aufgebrochen war, der Stadt sich näherte, kamen aus den Thoren, ihn feierlich einzuholen, alle edeln Herren[4]) ihm entgegen. Geleitet von ihnen, ritt Otto am achten des Augustmonds[5]) in die

---

[1]) Böhmer's Register S. 5 und die zweite Anmerkung auf S. 69 dieses un- seres Buches. [2]) Buch I. S. 19 der Wagnerschen Ausg. [3]) B. II. S. 642, 643 bei Meibom. [4]) Dithm. l. c. omnis senatus obviam perrexit.‟ Senatus muß hier die Versammlung der Fürsten und Edeln bedeuten. Eben so heißt es bei Dithm. II. 22. Ludolph, Otto's I. Sohn, sei „communi totius senatus electione‟ zu Otto's Mitregent und Nachfolger erwählt worden. [5]) Daß an diesem Tage die Krönung erfolgte, läßt sich aus drei Urkunden mit diplomatischer Bestimmtheit erweisen: I. Die Synode zu Augsburg 952, deren Statuten bei Mansi Collect. Concil. T. XVIII. S. 435 sich finden, wurde 7 Id. Aug. (7. Aug.) ind. 10. ao. regni Ottonis 16 gehalten. II. Eine Urk. Otto's I. für Kl. Meinhardszelle bei Hergott Orig. Habsb. II. 76. (aus dem Einsiedler Archiv entnommen) ist zwei

Mauern ein: der große Kaiserpalast empfing den König. In der Säulenhalle, die an das Münster stieß, welches Karl zu Ehren der h. Jungfrau gestiftet, versammelten sich darauf die Herzoge der Lothringer, Baiern, Schwaben und Franken, die mächtigen Grafen des Reichs und die übrigen großen und edeln Feldherren und Ritter.[1]) Alle Stimmen fielen noch einmal hier auf Otto: in seine Hand, der auf dem Throne saß, leisteten die gesammten Herren die Lehnspflicht, der unwandelbaren Treue heiligen Eidschwur; wider alle Feinde gelobten sie ihm Beistand.

Die ganze Versammlung, nachdem sie gehuldigt, geleitete nun den König an die Pforten des Domes, wo die geistlichen Herren, die Erzbischöfe, die Bischöfe und Aebte, der ganze übrige Clerus und des Volkes unübersehbare Menge, die auf den innerhalb des Domes angebrachten Gallerien ihre Plätze genommen, des neuen Herrschers warteten.

Hildebert, dem Erzbischofe von Mainz, hatten die beiden anderen Erzbischöfe am Rheinstrom, der zu Cölln und zu Trier, wegen seines vorragenden Ansehens — er war der Bruder des Königs Konrad[2]), — und wegen der besondern Ehrfurcht, die Alle für seine hohe Weisheit und Gottesfurcht trugen, die Ehre der Krönung überlassen. Im vollen Ornate seines geistlichen Amts, die Inful auf dem Haupte, mit der Stola und Planeta bekleidet, in der Rechten den Krummstab, empfing er den nahenden König: mit der Linken erfaßt er die Rechte desselben und schreitet mit ihm vorwärts in die Mitte des Münsters. Hier bleibt er stehen — sein Auge wendet sich zu dem rings versammelten Volke, und, das ernste Stillschweigen brechend, ruft er aus: „Ich führe Euch den von Gott erwählten, von König Heinrich zu seinem Nachfolger empfohlenen, nun aber von allen Fürsten des Reichs zum König erhobenen Otto entgegen! Dafern Euch diese Wahl gefällt, so hebt zum Wahrzeichen dessen Eure Rechte zum Himmel!"

Das ganze Volk erhebt hierauf die Hände, ein lauter Ruf der Freude erfüllt die Hallen der Kirche. Dann tritt der Erzbischof mit dem Könige zu dem Altare, auf welchem die königlichen Kleinodien

---

Tage darauf gegeben und hat diese Zahlen: 5 Id. Aug. (9. Aug.) ind. 10. ao. inc. Dni. 952. ao. regni Ottonis 17. III. Endlich hat eine Urk für das Erzbisth. Hamburg bei Meibom Scr. Rer. Germ I. 740. diese Unterschrift: 9 Id. Aug. (8 Aug) ind. 10. ao. inc. Dni. 937. ao. regni Ottonis 2.

[1]) Wittech. l. c. Duces ac praefectorum principes cum cetera principum militumque manu. [2]) Siehe Henninges und Hübner's genealogische Tafeln.

lagen: das Schwert mit dem Wehrgehänge, der Mantel mit den Armbändern und der Stab mit Scepter und Krone. Er selbst, der König, trug ein enges, leinenes Gewand nach der alten Sitte der Franken.

Als nun der Erzbischof die Stufen des Altars bestiegen, nimmt er zuerst das Schwert, das Karl der Gr. getragen [1]), mit dem Wehrgehänge herab und umgürtet den König, indem er also zu ihm redet: „Nimm hin das Schwert, um damit, nachdem Dir der allmächtige Gott die Macht in die Hände gelegt, und die Gewalt über das Reich der Franken gegeben, die Feinde des Heilands und alles Volk der Barbaren zu vertreiben, und in der Christenheit den Frieden dauernd zu gründen!" Sodann umkleidet er ihn mit dem Mantel, und legt ihm die Armbänder an unter folgenden Worten: „Dieser Mantel, der bis zur Erde herabhängt, erinnere Dich, getreu zu bleiben dem heiligen Glauben und in des Friedens Erhaltung zu verharren bis an das Ende des Lebens!" Zuletzt überreicht er ihm Scepter und Stab und spricht: „Mögen die Zeichen der Gewalt Dich mahnen, väterlich über Deine Untergebenen zu herrschen! Vor allen laß die Diener des Herrn und die Wittwen und Waisen empfohlen sein Deiner Gnade; das Oel der Erbarmung fehle niemals, jetzt und immerdar, Deinem Haupte, damit auf Erden und im Himmel die ewigen Belohnungen Dich schmücken!" Unter den letzteren Worten übergießt er den König mit dem heiligen Oel, und unter dem Beistand Robert's von Trier und Wicfried's von Cölln wird auf seinem Haupte die goldne, mit Diamanten gezierte Krone befestigt. [2])

Nachdem die feierliche Einsegnung vollendet war, ward der König von den drei Erzbischöfen zu dem Throne geführt, der in dem Münster zwischen zwei Marmorsäulen von wunderbarer Schönheit [3]) errichtet war, von wo aus er selbst den ganzen Kreis überblicken und von allem Volk hinwiederum gesehen werden konnte, und zu dem man auf Stufen emporstieg. Hier saß der König, bis der Lobgesang Gottes und das heilige Hochamt vorüber waren. Mit Bewunderung schauten Aller Augen auf ihn, der in der Fülle der Jugendkraft, mit dem vollen Glanze der königlichen Macht geschmückt, von dem Throne herunter ernst in die Versammlung blickte, und dessen majestätische

---

[1]) Bei Wittech. I. 636. sagt König Konrad von ihm: veterum gladius regum. [2]) So beschreibt sie Liutpr. II. c. 17. bei König Konrad. Auch sie stammte von Karl d. Gr. Vergl. Wittech. I. 636. und Dithm. II. 32. corona artificiose gemmata. [3]) Karl d. Gr. hatte sie, wie Eginhard erzählt, aus Ravenna und Rom nach Aachen bringen lassen. (c. 26. V. Car. M.)

Würde die Herzen Aller staunend bewegte. Nur das Angedenken an Karl, dessen irdische Ueberreste in dem Münster ruheten, in welchem Otto jetzt thronte; nur die Erinnerung, die ihm jetzt so nahe trat an die untergegangene Herrlichkeit des Frankenreichs, schienen seine Seele zu bewegen, und wohl mag Otto in dieser großen Stunde sich selbst das Gelübde geleistet haben, dieß Reich wieder zu dem Sonnenglanze des alten Ruhmes hinaufzuführen, in welchem es unter jenem großen Kaiser gestrahlt.

Als die Messe beendet war, verließ der König die Kirche — in feierlichem Zuge begab er sich nach dem Kaiserpalast, wo das festliche Krönungsmahl bereitet war. An einer marmornen Tafel ließ er sich nieder; ihm zur Seite saßen die Erzbischöfe, Bischöfe und Aebte, die edeln Fürsten des Reichs und die ganze übrige große und herrliche Versammlung. Die Herzoge aber übten ihre Aemter: der Herzog Giselbert von Lothringen, Schwager des neuen Königs, in dessen Provinz die Krönungsstadt lag, hatte als Kämmerer die Aufsicht über das Ganze und die Sorge für die Bewirthung; der Herzog Eberhard von Franken, der Bruder König Konrads und Erzbischof Hildeberts, hatte als Truchseß die Ordnung der Tafel; der Herzog Hermann von Schwaben, den Heinrich nach dem Tode Burkhards zu dem Herzogthum erhoben, aus fränkischem Geschlecht, ein Neffe des Königs Konrads und Eberhards, besorgte den Wein und befehligte die Schenken als Erzschenk; der Baierherzog Arnulf endlich als Marschall hatte die Aufsicht über die Pferde und über das Lager des Heeres. Nur Siegfried der Sachsenherzog, der sich mit Jutta, Tochter Erwins, Grafen im Hasgau, und Schwester Hatheburg's, der ersten Gemahlin König Heinrich's I., vermählt hatte [1]), war an des Königs Statt in Sachsen zurückgeblieben, um das Land vor einem feindlichen Einbruche zu schirmen.

Also speiste der König in dem reichen und glänzenden Kreise: die Pracht des Mahles erhob die Freude, die Aller Herzen beseelte, daß der herrliche Erstgeborne des unvergeßlichen Vaters in solcher Hoheit sich zeigte. Als die Tafel aufgehoben ward, beschenkte Otto alle die edeln Fürsten und Herren mit königlicher Freigebigkeit und dann entließ er heiter und fröhlich die ganze Versammlung.

Eine kurze Zeit verweilte er noch in dem lothringischen Reiche: auch seine Gemahlin Editha empfing hier die Krone. [2]) Dann aber

---

[1]) Jahrbücher des deutschen Reiches unter dem sächsischen Hause. Herausgeg. von Leopold Ranke, I. Bd. I Abth. S. 13, Anmerk. 8. [2]) Dithmar II. 10. Da aber weder Wittechind dieser Krönung erwähnt, noch eine solche bei Königinnen

kehrte er nach Sachsen zurück, wo bald eine wichtige Angelegenheit
ihn den Ernst seiner königlichen Würde fühlen und die Welt erkennen
ließ, wie streng er fortan das Recht und die Gerechtigkeit zu handhaben gesonnen sei.

In Böhmen [1]) herrschte um diese Zeit Herzog Wenzel, ein
Enkel des Borziwoy, der mit Einwilligung König Arnulf's, als das
großmährische Königreich Zwentibold's aufgelöst wurde, die herzogliche Würde von Böhmen erhalten und das Christenthum zuerst öffentlich angenommen hatte. Wenzel war mit dem deutschen Könige
Heinrich, seitdem dieser die Hauptstadt Prag erobert und den alten
Anspruch auf die Zins- und Vasallenpflicht der Böhmen wieder geltend gemacht hatte, fortwährend in freundlichem Verhältniß gewesen. [2])
Sein Bruder aber, Boleslaw, dem nach der väterlichen letztwilligen
Verordnung ein abgetheiltes Land jenseits der Elbe zugefallen war,
hing mit seiner Mutter Drahomira, einer wendischen Fürstentochter,
eifrig und glühend dem alten Heidenthum an. Der durchaus verschiedene Charakter beider Brüder trug ganz das Gepräge, welches
den Religionen eigen ist, die sie bekannten. Wenzel besaß alle Vorzüge eines frommen, mehr der unsichtbaren Welt zugewandten Gemüthes und eine vorherrschende Neigung zu den stilleren Uebungen
der Gottesfurcht und Menschenliebe; dagegen zeigte Boleslaw jene
Unbiegsamkeit und Rauhheit der Gesinnung, zu der ihn sein wilder,
heidnischer Sinn aufforderte. Während jener aller Tugenden der
Staatsklugheit ermangelte, und bei dem rohen und ungebildeten Men-
schenstamme, den er beherrschte, selbst da, wo es die Nothwendigkeit
erheischte, die Strenge zu gebrauchen unterließ, erzwang sich dieser
durch Härte und ein von Allen gefürchtetes Ansehn. Ein unbegrenzter
Ehrgeiz brannte in Boleslaw's Seele, und trieb ihn rastlos an,
seine Macht über die Grenzen, die der väterliche Wille ihr angewiesen
hatte, hinaus zu verbreiten. Die Einredungen seiner Mutter, welche
mit mühsam verhaltener Wuth die Fortschritte der milden, christlichen
Lehre in dem Reiche ihres Erstgebornen sah, waren ganz dazu geeignet, seine ungestüme Leidenschaft zur vollen Flamme zu steigern. Den

---

gewöhnlich war, so ist der Zweifel, ob diese Nachricht begründet sei, wenigstens
erlaubt. Ranke Jahrbücher, I, II, S. 5.
[1]) Die Quellen dieser Böhm. Händel sind: Wittech. II. 643. Der Forts. des
Rhegino. Chronik des Cosmas von Prag bei Menken Scr. Rer. Sax. im ersten
Buch. Cristani V. S. Wenzeslai jussu Imp. Ottonis II. beim Surius in Act.
SS. zum 28. Septbr. Wenc. Hagec's Böhm. Chronik und Dobner zu derselben.
[2]) Witt. I. 639. quamdiu vixit, Henrico fidelis et utilis mansit. S. Dithm. II, 20.

offenbaren Bruch zwischen den Brüdern hielt von Seiten des Jüngeren nur noch die Hoffnung zurück, daß der ältere ihm freiwillig das
Scepter über sein Reich abtreten werde. Wenzel nämlich, der im
Jahre 930 seine neuerbaute, dem h. Vitus gewidmete Stiftskirche zu
Prag feierlich hatte weihen lassen, hatte den Entschluß ausgesprochen,
nach Rom zu wallfahrten und Mönch zu werden, sobald nur die vollständige Einrichtung des neuen Bisthums für Böhmen von ihm würde
zu Stande gebracht sein. Als er aber nun schon in das sechste Jahr
zögerte, sein Vorhaben zur Ausführung zu bringen, überwand die ver-
zehrende Ungeduld Boleslaw's, allein über das böhmische Land die
Herrschaft zu tragen, jede andere friedlichere Rücksicht: er beschloß,
durch Gewalt an das Ziel seiner lange und heiß gehegten Wünsche
zu kommen. Unter der Miene der Freundschaft lud er den Bruder
nach seiner, am rechten Elbufer neuerbauten, Stadt ein, die er nach
sich selbst Boleslawia, Bunzlau hatte nennen lassen. Nur mit einem
geringen Gefolge, nichts Uebles ahnend, fand sich hier Wenzel ein:
mit einem prächtigen Gastmahle ward er empfangen, das bis spät in
die Nacht dauerte. Aber schon waren die Mörder gedungen, die auf
das unschuldige Herz den tödtenden Stahl zücken sollten; nur ihre
Furchtsamkeit verschaffte Wenzeln den letzten kurzen Schlaf. Am
Morgen des folgenden Tages, am 28. September 930, als er nach
seiner Gewohnheit das Morgengebet verrichtete, erwartete ihn Boleslaw mit seinen Genossen vor den Pforten der Kirche, und unter ihren
Schwertern und Lanzen mußte er sein edles Leben verhauchen. So
früh und unerwartet, in der Blüthe seiner Jahre, starb Wenzel,
den die Kirche später unter ihre Märtyrer versetzt und das böhmische
Land zu seinen Schutzheiligen sich erwählt hat.

Unmittelbar nach dieser schändlichen That eilte Boleslaw nach
Prag, wo die mächtigsten Freunde und Anhänger des ermordeten
rechtmäßigen Herzogs auf eine gleiche gewaltsame Weise, wie dieser,
aus dem Wege geschafft wurden. Nach der Besitznahme der Hauptstadt bemächtigte sich Boleslaw auch der übrigen Theile des Reiches
seines Bruders; nichts vermochte seinem eisernen Arme Einhalt zu
thun — er und Drahomira erblickten sich nun am Ziele ihrer
Wünsche. Aber die Welt verdammte die fluchwürdige That, und gab
dem Brudermörder den Zunamen des Grausamen.

Als die Kunde des Mordes nach Sachsen gekommen war, beschloß Otto, die Rache für das blutige Todesopfer zu übernehmen.
Als Lehn- und Schutzherr des böhmischen Landes durfte er ein Verbrechen nicht ungeahndet lassen, das der friedlichen Ordnung, zu deren

oberften Schirmer er von der Nation war berufen worden, so frevent-
lich Hohn sprach. Aber Boleslaw hatte auch durch unmittelbare
Feindseligkeiten gegen den König deffen gerechten Unwillen gereizt: er
hatte ihm den schuldigen Tribut vorenthalten und einen böhmischen
Woiwoden, Dobromir, zu Saatz [1]), der sich der deutschen Hoheit
nicht entziehen wollte, mit den Waffen überfallen. Damals hatte der
Woiwode in seiner Bedrängniß die Sachsen zu Hülfe entboten: ein
sächsisches Heer, das zumeist aus dem gefürchteten merseburger Haufen
bestand und ein thüringisches, beide von dem Grafen Esico, einem
der ältesten Ahnen des askanischen Hauses geführt, waren ihm zu
Hülfe gezogen. Während das sächsische Heer einen Sieg erfocht und
darauf sorglos sich zur Ruhe begab, indem es sich durch das thürin-
gische für gedeckt hielt, hatte dieses die Flucht ergriffen und Boleslaw benutzte die günstige Gelegenheit, die Sachsen unerwartet in ihrem
Lager anzugreifen und ganz zu überwältigen, worauf er die Stadt des
Woiwoden zur Uebergabe zwang und von Grund aus zerstörte.

Von so entschiedenen Widersetzlichkeiten aufs stärkste beleidigt,
ließ Otto durch alle Lande seiner Herrschaft ein allgemeines Aufgebot
ergehen und rüstete sich zu einem Reichskriege, um den frevelnden
Uebermuth des abtrünnigen Slaven darniederzubeugen. Als oberften
Feldhauptmann bestätigte er einen seiner getreuesten Vasallen, den später
als Herzog von Sachsen berühmten Hermann Billung. Auf der
Grenze der sächsischen und böhmischen Lande erfocht dieser am 25. September 937 einen glänzenden Sieg über den Grausamen: darauf rückte
er tiefer in Böhmen ein, schlug überall die sich ihm entgegenstellenden
Feinde aus dem Felde, und zwang die sämmtlichen böhmischen Woiwoden wieder die deutsche Herrschaft anzuerkennen. Sie alle mit ihrem
Herzoge Boleslaw mußten dem Könige huldigen, den alten Tribut
zahlen, und zu der hergebrachten Lehnspflicht sich von neuem verstehen.

Zu derselben Zeit, als Otto diese erste Fehde ruhmvoll beendete,
ward er durch eine andere Angelegenheit gezwungen, sein Schwert für
des Reiches Frieden zu ziehen. Am 12. Juni des Jahrs 937 war
Arnulf, Herzog der Baiern und des an dieses Land stoßenden slavischen Kärnthens, gestorben [2]), hochberühmt als der zweite, gewisse

---

[1]) Hagec's böhm. Chronik S. 123. [2]) D. Fortsetzer b. Rhegino z. J. 937.
Lori Gesch. von Baiern. Th. I. S. 251. nach Aventin B. IV. Nach einer Urk.
ohne Datum bei Meichelbeck Hist. Frising. I. 429. heißt Arnulph: Dux Bajoariorum et etiam adjacentium regionum. Bei Liutpr. III. 13. Arnoldus Bajoariorum et Carentanorum Dux.

Stammvater des noch blühenden baierschen Königshauses. Der Flecken, den er auf seinen Namen gebracht, indem er die Ungarn gegen seinen Feind, den König Konrad, zu Hülfe rief, hatte er durch den Edelmuth, mit dem er Heinrichen die Krone ließ und durch die beständige Freundschaft, welche er bis zu seinem Ende gegen diesen und Otto zeigte, glänzend wieder ausgewaschen. Wiewohl die Geistlichkeit ihm den Zunamen des Bösen gegeben, weil er ihren hochfahrenden Anmaßungen kräftig begegnete und das Recht sich verschaffte, selbst an Königs Statt die Bischöfe in Baiern einsetzen zu dürfen, wird seines Namens doch von den alten Geschichtschreibern mit Ehre und Auszeichnung Erwähnung gethan, weil er den hohen Adel seiner Geburt [1]) mit dem noch höheren der Gesinnung verband [2]), durch seine Heldenkraft später die Ungarn von den Landesgrenzen abhielt und seinen Baiern ein väterlicher Fürst war.

Sein Tod aber wurde die Quelle bedeutender Widerwärtigkeiten für ganz Deutschland. Arnulf hinterließ drei Söhne: Eberhard, Arnulf den Jüngern und Hermann. Auf die Nachricht vom Tode ihres Vaters hatte Otto den Brüdern Boten zugesandt und sie an seinen Hof beschieden. [3]) Es war nämlich des Königs ernstliches Bestreben, nach der uralten Gewohnheit, vermöge deren sonst die Deutschen einem selbstgewählten obersten Herrn sich verpflichtet und ihre Hand und ihr Schwert zu Krieg und Abentheuern ihm geboten, die Edelsten und Besten der Nation wieder um sich her zu versammeln, damit sie in seinem Gefolge ihm dienen, und er persönlich die Ueberzeugung gewinnen könne, ob sie zu den herzoglichen Würden und Grafen-Aemtern befähigt seien, mit denen er bei Erledigungsfällen sie zu begnadigen gedachte.

Aus diesem Grunde hatte er auch jetzt die Söhne Arnulf's zu sich gefordert, um sich mit eigenen Augen zu überzeugen, ob einer von ihnen die Tugenden besäße, welche die herzogliche Würde erheischte, die ihr Vater im Baierlande bekleidet hatte.

Die Brüder jedoch gehorchten der Ladung des Königs nicht: sie hielten sich für berechtigt, auf das väterliche Reich einen erblichen Anspruch zu wagen und begannen eigenmächtig das Land zu beherrschen, indem sie in offener Widersetzlichkeit dem Könige die Macht

---

[1]) Man sagt, er stamme von Pipin, König von Italien, dem Sohne Karl's des Großen. [2]) Dithm. B. I. S. 17. sagt von ihm: praeclarus mente pariter et corpore. Hepidan z. J. 913. Arnolfus, optimus Dux Bajoariorum. [3]) Wittech. von Corbei B. II. S. 614. Herrmann der Lahme von Reichenau z. d. J. 937. 938.

absprachen, als Oberlehnherr über das eröffnete Herzogthum zu verfügen. Aber Otto hatte mit dem festen Entschlusse den Thron bestiegen, die Rechte der Krone zu behaupten und die alte Ordnung,
kraft welcher kein Fürst des Reichs ohne den Willen des gemeinschaftlich von ihnen erwählten Oberhaupts Ehren und Würden zu erlangen
vermochte, in ihrem ganzen Umfange und in ihrer vollen Wirksamkeit
wieder geltend zu machen. Er erkannte recht wohl, daß es nöthig sei,
gleich von Anfang herein streng und ernst für die Erhaltung der
Majestät des Königthums Sorge zu tragen und die Befugnisse der
Vasallen auf ihre gesetzmäßigen Schranken zurückzuweisen, damit ihnen
nicht die Möglichkeit in die Hände gegeben werde, willkührlich das
Band zu zerreißen, das sie in Eintracht und schuldiger Treue an den
obersten Herrn knüpfen sollte, damit das Reich der Deutschen in
Wahrheit ein einiges sei.

Sobald Otto daher von der Weigerung der Brüder, an seinem
Hofe zu erscheinen und von ihren eigenwilligen Schritten Kunde erhalten, beschloß er ihren weiteren Unternehmungen einen kräftigen
Widerstand entgegen zu setzen. Er brach sogleich mit Heeresmacht
nach Baiern auf, und erschien in dem Herzen dieser Provinz mit un-
geahneter Schnelligkeit, während die Brüder ihn noch mit Zurüstun-
gen in Sachsen beschäftigt glaubten. Sein Erstes war, das Herzogthum den Rebellen feierlich abzusprechen und dem Bruder des verstorbenen Arnulf, Berthold, dem bisherigen Markgrafen an der
Etsch, einem klugen und friedfertigen Herrn, welcher die Empörung
seiner Neffen von Anfang an gemißbilligt hatte, diese Reichswürde zu
übertragen. [1]) Dennoch aber vermochte Otto nicht, in diesem Feldzuge die Söhne Arnulf's entscheidend zu bemüthigen, weil die Nachricht einer dringendern Gefahr ihn zu zeitig von dem Schauplatze
abrief.

Schon vor seinem Zuge nach Baiern nämlich, während Otto

---

[1]) Oftmals haben die baierischen Geschichtschreiber dem Könige das Recht
abgesprochen, einen Herzog im Baierland zu setzen und sich dabei auf die beiden
Stellen in Adelbolds Leben Heinrichs des Heil. §. 10. und in Bisch. Dithmars
Chronik B. V. S. 117. der Wagn. Ausg., wo von dem Wahlrecht der baierschen
Stände die Rede ist, bezogen. Allerdings hatten die Baiern, wie alle andere
Stämme Deutschlands, das Recht, ihren Herzog sich selbst wählen zu können, von
Alters her. Die Worte selbst aber in der Stelle bei Dithmar, wo Heinrich der
Heil. als König sagt: er werde den Baiern einen Herzog geben cum communi
consilio principum eorundem et voluntate", beweisen, daß dem Könige hier eben
so, wie bei den bischöflichen Wahlen das Bestätigungs- und Einsetzungsrecht zustand,
und eine eigenmächtige Herzogswahl durchaus ungültig war.

mit Unterwerfung des böhmischen Herzogs beschäftigt, waren die alten Erbfeinde der Deutschen, die Ungarn, wieder in Deutschland eingebrochen, hatten ihren Weg durch das Baierland und Alemannien nach Frankreich genommen, St. Gallen und Fulda niedergebrannt, und standen jetzt an dem Rheinstrome, um von dieser Seite her einen Angriff auf Sachsen zu wagen.[1] Das Gerücht von dem Tode ihres alten Bezwingers, des Königs Heinrich, hatte sie in das Nachbarland hinübergelockt: es schien ihnen nun die Gelegenheit gekommen zu sein, die Schmach, welche sie bei Merseburg erlitten, wieder auszulöschen und die Tüchtigkeit des neuen Königs auf eine ernsthafte Probe zu stellen. Während ein Theil von ihren zahlreichen Schaaren bei Worms den Rhein überschreitet, nach Lothringen und dem Elsaß sich wendet, durch Frankreich bis zu dem Ocean verwüstend vordringt und durch das burgundische Reich und Italien in seine pannonische Heimath zurückkehrt, schickt sich ein anderer an, den Kampf mit dem deutschen Könige zu bestehen.

Dieser hatte sogleich, nachdem er ihren Vorsatz, von der westlichen Seite her in seine sächsischen Lande einzubrechen, in Erfahrung gebracht, von der weitern Verfolgung der baierschen Empörer abgelassen, und war in Eile nach den Grenzen Sachsens gezogen, um ihnen die Spitze zu bieten. Das erste Zusammentreffen mit dem Könige reichte hin, sie mit Schrecken vor dem gewaltigen Arm desselben zu erfüllen: sie wandten sich grauenvoll in die Flucht. Otto, nachdem er sie bis nach Metz in's lothringer Reich verfolgt[2], überließ ihre vollständige Vernichtung seinen sächsischen Reichsbeamten und der Wuth des Volks, welche dieselben, als sie bei einem nochmaligen Raubzuge von ihrem Lager an der Bode aus in zwei Heereshaufen, Sachsen zu verwüsten, aufbrachen, bei Steternburg und auf dem Dromling in Ostphalen so gänzlich aufs Haupt schlugen, daß sie seitdem den sächsischen Boden zu betreten nicht wieder gewagt und ihre Einfälle auf die süddeutschen Länder beschränkt haben.[3]

Gekrönt mit Ruhm durch diesen neuen Triumph über die Ungarn rückte nun Otto unverzüglich wieder in Baiern ein, um die angefangene Bekämpfung der Arnulfischen Söhne durch deren gänzliche Unterwerfung zu Ende zu bringen. Dießmal gelingt es seinen Waffen, die Rebellen so in die Enge zu treiben, daß sie sich genöthigt sehen,

---

[1] Hermann der Lahme von Reichenau z. d. J. 937. 938. Flodoard, Chorherr von Rheims z. diesen J. Wittech. B. II. S. 644. und B. III. S. 663. bei Meibom (zu Ende des Werks). [2] Fragm. Chron. Mon. S. Max. in Würdtwein Subsid. Dipl. XIII. 319. (z. J. 937.) [3] Wittech. l. c. S. 644. 645.

der königlichen Großmuth auf Gnade und Ungnade sich zu ergeben. Eberhard, der die größte Hartnäckigkeit gegen den König bewiesen, wird zur Strafe derselben nach Alemannien verbannt [1]); er und sein Bruder Hermann erscheinen später noch einmal in der Geschichte, als sie mit Arnulf dem Jüngern einen neuen Empörungsversuch gegen Otto unternehmen — diesem Arnulf aber überträgt der König das hohe Pfalzgrafen-Amt in dem Baierlande. [2]) In solcher Würde hatte derselbe die oberste Verwaltung und Voigtei über die Krongüter, die der königlichen Kammer vorbehalten waren; er hatte die Obliegenheit, den Herzog zu überwachen, damit von diesem nichts unternommen werde, was dem königlichen Interesse nachtheilig sein könnte; er hatte endlich die Befugniß, in des Königs Abwesenheit dessen Stelle zu vertreten, dafern gegen solche, die unmittelbar unter des Königs Gerichtsbarkeit standen, als wozu alle geistlichen und welt- lichen Großen gehörten, die eine königliche Begnadigung der herzog- lichen und gräflichen Gewalt entzogen hatte, Klagen und Berufungen angebracht wurden. [3])

Otto glaubte dadurch, daß er die Macht des baierschen Hauses, die vorher einem Einzigen zugestanden hatte, theilte und die Ver- waltung des großen Herzogthums, das von dem Fichtelgebirge und Spessart [4]) bis zu den italienischen Alpen und von dem Lechflusse morgenwärts bis zu dem Böhmerwald und zur Ens sich erstreckte, zwei Fürsten aus demselben anvertraute, ein durchgreifendes Mittel gefunden zu haben, diese von der Richtung entfernt zu halten, welche seiner königlichen Macht gefährlich zu werden drohte. Er sah voraus, daß die Stellung, in der diese beiden sich gegen einander befanden, ihnen genug zu thun geben werde, um ihre gegenseitigen Verhältnisse in eine feste Ordnung zu bringen, und daß die Eifersucht, mit welcher

---

[1]) Der Fortf. des Rhegino z. J. 938. [2]) Daß Arnulf wirklich Pfalzgraf ge- wesen, beweiset das Leben des h. Ulrich, Bischofs von Augsburg c. 10. §. 36. „Henricus Dux (Bajoariorum) commendata Civitate Ratispona totaque regione Noricorum Arnoldo, Palatino Comiti, perrexit ad Regem. Vergl. Ruotger Leben Bruno's, Erzbisch. von Cölln §. 16. [3]) S. Abt Montag's Gesch. der deut- schen staatsbürgerlichen Freiheit. Thl. II. S. 57. nota e) und Crollius Abh. von den Provinzialpfalzgrafen in den Alab. Bair. Abh. B. 4. [4]) Daß der Spessart die Grenze zwischen Franken und Baiern gewesen, und also der östliche Theil von Franken, der die Gebiete von Würzburg und Bamberg und alles Land bis zur Altmühl, an welcher Eichstädt liegt, und bis zum Fichtelgebirge umschloß, als Markgrafschaft unter baierscher Hoheit gestanden, beweist die Stelle in Abelbolds Leben K. Heinrichs d. Heil. bei Leibn. I. 438: inde in silvam Sneicheshart, quae Bavariam a Francia dividit, veniens. Vergl. Lori Gesch. von Baiern, Th. I.

jeder von ihnen sich mühen würde, dem andern eine Ueberschreitung seiner Macht zu verwehren, sie am stärksten abhalten werde, gegen die königliche Oberherrschaft sich aufzulehnen und nach der Unabhängigkeit zu streben.

Während Otto auf solche Weise im Süden Deutschlands eine gefährliche Empörung in ihrem Keime unterdrückte und das Ansehen seiner Krone durch weise Veranstaltungen zu schirmen bedacht war, hatten in dem Herzen seines Reiches, in Franken und Sachsen, sehr bedenkliche Vorfälle sich ereignet, welche jetzt seine ganze Aufmerksamkeit in Anspruch nahmen. Die alte Eifersucht nämlich, welche zwischen der fränkischen Nation und der sächsischen ehemal bestanden hatte, und deren verderbliche Ausbrüche während der Regierung Heinrich's durch dessen Weisheit und Milde, zumeist aber durch die gemeinsame Noth, die alle Kräfte nach Außen hin gegen die Barbaren zu wenden nöthigte, zurückgehalten worden, schien jetzt, nachdem der Frieden wieder herrschte, von neuem in stärkere Flammen auflodern zu wollen. Denn König Heinrich, dem, wiewohl er das Scepter über das gesammte deutsche Land in seinen Händen hatte, doch die Verherrlichung seiner Sachsen am meisten am Herzen gelegen, hatte, so lange er die Krone trug, alle ihm zu Gebote stehenden Mittel benutzt, um seinen Landsleuten die Bahn zu Ruhm und Ehre zu eröffnen. Wittekind von Corbei erzählt ausdrücklich, daß von den edeln Herren, die zu seiner Zeit im Sachsenlande lebten, fast kein Einziger gewesen sei, dem Heinrich nicht bedeutende Länderschenkungen, hohe Reichswürden oder andere öffentliche Aemter und Bestallungen übertragen habe. [1] So lange Er, den das Vaterland als seinen Erretter und größten Wohlthäter verehrte, noch am Leben war, hatte sich gegen diese auffallenden Begünstigungen keine tadelnde Stimme geregt: kaum aber war er dahingeschieden, als ein Unwille, ja eine Widersetzlichkeit laut ward, die nur zu offen kund gab, wie sehr man den Sachsen den Ehrenvorzug mißgönne, welcher nothwendig daraus ihnen zu Theil werden mußte, daß der, den die Krone schmückte, aus ihrer Mitte hervorgegangen war. Vor allen aber waren es die Franken, deren Stolz es am schwersten ertrug, daß ihre alten Erbfeinde so hoch über sie gestellt waren, und daß nun von ihrem Geschlechte, das über 400 Jahre lang das angesehenste in ganz Europa gewesen, aus dem Karl der Große und dessen ganze Nachkommenschaft hervorgegangen waren,

---

[1] I. 641. Vergl. Dithm. I. S. 13. ab hoc de quo dixi Heinrico — Saxones elevati et in omnibus sunt honorati.

der Ruhm sich auf die Seite Jener hinüber gewandt habe, dem Reiche der Deutschen einen König zu geben.

Indem die Franken also mit einem bittern Ingrimm die wachsende Macht und Herrlichkeit der Sachsen betrachteten und nicht mit Ergebung zu tragen vermochten, sondern, was der Wechsel des Geschicks ganz natürlich veranlaßt hatte, vielmehr das niederschlagende Gefühl ihres gesunkenen Ansehns ihren Haß gegen den Nachbarstamm nur noch verstärkte; mochten die Sachsen, wie es in dem Taumel des Glücks zu geschehen pflegt, die gereizte Stimmung Jener dadurch noch empfindlicher gekränkt haben, daß sie dieselben auf alle Weise ihre Ueberlegenheit fühlen ließen. Die sächsischen Geschichtschreiber bezeugen es selbst [1]), daß ihre Landsleute, stolz darauf, daß ein aus ihrer Mitte Geborener das Scepter als König führe, es für schimpflich erachtet hätten, anderen Stämmen zu dienen, und in solcher Anmaßung so weit gegangen seien, daß sie alle Aemter und Würden von keiner andern Hand, als der des Königs, hätten tragen wollen.

Es konnte nicht ausbleiben, daß ein so tief beleidigtes Ehrgefühl auf der einen und ein so vermessener Hochmuth auf der andern Seite sehr bald sich feindlich begegnen und auch bei einem geringen Anlasse die Aufwallung der Gemüther in einer gewaltsamen Erschütterung sich entladen mußten. Von den Franken fühlte sich vornehmlich Eberhard, der Bruder des Königs Konrad, als Herzog seines Stammes, berufen, denselben gegen den Uebermuth der Sachsen zu vertreten. Die alten Chroniken erwähnen beim Jahre 937 [2]), daß es zwischen ihm und dem Bruder König Otto's, Heinrich, dem nach dem väterlichen Testamente ansehnliche Besitzungen in Sachsen zugefallen waren, eine heftige Fehde wegen Streitigkeiten, in die ihre beidertheiligen Vasallen gerathen, entstanden sei. In demselben Jahre [3]) überfiel Herzog Eberhard einen edeln Herrn der Sachsen, Bruning, den Einige für einen Ahnherrn des erlauchten wettinischen Hauses halten [4]), dessen hochfahrenden Sinn er nicht ertragen mochte, mit Waffengewalt, brannte seine Stadt Helmershausen [5]), an dem Ufer der Diemel, nahe am Zusammenfluß mit der Weser, nieder und ließ alle Einwohner derselben erschlagen. Wenn auch der Unwille und Zorn des Herzogs einen gerechten Grund haben mochte: so war doch die Rache, welche

---

[1]) Wittech. II. 644. [2]) D. Fortf. d. Rhegino z. J. 937. [3]) Wittech. l. c. D. sächs. Annalist z. J. 937. [4]) S. die Tafeln von Henninges. [5]) In der dresdner Handschrift steht Elmeri. Meibom in seinen Noten zum Wittech. muthmaßt, daß Helmershausen gemeint sei.

er übte, ein offenbarer Eingriff in die Rechte des Königs, den dieser auf keine Weise ungestraft dahingehn lassen durfte. Damals hatten Otto's oberstrichterlicher Spruch den Herzog wegen seines Landfriedenbruchs zu einer Buße von 100 Talenten[1]), wofür er eine Anzahl Pferde liefern mußte, und die Hauptleute seiner Kriegsschaaren, die ihm Hülfe geleistet hatten, zu der altherkömmlichen Strafe des Hundetragens bis zur Stadt Magdeburg, wo der König damals Hof hielt, verdammt. Die Entscheidung des Gesetzes mochte und konnte der König wegen des strengen Sinnes für Gerechtigkeit, der in ihm lebte, nicht ändern: um jedoch den empfindlichen Schimpf, welchen die Friedensstörer durch ihr Verbrechen sich zugezogen hatten, einigermaßen ihnen wieder zu vergüten, hatte er dieselben, als sie die Strafe gebüßt, mit Milde und Freundlichkeit an seinem Hoflager aufgenommen, und nachdem er einen Jeden mit ansehnlichen Geschenken beehrt, sie in Frieden huldvoll entlassen. Dennoch aber vermochte die wahrhaft königliche Gnade, welche Otto diesen fränkischen Großen bewies, ihre unruhig widerstrebenden Gemüther nicht zu versöhnen und sich geneigter zu machen: sie blieben nichts desto weniger fest dem Interesse ihres Herzogs ergeben und fortwährend bereit, mit diesem ihren alten Stammhaß gegen die Sachsen durch alle Gewaltthätigkeiten zu kühlen. Eberhard selbst genoß einer unbegrenzten Liebe seiner Getreuen, weil er von heitrer Gemüthsart, zuvorkommend auch gegen die Geringsten war, und eine ausschweifende Großmuth in Belohnungen ihm geleisteter Dienste bezeigte.[2]) Durch diese Tugenden, die den Augen der Menge immer als die empfehlenswerthesten sich dargestellt haben, glückte es ihm auch, eine große Anzahl der Sachsen auf seine Seite zu ziehen.

Während nun der König auf dem baierschen Feldzuge begriffen war, hatten die Feindseligkeiten zwischen dem Frankenherzoge und Bruning, jenem sächsischen Edeln, von neuem sich entsponnen; ja sie waren zu solcher Höhe gediehen und mit solcher Erbitterung geführt, daß öffentlich Mordthaten vorgefallen, Saaten und Felder verwüstet, und weit und breit das Land in eine Einöde verwandelt worden. Die ungebundene Willkühr, mit welcher diese angesehenen Herren eigenmächtig ihre Händel durch die Gewalt ihrer Waffen zu schlichten sich erkühnten, hatte eine Menge andere aufrührerische Köpfe zu einem

---

[1]) Nach dem S. Sp. L. III. art. 51. war ein Talent = 20 Solidos; 1 Solibus betrug ongef. 1 Lpz. Reichsthaler. [2]) Wittech. l. c. Die im Meibom sehr verderbt abgedruckte Stelle lautet in der dresdner Handschrift also: Ille quidem erat jocundus animo, affabilis mediocribus, largus in dando.

6*

ähnlichen Verfahren verleitet, so daß auch an anderen Orten die un=
gezügeltsten Greuelthaten verübt waren. [1] Es schien, als ob das alte
Faustrecht mit aller seiner Schrecklichkeit wieder überhand nehmen und
jener ungeordnete, wüste Zustand der Rechtslosigkeit von neuem zurück=
kehren wolle, den die herrliche Kraft König Heinrich's kaum in sei=
nen Grundfesten erschüttert hatte.

Otto, die dringende Gefahr erkennend, welche dem Reiche drohe,
dafern nicht die kräftigsten Mittel in Bewegung gesetzt würden, diese
Zerwürfnisse durchgreifend zu heben, schrieb deßhalb, sobald er Baiern
beruhiget hatte und nach Sachsen zurückgekehrt war, einen allgemeinen
Reichstag nach Stela an der Ruhr, unweit Essen, auf den Maimond
des Jahrs 938 aus. [2] Seine Absicht war, vor den Augen des gan=
zen Volks öffentlich und durch den gemeinsamen Rath der Edeln seines
Reichs eine die Ruhe Deutschlands so gefährdende Angelegenheit bei=
zulegen. Er hatte deßhalb alle diejenigen, die durch Raub und Feh=
den in sein königliches Amt, dem Reiche durch Gerechtigkeit den Frieden
zu geben, einen verbrecherischen Eingriff gewagt hatten, und vornehm=
lich den Frankenherzog mit seinen Getreuen feierlich zu der Versamm=
lung entbieten lassen. Vor ihr sollten sie, die bisher immer darauf
beharrt hatten, der Majestät der königlichen Würde nicht zu nahe ge=
treten sein, sondern nur wegen des ihnen angethanen Unrechts eine
gerechte Rache geübt zu haben, das Recht nehmen. Aber zu Otto's
tiefem Schmerz leistete Eberhard der königlichen Ladung keine Folge;
mit einer übermüthig hochfahrenden Gesinnung verschmähte er es, vor
der Reichsversammlung sich zu stellen und wollte lieber, wie bisher,
den Ausgang seiner Sache dem Glücke der eigenen Waffen vertrauen. [3]
Der König, obwohl aufs entschiedenste beleidigt, verschob es dennoch,
den widerspenstigen Reichsfürsten durch das Ansehn seiner Kriegsmacht
zur demüthigen Unterwerfung zu bringen: sein Herz war edel genug,
dem Vertrauen Raum zu geben, daß Eberhard, sobald er nur zu
einer besonneren Ueberlegung seines Verhältnisses zu ihm, dem ober=
sten Lehnsherrn, gekommen, sein erhitztes und irregeleitetes Ehrgefühl
bekämpfen und die Entscheidung der Sache dann freiwillig in seine
königlichen Hände niederlegen werde. Deßhalb verzieh er dem un=
ruhigen Herzog noch einmal großmüthig sein Vergehen [4]; aber schlecht

---

[1] Wittech. l. c. [2] Derselbe. Eine Urkunde vom 18. Mai 938 geg. zu
Stela für Osnabrück bei Möser. Osnabr. Gesch. Th. II. Urk. Buch S. 3 macht
es wahrscheinlich, daß der Reichstag auf den Mai gefallen ist. [3] Wittech. II. 644.
[4] Derselbe daselbst.

lehnte dieſer die Milde und Nachſicht des Königs — er benutzte das
Mißvergnügen, das in deſſen eigenem Hauſe entſtanden war, um ihn
zu verderben.

Im Laufe des Jahrs 937 war Siegfried, Graf von Merſeburg,
Gemahl Jutta's, der Schweſter Hatheburg's, König Heinrich's
erſter Gemahlin, geſtorben.[1]) Seine Verwandtſchaft mit Heinrich
und Otto, der Beſitz einer der mächtigſten Grafſchaften und die
Statthalterſchaft über Sachſenland, welche ihm Heinrich ertheilt,
hatten ihn zu ſolchem Anſehn erhoben, daß er als der Nächſte nach
dem Könige ſelbſt galt.[2]) Auf dieſe Grafſchaft Merſeburg nun, die
mit ſeinem Tode erlediget ward, erhob Tancmar, der Sohn des
Königs Heinrich aus der Ehe mit Hatheburg, dringende Anſprüche,
einmal weil der Verſtorbene ſein Oheim, und dann, weil es ſeine
Mutter geweſen war, die dem Könige Heinrich die merſeburgiſchen
Güter zugebracht hatte.[3]) Wiewohl nun dieſer, ſein Vater, ihn mit
vielen anderen Beſitzungen anſehnlich in ſeinem Teſtament bedacht
hatte, vermochte doch Tancmar nicht, den Verluſt der reichen Erb=
ſchaft des Dahingeſchiedenen zu verſchmerzen, und ſein Unwille ſtieg
aufs höchſte, als der König den Markgrafen der Oſtländer jenſeits
der Elbe und Saale[4]), Gero, mit der Grafſchaft Merſeburg be=

---

[1]) Wittech. II. 644. Dithm. II. 20. Ann. Saxo ad a. 937. [2]) Wittech. II.
643. Sifridus, Saxonum optimus et a rege secundus. Der Ausdruck: procurabat Saxoniam, den Wittech. an dieſer Stelle gebraucht, macht es wahrſcheinlich,
daß Siegfried wirklich Herzog von Sachſen unter Heinrich I. war. So heißt es
bei demſelben Geſchichtſchreiber S. 654 von Herrmann dem Billunger: Herimann-
nus Dux Saxoniam procurabat. [3]) Nach Dithm. I. 5. Die antiqua Civitas,
die hier vorkommt, iſt die Altenburg, eine Vorſtadt von Merſeburg. In der dresdner
Handſchrift ſteht am Rande geſchrieben: Ervinus (der Hatheburg Vater) Comes
Merseburgensis. [4]) Daß von dieſen Flüſſen aus nach dem Oberſtrome zu die
Slaven ihre Sitze hatten, beweiſt eine Urk. Otto's I. v. J. 969 b. Leukf. Ant.
Halb. S. 656, wo es heißt, daß der Erzbiſch. von Magdeburg totius ultra Albim
et Salam Sclavorum gentis Metropolitan ſein ſolle. In den Verhandlungen der
Synode zu Ravenna v. J. 968 heißt es eben daſelbſt S. 650 von Magdeburg,
daß es gelegen ſei: in confinio Saxonum et Sclavorum. Und nach Luitprand II. 9.
lag Merſeburg in confinio Thuring. Saxon. et Sclavorum. Gero war durchaus
nicht bloß Markgraf der heutigen Lauſitz, wie die gewöhnliche Meinung annimmt.
Solches beweiſt die Stiftungsurkunde vom Bisthum Brandenburg v. J. 949 bei
Ludw. Rel. Mss. II. 395, wo es heißt: consultu Geronis, dilecti Ducis ac
Marchionis nostri in praedio nostro in marca illius sito in terra Sclavorum
in pago Heveldun in Civitate Brendanburg, nach welchen Worten das
Land der Heveller, das heutige Brandenburg, mit zu ſeiner Mark gehörte. Dithm.
II. 27. nennt ihn beßhalb Orientalium Marchio, Markgraf der Oſtländer
nämlich über Elbe und Saale hinaus.

lehnte. Ob Otto diesen Schritt gethan hat, weil ihn ein früheres Versprechen band, das er dem Markgrafen, einem durch die glänzendste Heldentugend und Tüchtigkeit ihm besonders werthen Getreuen, gegeben, oder ob er sich scheute, dem Stiefbruder, einem ehrgeizigen Jüngling [1]), der, obwohl gewandt, von raschem Geist und in den Waffen erfahren, dennoch seinen unruhigen und stürmischen Sinn nicht zu verbergen vermochte, eine so wichtige Reichswürde anzuvertrauen, läßt sich aus Mangel an Nachrichten nicht mit Bestimmtheit erklären. Gewiß jedoch war das Recht des Königs, über eine der Krone heimgefallene Grafschaft nach seinem Willen zu verfügen.

Mit Tancmar nun, der von Otto die schmählichste Kränkung erfahren zu haben meinte, und dessen gereizte Stimmung in fremder Hülfe eine willkommene Gelegenheit fand, sich eine desto vollständigere Genugthuung zu verschaffen, verband sich der Herzog Eberhard von Franken. Beide führte dasselbe Rachegefühl gegen den König zu der innigsten Vereinigung — beide beschlossen, bethört von ihrem leidenschaftlichen Gemüth, zu dem Aeußersten zu schreiten. Nachdem sie ein mächtiges Heer zusammengebracht, überfallen sie das sächsische Schloß Bellick an der Ruhr in dem Lande Westphalen, geben den Ort ihren Kriegsleuten Preis und nehmen Otto's Bruder Heinrich, mit welchem Eberhard, wie oben erinnert worden, schon einmal in einer Fehde gelegen hatte und der auf dem gedachten Schlosse nach dem Siegfried's, bei dem er war erzogen worden [2]), sich aufhielt, gefangen. Eberhard schleppt den Jüngling, wie einen gemeinen Kriegsgefangenen, nach Franken; Tancmar aber, dessen Krieger durch die reiche Beute verführt, die ihnen in die Hände gefallen war, dem Führer überall hin zu folgen gelobt hatten, zieht weiter ins Land Engern [3]), nach dem Dimelfluß hin, wo er die alte Eresburg, das heutige Stadtberg, mit stürmender Hand erobert. In dieser Stadt sucht er sein Heer zu verstärken, und setzt durch räuberische Ausfälle die ganze Umgegend in Schrecken. [4])

Als der König die Nachricht von diesen Vorfällen erhielt, versuchte er vorerst den Weg der Güte zu gebrauchen: sein Herz, in welchem die Milde und Gnade eine vorherrschende Stimme besaß,

---

[1]) Er war 26 Jahre alt, geb. nach d. Anno Saxo 911. [2]) Wittech. II. 643. nutriensque Heinricum juniorem secum tenuit (Sifridus). [3]) Engern war der zwischen den beiden andern Provinzen Sachsens Ostphalen und Westphalen in der Mitte liegende Strich Landes zu beiden Seiten der Weser, ohngefähr östlich bis zum Harz und westlich bis an den teutoburger Wald. [4]) Wittech. II. 644. Luitpr. IV. 9. Fortf. d. Rhegino, z. J. 938.

vermochte einen Bruder nicht gleich im Anfang mit dem Eisen in der
Hand zu begegnen; er hoffte ihn durch ein friedlicheres Mittel von
seinem ungestümen Beginnen abzuziehen. Tancmar aber ließ sich
weder durch freundliche Vorstellungen, noch durch ernsthafte Drohungen des Königs bewegen, aus der verbrecherischen Bahn herauszutre-
ten, in welche seine wilde, nur auf die Rache sinnende, Gemüthsart
ihn hineingeführt hatte. Als Otto endlich sich überzeugen mußte, daß
sein Bruder die Stimme des Friedens und der Gerechtigkeit ungerührt
an sich vorübergehen lasse, brach er mit einem mächtigen Gefolge nach
der Eresburg auf, um den Rebellen mit gewaffneter Hand zu bestrafen. Nur ungern entschloß er sich zu diesem traurigen Zuge, bei dem
es galt, den nächsten Verwandten durch des Krieges blutige Fahne
zu schrecken: aber seine königliche Würde, mit welcher er die Pflicht
übernommen, des Reiches oberster Schirmherr zu sein, überwog seine
Bedenklichkeiten, das Schwert aus der Scheide zu ziehen und auf den
friedenstörenden Bruder zu zücken. Nach einer kurzen Belagerung
eröffnen die Bürger der Eresburg Otto'n die Thore, wohl voraus-
sehend, daß sie der drohenden Macht des gewaltigen Königs keinen
dauernden Widerstand entgegenzusetzen im Stande sein würden.

Mit unverhaltener Wuth brechen die königlichen Kriegshaufen in
die ihnen übergegebene Stadt. Tancmar flieht kämpfend in die
Kirche des heil. Petrus, die einst Papst Leo III. an der Stelle, wo
von Karl dem Großen die Irminsul zerstört worden, geweiht hatte. [1]
Aber auch bis in diesen Zufluchtsort verfolgt die wilde Kriegslust der
königlichen Soldaten den unglücklichen Fürsten; die Dienstmannschaft
Heinrich's ist es, die vor allen das erlittene Unrecht ihres Herrn
an ihm zu retten dürstet. Mit gewaffneter Faust werden des Domes
Thore gesprengt; den blinkenden Stahl vermag die Heiligkeit der ge-
weihten Stelle nicht aufzuhalten. Tancmar stand auf den Stufen
des Altars; auf ihn hatte er seine Waffen und die goldene Halskette
niedergelegt. Zu spät erst erkennt er jetzt mit Schrecken, in welches
Unglück seine unbändige Leidenschaft ihn verstrickt. So tief war er
in den Augen der Menge gesunken, daß die Feinde sich nicht scheuten,
die größten Schmähungen auf ihn zu wälzen; vergebens versucht er mit
dem Schwerte den letzten verzweifelten Ausweg sich zu bahnen; den Kampf
endet ein Lanzenwurf durch ein dem Altare nahe stehendes Fenster, der
Tancmar'n tödtlich in den Rücken verwundet, so daß er entseelt an der
heiligen Stätte sein Leben aushaucht. [2] Der 28. Juli war sein Todestag.

---

[1] Witt. II. 645. Dithm. 20. 21. [2] Dieselben.

Der König war, während die Stadt in die Hände der Seinigen gefallen, nicht zugegen gewesen. Als man ihm die Kunde von dem bemitleidenswerthen Ende Tancmar's hinterbrachte, erklärte er laut seinen Unwillen, daß derselbe so schonungslos gemordet worden sei, ja er soll den, der jene tödtliche Lanze geworfen hatte (er hieß Maginzo und war ein Krieger aus seinem Heere), zum Tode verurtheilt haben. [1] Oeffentlich zeigte er seine aufrichtige Trauer, daß sein Bruder eines so schmählichen Todes habe sterben müssen; seine große Seele suchte den Getödteten noch durch eine rühmliche Erwähnung seiner besseren Eigenschaften zu ehren. [2] Vier von den Mitverschworenen Tancmar's aber ließ er nach dem fränkischen Gesetz mit dem Strange hinrichten, um allen denen ein abschreckendes Beispiel zu geben, die sich erkühnen würden, seinem königlichen Ansehn durch eine ähnliche frevelnde Widersetzlichkeit sich entgegenzustellen. Von der Eresburg bricht er hierauf nach dem Bergschlosse Lohra am Wipperflusse auf: auch dieses nimmt er nach einer hartnäckigen Belagerung ein, — die Besatzung erhält freien Abzug.

Unterdessen hatte die Nachricht von Tancmar's Tode und des Königs siegreichen Fortschritten den Herzog Eberhard in das größte Schrecken versetzt; er sah voraus, daß das Ungewitter des königlichen Zornes sich nun auf sein eigenes Haupt unverzüglich entladen werde — aber seine Verschlagenheit ließ ihn bald einen Weg der Rettung für sich finden. Er beschloß jetzt den Prinzen Heinrich, seinen Gefangenen, auf alle Fälle in sein Interesse zu ziehen, um durch ihn seine Entwürfe zur Ausführung zu bringen. [3] In dieser Absicht begiebt er sich zu ihm und fleht um Verzeihung für die gewaltsame Begegnung, die er ihm habe widerfahren lassen. Es gelingt seiner einschmeichelnden Beredsamkeit, den Prinzen vollständig zu versöhnen; ja in dem unerfahrenen Herzen desselben ein Vertrauen für sich zu erwecken. Mit aller Wärme einer erheuchelten Theilnahme, die ihm zu Gebote stand, stellt er ihm vor, wie eigentlich ihm, als dem Erstgeborenen König Heinrich's das Scepter gebühre, und wie Otto, der nur der Erstgeborene des Herzogs sei, zu des Reiches Regierung

---

[1] Dithm. II. 21 erzählt dieß; Wittech. II. 645 giebt eine andere Nachricht, daß der König wegen der Gefahr des Bürgerkriegs, in der er stand, sich gescheut habe, eine ernsthafte Strafe vollziehen zu lassen. [2] Wittech. l. c. Earum rerum rex ignarus et absens cum audiset super temeritate militum, indignatus est etc. — miseratus fratris fortunam suique ingenii ostendens clementiam pro laude ejus ac industria pauca locutus est. [3] Dieß und das Folgende nach Wittech. l. c. Sigbert von Gemblours z. J. 939 und Luitpr. IV. 9. 10.

durchaus mit Unrecht berufen worden. Er eröffnet ihm, wie der Herzog Giselbert von Lothringen, sein Schwager, mit dem er in ein inniges Freundschaftsbündniß getreten sei, sich beeifern würde, seinen Anspruch durch die Gewalt seiner Waffen zu unterstützen, um ihm, dem recht= mäßigen Nachfolger, das entzogene Diadem aufs Haupt zu setzen. Heinrich, der damals noch in den ersten Jahren des Jünglingsalters stand und durch die übergroße Zärtlichkeit seiner Mutter eine starke Neigung zur Hoffarth erhalten hatte, ließ sich verleiten, von den trü= gerischen Vorspiegelungen des Herzogs bestochen, dem schändlichen Bunde beizutreten; seiner unbesonnenen Jugend stellte sich die Hoff= nung, des Thrones Stufen zu besteigen, allzu glänzend und lockend dar, als daß er eine so mächtige Hülfe, die ihm von Eberhard mit einer so uneigennützigen Freundschaft dargeboten zu werden schien, hätte von sich weisen können. Unerfahren, wie er war, ahnete er nicht die gefährliche Hinterlist des Franken, dem das Bündniß mit ihm nur als ein unschätzbares Mittel zu dem von ihm verfolgten Zwecke galt, die Herzen der Sachsen dadurch um so leichter dem Könige Otto abwendig zu machen; er ahnete nicht die verrätherische Heuchelei des Herzogs, der nur so lange ihn zu benutzen gedachte, als es nöthig sein würde, den König zu verderben, und der dann sogleich die Maske fallen zu lassen entschlossen war, um sich selbst und nicht dem von ihm bethörten Jünglinge die Krone zu verschaffen. So sicher glaubte Eberhard schon den König zu Boden geworfen und sich auf des Thrones Höhe zu erblicken, daß er seine Gemahlin mit den Worten anredete: „Freue dich jetzt am Halse des Herzogs, bald wirst du dich in der Umarmung des Königs ergötzen!" [1])

Der getroffenen Abrede gemäß wird hierauf Heinrich von Eberhard auf freien Fuß gestellt und begiebt sich unter der Miene der Freundschaft zu seinem königlichen Bruder, der ihn mit einer unverstellteren Liebe und Herzlichkeit aufnimmt, als er aufgesucht wurde. Hierauf findet sich auch Eberhard am Hoflager des Königs ein; die thätige Verwendung Heinrich's und des Erzbischofes Fried= rich von Mainz, des Bruders Herz. Giselbert's von Lothringen und Nachfolgers Hildebert's, von dem Otto zu Aachen die Krone empfangen [2]), verschaffen ihm von der Milde des Königs eine noch= malige Verzeihung. Nur um die große Schuld, die er auf sich ge= laden, indem er gegen des Königs geheiligte Majestät die Waffen

---

[1]) Luitpr. IV. 10. [2]) Hildebert war am 21. Mai d. J. 937 gestorben. Dithm. II. 38.

erhob, nicht ohne eine gerechte Strafe zu lassen, wird er auf kurze Zeit nach Hildesheim verwiesen, bald aber wieder zurückberufen und in alle seine Ehren und Würden von neuem eingesetzt. [1] Diese Gelindigkeit, mit welcher Otto das Haupt einer Verschwörung behandelte, die in seinem eigenen Hause des Aufruhrs Fackel entzündet, würde unbegreiflich scheinen, wenn nicht der Charakter des Königs einen hinreichenden Erklärungsgrund davon an die Hand gäbe, und uns zu der Annahme berechtigte, daß sein edler Sinn den möglichst habe schonen wollen, durch dessen Hand einst seinem Vater Heinrich die Insignien des Königthums überbracht worden waren.

Otto war nun überzeugt, daß der Frieden fest begründet sei, und er durfte davon überzeugt sein, weil er seinen bisherigen Gegner durch eine wiederholte, großmüthige Schonung entwaffnet zu haben glaubte, und weil das Vertrauen, mit dem Heinrich, sein Bruder, ihm entgegengekommen war, nicht im entferntesten in ihm die Ahnung aufsteigen ließ, daß dieser so feindselige Gesinnung gegen ihn im Busen verbergen könne.

Aber Heinrich hatte einmal den bösen Mächten eine gefährliche Gewalt in seinem Innern eingeräumt und das verführerische Bild, das Eberhard vor seine Seele gestellt hatte, übte eine so verderbliche Gewalt über ihn, daß es ihn nun rastlos trieb, die kühnen Entwürfe seines Ehrgeizes zur Ausführung zu bringen. Nicht die Stimme der Natur, die ihn aufforderte, einen Bruder zu lieben, der sich in solcher Milde und Seelenhoheit ihm zeigte, nicht das noch frisch in Aller Angedenken lebende Beispiel Tancmar's, an dem der Himmel selbst eine abschreckende Strafe des Uebermuths vollzogen zu haben schien, vermochte ihn von seinem verbrecherischen Vorhaben abzuwenden. So blind hatte ihn die ungestüme Begierde, mit welcher er jenen finstern Mächten verfallen war, gemacht, daß er jetzt nur die Vortheile vor Augen sah, die seine Unternehmung ihm in die Hände legen würde, die Reihe der Gefahren aber nicht erblickte, die sich ihm in einem so ungleichen Kampfe mit einem Bruder entgegenstellen mußten, welcher wiederholt der Welt seinen festen Entschluß gezeigt hatte, die Ehre der Krone auch mit Gefahr des eigenen Lebens zu schützen.

Um seiner Unternehmung den gehörigen Nachdruck und eine Ausdehnung zu geben, welche desto sicherer auf einen glücklichen Erfolg hoffen ließ, mußte die Zahl der Anhänger verstärkt und ein fester Plan entworfen werden, von welcher Seite her der Ausbruch der

---

[1] Wittech. l. c.

Feindseligkeiten beginnen solle. Beides erlangt Heinrich bei einem feierlichen Mahle, das im Laufe des Winters 938 von ihm zu Saalfeld im thüringer Lande veranstaltet wird. [1]) Zu diesem Mahle waren seine Getreuen und alle diejenigen entboten worden, welche schon früher von Eberhard gewonnen, und von denen Heinrich eine kräftige Unterstützung seines Vorhabens sich versprechen durfte. Die Schätze, die sein Vater ihm hinterlassen, gebraucht er jetzt, sich Anhänger zu gewinnen; durch ansehnliche Geschenke, die er mit verschwenderischer Freigebigkeit unter sie austheilt, und durch die Aussicht, die er ihnen eröffnet, daß sie noch reichere zu erwarten hätten, wenn ihre thätige Hülfe ihn auf den Thron erhoben, gelingt es ihm, sie ganz auf seine Seite zu ziehen und der Zusage ihres wirksamsten Beistandes sich zu versichern. Um des Königs Augen den schwarzen Anschlag zu verbergen und nur dann erst, wenn Alles vorbereitet sei, den Streich auf sein Haupt fallen zu lassen, wird der Beschluß gefaßt, daß Heinrich Sachsen verlassen, die Städte, die hier und im Thüringerland unter seiner Botmäßigkeit stünden, oder sonst ihm zugethan wären, mit einer hinreichenden Besatzung versehen, und er im Gefolge seiner Getreuen sich nach Lothringen wenden solle. Hier glaubte man den besten Boden zu finden, um des Aufruhrs blutige Fahne zu pflanzen. Bekannt war der Lothringer unruhiger Sinn; man vertraute auf das Einverständniß ihres Herzogs mit Eberhard, dem Franken. Die Hülfsvölker, die Giselbert zu stellen sich entschlossen, und die Kriegsschaaren Ludwig's von Frankreich, den man mit in die Verschwörung zu ziehen, bereits übereingekommen war, konnten am füglichsten in den lotharingischen Landschaften hinter dem Rheinstrom sich sammeln, um dann mit einem zermalmenden Schlage auf den König zu stürzen.

Schon früher, als diese Uebereinkunft getroffen wurde, Lothringen zum Schauplatz des Ausbruchs der Empörung zu machen, hatte nämlich Eberhard den Herzog Giselbert in das Geheimniß gezogen. Als der Gemahl der Gerberga, der Schwester Otto's, hatte dieser zuerst standhaft eine so ruchlose Aufforderung, von der dem König mit einer feierlichen Zusage bekräftigten Treue abzufallen, von sich gewiesen: aber auch hier war es der Ueberredungskunst des ränkevollen Franken gelungen, zu seinem Ziele zu kommen. [2]) Freigebig in Versprechungen, die er nicht zu halten gedachte, hatte er auch Giselbert sein Wort gegeben, ihn auf den Thron zu erheben und das Anerbieten der Krone erschien dem Herzoge zu groß und zu würdig, um sich

---

[1]) Wittech. II. C45. [2]) Luitpr. IV. 10.

nicht in die Arme seines Verführers zu werfen. Während Eberhard nichts weniger als entschlossen war, seinem Bundesgenossen einen Preis zuzugestehen, den er für sich selbst zu erstreben verlangte, verhüllt er seine eigentliche Absicht tief in dem eigenen Busen und zeigt öffentlich die höchste Bereitwilligkeit, nur Giselbert's Erhebung zu befördern. So läßt sich auch der lotharingische Herzog durch die betrügerischen Einredungen Eberhard's verleiten, die Waffen gegen seinen obersten Lehnsherrn zu ergreifen und die Bande einer engen Verwandtschaft nicht achtend, uneingedenk der Großmuth Heinrich's, die ihn zu so hoher Ehre gebracht, mit einem schändlichen Undank gegen den Sohn seines Wohlthäters seine bisher schuldlose Seele zu beflecken.

Im Frühlinge des Jahrs 939[1]) verläßt Heinrich mit seinen Getreuen die sächsischen Lande und wendet sich über den Rheinstrom nach Lothringen. Das ganze Reich geräth über diesen plötzlichen Aufbruch, der nicht unzweideutig einen Abfall vom König und einen neuen bürgerlichen Krieg verkündete, in die höchste Bestürzung. So im Stillen und geheimnißvoll war die Verschwörung vorbereitet worden, daß Niemand die Ursache von dieser unvermutheten Wandlung der Dinge anzugeben vermochte. Der König selbst wollte lange der Nachricht keinen Glauben beimessen; als aber die gewissesten Bekräftigungen von dem Geschehenen an ihn gelangten, die ihn nicht zweifeln ließen, daß seines Bruders Herz sich von ihm losgerissen und dessen Vorhaben auf seinen Untergang berechnet sei: da faßt er mit besonnener Seele den Entschluß, keinen Augenblick zu verlieren, um die Absichten seiner Gegner durch eine unverzügliche, entschlossene Gegenwehr zu vernichten. In der größten Schnelligkeit sammelt er aus seinen Sachsen eine Heeresmacht um sich, und setzt sich in Eilmärschen nach dem Rheinstrom in Bewegung. Nachdem er die Weser überschritten, zieht er auf die Stadt Dortmund, die Heinrich gehörte, und die dieser, durch eine Besatzung zu sichern, Sorge getragen hatte. Des Königs drohende Annäherung erschreckt die Vertheidiger des Platzes. Eingedenk der Belagerung, welche die Eresburg erfahren hatte, wird die Stadt ohne Widerstand von Agina, dem Burggrafen, in die Hände des Königs geliefert. Um eine friedliche Beilegung der Sache nicht unversucht zu lassen, befehligt Otto den Agina, sich zu Heinrich zu begeben, um ihn, dafern er es vermöchte, von einer offenen Feindseligkeit gegen seinen Bruder und König abzunahmen,

---

[1]) Wittech. l. c Ann. Saxo z. J. 939. Dithm. II. 39.

oder, falls seine Verwendung fruchtlos wäre, wieder zu ihm zurück-zukehren. Der Burggraf, dem Könige gehorchend, schwört einen hei-ligen Eid, desselben Gebote streng und gewissenhaft nachzukommen, und eilt dem Heere voraus zu Heinrich. Ohne Verzug folgt ihm der König und erreicht die Ufer des Rheines.

Noch hatte Giselbert von Lothringen sich nicht öffentlich aus-gesprochen, ob auch er aufrührerische Waffen mit Eberhard und Heinrich gegen seinen Herrn und König tragen wolle. Um ihn zu einer bestimmten Erklärung zu vermögen, wird der Kämmerer Ha-bald an ihn geschickt, damit er auf Frieden und Eintracht mit ihm unterhandle. Der Herzog nimmt den Gesandten des Königs unehr-erbietig auf; er scheuet sich aber, ihm frei und unumwunden seine Gesinnung zu enthüllen und zögert von Tage zu Tage mit seiner Antwort. Ein zweiter Gesandter des Königs, der Bischof Bernhard von Halberstadt, wird eben so unwürdig empfangen und ohne eine entscheidende Erwiederung wieder entlassen. Endlich ermüdet die ab-sichtliche Saumseligkeit Giselbert's, der nur Zeit zu gewinnen trach-tete, die Geduld des Kämmerers Habald; die betrügerische Hinterlist des Herzogs wird ihm klar und er benutzt die Gelegenheit, sich gegen denselben vor einer großen Versammlung seiner Getreuen seines Auf-trags vollständig zu entledigen: „daß der Herzog an einem bestimmten Tage vor des Königs Throne erscheinen oder sonst für einen Feind des Reiches erklärt und als solcher behandelt werden solle." [1])

Dieses Entbieten des Königs, aus welchem hervorging, daß der-selbe den höchsten Ernst zu gebrauchen entschlossen sei, bestürzte den Lothringer: von selbigem Tage an behandelt er den Gesandten mit Auszeichnung und läßt ihn zuletzt mit allen Ehren zurück in's Lager des Königs geleiten.

Indem auf solche Weise die Zeit mit Unterhandlungen verstrich, die am Ende ohne Erfolg sich auflösten, war es dem Bruder und Schwager des Königs gelungen, ihr Heer so weit zu verstärken, daß sie es wagen durften, sich in einem offenen Kampfe mit diesem zu messen. Ihre Absicht ging dahin, dem Könige den Uebergang über den Rhein streitig zu machen. [2]) Allein ihrer Bemühungen ungeachtet, gelingt es den königlichen Truppen bei Birthen, in der Gegend von Xanten, über diesen Strom zu setzen. Der Vortrab des Heers war schon auf dem jenseitigen Ufer, als Agina, den feindlichen Kriegs-schaaren voraneilend, des Schwures eingedenk, den er dem Könige

---

[1]) Wittech. l. c. [2]) Fortf. d. Rhegino z. J. 939.

geschworen, diesem, der sich noch auf dem diesseitigen Gestade befand, entgegensprengt. Sobald er des Königs ansichtig geworden, begrüßt er denselben mit Ehrfurcht und entbietet ihm, daß Heinrich, sein Herr, dem Bruder und Könige Heil und Frieden und eine lange und glückliche Herrschaft über sein Reich wünsche, und selbst heraneile, um ihm seine Unterwürfigkeit zu bezeigen. Während Otto die Frage an Agina richtet, ob sein Bruder in Frieden sich mit ihm verstehen, oder den Krieg zu beginnen gedenke, erblickt er bereits eine unübersehbare Heerschaar mit aufgehobenen Bannern, die sich zugweise dem Strome nähert und in die Verfassung setzt, den Theil der königlichen Truppen, der den Rhein bereits überschritten hatte, mit einem Angriffe zu bedrohen. Da wendet sich der König nochmals zu Agina und befragt ihn, was die ihm entgegenrückenden Haufen wollten und von wem sie geführt würden? Darauf entgegnet der Burggraf, daß des Königs Bruder sein Herr sei, daß, wenn dieser seinem Rathe zu folgen gewürdiget hätte, die Sachen anders sich gewendet haben würden — er selbst sei nur, um sein gegebenes Wort zu lösen, hier erschienen. [1])

Als der König diese Botschaft vernommen, vermochte er den heftigen Schmerz, der seine Seele bewegte, äußerlich nicht zu verbergen: nur ohngefähr hundert gewaffnete Männer waren es, die auf dem jenseitigen Ufer dem Andrang eines übermächtigen Feindes sich entgegenstellen sollten; an Schiffen, mit denen er selbst ihnen zu Hülfe hätte hinübereilen können, gebrach es; die Tiefe des mächtigen Strombettes gestattete keinen andern Weg, zu ihnen zu stoßen — sie schienen eine unzweifelhafte Beute des Verderbens zu sein. [2])

Aber es war eine Heldenschaar, die jetzt auf dem gegenüberliegenden Ufer einem überlegenen Feinde sich blosgegeben sah. Nicht erschreckt durch die augenscheinliche Todesgefahr, die ihnen bevorstand, für schimpflich es erachtend, sich ohne Schwertstreich gefangen zu geben, in dem lebendigen, festen Vertrauen auf die Gerechtigkeit ihrer Sache, und durch den Trost gestärkt, daß, wenn sie im blutigen Kampfe fallen sollten, sie in die Herrlichkeit des Himmels eingehen würden, beschlossen sie, in verzweifelter Gegenwehr das Aeußerste zu wagen und ihr Leben, dafern sie es nicht zu retten vermöchten, wenigstens aufs theuerste zu verkaufen. [3]) Eilig wird von ihnen das Gepäck nach Xanten geschickt, sie selbst bereiten sich, durch einen Teich geschützt, der·sie von dem Feinde trennte, zum Kampfe. Ihr kleines Heer theilt sich, ein Haufe

---

[1]) Wittech. l. c. [2]) Wittech. l. c. Luitpr. IV. 11. Fortf. b. Rheg. z. J. 939.
[3]) Luitpr. l. c.

wirft sich von vorn auf die Macht der Feinde, ein anderer fällt ihm eiligen Laufes in den Rücken.

Von dem entgegengesetzten Ufer des Rheinstroms schaute der König auf die heldenmüthige Treue der Seinen und weil des Stromes Fluthen ihn hinderten, mit des Leibes Gegenwart ihnen zu Hülfe zu kommen, gedachte er des Volkes Gottes [1]), das dereinst die feindlichen Amalekiter durch Moses Gebete besiegte. [2]) Auch in des Königs Seele lebte die begeisterte Zuversicht auf die große Verheißung, daß da er-füllet werden solle, was der Mensch von Gott mit gläubigem Herzen erflehe. Sofort springt er vom Pferde, es glänzt die heilige Lanze, die die siegverleihenden Nägel des Heilands zeigte [3]), in seiner geho-benen Rechten; vor ihr wirft er sich mit dem gesammten Heere auf die Kniee nieder; seine bedrängte Seele ergiebt sich in ein lautes, feuriges Gebet für die Rettung der Seinen [4]): „Herr, der du die Welt erschaffen, schaue gnadenvoll herab auf dein Volk, das du mir befohlen hast, und schütze es vor der Feinde Macht, auf daß alle Lebendigen erkennen, daß Niemand widerstehen könne deinem allmäch-tigen Arme und daß du allein der wahre Gott seist, der da lebet und herrschet von Ewigkeit zu Ewigkeit!" [5])

Während Otto für die Rettung seiner Getreuen diese flehenden Worte zum Himmel sendet, krönte der glänzendste Erfolg die glorreiche Tapferkeit jener Helden. Die feindlichen Schaaren, welche sich mit höchster Erbitterung von zwei Seiten zugleich angegriffen sehen, wissen nicht, von welcher der Hauptstoß ihnen zugekommen sei und wohin sie sich wenden sollen, um auf den Kern ihrer Gegner zu treffen. Eine Kriegslist der Sachsen, von denen einige der gallischen Sprache mäch-tig waren, in welcher sie jetzt laut in die feindlichen Reihen hinein-rufend, zur eiligen Flucht auffordern, vollendet die entstandene Ver-wirrung. Ein allgemeines Schrecken ergreift die Lothringer, die da glauben, daß von ihren eigenen Leuten der Zuruf erschollen sei, und daß der Feind ihren Rücken bedrohe. Ohne zu wissen, was über sie gekommen, weil der nachsetzende Haufen der Sachsen zu klein war,

---

[1]) Luitpr. l. c. [2]) Moses II. 17. [3]) Die heil. Lanze stammte nach der Sage von Constantin d. Gr. und wer sie führte, war unüberwindlich. Sie war gefen-stert, und hinter diesem Fenster befanden sich Nägel von dem wahren Kreuze des Heilands, das Helena, die Mutter Constantins, bei ihrer Wallfahrt nach Jerusalem hier gefunken haben sollte. S. Luitpr. IV. 12. Heinrich I. erhielt sie von Ru-dolph II., König von Burgund, dem er dafür außer andern Geschenken ein Stück von Alemannien abtrat. Nach Wittech. I. 656 war schon Conrad im Besitz einer heil. Lanze. [4]) Luitpr. IV. 11. [5]) Wittech. II. 646 hat dies Gebet.

als daß sie ihn hätten erblicken können, wenden sie sich grauenvoll
zur Flucht und überlassen den Wahlplatz den Siegern. Der größte
Theil des ansehnlichen Heeres wird mit dem Schwerte erschlagen, eine
beträchtliche Anzahl zu Gefangenen gemacht, die übrigen rettet die
Schnelligkeit ihrer Pferde; das ganze Gepäck fällt in die Hände der
Sachsen. Heinrich selbst ward im Handgemenge schwer in den Arm
verwundet; nur der dreifache Panzer, den er an diesem Tage trug,
verhinderte, daß die Schärfe des Schwerts in das Fleisch hineindrang;
doch soll er durch die Gewalt des gewichtigen Schlages, der ihn be=
troffen, so gefährlich verletzt worden sein, daß er nach Jahren noch,
trotz aller ärztlichen Hülfe, durch den heftigsten Schmerz an diesen
Tag des Unglücks sich hat gemahnt sehen müssen. [1]

Eine Folge dieses glücklichen Treffens war die Uebergabe der
von Heinrich besetzten Städte im Sachsen= und Thüringerlande an
den König. [2] Hier hatte man, als die Nachricht von der entschiede=
nen Niederlage der Gegner Otto's anlangte, absichtlich das Gerücht
zu verbreiten gewußt, daß Heinrich selbst dabei gefallen sei, worauf
sich alle jene Plätze ohne Schwertstreich der Gnade des siegreichen
Königs ergaben: nur Merseburg an der Saale und Scheidingen an
der Unstrut, die alte Veste der ehemaligen thüringischen Könige, ver=
harrten in fester Treue bei Heinrich. Dieser aber eilt sogleich, nach=
dem er die traurige Botschaft von dem Abfall seiner Städte vernom=
men, nur von neun Gewaffneten begleitet, nach Sachsen und sucht
sich innerhalb der Mauern Merseburgs vor dem nachfolgenden Könige
zu bergen.

Otto hatte nur die Bewegungen der Empörer nach ihrer ver=
lornen Schlacht abgewartet, um sogleich mit seiner Kriegsmacht nach
der Gegend sich hinzuwenden, wo er dieselben treffen und zur voll=
ständigen Ergebung drängen könnte. Als daher Heinrich nach Sach=
sen zurückgekehrt war, verläßt auch der König die Ufer des Rheins
und wendet sich morgenwärts, um hier dem Bruder zu begegnen.
Das königliche Heer schickt sich zur Belagerung Merseburgs an: zwei
Monden lang widersteht die Stadt hartnäckig der Gewalt eines über=
mächtigen Feindes; endlich, da alle Hoffnung eines Entsatzes schwindet,
sieht sie sich zur Uebergabe genöthigt. Heinrich erscheint im Lager
des Königs — er erlangt einen Waffenstillstand von dreißig Tagen
und die Verstattung eines freien Abzugs aus Sachsen. Mit seiner
gewohnten Großmuth läßt Otto allen denen von Heinrich's Getreuen
Gnade verkünden, welche in dieser Zeit zu ihm herübertreten würden. [3]

[1] Luitpr. u. Wittech. l. c. [2] Wittech. II. 647. [3] Wittech. l. c.

Aber vergebens war die Milde des Königs gegen seinen so tief verblendeten Bruder, vergebens die Schonung, mit der er ihm eine Waffenruhe zugestanden hatte, um ihn zu einer besonnenen Ueberlegung seiner unnatürlichen Absichten zu vermögen. Kaum sah sich Heinrich im Besitze der Freiheit, Merseburg zu verlassen, als er über die Weser und den Rhein nach Lothringen eilt, um sich mit Giselbert, seinem Schwager, von neuem gegen den König zu rüsten. [1]

Der Herzog war, indessen der König in Sachsen gegen seinen Bruder zu Felde lag, nicht müßig gewesen. Der Abrede gemäß, welche die Verschworenen unter einander getroffen, hatte er den Versuch gemacht, den König von Frankreich zu bestimmen, mit ihnen seine Waffen gegen Otto zu tragen.

In diesem Lande herrschten, wie man sich aus der Einleitung erinnern wird, noch die Nachkommen Karl's des Großen, und Ludwig, von spätern Chronisten der Ueberseeische (d'outre-mer) genannt, Karl's des Einfältigen Sohn, war es, der zu Otto's Zeiten auf dem Throne saß. Sein Vater, verrathen und von dem Grafen Heribert von Vermandois, diesem Feinde der königlichen Macht, gefangen, hatte nach einer sechsjährigen Einschließung zu Peronne in der Picardie sein freudeloses Leben 929 geendet. Ludwig war mit seiner Mutter Edgiva, der Tochter Eduard's von England und Schwester Edithen's, der Gemahlin des deutschen Königs Otto, zu dem König Athelstan, Eduard's Sohne, nach England geflohen und dort, so lange Rudolph die französische Krone trug, geblieben. Erst nach dem Tode desselben hatten die französischen Großen ihn zurückberufen und im Junius desselben Jahres, in welchem Otto den deutschen Thron bestieg, hatte auch er zu Laon am 19. Junius die Krone seiner Väter empfangen.

Zu diesem Ludwig nun wandte sich der Herzog Giselbert von Lothringen. Mit den Großen seines Herzogthums erschien er vor ihm und forderte ihn auf, die Herrschaft über das lotharingische Reich, das so ganz mit Unrecht dem deutschen Könige Heinrich abgetreten worden sei, von neuem zu übernehmen. Ludwig hatte sogleich nach dem Antritt seiner Regierung durch seinen Grafen Arnulf von Flandern mit Otto, seinem Oheim, ein enges Freundschaftsbündniß vermitteln lassen und darum wies er das Anerbieten der lotharingischen Großen dies erstemal von sich. Als aber Giselbert wiederholt in ihn drang, ihn und seine Getreuen unter sein Scepter aufzunehmen,

[1] Wittech. l. c.

und ihn aufforderte, die günstigen Verhältnisse nicht von sich zu weisen, den gerechten Anspruch der westfränkischen Könige auf ein nur
durch die Gewalt der Waffen ihnen entrissenes Land geltend zu machen,
vermochte der gereizte Ehrgeiz des neunzehnjährigen Königs dem verführerischen Anerbieten keinen längeren Widerstand entgegenzusetzen.
Er ergriff mit Bereitwilligkeit die willkommene Gelegenheit, die Grenzen seines Reichs durch eine so beträchtliche Eroberung zu vergrößern,
und glaubte sich durch den scheinbaren Vorwand, nur sein altes Recht
zu verfechten, hinreichend entschuldigt, einen offenen Treubruch an dem
zu begehen, dem er noch kurz vorher durch eine Gesandtschaft feierlich
hatte seiner freundschaftlichen Gesinnungen versichern lassen. [1]

Unterdessen so im Westen seines Reichs ein neuer Feind gegen
ihn geworben wurde, hatte Otto von Sachsen aus gegen die östlichen
Slaven und insonderheit gegen die im heutigen Mecklenburg wohnenden Obotriten in Eil einige glückliche Feldzüge unternommen. Diese
Völker, die sein Vater sich unterworfen und zu einem jährlichen Tribut
genöthigt hatte, glaubten jetzt, da Otto's Waffen durch innere Unruhen beschäftigt waren, die Gelegenheit benutzen zu müssen, ihrer
lästigen Abhängigkeit von den Deutschen ein Ende zu machen. In
dieser Absicht waren sie in Masse aufgestanden und in die sächsischen
Lande mit Raub und Verwüstung eingebrochen. Vergebens hatte
Gero, der tapfere Markgraf im Ostlande, welchem der König die
Hut über die slavischen Landschaften jenseits der Saale und Elbe anvertraut hatte, alle seine Kräfte aufgeboten, sie durch Gewalt zu dem
alten Gehorsam zurückzuführen; der Widerstand dieser zahlreichen Völker, die mit dem entschiedensten Widerwillen von jeher die Oberherrschaft der Deutschen und die christliche Lehre, welche diese ihnen brachten, zurückgestoßen hatten, war zu stark gewesen, als daß er ihnen
hätte die Spitze bieten können. Selbst damit waren die Slaven umgegangen, den Markgrafen des Lebens zu berauben, und er hatte nur
dadurch sich zu retten vermocht, daß er, ihrer List zuvorkommend,
dreißig ihrer Vornehmsten, nachdem er sie zu einem festlichen Mahle
geladen und mit Wein berauscht hatte, niedermetzeln ließ. Nach dieser
Gewaltthat war die Erbitterung der Slaven aufs höchste gestiegen:
sie kämpften mit Verzweifelung für ihre Freiheit, das theuerste Gut,
das sie kannten. Ein Heer nach dem andern, das dem Gero zu
Hülfe zog, wurde geschlagen: endlich entschloß sich der König, selbst
ihnen entgegenzugehen. Seinen Waffen gelingt es zwar, die gefähr

---

[1] Frodoard, Chorherr von Rheims z. J. 939.

lichen Feinde in mehreren entscheidenden Gefechten darniederzuwerfen
und die Besiegten auf den Augenblick zu einem anscheinend aufrich=
tigen Gehorsam zurückzubringen: dennoch aber, trotz aller Niederlagen,
die sie erlitten, dauert ihre Widersetzlichkeit fort, und Otto muß sich
damit begnügen, nachdem er auch die Dänen, die einen Einfall gethan,
aus dem Felde geschlagen, sie die Schwere seines Armes fühlen ge=
lassen zu haben. Ihre gänzliche Besiegung überträgt er seinem ge=
treuen Markgrafen, weil die Nachrichten vom Rheinstrome immer
dringender ihn auffordern, nach dieser Gegend zu eilen. [1])

In Lothringen standen jetzt Heinrich und Giselbert in den
Waffen, den Zuzug des Königs von Frankreich erwartend, um dann von
neuem eine entscheidende Unternehmung zu wagen. Aber noch ehe
Ludwig ein Heer gesammelt, überrascht König Otto die Empörer durch
seine gefürchtete Ankunft. Er setzt mit seinem Heere über den Rhein
und durchzieht das lotharingische Reich, das er mit Schwert und
Feuer verwüstet. Der bedrängte Giselbert wirft sich in die Festung
Kevermont bei Lüttich [2]) und Otto beginnt sofort die Belagerung der=
selben, die er auch dann, als es dem Herzoge gelungen war, wieder
aus dem Platze zu entkommen, mit allem Ernste noch fortsetzt. Hier
endlich im Feldlager vor Kevermont wird dem König hinterbracht, daß
Ludwig von Frankreich mit seinen Feinden in ein Bündniß getreten,
das Gebiet von Verdun mit einem Heere durchzogen habe und von
da in die Landschaften des Elsaß gefallen sei, wo er die Feindselig=
keiten öffentlich durch unzweifelhafte Thaten der Gewalt begonnen habe.

Kaum hatte Otto diese Nachricht erfahren, als er unverzüglich
die Belagerung Kevermonts aufhebt und nach dem Elsaß sich wendet.
Mit leichter Mühe gelingt es ihm, die französischen Heeresmassen, die
sich ihm hier entgegenstellten, über den Haufen zu werfen; eben so
unerwartet, als er hereingebrochen war, sieht sich Ludwig wieder
aus dem Lande gejagt; schimpflich, wie sein ganzer treuloser Angriff
auf Otto war, ist auch seine eilige Flucht nach seiner Hauptstadt
Laon. Nur eine neue Botschaft, die den König von Deutschland trifft,
errettet ihn von einer Verfolgung in die Grenzen seines eigenen Reiches. [3])

Noch immer hatte der Herzog Eberhard bis hierher Anstand
genommen, öffentlich seine Waffen mit denen Giselbert's und Hein=
rich's zu vereinigen [4]) — aber es war nicht die gewissenhafte Scheu,

---

[1]) Wittech. II. 647. [2]) Ist das heutige Aspremont zwischen Spaa und Lüt=
tich — Caprae Mons bei Luitpr. IV. 19. [3]) Alles dieß nach Wittech. l. c. Fortf.
des Rhegino v. Prüm, Frodoard von Rheims, Herrmann der Lahme von Reichenau
z. J. 939. [4]) Wittech. II. 647 zu Ende der Seite.

den feierlichen Eid, welchen er dem Könige geschworen, zu brechen, die ihn abhielt, eher im Felde zu erscheinen: nur die Rücksicht einer verschlagenen Klugheit war es gewesen, die ihm diesen absichtlichen Verzug als dringend nothwendig vorgeschrieben hatte, um desto sicherer das glänzende Ziel seiner geheimen Pläne zu erreichen. Ruhmlos waren seine beiden Bundesgenossen nun vor Otto erlegen; selbst der König von Frankreich hatte durch den Feldzug, den er gegen diesen unternommen, vollständig seine Ohnmacht, einen ernsthaften Widerstand zu leisten, gezeigt — an ihm nun, dem Frankenherzoge war es, sich an die Spitze der Verschworenen zu stellen, um durch einen entscheidenden Sieg den deutschen König zu stürzen und das eigene Haupt mit dem Glanze der Krone zu schmücken. Jetzt — so schien es ihm — nachdem Giselbert und Heinrich offenbar bewiesen hatten, daß ihnen die Macht gebreche, ihrem Gegner die Herrschaft zu entreißen, konnten sie ihm, wenn er siegreich diesen bezwungen, das Recht nicht streitig machen, nach dem Preise seiner Anstrengungen zu greifen, und einen Thron zu besteigen, den er ausschließlich der eigenen Tapferkeit verdankte.

Von solchen thörichten Gedanken bewegt und von solchen vermessenen Hoffnungen getrieben, ließ Eberhard seine, während der Zeit der Ruhe gesammelte, Heeresmacht zu der seiner Bundesgenossen stoßen und von neuem, schrecklicher, als jemals zuvor, lobert das Kriegsfeuer an den Ufern des Niederrheins. Nicht zufrieden, Lothringen durch ihrer Waffen Gewalt zu beunruhigen, werden von ihnen jetzt durch wiederholte Raubzüge auch die sächsischen Landschaften am rechten Ufer des Rheinstroms in Schrecken gesetzt. [1]

Otto war eben in der Belagerung Breisachs begriffen, einer starken Festung, die damals auf einer Insel des Rheines lag, welche ein später ausgetrockneter Arm bildete, einiger andern Städte, die dem Herzog Eberhard gehörten, als die Nachricht in seinem Lager einlief, daß seine Gegner an der Spitze eines furchtbaren Heeres, das sie zusammengebracht, gegen ihn im Anzuge seien. Mit Schrecken erfüllt diese Kunde den kleinen Haufen seiner Getreuen; für zu schwach halten sie sich, dem Andrange eines vielfach überlegenen Feindes zu begegnen, und viele suchen in der ersten Bestürzung durch eine schimpfliche Flucht ihre Rettung. Noch einmal unternimmt es der König, durch Unterhandlungen den Herzog Eberhard zum Frieden zu ver-

---

[1] Dieß und das Folgende nach Witech. II. 648. Fortf. des Rhegino z. J. 939 und Luitpr. IV. 14.

mögen; der Erzbischof Friedrich von Mainz geht als Gesandter zu ihm, um ihn durch freundliche Anerbietungen zu einer Versöhnung zu bewegen. Aber der Erzbischof, Herzog Giselbert's Bruder[1]), im heimlichen Einverständnisse mit den Rebellen, überschreitet den ihm gegebenen Auftrag und schließt einen entehrenden Vergleich, welchen der König mit Ernst und Würde verwirft. Hierauf verläßt auch Friedrich heimlich, zur Nachtzeit, das königliche Lager; es folgen ihm der Bischof Rudharb von Straßburg und viele andere Prälaten; sie nehmen ihren Weg nach Metz, wo, einer getroffenen Abrede gemäß, Herzog Giselbert und Heinrich mit ihnen zusammenstoßen sollten. Immer höher und höher steigt die Bestürzung unter Otto's zusammengeschmolzenem Heere; in der Verzweiflung, welche sich der Gemüther bemächtigt, ertönt schon laut und schmerzlich die Klage, daß die Herrschaft der Sachsen zu ihrem Ende sich neige. Endlich entschließen sich die Anführer, einen entscheidenden Schritt zu wagen und den König zu erinnern, daß er für seine Rettung Sorge tragen möge. Mit den bringendsten Vorstellungen beschwören sie ihn, die Belagerung von Breisach aufzuheben und das Heer nach Sachsen zurückzuführen, damit die kostbare Zeit, die noch übrig sei, einem sichern Verderben zu entgehen, nicht vollends verstreichen möge.

Aber unerbittlich wies Otto ihre wohlgemeinte Aufforderung von sich; er allein hatte in dieser Zeit der höchsten Bedrängniß in keinem Augenblicke die bewundernswürdige Standhaftigkeit seiner großen Seele verloren. Unerschütterlich fest auf den Beistand des Himmels vertrauend, war er bei dem allgemeinen Zagen gefaßt und ruhig geblieben. „Dafern unsere Zeit herangekommen ist," so erklärte er seinen Getreuen[2]), „so werden wir alle glorreich sterben, und unsern Ruhm nicht durch eine schmachvolle Entweichung beflecken. Edler ist es und besser, für die Sache einer ewigen Wahrheit und Gerechtigkeit in den Tod zu gehen, als, indem wir ihn scheuen, ein ehrloses Leben zu führen. Vermögen es jene, die gegen die Ordnung Gottes sich stellen und ihr Heil von der Menge, nicht von dem Herrn erwarten, in einen ungerechten Streit hinauszugehen und dem Tode ihre verbrecherische Brust entgegenzutragen, so müssen wir um desto freudiger in das Schlachtfeld ziehen, wir, die wir den Trost besitzen, für eine gerechte Sache zu kämpfen, wir, die wir, wenn das allgemeine Schicksal uns ereilet, geruhig zu sterben vermögen. Wahrlich, das heißt Gott mißtrauen, wenn die Streiter einer gerechten Sache wegen ihrer geringen

---

[1]) Siehe die Tafeln von Henninges. [2]) Wörtlich nach Luitpr. l. c.

Anzahl, noch vor dem Versuche einer Schlacht, eine schmachvolle Flucht ergreifen!" —

Von der Stunde an, wo der König die Kriegsfürsten mit dieser Antwort entließ, theilt der Heldenmuth, der in seinem Herzen lebte, und der begeisterte Glaube, der ihn erhob, auch seinem Heere sich mit; einhellig beschlossen sie alle, dem Könige zu folgen, der sich nicht scheuete, sein edles Leben der drohendsten Todesgefahr auszusetzen. [1])

Sofort [2]) werden Hermann, Herzog der Schwaben, Graf Udo im Rheingau [3]), dessen Bruder, und Graf Konrad von Worms dem Feinde entgegengesandt, um durch eine unerschrockene Gegenwehr demselben zu beweisen, daß der Muth des königlichen Heerhaufens nicht erstorben sei, sondern hoch und herrlich noch lebe. Auf dem rechten Ufer des Rheinstroms, der Veste Andernach gegenüber, erreichen sie die Herzoge Giselbert und Eberhard, welche eben sich anschickten, die Beute, welche sie bei einem glücklichen Raubzug in die sächsischen Lande gemacht, über diesen Strom hinüberzuschaffen. Schon stand der größte Theil ihres Heeres auf dem jenseitigen Ufer; sie selbst, die Herzoge verweilten noch diesseits und hatten sich, nur von wenigen Begleitern umgeben, auf dem Gefilde gelagert, um sich beim Bretspiel zu ergötzen. [4]) Da auf einmal schreckt die ungestüme Ankunft des königlichen Kriegshaufens sie aus ihrer sorglosen Ruhe; kaum bleibt ihnen die Zeit übrig, ihre Pferde zu besteigen und in Eil die geringe Zahl ihrer Gefährten um sich zu sammeln. Mit einer gerechten Erbitterung werfen die Freunde des Königs sich auf die Rebellen; nichts hilft es dem Herzog Eberhard, daß seine Neffen es sind, mit denen er kämpfet; nach einer verzweifelten Gegenwehr, mit einer Menge von Wunden bedeckt, wird er entseelt zu Boden gestreckt und verhaucht auf der blutigen Wahlstatt sein unruhiges Leben. Dem Herzog von Lothringen gelingt es, den Rhein zu erreichen; mit dem Pferde stürzt er sich in die Wellen und trifft glücklich auf einen Kahn, welcher ihn an das gegenseitige Ufer retten soll; allein der Zudrang derjenigen, die ihm nachfolgen, macht das kleine Fahrzeug schwanken und umstürzen; die Schwere seiner Rüstung zieht den Herzog in die bodenlose Tiefe. Schiffer sollen seinen Leichnam kurze Zeit darauf gefunden, denselben beraubt und heimlich beerdigt haben. [5]) So schmachvoll

---

[1]) Luitpr. l. c. [2]) Das Folgende nach der Fortf. d. Rhegino z. J. 939. Wittech. II. 648. Luitpr. IV. 16 und Dithmar II. 39. [3]) Hier lagen die Güter seiner Grafschaft. S. Urk. v. 27. Febr. 948 geg. zu Salz für Lorsch im Cod. Dipl. Laurish. I. 117. [4]) Ekkeh. de Cas. Mon. S. Galli c. 5 bei Goldast I. 30. [5]) Frebaard z. J. 939.

mußten die enden, die noch kurz vorher der ausschweifenden Hoffnung, einen Thron zu besteigen, in ihrer Brust Raum gegeben.

Der Bote, welcher dem Könige die Nachricht von dem Untergange beider Fürsten überbrachte, traf ihn, als er eben sich zu Pferde gesetzt hatte, um in einer entfernten Kirche die Frühmesse zu hören. Auf derselben Stelle, wo er mit einem gerührten Herzen seine wunderbare Rettung aus augenscheinlicher Gefahr vernommen hatte, warf sich Otto auf die Erde nieder, und verehrte durch ein inbrünstiges Gebet die überschwengliche Gnade der Allmacht. [1]

Nachdem die beiden Häupter der Empörung gefallen waren, wagte Niemand, ihm einen längeren Widerstand entgegenzusetzen. Wie durch ein Gottesurtheil schienen jene dahingerafft worden zu sein; wer ihnen bisher noch angehangen hatte, warf jetzt eilig die Waffen von sich und vertraute mit einer bereitwilligen Ergebung sich dem Könige an, über dem der Himmel so sichtbar seine schützende Hand gehalten hatte. Die Festung Breisach öffnet die Thore zuerst [2], auch Kevermont widersteht nicht länger [3]); siegreich durchschreitet der König das lotharingische Reich von einem Ende bis zum andern. [4] Schonend und mild behandelt er die Großen, die auf ihres Herzogs Seite gegen ihn gefochten hatten; nach einer kurzen Verbannung setzt er sie in ihre vorigen Ehren wieder ein, selbst die Verwandten Giselbert's, die seine Verzeihung erflehten, behielten die Städte, welche ihnen vormals gehörten. [5] Der Erzbischof Friedrich, der in seine Hauptstadt Mainz sich zu retten versucht, dem aber die Bürger derselben den Eingang verwehrt und den des Königs Getreue gefangen genommen hatten [6], wird nach dem Kloster Fulda verwiesen; aber bereits im folgenden Jahre erlaubt ihm Otto, in sein Bisthum zurückzukehren. Und eben so gnädig bewies er sich gegen Rudhard von Strasburg, der zur Strafe nach dem Kloster Corvei an der Weser verbannt wurde. [7] Nur Adalbert, Bischof von Metz, ein naher Verwandter des Herzogs Giselbert, versuchte es noch, dem Könige mit Gewalt der Waffen zu widerstehen, und zerstörte deßhalb die königliche Pfalz Diedenhofen. Aber auch ihn bezwang endlich der König und vollendete damit die Wiederherstellung der Ruhe in dem gesammten lotharingischen Reiche. [8]

Jetzt, da Alles ihm von neuem in Ehrfurcht und Ergebung

---

[1] Luitpr. IV. 17. Witttech. II. 648. [2] Fortf. d. Rhegino z. J. 939. [3] Witttech. II. 648. [4] Fortf. v. Rhegino z. J. 939. [5] Witttech. l c. [6] Luitpr. IV. 19. [7] Fortf. b. Rheg. z. d. J. 939. 940. Witttech. l. c. nennt für Fulda Hamburg. [8] Fortf. b. Rheg. z. J. 939.

gehuldiget hatte, gedachte auch Heinrich seinen so grausam beleidigten Bruder zu versöhnen. Er war nach dem unglücklichen Treffen
bei Andernach, das seine hochfahrenden Hoffnungen mit Einem furchtbaren Schlage vernichtet, nach Frankreich geflohen.[1]) Von hier aus
wendet er sich zu Otto und erfleht zu dessen Füßen Gnade für sein
Verbrechen, indem er ihm feierlich gelobt, fortan in Treue und Eintracht zu ihm zu stehen. Es gelingt ihm, des Königs Herz zu er-
weichen; er erlangt von diesem die Zusage einer vollkommenen Vergebung; ja sogar die Belehnung mit dem erledigten Herzogthume
Lothringen erhält er.[2]) Dem Grafen Konrad von Worms, welcher
den ehrenden Zunamen des Weisen führte[3]), einem Sohne Graf
Werner's von Rothenburg in Franken, demselben, der bei Andernach
den Anspruch auf des Königs Dankbarkeit sich erfochten, wird das
Herzogthum Rheinfranken zu Theil, welches bisher sein Oheim Eberhard besessen.[4])

So konnte denn Otto am Ende des 939sten Jahres, des gefahr-
vollsten in seiner ganzen Regierung, ruhig den Rhein verlassen und
nach seinem heimathlichen Sachsen sich wenden. Wie er gesinnet sei,
wie fest und kräftig er die Zügel der Regierung zu führen verstehe,
wie unerschrocken und kühn er dem Trotz hochfahrender Vasallen sich
entgegenzustellen vermöge, wie den Muth seiner großen Seele auch
die höchste Bedrängniß nicht zu erschüttern im Stande sei, — das
hatte er glänzend dem Reiche bewiesen. Glorreich und herrlich war
er aus dem Kampfe gegangen, welchen der vermessenste Uebermuth
und die glühendste Rache ihm bereitet hatten; ruhmvoll hatte er alle
seine Feinde sich unterworfen, und gefürchteter, als vormals, saß er
auf dem Throne seines Vaters. Eine solche Heldenkraft, vereinigt
mit solcher Milde und Großmuth und einer solchen lebendigen Zuversicht auf eine höhere Leitung, wie er sie bewähret, mußte die Gemüther der Deutschen zu einer staunenden Bewunderung vermögen, und
wir dürfen die Bemerkung eines gleichzeitigen Schriftstellers deßhalb
nicht ausschweifend nennen, der uns berichtet, daß das gesammte Reich,

---

[1]) Wittech. l. c. Fortf. b. Rheg. z. J. 939. [2]) Fortf. b. Rheg. z. J. 940.
Froboard, Chorherr von Rheims z. J. 940. [3]) Luitpr. IV. 10. [4]) Diese Thatsache ist nur einer großen Wahrscheinlichkeit nach anzunehmen, weil Konrad im
Fortf. b. Rheg. vor dem Treffen bei Andernach Comes Conradus heißt (939), bei
Wittech. I. 640 aber, wo er seiner Heirath mit Luitgarb, Otto's Tochter, Erwähnung thut, Dux Francorum genannt wird (947). Daß er ein Sohn des Grafen Werner war, bezeugt b. Fortf. b. Rheg. z. J. 943, und daß er mit Eberhard
verwandt gewesen Luitpr. IV. 10.

nachdem sich ihm Otto in solcher Seelenhoheit gezeigt, damals, wie von einem gemeinsamen höheren Geiste zur Anerkennung seiner großen Eigenschaften getrieben, auf alle Weise gewetteifert habe, ihm die innigste Ergebenheit zu bezeigen. ¹)

Bei seiner Rückkunft nach Sachsen fand der König auch die Arbeit gethan, die er wegen der inneren Unruhen, durch welche er eben an dem Rheinstrom festgehalten worden war, unvollendet hatte hinterlassen müssen. Seinem tapfern Markgrafen Gero, dem er die Unterwerfung der slavischen Völkerschaften befohlen, war es gelungen, dieselben zu dem alten Gehorsam zurückzuführen. ²) Er hatte, da die Gewalt des Stahles diese durch fortdauernde Listen und Treulosigkeiten unaufhörlich der deutschen Oberherrschaft sich entziehenden Barbaren nicht zu besiegen im Stande war, endlich sich entschlossen, sie durch ihre eigenen Waffen zu bekämpfen. Der König Heinrich hatte einen vornehmen Fürsten der Slaven als Kriegsgefangenen an seinem Hofe behalten, dem nach der Ordnung des Stammes, aus welchem er geboren war, die Nachfolge in seinem väterlichen Erbreiche gebührte. Dieser, den Wittechind Tugumir nennt, war es, den man durch Schätze und Versprechungen bewog, die Slaven wieder vollständig dem Scepter der Deutschen unterwürfig zu machen. Nach der getroffenen Abrede eilte er zu den Seinigen nach der Stadt Brandenburg, gab vor, daß er entflohen sei, wurde erkannt und ohne Schwierigkeiten als Herr des Landes einhellig aufgenommen. Nachdem er einen Verwandten, den einzigen, der von seinem Geschlecht erhalten war, durch Hinterlist in seine Gewalt gelockt und ermordet hatte, rief er die Sachsen herbei und übergab ihnen die Stadt mit dem ganzen Gebiete. Hierauf unterwarfen sich ohne Schwertstreich auch die übrigen slavischen Stämme, und bis zum Oderflusse zahlte Alles von neuem den alten Tribut dem Könige der Deutschen. ³) Die Slaven setzten ihren Einbrüchen in das Nachbarreich Einhalt und sicher und friedlich bleiben von nun an die Grenzen. —

Während der König zu Anfang des Jahres 940 Sachsen durchzog, um im Innern dieses Landes, das durch des Markgrafen Verschlagenheit sich gegen außen gesichert sah, die Ruhe und Ordnung wieder zu befestigen, kam ein italienischer Fürst, seinen Schutz zu erflehen: Berengar, Markgraf von Ivrea in Piemont, durch seine

---

¹) Fortſ. b. Rhegino z. J. 939. „Totum regnum, velut ex ipsis fidei visceribus Deo propitio ad Regem convertitur." ²) Wittech. II. 647. ³) Derselbe, a. a. O.]

Mutter Gisela der Enkel des Kaisers Berengar, der, wie man sich aus der Einleitung erinnern wird, im Jahre 924 zu Verona ermordet worden war, und nach welchem Hugo, Graf von Provence, den Thron der Lombarden bestiegen hatte.

König Hugo hatte die Zusage, in Italien das goldene Zeitalter wieder zurückzuführen, welche er den Großen dieses Reichs gegeben, als er sie durch Unterhandlungen vermochte, ihm 926 zu Mailand die eiserne Krone aufzusetzen, zur schändlichen Lüge gemacht, durch eine Tirannei, wie sie die Halbinsel vor ihm noch nicht empfunden [1]), und die Italiener waren wiederholt damit umgegangen, sich der unerträglichen Herrschaft eines Königs zu entledigen, der durch die entsetzliche Härte ihre stets unruhigen Gemüther zu schrecken und im Zaume zu halten trachtete. Der wachsamen Schlauheit Hugo's war es jedoch bisher immer gelungen, sich auf dem Throne zu behaupten; aber seine mißtrauische Gesinnung war durch die Versuche, die man gegen ihn unternommen, aufs höchste gesteigert worden und hatte jene gefahrvolle Spannung erreicht, welche ihn die schauderhaftesten Verbrechen ungescheut, nur um sich selbst sicher zu stellen, begehen ließ. Diesem Mißtrauen und seiner grenzenlosen Habgier war sein Stiefbruder Lambert, den er blenden ließ [2]) und Boso sein leiblicher Bruder, dem er mit Gewalt das Herzogthum Tuscien nahm [3]), zum Opfer gefallen. Auch Anscar, Herzog zu Spoleto, des Markgrafen Berengar Bruder, hatte, weil dem König die Nachricht hinterbracht worden, daß er ihm nach der Krone trachte, mit gewaltsamer Entsetzung aus seiner Herrschaft, wobei er das Leben verlor, dieses keinesweges erwiesene Verbrechen büßen müssen. [4]) Hierauf war Berengar an den königlichen Hof entboten worden, wo Hugo ihn durch eine verstellte Freundlichkeit auf alle Weise sicher zu machen versuchte. Aber beschlossen hatte er fest, auch ihn zu vernichten: der Antheil, den er an seines Bruders Verschwörung gehabt, und die Macht, die er in den Landschaften Piemonts besaß, waren für den König hinreichende Gründe, ihn dem Verderben zu überliefern. In einer Versammlung, die er mit seinen Räthen hielt, wurde das Urtheil über den Markgrafen ausgesprochen, daß er geblendet und seiner Güter beraubt werden solle. Aber der Sohn des Königs, der junge Lothar, rettete mitleidig den Verrathenen, indem er eine Nachricht von dem Vor-

---

[1]) Luitpr. III. 4. 5. Vergl. Muratori Gesch. von Italien V. 371 ff. [2]) Luitpr. III. 15. Muratori l. c. S. 390 ff. [3]) Luitpr. IV. 5. Muratori l. c. S. 408 ff. [4]) Luitpr. V. 2. 3. Muratori l. c. S. 419 ff.

haben seines Vaters heimlich an ihn gelangen ließ. Hierauf wandte
sich der erschreckte Markgraf eilig über den großen Bernhardsberg
nach Alemannien; seine Gemahlin Willa, die Tochter jenes Boso's,
der vom Könige Hugo, seinem Bruder, der Herrschaft beraubt wor=
den, folgte ihm auf einem anderen Wege. So eilig mußte die Flucht
geschehen, daß die schwangere Frau zu Fuß über das Eis der Alpen
zu steigen sich genöthiget sah. [1]

In Alemannien wandten sich die Bedrängten an Hermann,
den Herzog; durch ihn wurden sie zu Otto geführt und von diesem
mit ausgezeichneter Ehrerbietung empfangen. Es sagte ihnen der
König feierlich einen gesicherten Aufenthalt an seinem Hoflager zu
und beehrte sie mit glänzenden Geschenken. Wohl ahnete Otto nicht,
daß seiner liebreichen Freundlichkeit bereinst von Berengar mit so
bitterem Undanke gelohnt werden solle. Nicht lange darauf erschien
eine Gesandtschaft von Hugo in Deutschland: sie hatte den Auftrag,
den König Otto dahin zu vermögen, daß er den geflohenen Mark=
grafen an seinem Hofe keine Zuflucht eröffnen und ihm seinen Bei=
stand verweigern möge; dafern sich Otto hierzu bereit erkläre, wolle
ihr Herr ihm so viel Gold und Silber übersenden, als er nur immer
verlangen werde. Aber entschieden wies Otto diesen Antrag von sich,
und ließ dem Könige von Italien zurückentbieten: „Berengar sei
als Hülfeflehender vor seinem Throne erschienen; er halte es für
unedel, ihn, so wie jeden andern, der seinen Beistand anspreche,
mitleidslos von sich zu weisen. Auch sei der Markgraf nicht in der
Absicht zu ihm gekommen, um seine Macht zur Vertreibung Hugo's
aufzurufen; er habe seine Vermittlung erbeten, um sich mit diesem zu
versöhnen. Die Schätze, welche der König von Italien geboten, ver=
möge er nicht anzunehmen, er sei vielmehr bereit, ihm die seinigen
zu überliefern.‟

Mit dieser Antwort reiseten die Gesandten zurück über die Alpen;
Berengar aber verweilte noch fünf Jahre an dem Hofe Otto's und
hatte Gelegenheit, an diesem einen stets gnädigen Beschützer verehren
zu lernen. —

Von den Feinden, die Otto im vorigen Jahre sich gegenüber
gesehen hatte, und die nun alle entweder überwältigt und mit ihm
ausgesöhnt waren, oder durch den Tod ihre Vermessenheit gebüßt
hatten, war nur Einer ohne Strafe davongekommen, der König
Ludwig von Frankreich. Otto hatte sich begnügen müssen, ihn aus

---

[1] Dieß und das Folgende nach Luitpr. V. 4. 5. Muratori l. c. S. 421 ff.

den Landschaften des Elsaß und Lothringens, wo er sich fest zu setzen versucht hatte, hinauszujagen, ohne eine ernsthafte Rache an ihm nehmen zu können: jetzt hinderte ihn nichts, diesen Gegner mit Heeresmacht zu überziehen und ihn wegen des verübten schändlichen Treubruchs die Schwere seiner Hand fühlen zu lassen.

In Frankreich war um diese Zeit die Verwirrung, welche dort seit einem halben Jahrhundert geherrscht hatte, auf den höchsten Gipfel gestiegen. Vier Könige, die nach dem Fall Karl's des Dicken den Thron bestiegen hatten, waren vergeblich bemüht gewesen, der Majestät des Königthums nur nothdürftig zu einigem Ansehn zu verhelfen. An der überwiegenden Macht der großen Herzoge und Grafen, die nach und nach alle Landschaften des Reichs in ihre Hände gebracht hatten, so daß die Könige nur wenige Städte eigenthümlich besaßen, hatte sich die Anstrengung der französischen Herrscher fruchtlos gebrochen. Nicht die königliche Lust, über ein anbefohlenes Reich in Frieden und Ruhe das Scepter zu führen, nur das traurige und mühselige Geschäft, durch fortwährende Fehden dem trotzigen Widerstande unbändiger Lehnträger begegnen zu müssen, war das unbeneidete Loos dieser unglücklichsten Fürsten gewesen. Mit dem Einsturz der alten Verfassung, welche das Reich zusammengehalten hatte, war auch die Ordnung der Kirche zu Grunde gegangen: die schmählichste Willkühr, Bestechung, ja Gewalt waren unter Odo, Karl dem Einfältigen, Robert und Rudolph die Mittel gewesen, durch welche die Prälaten zu ihren geistlichen Würden gelangten. Eine allgemeine Zerwürfniß, eine fortlaufende Kette von Unruhen und Streitigkeiten der geistlichen und weltlichen Großen unter sich und gegen die königliche Macht bildet die Geschichte Frankreichs in diesem traurigen Zeitraume. Während Deutschland durch Heinrich und Otto in neuer Frische und Kraft sich erhoben und herrlicher, als jemals, aus den Gefahren der Anarchie hervorgegangen war, mußte die westliche Hälfte des großen fränkischen Staats unausgesetzt unter den Greueln einer unermeßlichen Verwilderung und Gesetzlosigkeit bluten.

Schon unter dem Könige Rudolph, der Karl den Einfältigen entthronte, waren der Graf Hugo von Paris und Heribert, Graf von Vermandois bei weitem die mächtigsten Vasallen in Frankreich gewesen. Graf Heribert stammte aus einem der angesehensten Geschlechter; er leitete seine Abkunft von Karl dem Großen her; jener aber, Graf Hugo, war der Sohn des Königs Robert und der Schwager des Königs Rudolph. Er hieß der Weiße zum Unterschied von König Rudolph's Bruder, Hugo dem Schwarzen, Her-

zogen von Burgund. Später wurde er wegen seiner Macht und der
Ehre, die er hatte, Frankreich in der Person seines Sohnes Hugo
Capet's einen König zu geben, der das Haupt des dritten Stammes
wurde, der Große benannt. Nach dem Tode Rudolph's hatte dieser
Hugo den Sohn Karl's des Einfältigen, Ludwig den Ueberseeischen,
nur in der Absicht nach Frankreich berufen und ihm zu der Krone
dieses Reiches verholfen, um als Vormund des damals sechszehnjäh-
rigen Königs unter seinem Namen selbst die Regierung zu führen.
Nicht lange jedoch ließ Ludwig sich von der Hand des Grafen beherrschen; er begann den Versuch zu wagen, selbstständig die Angelegenheiten seines Reiches zu ordnen. Auf solche Weise sah Graf
Hugo sich nach dem Verlauf von zwei Jahren des Einflusses vollständig beraubt, den er bisher auf seinen Mündel ausgeübt hatte,
und in die traurige Lage versetzt, sich als einen gefallenen Günstling
betrachten zu müssen. Aber die Kränkung, welche er hierdurch erfahren zu haben glaubte, vermochte ihn, sich unverzüglich nach einem
Anhang umzusehen, mit welchem er dem, dem er die Krone verschafft
hatte, jetzt zu beweisen gedachte, wie man nicht ungestraft ihn, den
mächtigen Verweser des Königreichs, habe zurücksetzen dürfen. An
Heribert, Grafen von Vermandois, und an dem Herzog Wilhelm
von der Normandie, dem Sohne jenes Rollo, des ersten Herzogs
dieser Landschaft, fand er bereitwillige Genossen, von denen die Demüthigung der königlichen Macht nicht weniger, als von ihm selbst
gewünscht wurde. Die Feindseligkeiten gegen den König hatten schon
ihren Anfang genommen, als der unbesonnene Plan, zu dem sich
Ludwig verführen ließ, das lotharingische Reich seinem Scepter wieder unterwürfig zu machen, den Verbündeten eine willkommene Gelegenheit gab, mit dem mächtigen Könige von Deutschland in ein enges
Bündniß zu treten.

Bereits im J. 938 hatte Graf Hugo sich mit Hedwig, König
Otto's Schwester, vermählt [1]), im folgenden Jahre, als der König
von Frankreich seinen Einfall in Lothringen unternommen, säumte er
nicht, in dem Lager seines Schwagers sich einzufinden, um mit diesem
sich gegen Ludwig zu verbinden. [2]) Mit ihm waren Heribert, Graf
von Vermandois, der Herzog Wilhelm von der Normandie und der
mächtige Graf Arnulf von Flandern, der unterdessen auch auf die
Seite der Mißvergnügten sich gestellt hatte. Ein allgemeiner Angriff
auf Ludwig wurde beschlossen; doch konnte Otto, weil er, wie er-

---

[1]) Froboard, Chorherr von Rheims z. J. 938.   [2]) Derselbe z. J. 939.

wähnt ist, seine Kriegsmacht gegen seinen Bruder und die Herzoge von Lothringen und Franken ins Feld führen mußte, den französischen König aus dem Elsaß, woraus er ihn glücklich schlug, nicht bis nach Frankreich hinüber verfolgen.

Aber 940 erschien er mit einem Heere an den Grenzen dieses Königreichs, um Ludwig, der unterdessen sich mit Gerberga, der Witwe Giselbert's, vermählt hatte[1]), und durch diese Heirath sein vermeintliches Recht auf das lotharingische Reich noch verstärkt zu haben glaubte, mit dem Schwert zur Ruhe zu bringen. Die Grafen Hugo und Heribert und der Herzog der Normandie hatten schon Rheims, das dem Könige Ludwig gehörte, erobert und waren vor Laon, das noch in seiner Gewalt, gezogen. Jetzt vereinigten sie sich zu Attigny in der Champagne mit Otto.[2]) Der König von Frank= reich, erschreckt über den Andrang so mächtiger Feinde, war in Eil nach dem Herzogthum Burgund zu Hugo dem Schwarzen entwichen. Hierher folgt ihm eilig die Kriegsmacht der Verbundenen; der Herzog Hugo muß zum Ziele sich legen und die Waffenruhe versprechen; ohne Widerstand zu finden zieht Otto in die Gegenden des Jura hinab, in das Königreich Burgund. Hier setzt er den jungen König Konrad, den Sohn Rudolph's II., der die beiden burgundischen Reiche ver= einigt hatte und 937 gestorben war[3]), in der Hauptstadt Vienne[4]) in sein väterliches Reich ein. Dieser Fürst, dessen Mutter Bertha, ein Jahr nach dem Tode ihres ersten Gemahls, den König Hugo von Italien geheirathet hatte (938)[5]), war bisher an Otto's Hofe erzo= gen worden: jetzt nahm er Burgund von ihm zu Lehen, womit die alte Abhängigkeit dieses Reichs von der Herrschaft der Deutschen, die seit Arnulf's Tode fast gänzlich erloschen war, wieder hergestellt wurde.[6])

Von Burgund aus zieht Otto wieder mitternachtwärts nach dem Seinefluß hin; hier verwüstet er Alles mit Feuer und Schwert und

---

[1]) Froboard z. J. 939. [2]) Ders. z. J. 940. [3]) Ders. der Fortf. d. Rhegino, Hermann der Lahme z. J. 937. [4]) Odilo V. Adelh. §. 4. nobilis sedes regia. [5]) Luitpr. IV. 6. [6]) Wittech. II. 649. Rex autem de die in diem proficiens pa= terno regno nequaquam est contentus, sed abiit Burgundiam, regem cum regno in suam accepit potestatem. Froboard z. J. 940. Otto in Burgun= diam proficiscitur, habens secum Conradum, filium Rudolfi, Regis Jurensis, quem jam dudum dolo captum, sibique adductum, retinebat. In dem Gesandtschafts= bericht Bisch. Luitprands b. Murat. Scr. Ital. T. II. P. I. S. 281. nennt derselbe bei Aufzählung der einzelnen, dem abendländ. Kaiserth. unterworfenen Völkerschaf= ten nächst Longobarden, Sachsen, Franken, Lothringern, Baiern und Schwaben, auch Burgunder.

kehrt, ohne daß sein Gegner sich ihm entgegenzustellen gewagt hätte, über den Rheinstrom zurück. Aber nicht sobald hatte er den französischen Boden verlassen, als Ludwig noch einmal versucht, in Lothringen einen Einfall zu thun; doch eben so schnell sieht er Otto mit Heeresmacht sich wieder ihm entgegenstellen und er muß froh sein, durch einen Waffenstillstand den diesjährigen Feldzug zu beenden. [1]

In den zwei folgenden Jahren ward der Krieg von Seiten der französischen Herren mit aller Erbitterung noch fortgeführt und Ludwig fand sich, in einer offenen Feldschlacht von ihnen auf's Haupt geschlagen, in der höchsten Bedrängniß. Vergebens schickt der Papst Stephan IX., an den sich Ludwig gewendet, drohende Briefe an alle Großen des Reichs, worin er bei Strafe des Bannes ihnen befiehlt, ihrem König sich unterwürfig zu bezeigen. Endlich ergreift der König von Frankreich den letzten verzweifelten Ausweg, indem er sich dem Edelmuthe Otto's in die Arme wirft. Flehentlich beschwört er ihn durch eine Gesandtschaft, mit seinem traurigen Zustand ein großmüthiges Mitleid zu tragen und nicht ferner mit den Großen seines Reichs im Einverständniß an seinem Untergange zu arbeiten. [2]

Otto ließ sich durch des Königs Bitten zur Nachgiebigkeit bewegen. Er, der das Schwert, so lange er die Krone trug, nur gezogen, um gerechte Strafe für Beleidigungen, die er nicht verschuldet hatte, zu nehmen, fühlte sich vollständig durch Ludwig's Bereitwilligkeit, den Frieden einzugehen, besänftigt. Das in Wahrheit furchtbare Schicksal seines Gegners, der von seinen eigenen Unterthanen verfolgt und bedrängt, nirgends in dem ganzen Umkreise seines Reiches eine sichere Stelle fand, und der nun der Gemahl seiner Schwester geworden war, forderte ihn dringend auf, zu vergessen, daß er den mit ihm geschlossenen heiligen Vertrag so treulos gebrochen und mit solchen im Bunde gestanden habe, die ihm nach der Krone getrachtet. Zu Ende des Jahres 942 sahen sich beide Könige auf den Grenzen ihrer Reiche; hier ward von neuem ein Freundschaftsbündniß zwischen ihnen errichtet; der französische König leistet Verzicht auf das lotharingische Reich und Otto vollendet das Maaß seiner Wohlthaten gegen Ludwig, indem er seinen Schwager Hugo und die übrigen Mißvergnügten in Frankreich endlich bestimmt, ihrem Herrn und Könige von neuem die alte Treue und Unterwürfigkeit zu geloben.

Während Otto seinen ersten Feldzug nach Frankreich unternommen hatte, im Jahre 940, war sein Bruder Heinrich, den er den

---

[1] Froboard z. J. 940. [2] Froboard zu d. J. 941. 942.

Lothringern zum Herzog gegeben, aus Ursachen, welche uns die alten
Chroniken zwar nicht aufbehalten haben, die aber in der anderwärts
von ihnen erwähnten, vorherrschenden Liebe der Lothringer zu Neuerungen ihren hauptsächlichsten Grund haben mögen, von seinen treuen
Untergebenen wieder verdrängt worden. [1]) Hierauf hatte Otto den
Grafen Otto von Verdun, den Einige für einen Brudersohn Giselbert's halten, zum Herzog in Lothringen bestellt und ihm die Erziehung seines Neffen, des jungen Heinrich, Giselbert's und seiner
Schwester Gerberga Sohn, übertragen. [2]) Heinrich, des Königs
Bruder, sah sich durch diese Anordnung von neuem in die vorige
untergeordnete Stellung zurückgewiesen, in welcher er sich mit der Verwaltung der ihm von seinem Vater hinterlassenen Erbgüter hatte begnügen müssen. Sein unruhiger Geist, den dieser beschränkte Zustand
nicht befriedigte, ließ ihn nun von neuem auf Mittel und Wege sinnen, sich die Bahn zu einem umfassenderen Wirkungskreise zu eröffnen,
und bald suchten ihn die alten bösen Gedanken wieder heim, sich auf
Kosten des Bruders zur Herrschaft emporzuschwingen. Je glänzender
dieser in der Art und Weise, wie er ihm seinen Fehltritt vergab, sein
großes Herz ihm gezeigt hatte, um so schwärzer muß der Undank erscheinen, mit welchem jetzt Heinrich einen nochmaligen Versuch unternahm, seinen Bruder der Krone zu berauben.

Heinrich hatte erfahren, das Kriegsheer des Königs, welches
Markgraf Gero im Osten des Reichs bisher gegen die Slaven geführt hatte, sei gegen seinen Anführer schwürig geworden, weil, während der Unruhen des Krieges, die gewöhnlichen Geschenke, welche
die Truppen von dem Tribute der Slaven erhielten, ihnen nicht
ordentlich hatten gezahlt werden können. [3]) Dieß und der Unwille
über die unaufhörlichen Gefechte und Beschwerlichkeiten, denen sich
das Heer hatte unterziehen müssen, hatten dasselbe so heftig aufgebracht, daß es einen förmlichen Aufstand gegen den Markgrafen er-
regte. Otto, über dieses Ungebührniß erbittert, hatte den Gero
gegen die Truppen vertreten, und nun war der Haß derselben auch
auf ihn, den König, übergegangen.

Diese Stimmung nun des Kriegsheers ward der unglückliche
Anlaß, der Heinrich bestimmte, von neuem eine Verschwörung gegen
seinen Bruder anzustiften. Häufige Gesandtschaften wurden von ihm

---

[1]) Fortf. des Rhegino z. J. 940. [2]) Konrad von Lichtenau, Propst von Ursperg im Leben Otto's d. Gr. [3]) Wittech. II. 649. Lobgedicht der Roswitha auf
Otto b. Leibn. Scr. Rer. Brunsw. S. 188. Dithm. II. 30.

ausgeschickt, die Erbitterung der Truppen gegen Otto aufs höchste zu entflammen; die einladendsten Versprechungen und die denselben gemachten Geschenke brachten die Anführer auf seine Seite. Beinahe das ganze Heer, welches in Sachsen stand, um die Grenzen gegen die Slaven zu decken, ward von ihm genommen. Weil Heinrich hinreichend sich überzeugt hatte, daß ein Bruder in offenem Felde nicht zu besiegen sei, wird der Plan entworfen, ihn hinterlistig zu ermorden. Am Osterfeste des Jahres 941, zu dessen Feier Otto alle Großen des Reichs nach Quedlinburg beschieden hatte, sollte die verbrecherische That zur Ausführung kommen.[1] Heinrich hatte seinen Anhängern zugesagt, um diese Zeit am Hoflager seines Bruders zu erscheinen: hier sollte über der Leiche desselben das Diadem auf sein Haupt gesetzt werden.

Alles war schon von den Verschworenen veranstaltet und sie hielten sich des besten Erfolges versichert. Konrad, Herzog von Franken, Hermann, Herzog von Schwaben, Graf Udo, sein Bruder, und die übrigen Gewaltigen des Reichs, Erzbischof Friedrich von Mainz nebst vielen andern Prälaten, und Heinrich selbst mit den sächsischen Grafen und Edeln, die ihm anhingen, waren am Hofe des Königs versammelt. Niemand von des Letztern Getreuen ahnete den entsetzlichen Anschlag. Da gelangt kurz vor dem Feste an Otto, über den der Himmel gnadenvoll seine schützende Hand hielt, unerwartet die Anzeige, daß er verrathen sei. Sofort beruft dieser die Herzoge Konrad und Hermann, den Grafen Udo und die übrigen Herren, deren Ergebenheit ihm unzweifelhaft war, und berathschlagt mit ihnen, was zu thun sei.[2]

Um die Verbündeten glauben zu machen, daß kein Argwohn in des Königs Herz gekommen sei und sie dadurch sicher zu machen, wird die Uebereinkunft getroffen, daß die Osterfeier ungestört ihren Fortgang nehmen und erst nachher der rächende Arm auf die Verbrecher niederfallen solle.

In Folge dieser Verabredung begeht Otto mit aller Pracht das Fest; er zeigt sich öffentlich dem Volke in dem vollen Glanze seiner königlichen Würde; auch nicht die leiseste Spur einer Unruhe verräth seinen Feinden, daß er um ihre Absicht wisse; aber Tag und Nacht beschützt ihn eine starke Leibwache seiner Getreuen und eine unbezwingliche Furcht hält die lauernden Verräther in Schrecken. Kaum aber

---

[1] Wittech. l. c. Chronik von Quedlinburg b. Leibn. II. 279. Fortf. des Rhegino z. J. 941. [2] Wittech. l. c.

waren die heiligen Tage vorüber, als ein plötzlicher Ueberfall durch die Freunde des Königs die Verschworenen in seine Gewalt liefert. Viele der edelsten sächsischen Herren, die an dem Bündnisse Theil gehabt, werden gefangen genommen. Graf Erich von Werla[1]), Vater des nachherigen Bischofs Hildeward von Halberstadt, wird im Gefechte zu Boden gestreckt; die übrigen alle, bis auf den Grafen Lothar von Walbeck[2]), den Großvater des berühmten Geschichtsschreibers und Bischofs Dithmar von Merseburg, den der König auf Vorbitte des edeln Herrn des Reichs begnadigt[3]), doch seiner Güter entsetzt und nach Baiern zu dem Herzoge Berthold auf Jahresfrist verbannt, büßen das Verbrechen der beleidigten Majestät mit dem Tode. Der Erzbischof Friedrich von Mainz, den die allgemeine Stimme als Theilnehmer an der Verschwörung verdammte, reinigt sein Gewissen, indem er auf die Hostie seine Unschuld beschwört.[4])

Der alleinige Anstifter des ganzen ruchlosen Anschlags, Heinrich, entkommt durch die Flucht der Rache des Königs; nur von dem peinigenden Schmerz seiner zum zweitenmal fehlgeschlagenen Hoffnung und von dem Fluche aller Bessern begleitet, gelingt es ihm über den Rheinstrom in sein verlorenes Herzogthum sich zu retten. Hier wendet er sich an seine Schwester Gerberga, die damals in Kevermont lebte. Aber auch diese verweigert ihm standhaft ihre Hülfe und die Aufnahme in die Mauern des Schlosses. Unstät und flüchtig, von Allen verlassen, schweift Heinrich eine Zeitlang noch in Lothringen herum; endlich entschließt er sich, die Vermittlung einiger Bischöfe dieses Reichs anzusprechen und mit ihnen begiebt er sich zurück nach Sachsen zum König. Mit nackten Füßen, wie ein Büßender, wirft er vor dem edeln Bruder sich nieder und erflehet seine Vergebung. Mit Ernst und Würde entgegnete ihm der König: „Wohl verdient dein unwürdiges Beginnen kein Mitleid, weil du dich aber in Demuth vor mir gebeugt, will ich den Frevel, den du an mir geübt hast, vergessen." — Darauf befahl er seinen Getreuen, ihn in den königlichen Reichspalast zu Ingelheim am Rheinstrom in Franken abzuführen und ihn streng zu bewachen. Sein Gemüth war noch von einer gerechten Erbitterung gegen den Bruder entbrannt; darum verschob er jetzt mit Absicht seine letzte Entschließung. Dann erst, wenn die Hitze seines Zornes sich gekühlt haben würde, wollte er den Rath weiser Männer vernehmen, was über Heinrich zu verfügen sei.[5])

---

[1]) Dithm. II. 30. Ursinus Uebers. d. Dithm. S. 77 nota W. [2]) Dithm. l. c. [3]) In judicio parium, in einem Fürstengericht. [4]) Forts. d. Rhegino z. J. 941. [5]) Derselbe, Wittech. II. 649. Luitpr. IV. 19.

Bis zu Ende des Jahres 941 saß dieser in seinem Gefängnisse; um diese Zeit kam Otto nach Frankfurt am Main, um hier das Weihnachtsfest zu begehen. ¹) Diese Gelegenheit benutzte Heinrich, das Herz seines Bruders durch eine nochmalige demüthige Unterwerfung zu versöhnen. Es gelingt ihm mit Hülfe des Diacon Rotbert zu Mainz aus Ingelheim zu entkommen und nach Frankfurt zu gelangen. Eben war der König in der Weihnachtsnacht in der Frühmette, da erscheint unvermuthet sein Bruder im Bußgewande vor ihm, umfaßt flehend seine Kniee und bezeugt ihm noch einmal seine schmerzlich gefühlte Reue und sein heftiges Verlangen nach Verzeihung. Otto, in dem Hause des Herrn, nur dem Ewigen zugewendet, konnte eine tiefe Bewegung nicht verbergen; das Fest, an dem der Welt Heiland auf Erden erschienen war, das die Christenheit, die gesammte, an den höchsten Beweis der göttlichen Gnade · erinnerte, vermochte seine große Seele nicht durch eine Härte zu entweihen: er schloß den verlornen und nun wiedergefundenen Bruder in höchster Rührung in seine Arme und verhieß ihm feierlich vor allem Volke eine vollständige Vergebung. Und von diesem Tage an blieb Heinrich seinem Bruder und Herrn in unwandelbarer Treue ergeben, bis auf den letzten Athemzug seines Lebens. —

Mit dieser Aussöhnung waren alle dunkeln Wolken, die bisher über Otto's Haupt geschwebt hatten, zerstreut, und er, der bisher unausgesetzt in den Unruhen innerer Befehdungen oder in dem Getümmel der Feldschlacht gegen äußere Feinde, das Schwert hatte führen müssen, sah sich jetzt mit einem beglückenden Gefühle in einen ruhigeren Zustand versetzt. Ernstlich war von nun an seine Sorge auf solche Veranstaltungen gerichtet, welche die Verfassung des Reiches und der Kirche fester begründen und sicher stellen sollten. Wir sehen ihn in den folgenden Jahren große Reichstage mit den Fürsten, Prälaten und Edeln der deutschen Lande halten ²), auch große Synoden wurden auf seine Veranstaltung zusammenberufen ³): überdies war er selbst unablässig thätig, die verschiedenen Provinzen seines Reichs zu bereisen, um in eigner Person die Angelegenheiten derselben zu ordnen. Ueberall sprach er hier nach der alten Weise seinen Völkern das

---

¹) D. Fortf. d. Rhegino z. J. 942. Bekanntlich fingen die Alten das Jahr mit Weihnacht an, so daß die Aussöhnung noch ins J. 941 nach unserer Zeitrechnung fällt. ²) 944 zu Duisburg. Fortf. des Rhegino, in demf. J. zu Aachen. Froboard. 948 zu Nimwegen Urk. v. 948 b. Hontheim Hist. Trevir. I. 283. ³) 942 zu Bonn. Fortf. b. Rhegino. 943 daselbst. Lambert v. Aschaffenburg. 948 zu Ingelheim Froboard.

Recht[1]), nach ihren besonderen Gesetzen[2]) und den in vollem Ansehn noch stehenden alten Kapitularien der Franken.[3]) Den steten
Wechsel seines Aufenthalts mußte Otto um so mehr für nöthig erach-
ten, als die Karolingische Einrichtung, kraft deren Sendgrafen in die
Provinzen verschickt wurden, nach und nach im Laufe der Zeit einge-
gangen war. Die Verpflichtung dieser Grafen übernahm jetzt der
König selbst, um sich mit eigenen Augen zu überzeugen, wie die Würdenträger des Reichs ihre Aemter verwalteten. Auf welche Weise er
dieser Verpflichtung nachgekommen, beweisen die Unterschriften der
Urkunden, die uns von dem Könige noch erhalten sind und aus denen
hervorgeht, daß er mit unermüdetem Eifer von einer Pfalzstadt und
einem Bischofssitz in den andern gezogen sei, um in Erfahrung zu
bringen, wie von den geistlichen und weltlichen Großen das ihnen
anvertraute Regiment gehandhabt werde. Dadurch, daß Otto dar-
nach trachtete, nicht nur der Erste im Streite zu sein, sondern auch
der Erste im Frieden; dadurch, daß er mit demselben Ernst seinem
Heere voranzuleuchten strebte auf dem Felde des Todes, wie seinen
Untergebenen in der Sicherung einer rechtlichen Ordnung, bewährte
er sich eben in Wahrheit als das edelste Muster eines Mannes auf
dem Throne.

Das schwierigste Verhältniß, welches Otto'n während seiner
ganzen bisherigen Regierung am meisten beunruhigt hatte, und welches
zu beseitigen er seine ganze Kraft aufbieten mußte, war die Stellung

---

[1]) Fürstengericht zu Cassel 945, wo die Streitigkeiten Herz. Hermann's von
Schwaben und Herz. Konrad's von Franken ausgeglichen wurden. Fortf. d. Rhegino. Urk. v. 27. Jan. 947 geg. zu Frankfurt in Honth. l. c. I. 282 „dum resi-
deremus in palatio Francofurth justitiae causa, judicatumque esset a circumsedentibus juridicis." Urk. vom 1. Juni 948, geg. zu Nimwegen bei Honth.
l. c. I. 283: „habito generali placito apud Niumagum in conventu totius populi
tam Episcoporum, quam Comitum et Procerum ac Judicum diversarum potesta-
tum omniumque conventu nobilium cunctorum fidelium nostrorum, quorum
nomina haec sunt: Rothertus A. E. (zu Trier), Wicfridus A. E. (zu Cölln),
Baldricus E. (zu Utrecht), Adelbertus E. (zu Metz), Dudo E. (zu Paderborn),
Farabertus (zu Lüttich), Conradus Dux (zu Franken u. Lothringen), Herimannus
Dux (zu Schwaben), Hezzo Comes, Godifridus Comes, Ruodolphus Comes, Re-
ginherus Comes et ceterorum, generali judicio decretum est." [2]) Urk. v. 961
bei Honth. l. c. I. 292: „secundum jus, scitumque Francorum." Und eben so
gab es eine Lex Alemannica, Bajoariorum und Saxonum. Die Lothringer lebten
nach dem fränk. Gesetz. [3]) Rhegino in Append. Lib. de Disciplina ecclesiast.
c. 21 (z. J. 952): constitutum est a Rege Ottone S. Patrum auctoritate nec
non Capitulariam praecedentium Regum coram positis. S. Abt Montags Gesch.
d. deutschen staatsbürgerlichen Freiheit, II. S. 38—48.

der Herzoge zu der königlichen Macht. Die Beherrscher zweier Herzogthümer, von Heinrich, seinem Vater, in ihren Würden bestätigt,
waren es gewesen, die durch Widersetzlichkeit seinen Thron am heftigsten erschüttert hatten; sie allein waren durch die umfassende Gewalt,
welche sie besaßen, im Stande gewesen, mit einer so hartnäckigen und
lange andauernden Gegenwehr den königlichen Befehlen zu trotzen.
Es kam jetzt Alles darauf an, diese Macht der Herzoge entweder
überhaupt wieder zu vernichten, oder aber in die Hände solcher zu
geben, deren Interesse zu eng mit dem des Thrones verknüpft, als
daß sie, diese gegen letztern zu gebrauchen, in die Versuchung geführt
werden könnten. Der erstere Weg, anscheinend der leichtere, stellte
sich dennoch dem König in seiner ganzen Schwierigkeit dar. Denn es
war eine natürliche Nothwendigkeit gewesen, aus welcher in allen
Provinzen Deutschlands die herzogliche Würde von neuem emporge-
bracht worden war; sie hatte sich durch zwei Regierungen hindurch
nun dauernd erhalten und war gleichsam durch das Ansehn der Gewohnheit wieder fest begründet worden. Mit Freudigkeit hatten die
einzelnen Stämme die Herzoge, in denen sie einen gemeinsamen, nächsten Mittelpunkt fanden, an den sie in allen dringenden Fällen sich
wenden mochten, unter sich aufgenommen, und waren um so eifriger
bedacht, diese Würde nicht wieder eingehen zu lassen, als ihre Stimmen bei der Wahl eines Herzogs nothwendig gehört werden mußten,
wenn auch dem Könige, wie es bei den Bisthümern der Fall war,
das oberste Recht der Bestätigung vorbehalten blieb. [1]) Gewiß würde

---

[1]) Daß die Einsetzung der Herzoge mit Bewilligung der Stände und nach
ihrer Wahl erfolgte, beweist: 1) bei den Schwaben eine Stelle im Ekhard. de
Casib. monast. S. Galli bei Goldb. I. 45: „Sueviae principum assensu statuitur
Alemannis Dux Burkhardus, gentis illius nobilissimus (im J. 918). 2) bei den
Lothringern eine Stelle im Hugo Flaviniac. Chron. Virduu. P. I. S. 124: „Gi-
selberto, quem plerique Lotharienses principem ordinaverant (im J. 920. 3) bei
den Baiern Dithm. IV. 77: Henricus (der nachmalige Kaiser (II.) electione et
auxilio Bavaricorum patris bona apud Regem (Ott. III.) obtinuit (im J. 995)
Dithm. V. 117. Hier sagt Kaiser Heinrich II.: Nonne scitis, Bavarios ab initio
ducem elegendi liberam habere potestatem? (im J. 1002). Vergl. Adelb. V. S.
Heur. c. 10 bei Leibn. I. 433. Dithm. VI. 138. Rex (Heinrich II.) ad Ratisbo-
nam venit, ibique regali habito placito militi suimet generoque Heinrico (von
Luxemburg) cum omnium laude praesentium ducatum dedit (im J. 1004).
4) bei den Thüringern: Dithm. V. 113. Ekkehardus super omnem Thuringiam
communi totius populi electione ducatum promeruit (im J. 1002). 5) bei den
Sachsen: V. Meinwerci, Ep. Paderb. §. 20. Bernhardus (I. Sohn Hermann
Billung's) Dux pius Saxoniae filius Herimanni Ducis obiit et filius ejus Bernhardus favente sibi Meinwerco amicisque suis ducatum promeruit (1011). Auch

ohne Härte und bedeutenderen Widerstand kaum eine Aufhebung der herzoglichen Macht haben durchgesetzt werden können. Otto war zu weise und zu wahrhaft groß, um auch nur den Versuch zu wagen, sich unter den Verhältnissen, wie er sie vorfand, durch einen solchen Gewaltschritt freie Hand zu verschaffen; im Gegentheil getraute er sich durch jene Ueberlegenheit seiner geistigen Kraft, in welcher er hauptsächlich seine Macht begründet fand, und die ihn bisher gegen alle Gefahren geschützt hatte, auch ferner noch das deutsche Reich in der Verfassung, wie es von seinem Vater ihm hinterlassen war, zu beherrschen. [1]

Deßhalb ließ Otto das ganze Verhältniß der Herzoge in der Hauptsache beim Alten, nur, wie er es schon in Baiern gethan, suchte er die Gewalt derselben jetzt auch in den andern Herzogthümern durch Land-Pfalzgrafen, die er bestellte, so viel möglich zu beschränken. Nach wie vor blieben die Herzoge die obersten Herren in den ihnen anvertrauten Provinzen, sie handhabten den Landfrieden, beriefen Landtage [2] und ordneten hier Alles an, was zum Wohl der Landschaft ihnen zuträglich erschien [3]); sie blieben, wie vorher, die obersten Anführer im Kriege, besorgten die Musterung, das Aufgebot, die Ordnung des Lagers, die Sorge für die Verproviantirung ihrer Heerhaufen — alles aber nur an Königs Statt. Denn er war es, aus dessen Hand sie durch die Fahnenbelehnung ihre Macht überkamen; er war es, in dessen Hand sie den Lehnseid schwören mußten; er war es, der, im Falle ihres tödtlichen Abgangs oder einer Felonie, mit Zuziehung des Raths der geistlichen und weltlichen Großen die Herzogthümer von neuem vergabe. Die Grafen in den verschiedenen Provinzen standen nur in Beziehung auf Sicherung des Landfriedens

läßt sich aus der bei Wittech. I. 635 befindlichen Erzählung des Streits Heinrich's I. mit König Konrad I. auf eine Concurrenz der Nation schließen.

[1] Dieß konnte freilich Abborrhamann, der Kalife zu Corbova nicht begreifen, der sich gegen den Gesandten Otto's so über ihn äußert: unum est, in quo illum non satis providum esse constiterit, quod potestatem virtutis suae non sibi soli retinet, sed passus est, uti quemquem suorum propria potestate ita, ut partes regni sui inter eos dividat, quasi eos sibi inde fideliores habeat et subjectiores. S. Leben Johanns, Abtes von Gorkum in Labbei Bibl. Nova Mss. I 776.
[2] Sie waren schon unter Karl d. Gr. gewöhnlich s. Cap. v. J. 812 b. Baluz I. 499 u. L. III. Capit. c. 87. Die Grafen hielten Landtage tam ad latrones distringendos, quam ad ceteras justitias faciendas. S. auch Hermann d. Lahmen z. J. 911. „Burchardus Dux Alemanniae, in conventu occisus est.“ [3] So heißt es von Hermann, Herzog von Schwaben, bei Hermann d. Lahmen z. J. 948. Hermannus, Dux Alemanniae, qui provinciae sibi creditae cultum, habitum, mores, instituta multum, ut fertur, honestaverat, defunctus est.

und bei Aufgeboten zu Reichskriegen unter dem Befehle der Herzoge; in Rücksicht auf ihr Grafenrecht selbst, das Richteramt, das sie übten, waren sie unmittelbar dem Könige unterworfen und erhielten aus seiner Hand den königlichen Bann und die Regalien — auch sie behielten nur auf Lebenszeit die mit ihrem Amte verbundenen Lehen; bei einem Todesfalle [1]) oder einer Felonie [2]) fielen Amt und Lehen an den König zurück. Die Herzoge übten das Grafenrecht nur in denjenigen Bezirken, über welche es ihnen vom Throne verliehen war. [3]) Die edeln, freien Männer in den Herzogthümern standen zwar im Allgemeinen unter den Herzogen und Grafen, nur aber in Sachen, wo es nicht an Leben, Freiheit und Eigengut ging: sobald diese drei auf dem Spiele standen, konnte, wie über die Herzoge und Grafen, nur der König entscheiden. [4]) Wiewohl alle Herzoge und Grafen, wie die Bischöfe und Aebte, wieder ihre eignen Vasallen hatten, führte die Stufenleiter der verschiedenen Lehensherren und Lehensträger immer doch zurück auf die oberste Spitze, den König, der als Oberlehensherr über alle Würdenträger und Gewaltige im Reiche die oberste Herrschaft trug. Sobald er in die Provinz eines Herzogs kam, ruhte das Amt desselben und aller Grafen: er allein entschied dann in eigner Person die streitigen Sachen über Hohe und Niedre. Den Land-Pfalzgrafen war die Sorge anvertraut, in des Königs Abwesenheit die Gerechtsame der Krone zu vertreten und über die Herzoge zu wachen, daß sie nicht eigenmächtig verführen; es war ihnen außerdem die

---

[1]) Nur ausnahmsweise heißt es vom Grafen Udo, Herz. Hermann's von Schwaben Bruder, b. Fortf. d. Rhegino z. J. 949. Uto Comes obiit, qui permissu Regis, quidquid beneficii aut praefecturam habuit, quasi hereditatem inter filios divisit. [2]) Nach d. Urk. v. 959 in Hergott Geneal. Habsb. II. 78, schenkte Otto dem Kl. Meinhardszelle die Güter des Grafen Guntram im Elsaß: quasdam res juris nostri in ducatu Alemannico in Comitatu Burkardi Ducis Turgewe nuncupato in villa Ashinza (Eschenz) talem proprietatem qualem Gundramus Comes in ipso loco obtinuit, sibique ob perfidiam sui reatus justo judicio publico in jus regium est dijudicata. Graf Lothar von Walbeck, Großvater Bisch. Dithmar's verlor nach der Verschwörung zu Quedlinburg all sein Gut. Auch die Allodien wurden bei Feloniefällen genommen. S. Urk. von 966 bei Honth. Hist. Trevirensis I. 304. [3]) So war im Thurgau Herz. Burchard's in Schwaben besondere Grafschaft: Urk. v. 959 bei Hergott II. 78: in ducatu Alemannico in Comitatu Burkardi Ducis Turgewe nuncupato. Im Breisgau war Herz. Ludolf's in Schwaben, Otto's Sohnes, besondere Grafschaft: Urk. v. 952 b. Hergott II. 76. in pago Brisachgove in Comitatu filii nostri Ludolfi. [4]) Solches war von Karl d. Gr. Cap. v. J. 813, b. Baluze I. 509 schon verordnet. Die Todesstrafe stand, wie unter Karl, immer nur noch auf Kirchenraub und Hochverrath und wenig andere Verbrechen! so sehr achtete man das Leben freier Männer.

Vogtei über die Krongüter und die oberste Gerichtsstelle über solche, die aller herzoglichen und gräflichen Gewalt durch eine Begnadigung des Königs entzogen waren, übertragen.

Die Befugniß der königlichen Macht, keinen erblichen Anspruch der Herzoge auf ihre Provinzen gelten zu lassen, sondern eben so, wie der freie Wille der Großen des Reiches den König erwählte, nun auch wieder mit Zuziehung der Stände der verschiedenen Provinzen die Herzoge über diese einsetzen zu dürfen, suchte Otto vor allem andern sich zu bewahren, und diese Befugniß war es, welche ihm die Mittel an die Hand gab, die Herzogthümer auf jenem zweiten milderen Wege an solche zu bringen, deren Stellung zu ihm, dem Könige, die Befürchtung entfernte, daß sie ihre Macht wider den Thron gebrauchen möchten. In dieser Beziehung glaubte Otto die Herzogthümer nicht besser vergaben zu können, als in die Hände solcher, welche durch die geheiligten Bande der Natur ihm verbunden waren — an Verwandte.

Schon nach dem Treffen bei Andernach im Jahre 939, wo Eberhard und Giselbert gefallen waren, als von allen Seiten die Fürsten des Reichs zu dem siegreichen König mit Glückwünschen strömten, war das Anerbieten eines der mächtigsten Herzoge seinen Wünschen entgegengekommen. Der Bischof Luitprand erzählt uns [1]), daß dazumal Hermann von Schwaben vor dem königlichen Throne erschienen sei und weil er nur eine einzige Tochter, Ida, besessen, Otto'n den Antrag eröffnet habe, dieser seinen mit der Editha erzeugten, damals achtjährigen Sohn [2]) Ludolph anzuverloben, damit derselbe dereinst, wenn er heimgegangen sei, mit dem Herzogthume zugleich Erbe seiner weitläuftigen Erbgüter [3]) und reichen Schätze werden möge. Mit Freuden hatte Otto in das Verlöbniß gewilligt; die Heirath wurde 947 mit königlicher Pracht vollzogen [4]), und als zwei Jahre darauf, am 10. des Christmonds 949, Herzog Hermann gestorben war [5]), säumte Otto nicht, im folgenden Jahre auf einem Reichstage zu Worms [6]), seinem Sohne das große Herzogthum Alemannien, das die schönen Landschaften am oberen Rheinstrom bis zum Lechfluß, das herrliche Elsaß und die Länder der heutigen Schweiz, von der Reuß

---

[1]) Luitpr. V. 1. [2]) Geb. 931, beim Tode Edithas 16 Jahre alt, nach Wittech. III. im Anfange. [3]) Dithm. II. 22 unterscheidet genau hereditas und ducatus, Wittech. III. 651 ducatus und omnis possessio, zum Beweise des vorher Gesagten, daß die hohen Reichswürden streng persönlich waren. [4]) Fortf. des Rhegino z. J. 947. Hermann der Lahme z. demf. J. Wittech. III. 651. [5]) Fortf. des Rhegino z. J. 949. [6]) Derselbe z. J. 950.

morgenwärts [1]) bis zu dem Alpengebirge, umfaßte durch eine feierliche Belehnung zu übertragen.

Eben so, wie Schwaben, brachte Otto auch das zweite süddeutsche Herzogthum Baiern an das königliche Haus. Sein Bruder Heinrich hatte die Juditha, Tochter des verstorbenen Herzog Arnulf's geheirathet. Als nun im Jahre 945 ihres Vaters Bruder, der Herzog Berchtold, welcher mit der Wiltruda, Tochter Herzog Giselbert's und Gerbergen's, Otto's Schwester, vermählt gewesen [2]), mit Tode abging [3]), ertheilte der König, auf die dringende Verwendung Mathilden's für ihren Liebling [4]), und um das freundliche Vernehmen, das seit ihrer letzten Aussöhnung zwischen ihm und Heinrich bestand, noch mehr zu befestigen, diesem die Belehnung über das Baierland. [5])

Endlich war es auch der Frankenherzog, Konrad der Weise, welchen der König durch die Bande der Verwandtschaft noch fester und inniger sich zu verbinden strebte. Man erinnert sich, daß Otto das Herzogthum Lothringen, nachdem Heinrich aus diesen Landschaften vertrieben worden, dem Grafen Otto von Verdun zugleich mit der Vormundschaft über Heinrich, Giselbert's unmündigen Sohn, übertragen habe. Diese beiden, Heinrich und Otto, starben bald darauf im Jahre 943. Nun belehnte der König Konraden mit Lothringen [6]), und, und um ihm die ganze Fülle seiner Huld zu beweisen, gab er ihm in demselben Jahre, als Ludolf die schwäbische Fürstentochter heimführte, seine einzige Tochter Luitgard zur Gemahlin. [7])

Auf solche Weise waren vier große Herzogthümer des deutschen Reiches unter die Herrschaft königlicher Verwandten gegeben; Sachsen aber vertraute Otto, um sich seinem königlichen Amte ganz zu widmen, jenem Hermann aus dem altfränkischen Geschlechte der Billunger an, der in dem böhmischen Kriege die oberste Feldhauptmannstelle bekleidet und dabei sich so rühmlich ausgezeichnet hatte. [8]) Auch er

---

[1]) Abendwärts der Reuß war die Schweiz burgundisch. [2]) Luitpr. IV. 18. [3]) Fortf. d. Rhegino z. J. 945. [4]) Leben d. h. Mathilde. c. 2 b. Leibn. I. 297. [5]) Wittech. II. 649. [6]) Fortf. d. Rheg. z. J. 943. [7]) Derf. z. J. 947. Dithm. II. 22. Wittech. II. 640. 649. [8]) Die Zeit läßt sich nicht bestimmen. Viele nehmen an, es sei kurz vor dem Zuge nach Italien, im J. 951, geschehen. Vor 953 muß es geschehen sein, denn bei Wittech. 654 heißt es: Militante adversus Moguntiam Rege (953), Hermannus Dux Saxoniam procurabat. In dem Briefe des Kaisers v. J 968 bei Wittech. III. 661 heißt es: Herimannus Dux. Daß die Bullinger von altfränkischem Geschlecht waren, beweist Roswitha's Gedicht

war ein naher Verwandter des Königs: Otto's Urgroßvater hatte bereits aus dem Billungischen Geschlecht eine Gemahlin gehabt [1]) und die Schwester Mathildens, der Mutter Otto's, war mit dem Grafen Wichmann, Hermann's Bruder, vermählt. [2]) So sehr zeigte Otto das Vertrauen auf die ihm inwohnende Kraft, daß er allein mit der königlichen Würde und seinen Familiengütern, wozu die großen Domainen der Karolinger in allen Theilen des Reichs, besonders am Rheinstrome, kamen, sich begnügte, und sein eignes Herzogthum einem verdienten Vasallen abtrat, wohl wissend, daß die Königswürde, dafern sie nur durch wahrhaft königliche Tugenden und eine ächte Hoheit des Geistes verherrlichet würde, allein hinreichend sei, ihm das höchste Ansehn im Reiche zu sichern.

Nicht mindere Sorge, als Otto der Befestigung der Staatsverfassung widmete, verwendete er auf die Einrichtung der kirchlichen Angelegenheiten. Hier schritt er ganz in die Bahn ein, die sein großer Vorfahr Karl betreten hatte, und suchte Alles in die alte Ordnung zurückzuführen. Deßhalb ließ er, wie es Herkommens war, durch eine freie Wahl die Bischöfe von Geistlichkeit und Volk [3]) und die Aebte von der Klostergesellschaft ernennen, und suchte dieses Wahlrecht durch besondere Privilegien, die er den Bisthümern und Klöstern ertheilte, noch nachdrücklicher ihnen zu sichern. [4]) Oftmals gab seine Empfehlung den geistlichen Stellen die ausgezeichnetesten Vorsteher; auf die Ausübung seines königlichen Bestätigungsrechts hielt er mit Strenge. Um die Angelegenheiten der Kirche stets im Ganzen vor Augen zu haben, berief er von Zeit zu Zeit große Synoden. [5]) Ernste Gesetze erließ

über die Stiftung von Gandersheim b. Leibn. II. 319. Cui (Ludolfo dem Urgroßvater Otto's) conjux ergo fuerat praenobilis Oda Edita Francorum clara de stirpe potentum Filia Billungi cujusdam principis almi. Leibnitz Introd. ad T. I. Scr. Rer. Brunsw. n. 8. 9 muthmaßt daher, das Billungische Geschlecht stamme von den alten Grafen von Matrie, den Nibelungen.

[1]) D. angezogene Stelle der Rosw. [2]) Dithm. II. 26. Wichmannus (der jüngere, b. älteren W. Sohn) materiae regis filius. Vergl. Annales Hildesh. b. Leibn. I. 718 und Chron. Quedlinb. b. demf. II. 280. [3]) So sagt z. B. Wilhelm, Otto's Sohn, er sei „cum consensu cleri et populi S. Sedis Moguntinae" zum Erzbischof gewählt worden (J. 954), b. Marianus Scotus z. d. J. Eben so ward, nach Dithm. II S. 83 Gero, Erzbischof zu Cölln „a clero et ab omni populo" erwählt (J. 970) ingl. nach Dithm. II. 30. Hilbeward (J. 968) „a cuncto S. Halberstadensis ecclesiae clero et populo." [4]) Eine große Menge solcher Bestätigungsbriefe sind noch vorhanden. S. unter andern die für Hamburg v. 937 bei Meib. I. 739, für Minden b. 961 daselbst p. 745, für Gandersheim v. 946 p 744, für Lorsch v. 963 p. 746. [5]) 942 zu Bonn Fortf. d. Rhegine. 948 zu Ingelheim Frobard. 952 zu Augsburg und Frankfurt Mansi Collect. Concil XVIII. 435.

er gegen die Simonie[1], durch eine unaufhörliche Oberaufsicht suchte er den Clerus zu einer gewissenhaften Verwaltung der ihm anvertrauten Würden zu bestimmen; er selbst unterzog sich oftmals den Visitationen der Klöster.[2] Wie Karl d. Gr., suchte auch Otto hauptsächlich durch bischöfliche und Klosterschulen die Bildung in dem ihm anbefohlenen Reiche zu befördern; zu großem Ansehn erhoben sich unter ihm die Schulen zu S. Gallen, Reichenau und Einsiedeln in Alemannien, die zu Würzburg im Baierlande, die zu Worms und Fulda in Franken, zu Trier, Cölln und Utrecht im lotharingischen Reiche, die zu Paderborn, Hildesheim, Gandersheim und Corvei in Sachsen.[3] Aus ihnen sind im Laufe des zehnten Jahrhunderts die erleuchtetsten Männer gekommen, wie denn vor allen andern Perioden des Mittelalters die Zeiten Otto's und der übrigen sächsischen Kaiser durch die großen Bischöfe sich auszeichnen, welche sie hervorgebracht haben, und von denen mit rastloser Sorgfalt jedwede Bildung in deutschen Landen ist verbreitet worden.[4]

Schon unter Otto's Vorfahren waren die meisten Stifter und Klöster reichlich begabt, von der Gerichtsbarkeit der Herzoge und Grafen befreiet und unmittelbar unter den königlichen Schutz gestellt worden; sie hatten dadurch die Befugniß erlangt, durch eigne, von ihnen erwählte Voigte das Recht über die auf ihrem Grund und Boden wohnenden Leute sprechen zu lassen. Otto bestätigte den Kirchen diese ihre Rechte und suchte durch besondere Gnadenbriefe die freie Voigtswahl ihnen zu sichern; nur verlangte er überall, daß diesem Amte tüchtige Männer vorstehen sollten; zuweilen machte er auch seine ausdrückliche Einwilligung in die zu treffenden Wahlen zur Bedingung.[5] Aber er begnügte sich nicht damit, bloß die alten Freiheiten der Kirche zu bestätigen, er räumte ihnen noch weit größere und umfassendere Begünstigungen ein. Unter seiner Regierung haben die meisten Kirchen jene bedeutenden Hoheitsrechte erhalten, welche die Bischöfe und Aebte den Herzogen und Grafen völlig an Macht zur Seite setzten. Der König begnadigte sie nämlich nun häufig mit

---

[1] 948 zu Ingelheim. [2] So in S. Gallen. Ekhard. de casib. monast. S. Galli b. Goldast I. c. 11 S. 48 c. 16 S. 64. S. auch Ekhardi minimi V. Notkeri c. 31 daselbst S. 244, 245. [3] Die Beweisstellen hat Hahn in seiner Reichs-Gesch. gesammelt II. 87. Vergl. Lannojus de Scholis celebribus. [4] Darum sagt schon der berühmte Leibnitz in der Introd. ad T. I. Coll. Scr. Rer. Brunsw. §. 63: „Germanis certe seculum X. aureum fuit pro XIII et XIV. [5] So zu Magdeburg Urk. v. 965 b. Meibom I. 750. Advocatus, quem nostro consensu (qui eidem ecclesiae praefuerit) praeficiendum elegerit.

dem königlichen Bann innerhalb ihrer Städte und deren Marken, woburch die richterliche Gewalt in ihrem ganzen Umfange nicht bloß über die auf den Kirchenbesitzungen eingesessenen Leute, sondern über alle darauf wohnende Freie ihnen verliehen ward, ganz in dem Maaße, wie die Herzoge und Grafen in ihren Grafschaften dieselbe übten. Er ertheilte ihnen ferner jene großen Regalien, das Zoll=, Markt= und Münzrecht, den Forst= und den Wildbann [1]), vorzüglich aber erweiterte er ihre Besitzungen durch die freigebigsten Schenkungen. Otto erreichte hierdurch, daß die geistlichen Stiftungen, ganz unabhängig von allem Einflusse der Herzoge und Grafen, nur unter seinen Schutz und seine Oberaufsicht gestellt, ruhig und ungestört den ihnen obliegenden Verpflichtungen genügen konnten; vor allem aber erlangte er hierdurch ein neues und sehr wirksames Gegengewicht gegen die überwiegende Macht der weltlichen Großen, vornehmlich der Herzoge. Denn, da die Bischöfe und Aebte nach Maaßgabe und Umfang der ihnen verliehenen Güter auch gehalten waren, ihre Lehnsleute und Dienstmannen bei Aufgeboten zu Reichskriegen dem Könige zuzusenden: so sah sich Otto in den Stand gesetzt, im schlimmsten Falle einmal des Beistandes der weltlichen Großen entbehren zu können, ja sogar diese selbst durch Hülfe der Heereshaufen, welche die Prälaten ihm stellten, sich unterwürfig zu machen.

So freigebig aber, als Otto sich gegen die Bischöfe und Aebte bezeigte, so nahm er doch auch dafür ihre Dienste auf alle Weise in Anspruch: er gebrauchte sie an seinem Hoflager als Kanzler und geheime Räthe, weil sie es waren, deren besondere Wissenschaft und Einsicht in die Regierungsgeschäfte sie zu diesen Aemtern befähigte; er bediente sich ihrer zu Gesandtschaften und Friedensvermittlungen; sie mußten seinem Lager bei Kriegszügen folgen.

Von den Neueren ist viel gegen die auffallenden Begünstigungen geredet worden, mit denen Otto die Kirche überhäufte; ja man hat seine und seiner Nachkommen Freigebigkeit gegen die Bisthümer und Klöster mit dem schärfsten Tadel verdammt. Nicht zu verwundern ist, daß eine Zeit, die sich dem Heiligen entfremdet, immer das Weltliche nur im Auge hat und, indem sie die Vernunft vergöttert, zu einem todten Götzendienst wieder herabgefallen, den Geist, der das Mittelalter durchdrungen, nicht mehr zu begreifen versteht. Wer nur irgend

---

[1]) Nämlich den privilegirten, der das Recht in sich schloß, mit dem königlichen Bann von 60 Solidos den Uebertreter zu strafen. Den gemeinen Forstbann hatte jeder Freiherr und Vasall auf seinem Eigengut und Lehen. S. Montag Gesch. d. deutsch. staatsbürgerl. Freih. I. S. 304 ff.

einen tieferen Blick in die damaligen Zeiten geworfen hat, dem wird
es klar geworden sein, daß ein aus dem innersten Gemüth entsprun=
gener, begeisterter Glaube, und eine aus diesem Glauben hervorge=
gangene lebendige Gottesverehrung die großen Triebfedern gewesen
sind, welche diese Zeiten ganz erfüllt haben. Von einem allgemein
gefühlten heißen Drange, den Gott anzubeten, den das Evangelium
geoffenbart hatte, wurden die Menschen jener Tage bewegt, und der
Glaube stand fest in ihren Herzen begründet, daß das Edelste und
Beste zu Gottes Ehre auf seine Altäre niedergelegt werden müsse.

Otto vor allen, der König, ward, wie seine Zeit, von diesem
Glauben getragen; es lebte in ihm die unwandelbare Ueberzeugung,
daß in der Vermehrung und Erweiterung des himmlischen Reiches
das Heil und Glück der irdischen Herrschaft beruhe [1] und sein Inner=
stes glühte in Wahrheit von dem Verlangen, den Gott der Christen
mit Allem, was er könne und vermöge, zu verherrlichen auf Erden.
Deßhalb war es sein unablässiges Bestreben, an die Stifter und
Klöster fromme Schenkungen gelangen zu lassen, damit Jedermann
erkenne, wie Gott die höchste Ehre gebühre, damit der Dienst des
Herrn auf die würdigste Weise gefeiert und Kirchen und Schulen,
Geistlichen und Lehrern der umfassendste Wirkungskreis eröffnet wer=
den möge, die Wahrheit des göttlichen Wortes und mit ihr den Lebens=
keim aller geistigen und sittlichen Bildung immer weiter und weiter
nach allen Richtungen hin zu verbreiten. [2]

Daß Otto mit solchem Eifer darüber wachte, daß die Reich=
thümer, welche er der Kirche geschenkt, nur zu diesen heiligen Zwecken
verwendet würden; daß er durch die Hoheit seines eigenen Beispiels,
durch Rath und That, den Clerus des deutschen Reiches, der noch
kurz zuvor in einer ärgerlichen Verwilderung gelebt hatte, zu dem
ehemaligen Ernst der Sitten und zu einem tugendhaften Wandel zu=
rückzukehren vermochte, daß unter seiner Regierung die Verfassung der
Kirche wieder vollständig sich zu der alten Würde und Herrlichkeit
erhob, der sie unter Karl dem Großen theilhaftig geworden war —

---

[1] Urk. v. 965 bei Meibom I. 750: „quoniam stabilimentum divini servitii
status et prosperitas esse creditur regni vel imperii terreni.“ Urk. v. 969 bei
Leukf. Ant. Halb. S. 656: „quoniam augmentum divini cultus salutem et sta=
tum esse regni vel imperii nostri credimus.“ [2] Man gedenke vornehmlich der
zahlreichen Missionarien, die auf Kosten der Bisthümer und Abteien in entfernte
heidnische Lande gingen, und daß das ganze Unterrichtswesen nicht wie heutigen
Tages unter dem Staate, sondern unter der Kirche stand, und von ihr unterhalten
werden mußte.

darin liegt die volle Rechtfertigung des Königs. Wäre mit demselben ehrfurchtgebietenden Ernste, mit derselben edeln und uneigennützigen Gesinnung, mit welcher Otto den Angelegenheiten der Kirche vorstand, diese auch von seinen Nachfolgern geleitet worden: dann würde die geistliche Macht über die weltliche mit so einer ausschweifenden Vermessenheit sich niemals haben erheben können. Denn nicht die Vorrechte, welche Otto der Geistlichkeit in die Hände gab, nicht die Schätze, mit denen er sie begnadigte, haben die Kirche zu solchem Uebergewicht gebracht, daß schon sein sechster Nachfolger die schmählichste Demüthigung der königlichen Macht durch sie erfahren mußte — es ist zumeist die unrühmliche Geldgier des dritten und vierten fränkischen Heinrich's gewesen, welche die geistlichen Stellen verkauften, wodurch das Ansehn des deutschen Königthums erst untergraben und dann jene furchtbare Katastrophe herbeigeführt ward, welche der racheentbrannte Papst Gregor VII. mit solchem empörenden Uebermuth über dasselbe verhängte. —

Es war König Otto aber nicht bloß bedacht, die schon vorhandenen Kirchen in seinen Schutz zu nehmen und durch Gnadenbriefe ihre Rechte zu erhöhen, er machte es sich auch zur angelegentlichsten Sorge, in den Theilen seines Reichs, wo noch gar keine vorhanden waren, neue Bisthümer zu gründen. Vor allen waren es die Länder der Slaven, die solcher dringend bedurften: denn so lange die heidnische Religion noch in ihnen fortdauerte, war an eine vollständige Unterwerfung dieser Nation nicht zu denken. Aus einer Pflicht, die sie den Göttern ihrer Vorfahren schuldig zu sein glaubten, waren die Slaven zu einer unaufhörlichen Beeinträchtigung des Friedens, den die über sie gesetzten deutschen Reichsbeamten mit Mühe zu sichern strebten, und zu einer steten Feindseligkeit gegen ihre christlichen Unterdrücker geneigt. Das Schwert der Deutschen hatte sie zwar wiederholt auf den Augenblick zu bezwingen vermocht, aber nur das Christenthum war im Stande, ihre Unterwürfigkeit dauernd zu machen. Deßhalb legte Otto bereits im Jahre 946 [1]) am Havelflusse das Bisthum Havelberg, und bald darauf 949 [2]) auch das Bisthum Brandenburg an. Von diesen geistlichen Sitzen aus wurde das Christenthum in den slavischen Ländern zwischen der Elbe und Oder, da wo jetzt der preußische Adler gebietet, mit glücklichem Erfolge weiter

---

[1]) Der Stiftungsbrief geg. z. Magdeburg am 9. Mai 946 findet sich bei Lünig Spic. Eccl. Thl. II. Anh. S. 80. [2]) Der Stiftungsbrief geg. z. Magdeburg am 1. October 949 findet sich bei Gerken, Stiftshistorie von Brandenburg S. 337.

verbreitet: allmählig überwand die Kraft der christlichen Lehre die wilde Gemüthsart der Slaven; sie gewöhnten sich zu festen Wohnsitzen; es kam ein Anfang von Ackerbau und Cultur unter sie; und die Natur selbst schien in diesen Gegenden mit den Menschen eine freundlichere Gestalt anzunehmen. —

Ohnerachtet der König, wie wir bisher gezeigt haben, seine volle Aufmerksamkeit auf die innern Angelegenheiten des Reichs richtete und die Veranstaltungen, die er um dasselbe zu befestigen traf, seine ganze Kraft in Anspruch nahmen: so hatte er doch während dieser Zeit auch Aufforderung gefunden, seine Macht in verschiedene Richtungen hin, nach außen zu wenden.

Die Ruhe, welche Otto in Westfranken bei Gelegenheit des mit Ludwig am Ende des J. 942 geschlossenen Friedens durch die Aussöhnung des Königs mit dem Grafen Hugo von Paris und den übrigen Großen, die sich ihm entgegengesetzt, herzustellen versucht hatte, war von keinem langen Bestande gewesen. [1] Ludwig selbst hatte durch einen unrühmlichen Anschlag, durch den er seine gesunkene Macht zu vergrößern trachtete, von neuem die Vasallen seines Reichs gegen sich aufgereizt. Im Jahre 943 war der Herzog Wilhelm von der Normandie durch die Hinterlist des Grafen Arnulf von Flandern ermordet worden; diesen Umstand suchte der König für sich zu benutzen und sprach seine Absicht laut aus, daß er nur den neunjährigen Erben Wilhelm's, Richard, aus dem Wege zu räumen brauche, um sich zum Herrn der streitbaren Normannen zu machen.

Mit diesem Plane im Herzen war Ludwig auch wirklich nach Rouen aufgebrochen, um, wie er sagte, den begangenen Mord des Herzogs zu rächen, hatte den jungen Richard auch bereits in seine Gewalt gebracht, und war eben im Begriff gewesen, nach seiner Hofburg Laon ihn mitzunehmen, als ein Aufstand der Normänner seiner Unternehmung in den Weg trat. In der Bestürzung hatte Ludwig, dem Rathe Bernhard's, des obersten Feldherrn derselben, folgend,

----

[1] Die Quellen dieser französischen Händel sind: die Chronik Frodoards v. J. 942—954. Fragment. Hist. Franc. a Ludovico Pio Imp. usque ad Regem Robertum, Hugonis Capeti filium bei Duchesne T. III. S. 340 sqe. Dudo de moribus et actis Normannorum L. III. und Guillelmus Gemeticensis Hist. Norm. L. III. beide in Duchesne. Hist. Norm. Scr. Hugo Flaviniac. Chronik von Verdun in Labbei Bibl. Mss. nova T. I. Luitprand IV. Wittech. II. Der Fortf. d. Rhegino in den treffenden Jahren, und der sächsische Annalist.

sich der aufgebrachten Menge, welche im Begriff, das königliche Haus zu stürmen, mit dem jungen Prinzen auf dem Arme gezeigt; er hatte hierauf dem Richard feierlich die Belehnung über die Normandie ertheilt und dadurch die Bewohner dieses Landes so treuherzig gemacht, daß sie ihn nun selbst ersuchten, den Prinzen mit nach Laon zu nehmen, wo, wie Ludwig versicherte, der künftige Beherrscher der Normandie eine bessere Erziehung zu erwarten habe, als in Rouen, seiner eigenen Hauptstadt. Unter dem festesten Versprechen, den Mord des Herzogs Wilhelm an dem Grafen von Flandern mit höchster Strenge zu ahnden, war der König aus dem Lande der Normänner abgereist.

Aber bald sollten diese erkennen, wie wenig Ernst es demselben mit seinen Vorspiegelungen und Zusagen sei. Die öffentliche Begnadigung Arnulf's, der des Königs Verzeihung mit zwölf Pfund Geldes erkaufte, die harte Behandlung des Prinzen Richard, und endlich die Nachricht von Osmund, dessen Hofmeister, dem es gelungen war, Ludwig's treulose Absichten durch einen Vertrauten zu entdecken, erfüllten die Herzen der Normänner mit der tiefsten Betrübniß; ein dreitägiges Fasten wurde durch das ganze Land angeordnet und aufrichtige Gebete für des Prinzen Erhaltung zum Himmel gesendet. Eine List Osmund's rettete den jungen Herzog: er rieth denselben, sich so krank zu stellen, als wenn er dem Tode nahe wäre. Hierdurch wurden seine Wächter sorglos. Nun verbirgt der Hofmeister seinen Schützling in einem Bündel Heu und beladet damit seine Schultern, als wenn er es seinem Pferde vorlegen wolle. Es gelingt ihm, sich mit der geliebten Bürde heimlich aus Laon zu retten und er entkommt glücklich nach Senlis zu dem Grafen Bernhard, Richard's Oheim.

Auf die Nachricht von der Entweichung des jungen normännischen Fürsten, scheuet sich der König dennoch nicht, dessen Auslieferung dringend zu verlangen; und als dieselbe nicht erfolgt, schließt er, auf Anrathen des Grafen Arnulf von Flandern, desselben, der den Herzog Wilhelm hatte tödten lassen, ein Bündniß mit Hugo, Grafen von Paris, seinem Schwager, um die Normandie gänzlich zu bezwingen. Hugo war in demselben Jahre schon zum Herzog von Franzien erhoben, wodurch seine Macht größer, als die des Königs selbst geworden war; nun bot ihm dieser, um seines Beistandes gewiß zu sein, da er sich zu schwach fühlte, seine Absicht allein durchzusetzen, einen Theil des normännischen Landes, von der Seine bis abendwärts an das Meer, noch dazu an; er selbst wollte sich mit der andern Hälfte der Normandie, worin Rouen gelegen, und der Bretagne begnügen.

In dieser gefährlichen Lage, welche den Normännern eine un=
zweifelhafte Unterjochung androhte, beschlossen dieselben, vorerst durch
eine Verschlagenheit den König zu täuschen und sodann durch Hülfe
ihrer Stammesbrüder in dem dänischen Reiche denselben in ihre Ge=
walt zu bringen.

Als daher Ludwig und Hugo im Jahre 944, ein jeder in das
Gebiet, das er künftig zu besitzen gedachte, eingebrochen waren, schicken
die Normannen eine Gesandtschaft an den König, worin sie ihn ihrer
vollkommenen Ergebenheit versichern und ihn einladen, nach Rouen
zu ihnen zu kommen. Ludwig nimmt das Anerbieten an; er wird
mit den größten Ehren empfangen und durch die verstellte Unterwür=
figkeit des obgedachten Feldherrn Bernhard, der ihm den allgemeinen
Wunsch der Normänner eröffnet, daß sie ihn als ihren König nun
verehren wollten und daß der junge Richard immerhin zu Senlis
bei seinem Oheim bleiben möge; glücklich verblendet. Ja, so gewiß
ward er in der Zuversicht, allein der ganzen Normandie sich versichern
zu können, daß er auch seinen Bundesgenossen Hugo durch die Bot=
schaft, die Normänner wären mit der aufrichtigsten Freundschaft ihm
zugethan, von den fernern Feindseligkeiten gegen diese abzuhalten sucht.
Darauf verläßt dieselbe voll bittern Unmuths über die treulose Ge=
sinnung des Königs, die ihn eine Beute wieder aufzugeben zwang,
welcher er sich schon versichert zu haben glaubte, die Normandie;
Ludwig aber betrachtet sich nun vollständig als Herrn dieses Landes
und setzt einen gewissen Rudolf Torta als seinen Statthalter ein.

Allein im folgenden Jahre 945 zeigte sich, unerwartet und zu
des Königs höchster Bestürzung, an den Gestaden der Normandie
Harald der Dänenkönig, von den Normännern zu Hülfe gerufen.
Seine Flotte umschwärmte die Seeküste und Rudolf Torta beschwor
den König in Eil ihm zu Hülfe zu ziehen. Nachdem er ein Heer
um sich gesammelt, brach Ludwig nach der Normandie auf und sein
Erstes war, den Dänenkönig vor sich zu laden, um ihn seines Er=
scheinens halber zur Rede zu setzen. Das war es, was die Normän=
ner gewünscht hatten.

An dem bestimmten Tage kommt Harald zu Ludwig nach
Rouen; während die beiden Könige lange und eifrig über die schmach=
volle Ermordung des Herzogs Wilhelm und die Besitznahme der
Normandie seitens des Königs Ludwig streiten, entspinnt sich zwischen
ihrem Gefolge ein Handgemenge, das bald allgemein wird, und in
dem die Normannen, die darauf vorbereitet waren, die Obermacht
behalten. Es gelingt zwar dem Könige von Frankreich, durch die

Schnelligkeit seines Pferdes während des Gemetzels zu entkommen; allein ein normännischer Kriegsmann nimmt ihn gefangen und wiewohl auch dieser durch des Königs Versprechungen und Thränen sich bewegen läßt, ihn auf einer Insel der Seine so lange zu verbergen, bis er ihn sicher nach Laon würde führen können, so wird doch der Anschlag entdeckt, der König in seinem Schlupfwinkel aufgehoben und nach Rouen in enge Verwahrung gebracht.

Auf solche Weise war nun Ludwig durch die Unklugheit seines Benehmens in dieselbe verzweiflungsvolle Lage versetzt, in welche sein Vater gerathen und sein unglückliches Leben hatte endigen müssen. Von seinen eignen Unterthanen gefangen, schien auch er auf die traurige Nothwendigkeit hingewiesen zu sein, einem Throne entsagen zu müssen, den er in Wahrheit durch die Unüberlegtheit und Unredlichkeit, die aus allen seinen Handlungen hervorging, verscherzt hatte. Aber ein glücklicherer Stern, als der war, welcher dem Vater leuchtete, schwebte über dem Haupte des Sohnes. Seiner Gemahlin Gerberga gelingt es, den Herzog Hugo, ihren und des Königs Schwager, anscheinend wieder zu versöhnen und dahin zu vermögen, daß er die Streitigkeiten zwischen ihrem Gemahl und den Normännern zu vermitteln versprach.

Diese verlangten die eidliche Zusage des Königs, daß er Richarden und allen dessen Nachkommen auf ewige Zeiten die Normandie lassen solle, und die Stellung von Geiseln zu desto größerer Sicherheit. Ludwig mußte sich zu diesen Bedingungen verstehen: nachdem sein eigner jüngster Prinz Karlmann, die Bischöfe von Soissons und Beauvais und einige andere Große den Normännern waren ausgeliefert worden, wird er selbst auf freien Fuß gestellt, dem Herzog Hugo überlassen und die Verabredung getroffen, daß zu einem bestimmten Tage Richard dem Könige die Huldigung leisten und dieser ihm dann in der vorbeschriebenen Weise die Belehnung ertheilen solle.

Jetzt aber sollte es sich zeigen, was Hugo's eigentliche Absicht bei der Bereitwilligkeit gewesen, mit welcher er sich zur Abschließung des Vergleichs mit den Normannen hatte bestimmen lassen. Sobald er den König in seiner Gewalt sah, führte er ihn nach der königlichen Stadt Laon, deren er unterdessen sich bemächtiget hatte, und übergab ihn der strengen Aufsicht seines getreuen Lehnträgers, des Grafen Theobald von Chartres. Dieß öffnete dem unglücklichen Ludwig die Augen, daß die betrügliche Hinterlist des Herzogs mit nichts anderem umgehe, als ihn für seine Person noch länger in der gefänglichen Haft zu behalten.

Sobald er den König in Sicherheit gebracht hatte, reiste Herzog Hugo unverzüglich über den Rhein zu seinem Schwager, König Otto von Deutschland, in der gewissen Hoffnung, an diesem noch den getreuen Bundesgenossen zu haben, wie früher. Es war ihm sehr wohl bekannt, daß das gute Vernehmen, welches der im Jahre 942 abgeschlossene Frieden zwischen den Königen hatte begründen sollen, durch das rücksichtslose und unbesonnene Betragen Ludwig's gegen Otto wieder gestört worden. Denn Otto hatte kurz nach jenem Frieden einige Vasallen Ludwig's, die in dem lothringischen Reiche Unruhen angezettelt hatten, aufgreifen und gefangen setzen lassen. Hierüber war Ludwig so erzürnt worden, daß er dem Könige Otto durch eine Gesandtschaft, die er an ihn im Jahre 944 nach Aachen schickte, die empfindlichsten Schmähungen entbieten ließ; doch Otto hatte schonend genug sich damals begnügt, allen seinen Reichsunterthanen aufs strengste zu untersagen, mit dem Könige von Frankreich in irgend einer Weise gemeinschaftliche Sache zu machen. Dagegen waren die Abgeordneten Hugo's, die mit denen Ludwig's zugleich vor Otto erschienen, freundschaftlich aufgenommen und eben so entlassen worden. Es mußte ferner der Herzog Hugo recht wohl, daß die verrätherische und schändliche Behandlung, welche Ludwig sich gegen den Herzog Richard und seine Normannen hatte zu Schulden kommen lassen, von dem streng rechtlichen Sinne Otto's auf das entschiedenste gemißbilligt worden war. Nach alle dem erwartete er zuversichtlich, bei ihm eine zuvorkommende Bereitwilligkeit zu finden, den König von Westfranken noch ärger zu demüthigen; ja es ist wahrscheinlich, daß es die Absetzung Ludwig's gewesen sei, über welche Hugo mit dem König Otto in Unterhandlungen zu treten gedachte. Aber so ausschweifend und vermessen des Herzogs Hoffnung war, so vollkommen sah er sich in derselben getäuscht. Otto, obwohl selbst von dem Könige auf's schmerzlichste beleidigt, vergaß dennoch jetzt, indem er auf die schmachvolle Lage desselben hinblickte, vollständig die erfahrene Kränkung; seine Großmuth verschmähte es, in dem Zustande, in dem sich Ludwig befand, seine Rache an ihm zu kühlen, und mit einem aufrichtigen Unmuth wies er die günstige Gelegenheit von sich, auf Kosten seines Gegners sich selbst zu erhöhen. Leicht zwar würde es ihm gewesen sein, den so tief erniedrigten König von Frankreich seines Thrones zu berauben und, indem er den Herzog Hugo auf denselben erhob, sich selbst die oberste Lehnsherrlichkeit über das westfränkische Reich zu verschaffen. Aber eine so gemeine Handlung, die nur den Eigennutz und den Ehrgeiz reizen und verführen konnte, war seiner großen Seele so fremd, daß er sie nicht einmal zu denken vermochte. Das war das höchste Ziel seines Lebens, durch die Gerechtigkeit den Frieden und die Ordnung überall zu erhalten, nicht aber durch eigensüchtige Willkühr, so glänzend auch dadurch seine Macht vergrößert werden mochte, die Welt- und Staatsverhältnisse, die er in einer göttlichen Anordnung begründet und bewährt erkannt hatte, zu seinem Vortheil umzugestalten. Auf der Höhe, worauf er stand, fühlte er ganz den erhabenen Beruf, der ihm geworden, der Welt voranzuleuchten in jedweder Tugend und Größe der Seele, und daß er die, welche ihm dienten, durch sein Beispiel zu einer ähnlichen Hoheit der Gesinnung zu ermuthigen habe.

Als daher Hugo eine Unterredung mit ihm begehrte, ließ er denselben wissen, daß er den, der seinem König so schimpflich begegnet sei, zu sprechen nicht für würdig erachte; zugleich trug er dem Herzoge Konrad von Franken und Lothringen, seinem Tochtermanne, auf, dem Herzoge den tiefen Abscheu, welchen er wegen der hinterlistigen Gefangensetzung Ludwig's gegen ihn trage, zu erkennen zu geben. Und darauf erklärte Otto den Großen seines Reiches den Entschluß, im künftigen Jahre mit Heeresmacht nach Frankreich zu ziehen, um den König Ludwig wieder auf den Thron zu erheben und wegen Herzog Hugo's Frevel eine ernsthafte Rache zu nehmen. Bestürzt und auf's äußerste erzürnt ging dieser, nachdem er des Königs Antwort erfahren, über den Rheinstrom zurück, begab sich zu dem Grafen Theobald von Chartres nach Laon, wo Ludwig noch in der Haft saß. Hier schickt der König von England, Eduard, Ludwig's Oheim, eine Gesandtschaft an ihn, um ihn zu bewegen, seinen erlauchten Gefangenen in Freiheit zu setzen. Aber erst, nachdem dieser versprochen, Laon, die einzige Stadt, die er noch eigenthümlich besaß, ihm auszuantworten, entschließt sich Hugo 946 den König, den er beinahe ein Jahr gefangen gehalten, zu entlassen. Hierauf schwur Ludwig nebst den vornehmsten Ständen des Reichs bei den Reliquien der Heiligen, daß Richard und seine Nachkommen Alles, was dem Herzog Rollo von seinem Vater, Karl dem Einfältigen abgetreten worden sei, auf ewige Zeiten haben und besitzen sollten, und zwar unter der ausdrücklichen Bedingung, daß der Herzog der Normandie von der Verbindlichkeit, dem König zu seinen Zügen Kriegshülfe zu senden, losgezählt sei. Sodann nahm Richard von den Normannen die Huldigung an und der Dänenkönig segelte in sein Land zurück. Hugo aber, der den Plan gescheitert sah, mit Hülfe Otto's seinen Herrn und König der Krone zu berauben, verbindet sich jetzt durch ein enges Verbündniß mit den Normannen; er verlobt den Herzog Richard mit seiner Tochter Emma, und geht von neuem öffentlich damit um, sich in Verfassung zu setzen, um bei der ersten günstigen Gelegenheit endlich seinen Anschlag zur Ausführung zu bringen.

Ludwig, durch des Herzogs drohende Veranstaltungen erschreckt, in seinem eigenen Reiche von allen Hülfsmitteln entblößt, sein Ansehn wieder herzustellen, schickt nun während des Sommers 946 den Grafen Arnulf von Flandern an König Otto, um ihn zu einer thätigen Verwendung für sich zu vermögen; auch seine Gemahlin Gerberga beschwört ihren Bruder, mit gewaffneter Hand Rettung bringend, in Frankreich zu erscheinen.

Otto war unterdessen nicht müßig gewesen, den Entschluß, welchen er zu Gunsten des französischen Königs gefaßt, in Erfüllung zu bringen. Er hatte aus allen Theilen seines Reichs ein mächtiges Heer zusammengezogen, und auch den König Konrad von Burgund, ihm die Vasallenpflicht zu leisten, zu sich berufen. In der Gegend von Cambray, an der äußersten Grenze, wo das deutsche Reich an das französische stieß, sammelte sich das Heer um die Zeit des Herbstes 946 und hier war es, wo der Herzog Hugo in seinem hochfahrenden Uebermuth es wagte, den gerechten Zorn des deutschen Königs durch das schnödeste Entbieten, das er demselben durch eine Gesandtschaft kund that, auf's Höchste zu steigern. Er ließ ihm nämlich sagen: „daß bei dem Heil der Seele seines Vaters so viel Sturmhauben ihm zu Gebote stünden, als König Otto Zeit seines Lebens nimmer erblickt haben würde, und daß er mit einem Zuge sieben Speere der kraftlosen Sachsen herunterzuschlucken verstehe." Darauf ließ ihm König Otto folgendes erwiedern: „Was ihn betreffe, so habe er so viel Strohhüte, die er ihm zeigen müsse, als weder Herzog Hugo, noch sein Vater Zeit ihres Lebens jemals würden gesehen haben."

Und um dem hoffärtigen Herzoge zu beweisen, daß diese Zusicherung eine wahre, ließ der König nun unverzüglich sein Heer, an zweiunddreißig Legionen stark [1]), die französische Grenze überschreiten: jeder Krieger in demselben trug auf dem Haupt einen Strohhut; nur der Abt von Corvei, welcher mit dem Heere zog, um während der Kriegszeit bei diesem dem Gottesdienst vorzustehen, und drei seiner Diener entbehrten dieser Zierde. Der König Ludwig, im Gefolge der wenigen Getreuen, die unter seine Fahnen getreten waren, vereinigt sich mit dem Könige der Deutschen, der ihn mit allen Ehren

---

[1]) Man sagt, eine Legion sei dazumal fünfhundert Mann stark gewesen.

empfängt. Nun wälzt sich die vereinigte Macht der Könige wie eine verheerende Fluth dem Herzog Hugo entgegen; Laon fällt in die Hände der Sieger; von da wendet sich das Heer nach Rheims, das mit der größten Hitze belagert wird. Vergebens bemüht sich der Erzbischof Hugo, ein Sohn des Grafen Heribert von Vermandois, der durch das Ansehn seines Vaters mit Gewalt das Bisthum überkommen hatte und mit dem rechtmäßigen Bischofe Artald in hartem Streite lag, den Platz zu halten. Nach dreien Tagen verläßt er denselben und die Könige von Deutschland, Frankreich und Burgund halten mit ihren Bischöfen und Fürsten siegreich den Einzug in die alte Krönungsstadt der Franken.[1]) Die Erzbischöfe Rotbert von Trier und Friedrich von Mainz setzen den vertriebenen Erzbischof Artald wieder auf seinen verlorenen Stuhl ein. In Rheims wird die Königin Gerberga zurückgelassen; das Heer zieht weiter nach dem Seinefluß hin; der Herzog Hugo wird in seiner Hauptstadt Paris durch eine nachdrückliche Belagerung geängstigt: er wäre verloren gewesen, wenn der Eigensinn des Königs Ludwig nicht darauf bestanden hätte, vorerst die Normandie mit Waffengewalt zu überziehen. Otto ließ sich durch den französischen König bewegen, dorthin aufzubrechen; er zieht die Seine herab; das Land der Normannen wird verheert und ein Sturm auf die Hauptstadt Rouen beschlossen. Aber hier sollten die Thaten der Könige ihr Ziel finden. Die Belagerung zog sich, ihrer Schwierigkeit halber, unerträglich in die Länge; der Winter kam heran und Otto beschloß, nachdem er drei Monde hindurch das französische Reich die Schwere seines rächenden Armes hatte fühlen lassen, den Rückzug über den Rheinstrom anzutreten.

Er kehrte nach dem Sachsenlande zurück mit dem Ruhme, den entsetzten Ludwig wieder zu einigem Ansehn verholfen und in den Stand gesetzt zu haben, den Rebellen mit leichterer Mühe die Spitze bieten zu können. Laon, Rheims und die übrigen eroberten Plätze werden ihm ausgeantwortet.[2])

In dem folgenden Jahre 947 feierte der König von Frankreich mit seinem Schwager, dem Könige Otto, das Osterfest zu Aachen; hier ward ihm von diesem feierlich zugesagt, daß er in einem abermaligen Kriegszuge nach Frankreich den Herzog Hugo, der sich noch immer zum Ziele zu legen weigerte, zur vollständigen Unterwürfigkeit

---

[1]) Urk. Otto's vom 19. September 946 geg. juxta civitatem Remis bei Miraeus Opp. Dipl. I. 259. [2]) Die ganze Erzählung nach Wittech. III. 651. Frobeard und Fortf. d. Rhegino z. J. 946 und Sigbert von Gembloux z. J. 949 (statt 946).

zwingen werde. Auf den Herbst ward der Einbruch verabredet: da
endlich läßt sich der Herzog, welcher dem Ungestüm des deutschen
Heeres mit den Strohhüten noch einmal entgegenzutreten sich fürch=
tete, und die überwiegende Macht der Sachsen zur Genüge erkannt
hatte, auf Unterhandlungen ein. Im August kamen die Könige von
Deutschland und Frankreich an dem Flusse Chiers mit ihm zusammen,
und es wird ein Waffenstillstand zwischen Hugo und Ludwig durch
Otto vermittelt; eine endliche feste und durchgreifende Beilegung ihrer
Streitigkeiten ward jedoch nicht herbeigeführt.

Unterdessen war die Kunde der Zerwürfniß, welche in Frankreich
herrschte, auch an den päpstlichen Stuhl gelangt, auf welchem damals
Agapet II. saß. Im Jahre 948 fertigte derselbe seinen Legaten, den
Bischof Marinus von Bomarzo an den König Otto ab, um ihn
aufzufordern, ein allgemeines Concilium zusammenzuberufen und päpst=
liche Schreiben ergingen an die Bischöfe Deutschlands und Frankreichs
mit dem Befehle, auf demselben zu erscheinen. Im Junius sollte die
Versammlung zu Ingelheim, der königlichen Pfalz am Rheinstrome,
sich zusammenfinden, um dort über die gegenseitigen Ansprüche Lud=
wig's und Hugo's und über das Erzbisthum Rheims, das Hugo,
der Sohn. des Grafen von Vermandois, aufzugeben beharrlich sich
geweigert hatte, eine Entscheidung zu fassen.

Am 7. des Brachmonds 948 ward das Concilium in der Kirche
des heiligen Remigius zu Ingelheim eröffnet. Der päpstliche Legat,
Bischof Marinus von Bomarzo, führte den Vorsitz; die sämmtlichen
Erzbischöfe Deutschlands, Friedrich von Mainz, Rotbert von Trier,
Wicfried von Cölln, Adeldag von Hamburg und Herold von Salz=
burg, der Erzbischof Artald von Rheims, viele andere Bischöfe aus
Lothringen, Rheinfranken, Alemannien, Baiern und Sachsen, von
Burgund und dem französischen Reiche, an der Zahl vierunddreißig,
dazu eine beträchtliche Menge von Aebten, Domherren und Mönchen
waren erschienen. Sobald die Könige von Deutschland und Frankreich
in die Hallen der Kirche getreten waren, und ihre Plätze genommen
hatten, begannen die Verhandlungen mit einem Gebet und einer An=
rede des päpstlichen Legaten. Sodann erhob sich Ludwig an der
Seite Otto's und redete also vor dem feierlichen Kreise [1]):

„Ich bin über das Meer aus England herübergerufen worden
durch die Gesandten Hugo's und der übrigen französischen Fürsten,

---

[1]) Die nachfolgende Rede nach Frodoard z. J. 946 — er war selbst mit auf
dem Concil. S. S. 614 in der Ausg. von Pistorius und Struve. Vergl. Mansi
Collect. Concil. T. XVIII. 419.

um mein väterliches Reich zu übernehmen; ich bin durch die Stimme aller Herren und des ganzen Adels von Frankreich als König anerkannt und gesalbt worden. Dennoch hat mich Hugo vertrieben, mich trüglicher Weise gefangen genommen und ein ganzes Jahr lang im Gefängnisse gehalten; ich habe meine Freiheit nicht anders von ihm erlangen können, als durch Abtretung der Stadt Laon, die er mir mit Gewalt genommen hat, der einzigen, die von allen königlichen Städten mir noch übrig geblieben war, und wo die Königin Gerberga mit ihren Getreuen Hof halten konnte. Dafern man behaupten will, ich habe eines Verbrechens mich schuldig gemacht, das mir eine solche Begegnung zugezogen, so bin ich bereit, mich von dieser Anklage, vor der ehrwürdigen Versammlung, die ich vor mir erblicke, nach ihrem Ausspruch oder wie König Otto entscheiden möge, oder auch durch einen Zweikampf, zu reinigen."

Nachdem der König geendet hatte, brachte auch Artald, Erzbischof von Rheims seine Klage gegen Hugo, den Grafen von Vermandois, seinen Nebenbuhler, an; er gedachte der gewaltsamen Aufbringung und der widerrechtlichen Einsetzung desselben, seiner eigenen schmachvollen Verstoßung und der langwierigen Verfolgung, die er habe erdulden müssen. Er fügte hinzu, daß zwei zu Verdun und zu S. Peter bei Mousson gehaltene Synoden ihn auf seinem Stuhle bereits bestätiget hätten.

Hierauf ward an demselben Tage Artald'n der Besitz des Erzbisthums Rheims zugesichert; an dem darauf folgenden Graf Hugo von Vermandois mit dem Banne belegt; sodann, nach Maaßgabe der vierten Concilienversammlung zu Toledo vom Jahre 633, welche das Verbot festgestellt hatte, an der königlichen Macht sich weder gewaltthätig noch verrätherisch zu vergreifen; auch der Herzog Hugo als ein Feind und Räuber der Staaten König Ludwig's so lange aus der Gemeinschaft der Kirche gestoßen, bis er sein Vergehen bereut und wieder gut gemacht haben würde. Beschlüsse über das Verbot der Simonie und andere Kirchenangelegenheiten vollendeten die Arbeiten der heiligen Versammlung; eine anderweite Synode ward auf den Herbstmond anberaumt, die zu Trier gehalten werden sollte.

Den versammelten Aussprüchen der Herren durch eine bewaffnete Macht den gehörigen Nachdruck zu geben, war um so nöthiger, als weder der abgesetzte Erzbischof Hugo, noch der Herzog Hugo von Franzien sich denselben zu fügen bereitwillig zeigten. König Ludwig erbat sich daher von neuem die Hülfe des deutschen Königs und Otto befehligte den Herzog Konrad von Franken und Lothringen und die

Bischöfe des lothringischen Reichs, mit einem starken Kriegshaufen dem
französischen Könige zuzuziehen. Das vereinigte Heer eroberte hierauf
Moussen, wohin sich der Herzog Hugo geworfen und Montaigu, das
Graf Theobald von Chartres, sein getreuer Lehnsmann vertheidigte.
Der Graf bemächtigt sich Laon's, das König Ludwig belagert. In
der Kirche des heiligen Vincenz nahe bei dieser Stadt wird gegen
Theobald der Bannfluch geschleudert, auch Herzog Hugo nochmals
feierlich vorgeladen, um sich wegen des Betragens gegen seinen König
und die Kirche zu rechtfertigen. Aber dieser war weit entfernt, dem Aufruf Folge zu leisten, und
setzte, durch alles Vorgegangene nur noch heftiger erbittert, seinen
Widerstand fort. Inzwischen war die Zeit der auf den September
zu Trier angekündigten Kirchenversammlung herangekommen: hier
sprachen der päpstliche Legat Marinus, die Erzbischöfe Rotbert von
Trier und Artald von Rheims und die übrigen französischen Bischöfe,
die sich eingefunden hatten, auf dringendes Verlangen des Kaplanes
Rudolf, den König Otto zu der Synode abgefertigt, wiederholt den
Bann über den Herzog auf so lange aus, bis er aller Widersetzlichkeit
sich enthalten und wegen derselben sich gerechtfertigt, oder nach Rom
gegangen sein würde, um bei dem päpstlichen Stuhle sich die Absolu-
tion für seine Verbrechen zu holen.

Dessenungeachtet ließen der Herzog und Erzbischof Hugo mit
ihrer Partei nicht ab von ihren Gewaltthätigkeiten; auch nicht der
päpstliche Spruch, welcher in der Peterskirche ihre Exkommunikation
bestätigt hatte, vermochte sie zu schrecken. Die Feindseligkeiten verdoppeln sich; das ganze folgende Jahr verstreicht unter wechselseitigen
Eroberungen und Niederlagen, ohne daß eine Entscheidung wäre herbeigeführt worden — aber Frankreich blutet furchtbar unter dem un-
säglichen Jammer des bürgerlichen Krieges. König Ludwig muß von
neuem die Hülfstruppen des Herzogs Konrad an sich ziehen, um den
Empörern Widerstand zu leisten; endlich gelingt es diesem, eine Waffenruhe bis zum August zu Stande zu bringen, die sodann bis Ostern
des Jahres 950 verlängert wird. Während dieser Zeit hatte Ludwig eine Unterredung mit König
Otto jenseit des Moselflusses; hier beschwört er denselben wiederholt
aufs bringendste, den Frieden zwischen ihm und Hugo zu vermitteln
und dadurch dem veröbeten Frankreich die längst entbehrte Ruhe wieder zu geben. Otto überträgt seinem Tochtermanne Konrad dieses
Geschäft: durch die thätige Verwendung des letzteren wird endlich
Herzog Hugo bestimmt, sich zum Ziele zu legen. Noch im Laufe des

Jahres 950 wird eine Zusammenkunft zwischen ihm und Ludwig an
der Marne festgesetzt; der König erscheint mit seinen Getreuen auf
dem einen Ufer des Flusses, der Herzog mit seinem Gefolge auf dem
andern. Ihre Gesandten vereinigen sich zu einem letzten Beschlusse:
unter der Vermittlung des Herzogs Konrad von Franken und Lothrin=
gen, des Herzogs Hugo des Schwarzen und der Bischöfe Adalbert
von Metz und Fulbert von Cambray, stellt sich Hugo vor seinem
König; er leistet ihm von neuem die Lehnspflicht, verspricht das Schloß
Laon auszuantworten, so wie den Erzbischof Artalb ruhig in dem
Besitze seines Erzbisthums Rheims zu lassen, und unter diesen Be=
dingungen wird der Frieden fest und dauernd unter ihnen geschlossen.

Den Abend seines Lebens vermochte Ludwig ruhiger und mit
mehr Ansehn zu regieren: er starb vier Jahre darauf, 954, durch
einen Sturz vom Pferde bei einer Wolfshetze tödtlich verwundet. Ihm
folgte sein Sohn Lothar, den er mit der Gerberga, König Otto's
Schwester, erzeugt hatte. Die edeln Anstrengungen des deutschen
Königs aber lohnte kein äußerer Vortheil, wohl aber das große Ge=
fühl, in einem zertretenen Lande die Palme des Friedens wieder auf=
gerichtet zu haben. —

Während der Zeit, wo Otto damit beschäftiget war, Frankreich
zu beruhigen, hatte er auch einen Kriegszug nach Dänemark unter=
nehmen müssen.[1] Das Jahr läßt sich nicht mit Genauigkeit aus=
mitteln, doch ist es gewiß, daß derselbe noch vor 948 erfolgt sei.[2]

---

[1] Die Quellen dieses Zugs nach Dänemark sind: Adam's von Bremen Hist.
ecclesiast. B. II. c. 2. Auct. Chron. Slav. c. 7. in Lindenbrog Scr. R. Germ.
S. 191. Historia gentis Danorum daselbst S. 267. Helmoldi Hist. Slav. I. 9.
Vergl. V. Brunonis AEpi Colon. bei Leibn. I. 286. Dithmar Prolog z. zweiten
Buch. [2] Weil der Bischof Liosdag von Ripen im Juni 948 auf dem Ingelheimer
Concil erscheint. Froboard z. J. 948. Nach Adam von Bremen geschah der Zug
im zwölften Jahre des Erzbisch. Adeldag, welcher 936 auf den erzbischöfl. Stuhl
kam, also 948. Nach folgenden Stellen des Ekhard, Mönchs von S. Gallen,
müßte er vor 947 fallen: Ottone apud Anglos cum Adaltage Rege ipsorum (das
ist Athelstan) socero suo (seinem Schwager) aliquamdiu agente, ut junctis viribus
Chnutonem Danorum debellarent Regem" (statt Chnuto muß Harald verstanden
werden: Ekhard hat mehrere falsche Namen). Vergl. Lib. de cas. S. Galli monast.
c. 9. S. 42 bei Golbast T. L. Rer. Alem. — „Dirigitur (Burchardus monachus
S. Galli) tandem cum fratribus magno Ottoni Mogontiam, Chnutone Rege victo
Schleswich revertenti" daselbst c. 10. S. 43. — „Deinde illum (Burchardum,
Abbatem destinatum ab Ottone) secum duxit in ecclesiam ad Otigebam Reginam" daselbst. Editha nämlich starb 26. Jan. 947 und Athelstan von England
946. Editha's Tod ist richtiger in das Jahr 946 zu setzen. S. Ranke Jahrbücher
des deutschen Reiches Bd. 1, Abth. 2, S. 103 u. fg.

Aus dem in der Einleitung über Heinrich's im Jahre 931 mit den Dänen geführten Krieg Gesagten wird man sich erinnern, wie die Unterwerfung dieses Volks damals unter den Bedingungen geschehen war, daß von dem König Gorm d. Alten der Landstrich von der Eyder bis nordwärts nach Schleswig hin auf dem deutschen Könige abgetreten, die freie Verbreitung der Lehre des Christenthums verstattet und ein jährlicher Tribut hatte versprochen werden müssen. In Folge dieses Vertrages hatte Heinrich nach der Markgrafschaft Schleswig, die er errichtete, eine Colonie von sächsischen Anbauern gesendet, die in kurzer Zeit, begünstigt durch den Reichthum des Landes, zu einer erfreulichen Blüthe gelangt war, und der Erzbischof Unnus von Hamburg war selbst nach Dänemark hinübergegangen, um die Lehre des Evangeliums dort zu predigen.

Wiewohl nun der König Gorm d. Alte, welcher der altväterlichen Religion ergeben blieb, die Bemühungen des Erzbischofs aus Furcht vor dem deutschen König nicht zu hindern vermochte, aber standhaft sich weigerte, die Errichtung von Kirchen ihm zuzustehen: so war doch durch seine Gemahlin Thyra, Tochter des christlich-angelsächsischen Königs Eduard von England und Schwester von Otto's Gemahlin Editha, so wie durch den Erstgeborenen des Königs Kanut, der die Taufe genommen und dem der Vater die Provinz Jütland überlassen hatte, der Verbreitung des Christenthums die größtmöglichste Hülfe geleistet worden. Allein im Jahre 939 ward Kanut von seinem jüngern Bruder Harald, den der Ehrgeiz trieb, sich des von dem Vater vorgezogenen Bruders zu entledigen, und dadurch einmal allein die Herrschaft über das Dänenreich zu erwerben, ermordet, und Gorm den Alten hatte der Schreck beim Empfange der Nachricht von dieser blutigen That getödtet, worauf denn Harald, dem die Dänen den Zunamen „Blauzahn" ertheilt haben, den Thron bestiegen.

Noch bei seines Vaters Lebzeiten hatte derselbe England durch Raubzüge beunruhigt; der König Athelstan war daher, als König Otto ihm einen Besuch auf seiner Insel machte, mit diesem, seinem Schwager, in ein Bündniß getreten, um mit vereinten Kräften die Dänen zu bekämpfen[1]); in den alten Chroniken findet sich jedoch eines wirklich von ihnen unternommenen gemeinschaftlichen Zuges der Könige keine Erwähnung. Um sich gegen den Andrang so mächtiger Feinde zu schützen, hatte aber Thyra, die Mutter Harald's, das berühmte Danewirk aufführen lassen, einen mächtigen Erdwall, der von Holing-

[1]) Die angezogene Stelle Ekhard's c. 9. S. 42.

stede bis an den Meerbusen von Schleswig sich erstreckte und von dem bis in unsere Tage in der Gegend von Schleswig Ueberreste zu sehen. Hierauf war Harald wiederholt auf verschiedenen Seezügen in England eingefallen; er hatte die große wendische Handelsstadt Julin am Ausflusse der Oder in die Ostsee erobert, und, wie wir oben erwähnten, auch in Frankreich, als er zur Unterstützung des Herzogs Richard von der Normandie herbeigerufen ward, seinen Namen furchtbar gemacht. In seinem hochfahrenden Uebermuth glaubte er nun auch gegen den deutschen König sich auflehnen zu dürfen. Er verweigerte ihm den Tribut, der bisher regelmäßig dem deutschen Reiche war gezahlt worden, und beschloß sogar, die Sachsen aus Schleswig zu vertreiben. — Mit neidischen Augen hatten bisher die Dänen diese blühende Markgrafschaft betrachtet; vergebens hatte Otto den Dänenkönig durch eine Gesandtschaft an die gewissenhafte Haltung des mit seinem Vater geschlossenen Vertrags mahnen lassen — Harald war mit gewaffneter Hand in die Mark gedrungen, hatte den Markgrafen mit den Gesandten Otto's niedermetzeln lassen, und das ganze fruchtbare Land durch Morden und Brennen in eine traurige Einöde verwandelt.

Auf die Nachricht von dieser Gewaltthat, sammelte Otto, auf's heftigste erzürnt, eine furchtbare Heeresmacht um sich, und bereitete sich, in das Land der Dänen zu ziehen. Die Elbe wird von ihm überschritten; er führt das Heer in das verödete Schleswig ein, das Danewirk vermag seinen tapfern Arm, der zur Rache gezückt war, nicht aufzuhalten. Verwüstend durchzieht er ganz Jütland bis an die äußerste Spitze, wo der Meerbusen Limfiord mit seinen Wellen das Gestade bespült. Hier warf er zum Zeichen, daß nur das Element seine siegreichen Schritte zu hemmen vermöge, seinen Speer in die Fluthen und noch heutigen Tages heißt der Meerbusen nach seinem Namen der Ottesund. [1]

König Harald war während Otto's Einbruch an der fernsten Grenze seines Königreichs gewesen; jetzt eilte er herbei, um dem deutschen Könige, der nach Sachsen wieder aufbrechen wollte, zu begegnen. Es gelingt ihm zwar auf der Lohhaide, in dem heutigen Amte Gottorf, einen Theil des Heeres der Deutschen in die Flucht zu schlagen; aber bei Schleswig kommt es zu einem entscheidenden Treffen, in welchem

---

[1] Ueber den Ottinsunt, Ottinsund, auch Ottesund s. den Artikel von Ferd. Wachter im siebenten Theile der dritten Section von Ersch und Gruber's allgem. Encyclopädie S. 389 u. ff.

die Dänen vollständig besiegt und auf ihren Schiffen, zu denen sie sich zurückgeworfen sehen, vor dem nacheilenden Feinde sich zu retten gezwungen werden. Kurze Zeit darauf erbietet sich Harald zu einem festen Frieden mit Otto: er verspricht das Christenthum in dem Lande der Dänen förmlich einzuführen und nimmt sein Reich von dem Könige der Deutschen zu Lehen.[1]) Er selbst bekennt, um seine aufrichtige Gesinnung demselben noch mehr zu beurkunden, mit seiner Gemahlin Gunilde öffentlich sich zur christlichen Lehre; auch sein Sohn und bestimmter Thronfolger, Suend, empfängt die Taufe und erhält zu Ehren seines Pathen, König Otto's, den Namen Suen=Otto. Die Markgrafschaft Schleswig ward wieder hergestellt und von neuem bevölkert; die Ueppigkeit des Bodens zog eine Menge Anbauer dahin und in kurzer Zeit war jede Spur der erlittenen Verwüstung verwischt.

Otto aber ließ, wahrscheinlich zu Anfang des Jahres 948[2]), um der Ausbreitung des Evangeliums feste Mittelpunkte zu geben, in Jütland die drei Bisthümer Schleswig, Aarhus und Ripen errichten[3]), die, mit einem vierten Bisthume zu Aldenburg in dem heutigen Holstein an der Ostsee, das für die umwohnenden Slaven bestimmt, und im Jahre 1163 nach Lübeck verlegt ward, der Oberaufsicht des Erzbischofs Adelbag von Hamburg übertragen wurden. Eine päpstliche Bulle Agapet's II. macht diesen zum Legaten des apostolischen Stuhles für den Norden, die Lande Dänemark, Schweden, Norwegen und die slavischen Völker. Die glückliche Lage jener drei jütländischen Bischofssitze, in welchen die größte Handelsthätigkeit herrschte[4]), indem von Schleswig aus Schiffe nach dem slavischen Deutschland, nach Schweden und Preußen bis Rußland, von Ripen aus nach Friesland, Sachsen und England und von Aarhus aus nach den dänischen Inseln, Schonen und Norwegen abgingen, erleichterte die Befestigung der christlichen Lehre im Norden, und durch die frommen Bemühungen des Erzbischofs Adelbag ward sie von dieser Zeit an auch nach Fünen, Seeland, Norwegen und Schweden hinüber verbreitet.

Es ist von den dänischen Geschichtschreibern oftmals die Herrschaft der Deutschen über das dänische Reich abgeleugnet worden: indeß ist das Zeugniß Adam's von Bremen[5]), der in dem folgenden Jahrhundert lebte und ausdrücklich auf Briefe des Königs Otto sich

---

[1]) Adam von Bremen II. 2. [2]) Denn der Bischof von Ripen, Liofdag, (Liofdacus, Ribunensis Ep.) wird schon bei dem im Juni dieses J. zu Ingelheim gehaltenem Concil mit aufgeführt. Frodoard z. J. 948. [3]) Adam von Bremen II. 2. Chronogr. Saxo und Ann. Saxo z. J. 952. [4]) Ann. Saxo z. J. 952. [5]) l. c.

bezieht, die in der bremer Kirche aufbewahrt würden und aus denen klar hervorgehe, daß derselbe das dänische Reich in seiner Gewalt gehabt, ja sogar die Bischöfe darin eingesetzt habe, zu deutlich, als daß man an diesem Umstande zweifeln könnte. Eine Urkunde Otto's aber vom Jahre 965[1]), die noch erhalten ist und in welcher er, auf Vorbitte des Erzbischofs Adeldag von Hamburg, als des Metropolitans, alle Besitzungen, welche die Kirchen zu Schleswig, Aarhus und Ripen „in der Mark und dem Reiche der Dänen" besäßen oder künftig erwerben würden, von dem Zinse und Dienste befreit, den sie ihm, dem Kaiser, zu leisten schuldig seien und sie dergestalt den Bischöfen jener Kirchen überweist, auch die auf jenen Besitzungen wohnenden Leute von aller weltlichen Gerichtsbarkeit losmacht und den bischöflichen Voigten überläßt — erhebt jene Thatsache, daß Harald Blauzahn mit seinem Dänenreich der Lehnsmann des deutschen Reichs geworden sei, zur vollen Gewißheit.

Kurze Zeit, nachdem König Otto die Dänen sich unterthänig gemacht, ward er auch zu einem neuen Kriegszuge nach Böhmen genöthigt. Dort war der Herzog Boleslaw der Grausame, obwohl ihn Otto sogleich nach dem Antritt seiner Regierung durch die Waffen zur Unterwürfigkeit gezwungen hatte, von neuem in offener Empörung aufgestanden, und hatte mit einer gewaltthätigen Widersetzlichkeit den Tribut, welchen er jährlich zu zahlen hatte geloben müssen, verweigert. Der tapfere Markgraf der Ostländer über der Elbe und Saale, Gero, hatte in fortwährenden kleinen Kriegen ihn zu demüthigen gesucht; und wiewohl im Jahre 946 der Herzog Geiseln an König Otto zum Unterpfand seines Gehorsams abgefertigt hatte[2]), so war dennoch das freundliche Vernehmen von keiner Dauer gewesen. Endlich beschloß Otto den abtrünnigen Slavenfürsten durch einen ernsthaften Angriff zur Demüthigung zu bringen. Er brach im Sommer des Jahres 950 mit Heereskraft in das böhmische Land, schloß die Hauptstadt Prag ein[3]) und bedrohte gleichergestalt auch die neue Stadt des Herzogs, Bunzlau, wo dessen Sohn lebte, durch seine Kriegsvölker.[4]) Da endlich erkannte der Herzog, daß er des Königs

---

[1]) Bei Meibom Scr. Rer. Germ. I. S. 749. [2]) Witten. II. 650. [3]) Frodoard z. J. 950 sagt ausdrücklich: Ottonnm magnam Venedorum urbem Praidem obsedisse. [4]) Witten. III. 653: et cum capienda esset urbs, quae nuncupabatur Nova, in qua clausus obsidebatur Bolizlai filius. Das darunter Bunzlau zu verstehen sei, welches Boleslaw erbaut hatte, behauptet Dubravius Hist. Bohem. B. V. S. 35. Ausg. von Freher. Urk. Otto's vom 16. Julius 950 d. d. Bcheim suburbio Niuunburg bei de Lang Regesta Boica z. J. 950.

heldenmüthiger Tapferkeit sich nicht länger entgegenstellen dürfe, und daß sein Verderben gewiß sein werde, dafern er sich nicht zum Frieden bequeme. Deßhalb begab er sich aus Prag in das Feldlager des Königs und erflehte, indem er unter das Banner desselben sich stellte und hier von neuem den Lehnseid schwur, seine Vergebung. [1]) Otto verweigerte sie ihm nicht; doch schickte er ihn zur Strafe für seine Empörung nach Baiern zu seinem Bruder, dem Herzoge Heinrich. [2]) Hier blieb er eine Zeit lang in Haft, ward aber bald auf freien Fuß gestellt und übernahm auf's neue die Regierung Böhmen's, getreu und willig von nun an der Oberherrschaft König Otto's sich unterwerfend. [3])

Wahrscheinlich ist, daß Boleslaw bei diesem Frieden, den er mit Otto schloß, auch das Versprechen leistete, die christliche Lehre annehmen zu wollen: wenigstens hat er kurze Zeit darauf sich wirklich zu derselben bekannt. Nach Prag zurückgekehrt, soll er bei der Gruft seines ermordeten Bruders Wenzel eine öffentliche Buße verrichtet und prächtige Geschenke dort hinterlassen haben. Seine Mutter Drahomira, auf deren Antrieb er hauptsächlich die blutige That vollführt hatte, wies er von sich hinweg; die Legende erzählt, die Erde habe sich unter den Füßen der über diese Begegnung zur Verzweiflung gebrachten Fürstin geöffnet und sie lebendig verschlungen. In der Folge war an der Stelle, wo die grausame Frau die Strafe ihrer Verbrechen empfangen, zum ewigen Gedächtniß eine Säule errichtet.

Boleslaw aber suchte nun mit demselben Eifer, womit er früherhin das Evangelium in seinem Lande verfolgt hatte, dasselbe immer weiter und weiter darin zu verbreiten; und noch vor seinem Tode, der im Jahre 967 erfolgte, erhielt er durch ein päpstliches Schreiben [4]) die Erlaubniß zur Einrichtung des ersten Bisthums für Böhmen zu Prag. Sein Sohn Boleslaw II., ein eben so frommer Mann, wie sein Oheim, der heilige Wenzel, brachte dasselbe, nachdem er die Einwilligung des Bischofs Wolfgang von Regensburg eingeholt[5]), dem die christlichen Kirchen in Böhmen bisher untergeben gewesen, völlig zu Stande. [6]) Ein Sachse Dithmar, der als Missionair schon lange in Böhmen gelebt, empfing zuerst von dem Erzbischof zu Mainz die Weihe und von Otto den bischöflichen Stab. [7]) Durch seinen

---

[1]) Wittech. III. 653. [2]) Dithm. II. 20. [3]) Wittech. l. c. ex eo Regi fidelis servus et utilis permansit. [4]) Es findet sich in Dobner's Ausg. von Hagec's böhm. Chronik P. IV. S. 164. Daß es an Boleslaw den ersten erlassen sei, erweist er S. 170 u. 216. [5]) Dessen Leben c. 29 in Actis SS. unterm 31. October. [6]) 972 oder 973. Das letztere Jahr nimmt Dobner an. [7]) Cosmas Pragensis böhm. Chronik I. S. 11 und 12 bei Freher.

thätigen Eifer ward von dieser Zeit an in dem böhmischen Lande und in Mähren, welche den Sprengel des neuen Bisthums, unter das Erzbisthum Mainz gestellten, Bisthums ausmachten, das Christenthum dauernd befestigt. [1] — Durch alle diese bisher erzählten Triumphe und Siege hatte Otto der Welt überzeugend die große Wahrheit dargethan, daß, wie das innerste Gemüth eines Herrschers, so auch sein Schicksal sei. Wie seine Seele in sich einig war und auf dem festen Ankergrund eines begeisterten Glaubens und einer ewigen Gerechtigkeit ruhte, so ward ihm auch bei jeder auf ihn einbringenden Gefahr die Kraft von oben verliehen, die ihn in den Stand setzte, seine Feinde darniederzuwerfen, und überall, wo er sich nur hinwandte, krönte der Lorbeer des Sieges den Helden. Einen so festen und bestimmten Gang nimmt das Leben derer, die ihre Stärke nicht in äußerer Macht, sondern zunächst in dem Vertrauen auf Gott und dann in jenem anhaltenden, unerschütterlichen, nur auf große Zwecke gerichteten Willen tragen.

Aber nicht bloß diese hohe Willenskraft des Königs war es, durch die er bisher so glänzende Thaten verrichtet, es war auch die Weisheit, mit welcher er die ganze Kriegsverfassung der Deutschen umgebildet und gleichsam von neuem erschaffen hatte, der er so große Erfolge verdankte. Bekannt ist und in der Einleitung erwähnt, daß Karl der Gr. durch die Einrichtung des Heerbanns alle freien, angesessenen Leute, sowohl die, welche Allodien besaßen, als auch solche, welche ihre Güter zu Lehen trugen, zur gemeinsamen Vertheidigung des Vaterlandes berief. Wer ein bestimmtes Besitzthum hatte, mußte bei einem königlichen Aufgebot mit Lebensmitteln, Kleidung und Waffen sich stellen, und wer der Ladung keine Folge leistete, die hohe Geldstrafe des Königsbanns von 60 Solidis zahlen. Schon unter Karl's des Großen Regierung hatte sich das Drückende dieser Einrichtung vornehmlich für die ärmeren Allodienbesitzer geäußert, und der Unwille des Volks hatte sich laut und entschieden ausgesprochen. Eine Menge armer, freier Leute hatte sich, aus Ueberdruß am unaufhörlichem Kriegführen, in die Dienstbarkeit des Adels und der Kirche als Hörige begeben, und dadurch, weil ein Unfreier der Waffenehre für unfähig erachtet ward, sich auf Lebenszeit, so wie von der Freiheit, so auch von der Verbindlichkeit, dem Heerbanne zu folgen, losgemacht. Unter

---

[1] Mähren ward kurz darauf davon getrennt und erhielt einen eignen Bischof. Unter Karl IV. ward das Bisthum zu Prag unmittelbar dem römischen Stuhl unterworfen und zum Erzbisthum erhoben.

den fortwährenden innerlichen Unruhen der Söhne Ludwig's des Frommen, die ihnen keine Macht ließen, den Heerbann mit Ernst und Strenge zusammenzuberufen, wie Karl es gethan, war derselbe immer mehr verfallen.

Dagegen hatte sich nun langsam im Laufe der Zeit eine andre Weise der Kriegführung wieder entwickelt und unter denselben Verhält=nissen, wie sie schon in der ältesten Zeit unter den Germanen gebräuch=lich gewesen war, von neuem befestigt, nämlich der Kriegsdienst mit Lehnsleuten. Gerade wie bei den alten Deutschen als Gefolge eine Menge kampf= und beuteluftiger Männer um einen ausgezeichne=ten Führer sich versammelt hatte, von dem sie mit Pferden, Waffen und anderen Geschenken beehrt wurden, wofür sie denn ihr Lebelang mit ihm auf Abenteuer herumzogen, in denen hauptsächlich das Leben der alten Germanen bestand: so hatte auch, vornehmlich in den Zei=ten nach dem Vertrag von Verdun, das unterdessen immer weiter ausgebildete Lehnswesen die Gelegenheit an die Hand gegeben, daß eine große Anzahl von Vasallen um einen mächtigen Lehnsherrn sich vereinigte, dem sie gegen Grundbesitz, den er ihnen einräumte, auf seine Fehden, die jetzt nicht aufhörten, hinausfolgten. Wie dort be=wegliche Güter die Belohnung der Treue gewesen waren, so waren es die unbeweglichen, das Grundeigenthum, geworden. Noch unter Konrad, dem Franken, war ganz Deutschland nichts weiter, als ein Staat, der aus einer Menge von einzelnen Lehnsherren mit ihren Vasallen bestand, die alle einander und der königlichen Macht feindlich gegenübergestellt waren.

Wesentlich hatte diese Verfassung das Wiederaufleben der Herzog=thümer gefördert: die Herzoge waren jetzt die nächsten Schutz= und Schirmherren geworden, um welche die vielen einzelnen Lehnsträger einer Provinz herumtraten, und an welche sie sich mehr oder weniger fest anschlossen, um dieselben ihrerseits wieder gegen die königliche Macht zu vertreten. So hatten die Vasallen der Herzoge von Baiern, von Schwaben und Sachsen sich gegen Konrad gestellt, dem wieder die fränkischen, deren Herzog er früher gewesen war, Zeit seiner Re=gierung anhingen.

Heinrich war es nun zwar gelungen, das Königthum wieder zu seinem alten Ansehn emporzuheben: er brachte alle Herzoge des deutschen Reichs unter seine oberste Herrschaft, und weil sie ihm den Lehnseid schwören mußten, wurden auch ihre Vasallen gezwungen, den königlichen Befehlen zu gehorchen und unter der Anführung ihrer Herzoge unter des Reiches Banner zu treten, sobald an diese ein

Aufgebot erging, sich an den Reichskriegen zu betheiligen. Immer
aber blieben jetzt die Herzoge die Mittelspersonen zwischen dem Könige
und ihrer eigenen Lehnsmannschaft, und durch die Herzoge erst erfolgte der Aufruf an diese zum Beistand des Königs.

Unter solchen Umständen bekam Otto die Regierung und er war
es, welcher die durch Gewohnheit und den Stand der Verhältnisse
also begründete Kriegsverfassung durch seine Veranstaltungen dauernd
befestigte. Der Gedanke war bei ihm vorherrschend, daß die Führung
der Waffen, welche er nur zur Erhaltung einer rechtlichen Ordnung
und des gemeinsamen Friedens gebrauchte, den Mann, der sie tragen
wolle und dürfe, ehre, und daß nicht Zwang, sondern eigener Antrieb
und das Vertrauen auf die inwohnende Kraft, ein Kriegsheer zusam-
menführen müsse. Deßhalb verschmähte er es, den Heerbann in der
Weise, wie ihn Karl geordnet hatte, wieder aufzunehmen: er wehrte
denen, welche sich in die Dienstbarkeit der Kirchen als Hörige begeben
wollten, nicht, diesem ihrem Verlangen zu folgen, und begnügte sich,
die Herzoge mit ihren Vasallen, und unter dem Oberbefehl der Herzoge die Grafen und mächtigen Freiherren der verschiedenen Provinzen
mit denen, die ihre Lehnsleute geworden, so wie die Bischöfe und
Aebte mit allen ihren Dienstmannen, welche Güter von ihnen zu
Lehen trugen und dafür die Kriegspflicht auf sich genommen hatten,
unter seinen Fahnen zu versammeln. Der Geist, welcher durch die
von Heinrich wieder eingeführten feierlichen Kampfspiele war erweckt
worden, zeigte sich jetzt in seiner ganzen Wirksamkeit und ließ ihn bei
den Edeln seiner Nation nie einen Mangel an Bereitwilligkeit finden,
für des Reiches Wohlfahrt das Schwert aus der Scheide zu ziehen.
Aber nicht mehr war es der Zwang, der des Königs Heer zusammen-
führte, es war fortan nur die Ehre, die den Antrieb gab, sich um
seinen Banner zu stellen, und darum mochte Otto, wie wir gesehen,
oftmals mit wenigen Getreuen das Größte vollführen. —

Acht und dreißig Jahre alt war jetzt der König; er hatte es in
der kurzen Zeit seiner Regierung den größten Herrschern gleich gethan:
die gefährlichsten Empörungen unter den Fürsten Deutschlands und
in seinem eigenen Hause hatte er glücklich gedämpft; mit dem Schwerte
und dem Kreuze besiegt und gesänftigt waren alle äußeren Feinde vor
ihm erlegen; Dänemark, Burgund und die Eroberungen in den slavischen Ländern hatten seine Herrschaft vergrößert; er hatte Frankreich
den Frieden wiedergegeben und in Ruhe und Wohlstand blühte das
Reich vom Alpengebirge bis mitternachtwärts zu dem Ottesund hinauf
an die äußerste Spitze von Dänemark, so wie von der Schelde, Maas,

Saone und Rhone bis gegen Morgen hin an die Ufer des Oberflusses. Groß und glücklich fühlten sich unter seinem Scepter die Deutschen: solche Eigenschaften, wie er sie besaß, mußten ihm die Liebe und Bewunderung aller seiner Untergebenen sichern [1]), und es konnte nicht fehlen, daß der Ruhm seines Namens auch zu entfernten Nationen getragen ward. Zweimal schon, in den Jahren 945 und 949, hatte ihn der griechische Kaiser durch Gesandte begrüßen [2]) und ihm reiche Geschenke zum Zeichen seiner Hochachtung überreichen lassen; auf dem großen Reichstage zu Aachen, am Osterfeste des Jahres 949, welchen der König der französischen Angelegenheit halber hielt, waren, nächst den griechischen, auch Gesandte von England und Italien und anderen Landen vor ihm erschienen. [3]) Der große Eindruck, den seine Persönlichkeit machte, vermehrte die Ehrfurcht, welche man seinen Tugenden zu zollen sich gedrungen fühlte, bei denen, die in seine Nähe kamen und mit ihm zusammenlebten. Die alten, gleichzeitigen Chronikenschreiber, und vornehmlich der Mönch Wittechind von Corvei [4]), geben von dem Könige eine mit Liebe entworfene Schilderung.

„Der König Otto," sagen dieselben, „war von Körper groß und stark und in seinem ganzen Wesen drückte sich die Majestät seiner erhabenen Würde aus. Sein Scheitel war grau und nur mit wenig Haaren bedeckt; die Augen groß und lebhaft und von solchem Glanze, daß man diesen, beim schnellen Auf- und Niederziehen der Wimpern, dem Blitzstrahl vergleichen mochte; sein Angesicht war roth und mit einem lang herabwallenden Barte geschmückt. Die mit Haaren bewachsene männliche Brust war wie die eines Löwen, mit welchem königlichen Thiere man ihn seiner großmüthigen Gesinnung halber bei seinen Lebzeiten oftmals verglichen hat. [5]) Der Leib war der übrigen Gestalt angemessen, sein Gang bald beschleunigt, bald gehaltener, sein Tritt fest und sicher und wo er stand, da schien er ewig stehen zu wollen. [6]) Seine Kleidung war wie die seiner Väter: nie (außer bei den beiden Krönungen zu Mailand und Rom) bediente er sich einer ausländischen. Das Ausgezeichnetste bei dem Könige war seine Gottes-

---

[1]) Wittech. I. 638. Otto mundi amor. Dithm. II. 19 regni decus. [2]) Lambert von Aschaffenburg zu diesen Jahren. Die Quedlinburger Chronik hat die Jahre 944 und 949. S. Leibn. II. 279. [3]) Froboard z. J. 949. [4]) B. II. am Ende S. 649. 650. [5]) Ekkehardus Jun. de Casibus Mon. S. Galli c. 16 bei Golbast Scr. Rer. Alem. c. 16. S. 57. Hier sagt Otto II. zu einer Gesandtschaft von S. Gallen: Deus, in cujus manu corda sunt Regum, faciat vobis Leonem meum (er meint s. Vater) mitem et placabilem. Vergl. S. 58. [6]) Ekk. l. c. S. 64.

furcht: so oft er die Krone auf dem Haupte tragen mußte, soll er
vorher gefastet und in inbrünstigem Gebete zum Himmel gefleht haben,
daß er ihm ein demüthiges Herz geben möge, welches ihn dieser Herrlichkeit nicht überhebe. Was ihm Zeit seines Lebens Großes und
Gutes widerfuhr, das schrieb er nicht seinem Verdienst, sondern der
Gnade seines Herrn, des Weltheilandes, zu. [1] Nicht seinen eigenen
Ruhm suchte er zu erhöhen, sondern ihm war es jederzeit, wie David,
dem frommen Könige der Juden, nur um die Verherrlichung des
göttlichen Namens zu thun. [2] In der Standhaftigkeit übertraf er
Alle; er war stets heiter, außer, wo sein königliches Amt ihm den
gemessenen Ernst auferlegte; mit Geschenken war er freigebig. Er
schlief nur kurze Zeit, und auch da noch, wenn er ruhte, sprach er
im Schlafe, so daß man hätte glauben mögen, er wache jederzeit.
Seinen Freunden verweigerte er niemals etwas, und getreu war er
fast mehr als die menschliche Kraft es zu sein vermag. So edelmüthig bewies er sich gegen die, die offenbar eines Verbrechens gegen
ihn waren überwiesen worden, daß er selbst für sie sich verwandte
und sie vertheidigte, den ihnen angeschuldigten Vergehungen gar keinen Glauben beimaß und sie nachher wieder so liebreich behandelte,
als wenn sie mit nichts ihm zuwider gehandelt hätten. Er hatte einen
bewundernswürdigen Geist: denn noch nach dem Tode der Königin
Editha, der am 26. Januar 946 erfolgte [3], wo der König schon im
vier und dreißigsten Jahre stand, lernte er, was er vorher nicht ge-
konnt hatte, so fertig lesen, daß er sich an alle Bücher wagen durfte.
Uebrigens war er auch der römischen und slavischen Sprache mächtig;
aber er würdigte beide sehr selten, sich ihrer zu bedienen. Häufig
erfreute er sich an den Vergnügungen der Jagd, auch das Bretspiel
liebte er und zuweilen ritt er auch bei den feierlichen Waffenspielen
in die Schranken ein, und bewies sich hier in seiner königlichen Hoheit
und Würde." [4] —

Während nun Deutschland im Segen des Friedens war und
unter dem milden Scepter seines Königs, auf dessen großartige Herr-
scherkraft die Welt mit Staunen ihre Blicke richtete, sich vor allen
inneren und äußeren Gefahren geschirmt sah, hatten in Italien sehr
bedeutende Vorfälle sich ereignet, welche die Veranlassung gaben, daß

[1] Worte Dithmar's II. 45. [2] Psalter 115, v. 1. [3] Ranke Jahrbücher I. 2.
S. 42 u. 103 u. f. [4] Equitatus gratiam Regia gravitate interdum exercens.
Equitatus von eques, das schon im zehnten Jahrhundert ganz eigentlich in der
Bedeutung „Ritter" vorkommt. Man erinnere sich an das, was Wittech. I. 641
von Heinrich's Heldenkraft bei den Ritterspielen sagt.

Otto'n noch ein weit größeres Loos, Triumphe, die weit glänzender waren, und neue noch herrlichere Kronen zu Theil wurden.

Der Markgraf Berengar von Jvrea hatte mit seiner Gemahlin Willa fünf Jahre lang am Hoflager des deutschen Königs zugebracht, und während dieser Zeit demselben wiederholt angelegen, über das Alpengebirge hinüberzusteigen, um Italien die Ruhe, welche König Hugo ihm raubte, wiederzugeben.[1]) Aber die Waffen Otto's hatten sich anfänglich wegen der fortwährend zu führenden Kriege nach anderen Richtungen wenden müssen, und dann war seine treue und wohlgemeinte Sorge, in Deutschland den Frieden und die Ordnung erst fest und dauernd wieder zu begründen, der überwiegende Grund gewesen, der ihn abgehalten hatte, den Wünschen und Aufforderungen des Markgrafen Gehör zu geben. Unterdessen hatte König Hugo von Italien, nachdem seine Besorgnisse wegen Berengar's Flucht zu Otto durch die Antwort beruhiget waren, welche dieser der an ihn wegen Auslieferung des Markgrafen abgefertigten Gesandtschaft gegeben, daß derselbe nichts Feindliches gegen den König von Italien im Sinne trage, nicht aufgehört, die Italiener durch die willkührlichste Herrschaft zu drücken.[2]) Er vergab ohne Scheu die Reichswürden und Bisthümer ausschließlich an die Söhne seiner Concubinen und an die Burgunder, seine Landsleute; die Italiener aber erfüllte er durch seine Grausamkeiten und Erpressungen mit dem entschiedensten Abscheu. Und so gewaltthätig er im Innern des Landes schaltete, so schimpflich bewies er sich gegen äußere Feinde, die auf ihn einbrachen. Den Saracenen zu Fraxinetum, die von den Pässen aus, welche nach Italien führen, die Umgegend schreckten, räumte er, obwohl er sie mit Hülfe des griechischen Kaisers Romanus I., der ihm eine Hülfsflotte mit griechischem Feuer zugeschickt, besiegt hatte und im Stande sich sah, sie gänzlich zu vernichten, aus Furcht vor einem Einbruch Berengar's, und damit sie ihm als eine Vormauer gegen ihn dienen möchten, um's Jahr 942, das Gebirge ein, das Italien von Alemannien scheidet; worauf jene Barbaren nur noch ärger als vorher ihre räuberischen Einfälle in die Lombardei und die Plünderung der nach Rom Wallfahrtenden fortsetzten.[3]) Eben so ehrlos und feig bewies er sich gegen die Ungarn, deren Rückzug er um's Jahr 944 mit zehn Scheffeln Geldes erkaufte.[4]) — Durch alles dieses war gegen den König die Erbitterung so hoch gestiegen, daß es nur des leisesten Anstoßes

---

[1]) Luitprand V. 8. [2]) Derselbe. [3]) Luitprand V. 5. 7. Vergl. Muratori Geschichte von Italien z. J. 942. [4]) Luitpr. V. 8. Muratori z. d. J.

bedurfte, um einen allgemeinen Aufruhr zu erregen. Berengar'n war diese Stimmung der Longobarden nicht unbekannt, und er suchte durch eine fortgesetzte Verbindung, die er mit den italienischen Großen unterhielt, sich von dem Stand der Verhältnisse genau zu unterrichten. In dieser Absicht sandte er einen edeln Lombarden Amadeus, der mit ihm nach Deutschland geflohen war, über die Alpen und gab ihm den Auftrag, die Stimmung der Italiener gegen König Hugo zu erforschen. Dem verschlagenen Lombarden gelang es, als Bettler verkleidet mit vielen Bischöfen, Grafen und edlen Herren zu sprechen und durch sie selbst zu erfahren, wie sie das Joch des fremden Thrannen abzuwerfen dürsteten. Ja, seine verwegene Schlauheit ließ ihn sogar das kühne Wagstück unternehmen, den König selbst in seiner Verkleidung zu täuschen und bei einem Hoffeste aus dessen Unterredungen mit den Hofleuten auch seine Gesinnung gegen Berengar zu erkennen. Nachdem er seine Absicht glücklich erreicht, gelangte er auf ungebahnten Gebirgspfaden nach Deutschland zurück, allen Nachstellungen des Königs, welcher Verdacht geschöpft, glücklich entgehend; und nun beschloß Berengar Vorkehrungen zu treffen, um in sein Vaterland zurückzukehren. [1]) Er brach im Jahre 945 an der Spitze eines kleinen Heeres, das er in Alemannien um sich versammelt hatte, nach Italien auf; seinen Weg nahm er über das Thal von Trident. [2]) Die Markgrafschaft gleiches Namens war von dem Könige Hugo, seinem Verwandten, dem Erzbischofe Manasses von Arles, welcher auch die Bisthümer von Trident, Verona und Mantua verwaltete, übertragen worden [3]) und auf ihn glaubte Hugo mit Zuversicht rechnen zu können. Aber Berengar kannte die Habsucht und den Ehrgeiz des Provençalen und er nahm keinen Anstand, ihn durch das verführerische Anerbieten des Erzbisthums Mailand, des ersten und reichsten im ganzen Lombardenreiche, auf seine Seite zu ziehen. Manasses hatte einen ihm ergebenen Geistlichen, Adelardus genannt, als Castellan in seine Veste Formigara gesetzt; durch diesen eröffnete Berengar die Unterhandlungen. Er versprach ihm selbst das Bisthum Como, wenn er ihm die Gunst seines Herrn verschaffe. Manasses, durch die ihm eröffnete glänzende Aussicht geblendet, durch Adelardus dringende Vorstellungen bestimmt, und im Innern überzeugt, daß König Hugo bei dem allgemeinen Unwillen, den er auf sich geladen, nicht im Stande sein werde, sich zu behaupten, warf sich dem Markgrafen Berengar in die Arme. Er ließ ihm das Schloß

---

[1]) Luitpr. V. 8. [2]) Derselbe V. 12. [3]) Luitpr. IV. 3. und l. c.

Formigara einräumen und zeigte sich nun öffentlich geschäftig, seinem Bundesgenossen in Italien einen Anhang zu verschaffen. Schnell hatte sich das Gerücht von des Markgrafen Ankunft in den lombardischen Städten verbreitet, und überall hatte man mit Freuden die Kunde vernommen, daß Hugo's Herrschaft nun durch den Enkel des einst hochgeehrten Kaisers Berengar zu Ende gehen solle. Milo, Grafen zu Verona, am Hoflager des Königs wegen eines Verdachtes fest gehalten, gelingt es, die Wächter, welche ihm im Geheimen gestellt waren, zu täuschen: er flieht nach Verona, wo er Berengar'n aufnimmt. Auch der mächtige Bischof Guido von Modena, erklärt sich öffentlich, durch das Versprechen des Besitzes der reichen Abtei Nonantula bewogen, für Berengar. Selbst Arbericus, Erzbischof von Mailand, der erste Prälat im Königreiche, tritt auf seine Seite.

Durch die Nachricht von allen diesen Vorgängen zwar geängstigt, aber nicht bestürzt gemacht, beschloß Hugo, sich den Empörern mit den Waffen entgegenzustellen. [1]) Er raffte in Eil einen Kriegerhaufen zusammen und zog vor Vignola, ein festes Schloß des Bischofs von Modena am Flusse Panaro, und begann die Belagerung desselben, der Hoffnung vertrauend, daß seine provençalischen Anhänger, die er mit Würden und Ehren begabt hatte, seine Sache aufrecht halten würden. Aber diese Hoffnung scheiterte gänzlich. So glühend er von allen Italienern, seinen Feinden, gehaßt wurde, so tief verachtet war er unter seinen Freunden und Landsleuten. Die ganze Lombardei erhob sich einmüthig gegen ihn und die allgemeine Stimme, die sich auf der Reichsversammlung zu Mailand, welche Berengar unterdessen zusammenberufen hatte, aussprach, lautete dahin, daß er die Krone zu tragen unwürdig sei. Schmerzlich mußte sich Hugo jetzt überzeugen, daß sein Stern, der ihn bisher aus tausend Gefahren so glücklich geführt hatte, herabgesunken; er hob die Belagerung Vignola's auf und zog wieder am Pofluß entlang nach Pavia. Hier begab er sich feierlich der Regierung [2]), faßte aber den Entschluß, die Krone von Eisen, die er selbst nicht mehr tragen sollte, wenigstens seinem Sohne Lothar, der schon seit vierzehn Jahren sein Mitregent war [3]), zu retten. Er schickte ihn deshalb nach Mailand, um Berengar und das ganze Volk der Lombarden zu beschwören, ihm, der ihnen niemals etwas zuwider gethan, die königliche Würde zu lassen. So tief hatte die rächende Nemesis den König erniedrigt, daß er

---

[1]) Luitprand IV. 12. [2]) Luitpr. c. 13. [3]) seit 931. Luitpr. III. 5. S. Muratori z. diesem J.

jetzt den Edelmuth derer anzuflehen sich genöthiget sah, die er selbst bisher so wenig edelmüthig behandelt hatte.

Lothar erschien zu Mailand vor der feierlichen Reichsversamm= lung der Lombarden[1]), die in der alten Hauptkirche des H. Ambro= sius gehalten wurde. Er stützte sich auf seine Jugend, indem er da= mals wenig über funfzehn Jahre zählte, auf die Achtung, die man allgemein für seinen Charakter hegte, der von dem seines Vaters durchaus verschieden war, zumeist aber auf die Erkenntlichkeit Be= rengar's, der ihm die Augen und Freiheit und Leben verdankte. Die Gegenwart des jungen Königs, die Demuth, welche er bewies, indem er vor einem Altar niederfiel und das Kreuz mit den Händen um= fangend, die lombardischen Herren bei der Liebe desjenigen, der für das menschliche Geschlecht in den bittersten Tod gegangen, anflehte, mit seiner Jugend Mitleid zu tragen, machte einen so tiefen Eindruck auf die Gemüther, daß alle Großen von ihren Sitzen sich erhoben, ihn ehrfurchtsvoll aufrichteten und feierlich von neuem zu ihrem Herren und König ausriefen. — Ob diese unerwartete Begeisterung für Lo= thar, die ihm das Scepter Italiens erhielt, dem Markgrafen Be= rengar erwünscht gewesen und die Gelegenheit, seinem Wohlthäter sich dankbar zu bezeigen, freudig von ihm aufgenommen worden sei, läßt sich mit um so größerem Rechte bezweifeln, als aus seinem ganzen nachherigen Benehmen gegen denselben klar hervorging, daß ihm schon damals Alles daran gelegen gewesen sei, selbst den Thron der Lombarden zu besteigen. Doch wußte er jetzt verschlagen genug sich in die Verhältnisse zu fügen, und ließ sich durch den Gedanken beschwichtigen, daß es ihm, der in dem ganzen Reich des größten Ansehens genoß, weil man ihn als den Urheber der neuen Wendung der Dinge verehrte, bei der Jugend und sanften Gemüthsart des Königs nicht werde entgehen können, das Heft der Regierung in seine Hände zu bekommen.

Unterdessen hatte Hugo, der zufrieden sein mußte, seinen Sohn von den Lombarden als König anerkannt zu sehen, den Entschluß ge= faßt, mit den unermeßlichen Schätzen, die er in Italien zusammenge= bracht hatte, nach Burgund zu gehen; aber eine List Berengar's, der befürchtete, daß die großen Reichthümer des Königs denselben in den Stand setzen könnten, dort ein Kriegsheer aufzubringen und von neuem Italien zu beunruhigen, hielt ihn durch die erdichtete Bot= schaft, daß die Italiener ihn ferner zum Könige wünschten, noch eine

---

[1]) Luitpr. V. 13.

Zeit lang zurück, und der Markgraf trachtete nun, ihn seiner Schätze zu berauben. Dennoch aber gelang es Hugo'n, seinem Gegner an Schlauheit die Spitze zu bieten; und nachdem er die Miene ange= nommen, als wolle er in Frieden mit Berengar leben, und ihm, als einem lieben Freunde, seinen Sohn empfohlen hatte, mit allen seinen Reichthümern glücklich nach Burgund zu seinem Stiefsohne, dem Könige Konrad, zu gelangen, im Jahre 946.[1]) Hier nun ging er in der That sehr ernstlich damit um, durch sein Geld sich ein Kriegsheer zu erkaufen, um den verlornen Thron von Italien wieder zu gewinnen. Aber indem er mit dem Fürsten Rahmund von Aqui= tanien, der seine Nichte Bertha, Tochter Graf Boso's von Arles, ehemaligen Herzogs von Tuscien, geheirathet hatte, die Vorbereitungen dazu traf, vereitelte ein schneller Tod am 24. April des Jahres 947 seine Entwürfe.[2])

Dieser Tod seines bedeutendsten Feindes, den er noch immer wegen seiner Reichthümer Ursache genug zu fürchten gehabt hatte, verschaffte dem Markgrafen Berengar jetzt freiere Hand, die Reichs= angelegenheit ganz nach seiner Willkühr zu leiten, und von nun an trat seine ehrgeizige und habsüchtige Gesinnung entschieden hervor. Gegen ansehnliche Summen, die er sich zahlen ließ, wurden von ihm alle Reichswürden und Bisthümer vergeben, Alles ging durch seine Hände, Lothar'n blieb fast nichts, als der Name des Königs und das ehrenvolle Gepränge, mit dem der Markgraf ihn immer mehr einzuschläfern suchte. Zwar ließ dieser es geschehen, daß Lothar noch in demselben Jahre, in dem sein Vater gestorben war, sich mit seiner schon im Jahre 938 ihm verlobten Braut vermählte, der nachher so berühmt gewordenen Abelheid, Tochter des 937 verstorbenen Ru= dolph's II. von Burgund, dessen Witwe Bertha dann sein Vater, König Hugo, geheirathet hatte[3]); aber er fuhr fort, den König in jener erniedrigenden Beschränkung zu halten, durch welche er selbst die königlichen Rechte zu üben befähiget wurde. Mit tiefem Unmuth

---

[1]) Luitpr. V. 14. [2]) Muratori, Gesch. von Italien zu diesem J. nach einer alten Chronik der italienischen Könige. Luitpr. l. c. [3]) Beim Tode Lothar's, 22. November 950, war Abelheid noch nicht drei ganze Jahre vermählt, deßhalb muß die Heirath in d. Ende d. J. 947 fallen. S. Odilo, V. S. Adelheidis Imp. (bei Canis Lect. Antq. T. III.) c. 1. „Lothario ante annum circiter tertium postquam Dominam Adalheidam duxerat, defuncto." Sie war dazumal nach desselben Zeugniß sechszehn Jahr alt. — Das Verlöbniß hingegen ward schon 938 zu Stande gebracht, wie der Heirathsvertrag v. 12. Christmonds 938 bei Marga= rinus Bull. Casineus. T. II. p. 41. beweiset.

mußten alle edleren Italiener es erkennen, daß Berengar darauf
ausgehe, mit derselben Thrannei, mit der Hugo sie geschreckt hatte,
sie niederzuhalten und daß nur der Herrscher, nicht aber die Herr=
schaft selbst, die verhaßte, entfernt worden sei. Gerade eben so ge=
waltthätig, wie Hugo im Innern des Landes geboten, und eben so
ehrvergessen, als dieser sich gegen äußere Feinde, die das Reich be=
unruhigten, gezeigt hatte, bewies sich der Markgraf. Ungestraft setzten
die Saracenen von Fraxinetum aus und von dem Gebirge zwischen
Alemannien und Italien, das ihnen von Hugo war eingeräumt wor=
den, ihre Räubereien fort, und die Ungarn, die im Jahre 947 unter
ihrem König Taxis wiederholt einen furchtbaren Einbruch in die
Lombardei wagten, bewog er nicht durch Waffengewalt, sondern durch
schimpfliche Zahlung einer ungeheuern Geldsumme, wie jener es ge=
than, zur Rückkehr. Zehn Scheffel Silbermünzen, die er keineswegs
von seinen Schätzen, sondern aus dem Kirchengut und einer Kopf=
steuer, die er den Lombarden auferlegte und wozu sogar säugende
Kinder steuern mußten, zusammengebracht, ließ er den pannonischen
Raubhorden überliefern.[1]

Endlich beschloß der König Lothar, dem die Abhängigkeit von
Berengar unerträglich ward, durch fremde Hülfe sein Ansehn gel=
tend zu machen.[2] Er schickte im Jahre 948 eine Gesandtschaft an
den morgenländischen Kaiser Constantinus Porphhrogenitus,
dessen Sohn und Mitregent Romanus II. sich mit seiner Stief=
schwester Bertha, einer natürlichen Tochter König Hugo's, seines
Vaters, im Jahre 944 vermählt hatte, und ließ ihm seine bedrängten
Umstände eröffnen. Von Constantinopel aus gelangte kurz darauf
eine Gegengesandtschaft nach Pavia, durch welche der Kaiser den
Markgrafen Berengar nachdrücklich ermahnte, seinem Herrn und
König, für dessen Auferziehung er alle Sorge trage, getreu zu bleiben
— im Uebrigen ließ er ihn auffordern, einen Gesandten zu ihm zu
schicken, damit er diesem beweisen könne, mit welcher Liebe er seiner
Person zugethan und ergeben sei. Wirklich fertigte auch Berengar
noch in demselben Jahre seinen Geheimschreiber, den nachherigen Bi=
schof von Cremona, Luitprand, dessen Geschichtswerk eine Haupt=
quelle der Begebenheiten damaliger Zeit ist, nach Constantinopel mit
einem Briefe ab, worin er den byzantinischen Kaiser auf alle Weise
hinsichtlich des Königs Lothar zu beruhigen suchte[3]); aber im Stillen

---

[1] Luitpr. V. 15. [2] Derselbe VI. 1. Muratori Gesch. von Italien z. J.
948. [3] Einen Bericht über diese Gesandtschafsreise giebt Luitpr. VI. 1 ff.

bereitete er jetzt die Gewaltthat vor, durch welche er seinen Gegner, der ihm nun immer gefährlicher zu werden schien, seitdem er ihm gezeigt hatte, daß er die Kette fühle, aus dem Wege zu räumen beschlossen hatte. Am 12ten des Wintermonds im J. 950 reiste der König Lothar mit seiner Gemahlin Adelheid von Pavia nach Turin und hier war es, wo er auf einmal mit einem Anfall von Raserei befallen wurde, der seinem Leben am 22sten desselben Monats, am Feste der h. Cäcilia, ein Ende machte. Er starb, mit Hinterlassung einer einzigen Tochter Emma, in der Blüthe der Jugend, indem er wenig über zwanzig Jahre alt war.[1]

Sein Tod erfüllte Italien und ganz Europa mit einer gerechten Trauer; das allgemeine Gerücht verbreitete sich, daß, nach allen Umständen zu schließen, welche denselben begleitet hatten, er in Folge erhaltenen Giftes eingetreten; ja der Bischof Luitprand[2] verdammt mit klaren Worten den Markgrafen Berengar als denjenigen, welcher, uneingedenk der liebreichen Güte des Königs, der ihm einst das Leben gerettet, denselben dem Tode überliefert habe, um sich die Herrschaft über das Reich der Lombarden zu verschaffen.

Vier und zwanzig Tage lang blieb Italien ohne einen obersten Herrn; unterdessen berief Berengar die Großen des Landes zu einer allgemeinen Reichsversammlung nach Pavia, um über die neue Königswahl zu berathschlagen. Seiner Verschlagenheit gelang es, die meisten Herren der Lombardei durch die freigebigsten und glänzendsten Versprechungen auf seine Seite zu ziehen und dadurch die Mehrheit der Stimmen zu gewinnen, kraft welcher er an einem Sonntage, dem 15ten des Christmonds 950, in der alten Cathedralkirche der Lombarden zum heiligen Michael mit seinem Sohne Adalbert zum Könige ausgerufen und gekrönt ward.[3]

Nun erst fühlte er sich am lange und heiß ersehnten Ziele seiner Wünsche und hielt sich des Glückes versichert, geruhig über das schöne Italien die Herrschaft zu tragen. Aber in kurzem sollte diese schmeichlerische Hoffnung ihm zertrümmert und die strafende Hand des Himmels ihm offenbar werden. Von der Seite, wo er sich am meisten gesichert zu haben glaubte, schritt die Vergeltung ihm drohend entgegen, und eine schwache, hülflose Frau erwählte die Allmacht zur

---

[1] Leo von Ostia B. I. c. 61 seiner Chronik von Monte Casino: bei Muratori Scr. Rer. Ital. T. IV. Chron. Novaliciense z. J. 950, daselbst T. II. P. II. Chron. Regum Italiae z. J. 950, daselbst T. IV. Froboard z. J. 950. [2] Luitprand V. 4. [3] D. angezogene Chron. Regem Italiae.

Rächerin seines entsetzlichen Frevels. Diese Frau war es, die dem Könige Otto mit ihrer Hand das Lombardenreich entgegenbrachte, das jetzt wieder mit dem deutschen vereiniget ward, und die ihm auch den Weg zu dem römischen Kaiserthrone bahnte, auf welchem von Otto's Zeiten an nur die deutschen Könige gesessen haben.

Adelheid war nach dem Tode ihres Gemahls, und nachdem sie dessen Leichnam von Turin gen Mailand gebracht und hier zur Erde bestattet hatte, nach Pavia zurückgekehrt, entschlossen, daselbst ihr Schicksal zu erwarten. Sie lebte in der größten Zurückgezogenheit und widmete sich in der Stille dem frommen Drange ihres Herzens, einen Gemahl zu beweinen, den sie wegen seiner edeln Gemüthsart alle Ursache zu lieben gehabt hatte, und der ihr, nach einer kaum dreijährigen Ehe, auf eine so bemitleidenswerthe Weise entrissen worden. Bald jedoch störte der neue König Berengar ihre Ruhe. Seiner, alle Verhältnisse kalt und ruhig erwägenden Klugheit stellte sich die Wahrscheinlichkeit mit aller ihrer Stärke dar, daß der jungen neunzehnjährigen Wittwe, deren hinreißende Schönheit und glänzende Geistesgaben ganz Italien mit Bewunderung erfüllt hatten, nur zu viele Anträge zu einer zweiten Vermählung gemacht werden dürften, und daß der, dem sie ihre Hand schenke, leicht das neuerlangte Diadem, zu dem er sich über die Leiche ihres ersten Gemahls den Weg gebahnt hatte, ihm vom Haupte stoßen könne, — daß hingegen, sobald sie mit seinem Sohne sich verbinde, seine Herrschaft nur noch fester und dauernder begründet und jeder fremde Anspruch auf die Krone der Lombarden dann mit einemmale entfernt werden würde.

Durch diese Gedanken bestimmt, bot er jetzt der Königin Adelheid die Hand Adalbert's an [1]), aber mit Abscheu wies die tiefgekränkte Fürstin den Antrag zurück und erklärte mit Festigkeit ihren unwandelbaren Entschluß, mit dem Sohne dessen sich nie zu vermählen, den die Welt als den Mörder ihres Gemahles verdamme, und der so wenig Sorge trage, sich von einem so schweren Verdachte

---

[1]) Sigonius de Regno Italiae L. VI. c. 35. Bei den gleichzeitigen Schriftstellern findet sich diese Thatsache nicht unmittelbar angegeben. Sie geht aber aus einem Spottgedicht auf den König Adalbert hervor, das sich bei'm Landulph Sen. II. 16 findet, wo es unter andern heißt: Pro Regina nunc latina utere jam nunc marina. (Adalbert floh nämlich nach Corsika bei Otto's 2ten ital. Feldzug 961.) Im Leben d. h. Mathilde bei Leibn. I. 200 steht, wahrscheinlich durch Verwechslung der Personen, daß Berengar, der schon mit der Willa vermählt war, Adelheid habe heirathen wollen: ut ea potita conjuge, dominium sibi pariter usurparet in Regno Latinorum" welches füglich auf Adalbert zu deuten ist.

zu reinigen. Nachdem sie Berengar'n mit dieser Antwort abgewiesen hatte, gedachte sie durch die Flucht sich zu retten und brach deßhalb von Pavia nach Como auf, wahrscheinlich um über die Alpen nach Burgund zu ihrem Bruder, dem König Kourab sich zu wenden. Berengar aber, durch die abschlägliche Antwort auf das heftigste erbittert, faßte den Entschluß, sich wenigstens ihrer Person zu bemächtigen, um wegen dessen, was er bei ihrer anderweitigen Vermählung zu fürchten haben könne, außer Sorge zu sein. Er ließ sie in dieser Absicht durch gewaffnete Männer verfolgen, welche die Königin am 20sten April des Jahres 951 zu Como ereilten[1] und gefangen nach Pavia zurückbrachten. Hier nun wetteiferten Rache und Habsucht in Berengar's Herzen, die unglückliche Fürstin zu kränken. Auf seinen Befehl ward sie aller ihrer Schätze und Kostbarkeiten beraubt und selbst das Diadem ihrer Stirne entrissen, so daß ihr nichts von ihrem ehemaligen königlichen Glanze mehr übrig blieb. Ihr ganzer Hofstaat ward von ihr entfernt und nur eine einzige Dienerin ihr gelassen.[2] Am furchtbarsten aber sah die tiefgebeugte Adelheid durch die Königin Willa sich entehrt, eine Frau, die wegen ihrer gemeinen Seele noch von der Nachwelt mit Recht unter die schändlichsten ihres Geschlechtes gezählt wird. Nachdem sie wiederholt vergebens Adelheid gedrängt hatte, ihrem Sohne die Hand zu reichen, vergaß sie sich so weit, durch eine persönliche Mißhandlung die edle Fürstin zu beschimpfen. In demselben Palaste zu Pavia, wo Adelheid ehemals im Glanze der Krone gelebt hatte, erfaßte Willa die Königin beim Haarschmuck, schleifte sie im Zimmer umher, schlug mit geballter Faust ihre edeln Glieder und trat die Jammernde mit Füßen.[3]

Dennoch aber blieb Adelheid fest bei ihrem Entschlusse: ihr gottergebener, frommer Sinn verzagte auch in diesem bittersten Leide nicht, und ihr reiner Glaube an die schützende Allmacht des Himmels ließ sie mit Zuversicht hoffen, daß die Sache der Unschuld endlich ein Erbarmen finden werde.

In Pavia hielten der König Berengar und seine Gemahlin ihre Gefangene nicht sicher, deßhalb ward sie nach dem festen Schlosse Garda am See gleiches Namens, am Fuße der Alpen, gebracht.

---

[1] Dithm. II. 22. Ann. Saxo z. J. 949. Inschrift in der Kathedralkirche zu Trier b. Brower Annal. Trev. T. I. L. IX. S. 459. XII. Kal. Maji capta est Adelheidis Imperatrix Cumis a Berengario Rege XIII. Kal. Sptbris liberavit Dominus Adelheidam Reginam a vinculis. [2] Gedicht b. Roswitha auf Otto I. b. Meib. I. 720. [3] V. S. Adelheidis Imp. c. 2. b. Canis. Lect. Antiq. T. III. S. 74.

Hier mußte Abelheid in einem Thurme, von der einzigen Dienerin, die man ihr gelassen hatte, begleitet, wie eine elende Verbrecherin in der größten Dürftigkeit schmachten; nur Martin, ihrem Kaplan, ward von Zeit zu Zeit der Zutritt verstattet. Der Graf, welchem Berengar ihre Aufsicht vertraut hatte, befolgte dessen grausame Befehle mit äußerster Strenge, und um jeden Versuch, den sie zur Flucht machen könnte, zu vereiteln, ward die ganze Burg ringsum mit Wachen umstellt — die Königin schien unrettbar verloren.[1]

Aber die Hülfe von oben, welche sie in Demuth erfleht hatte, blieb nicht aus, und nachdem sie vier Monde lang im Kerker geschmachtet, schlug die Stunde ihrer wunderbaren Befreiung. Gerührt von dem beweinenswerthen Schicksale der tiefgekränkten Königin hatte Martin, ihr Kaplan, den Plan, sie zu retten entworfen. Er fing damit an, eine Oeffnung in die Mauer des Thurmes zu machen, welche er mit Vorsicht wieder verschloß, damit sie den Blicken der Wächter verborgen bleiben möge. Von dieser Oeffnung aus grub er weiter durch die Erde einen Gang unter dem Thurme hinweg, bis er endlich hinaus in das freie Feld kam.[2] Unterdessen war im geheimen an die Königin ein Bote von dem Bischofe von Reggio gelangt. Dies war derselbe Abelard, der, im Dienste des Erzbischofes Manasses von Arles, damals dem Markgrafen Berengar die Festung Formigara im Thale von Trident überliefert, den dieser auf das Bisthum Como verwiesen und statt dessen mit dem von Reggio begnadigt hatte. Obgleich ein Günstling Berengar's, hatte er doch unter Lothar's Regierung diesem und seiner Gemahlin sich gänzlich gewidmet, und das unglückliche Schicksal der Königin Abelheid hatte seine persönliche Theilnahme auf das lebhafteste in Anspruch genommen. Von dem eifrigen Wunsche durchdrungen, der Königin zu ihrer Rettung behülflich zu sein, ließ er sie jetzt dringend auffordern, sich durch die Flucht zu retten und bot ihr seine eigene Hauptstadt als eine Freistätte an. Diesem zufolge beschloß Abelheid, den Weg nach Reggio zu wählen.[3]

Als der getreue Kaplan seine beschwerliche Arbeit vollendet hatte, geleitete er selbst die Königin mit ihrer Dienerin, beide in männlicher Kleidung, durch den unterirdischen Gang und führte sie glücklich unter dem Schutze der Finsterniß durch die schlafenden Wachen: es war in

---

[1] Roswitha l. c. Donizo V. S. Mathildis Ducatricis b. Leibn. I. 634.
[2] Rosw. l. c. Auct. Anonymus V. Math. c. 1. Vergl. Cont. Rheg. ad a 951.
[3] Rosw. l. c.

ter Nacht des zwanzigsten August 951.[1]) Hierauf flohen sie weiter, mittagwärts nach dem Pofluß und Reggio zu, bis der dämmernde Morgen die dunkle Nacht vertrieb und sie darauf bedacht sein ließ, sich zu verbergen. Während der Tageszeit verweilten sie in Höhlen und Wäldern und im hohen Getreide; Wurzeln waren ihre Nahrung. Nur, wenn der Abend wieder seine Schatten sendete, wagten sie ihren Weg fortzusetzen.[2])

Als die Wächter der Burg zu Garda ihrem Grafen die Nachricht hinterbracht hatten, daß die Königin entflohen sei, gerieth derselbe in das heftigste Schrecken. Er ließ sogleich seine Mannen aufbieten und die Flüchtigen nach allen Richtungen hin verfolgen. Aber vergebens, sie alle mußten mit leeren Händen in die Burg zurückkehren. Da sah sich der Graf endlich genöthigt, die schlimme Botschaft dem Könige zu hinterbringen, der in den äußersten Zorn gerieth, daß ihm trotz aller seiner Veranstaltungen dennoch der Gegenstand seiner Rache entgangen sei. Er legte selbst eiligst seine Rüstung an und durchzog mit einem gewaltigen Gefolge rings umher die ganze Landschaft, gleich als wenn er einem mächtigen Feinde entgegenzuziehen gedächte. Er ließ alle Schlupfwinkel durchsuchen, wo er die Königin versteckt glaubte, und selbst die Saatfelder, wo sie sich geborgen haben könne, emsig durchspähen. Oftmals befanden sich die Verfolger unmittelbar in der Gegend, wo die Königin unter dem hohen Getreide in Angst und Zittern auf dem Boden ruhte und ihr suchender Speer bog oftmals die nächsten Aehren hinweg, die an denen lehnten, welche die Unglückliche schützten: aber die Allmacht behütete gnädig ihre hinlänglich geprüfte Tugend. Der König sah sich nach langem, ermüdendem Suchen genöthigt, unverrichteter Sache nach seinem Hoflager nach Pavia zurückzukehren.[3])

Die Flüchtigen waren nun bis zu dem See gekommen, der Mantua umfließt und den der Fluß Mincio bildet. Nachdem sie über diesen durch einen armen Fischer hinübergeführt worden und in einem naheliegenden Walde sich geborgen hatten, beschloß Adelheid hier zu verweilen und ihren Kaplan zu dem Bischofe von Reggio vorauszusenden, um diesem von ihrer Rettung Kunde zu geben. Sie selbst lebte indessen mit ihrer Dienerin von den Allmosen des mitleidigen Fischers.[4])

Abelard empfing mit Freude die Nachricht, die Martin ihm

---

[1]) Die angezogene trierische Inschrift. [2]) Roswitha S. 721. Donizo l. c. S. 635. [3]) So Rosw. 721. [4]) Dieselbe. Donizo V. Math. Ducat. 635.

brachte, daß die Königin in Sicherheit sei und fertigte denselben sofort an seinen Vasallen Abalbert Azzo, Herrn zu Canossa ab, damit dieser die Königin in seinem Schlosse aufnehme.[1]) Dieser Abalbert Azzo, Stifter des Hauses Canossa, ein Sohn Graf Siegfried's und Aeltervater der in der Geschichte so berühmt gewordenen Großgräfin Mathilde, der Freundin Papst Gregor's IV., hatte unter andern Gütern von dem Bischofe Abelard von Reggio auch Canossa zu Lehen erhalten, einen Ort, der auf den ersten Bergen des Gebiets von Reggia am Flusse Lenzia gelegen und in dem folgenden Jahrhundert durch die Demüthigung Kaiser Heinrich's IV. so denkwürdig geworden ist. Hier steigt ein Felsen, ganz mit Wasser umflossen, in die Höhe, dessen oberster Theil mit trefflichen Mauern und Thürmen befestigt und vor jeder Belagerung sicher gestellt war. Dieser Abalbert Azzo, der von einem alten Geschichtsschreiber ein Verwandter Abelheid's genannt wird[2]), übernahm es, derselben zu Hülfe zu kommen; er selbst setzte sich mit einem bewaffneten Haufen zu Pferde, holte mit demselben die Königin aus dem Walde bei dem See vor Mantua ab, und geleitete sie sicher über den Pofluß in seine Felsenburg Canossa.[3]) Hier, nachdem sie beinahe ein Jahr lang seit dem Tode ihres Gemahls in unabläſſigem Kummer gelebt, vermochte Abelheid zuerst wieder ruhig Athem zu schöpfen.

Berengar aber hatte nicht sobald den Aufenthalt seiner Gefangenen erfahren, als er den Abalbert Azzo auffordern ließ, ihm die Königin auszuliefern und, da er eine abschlägliche Antwort erhielt, berannte er mit einem ansehnlichen Kriegshaufen die Festung. Jedoch keine Wurfmaschine war im Stande, das hohe Canossa zu erreichen und der Felsen, auf den die Burg lag, trotzte jedem Versuche, sie zu untergraben. Hunger sollte nun die Belagerten zwingen, sich dem Willen des Königs zu bequemen, und die Burg ward von dem Heere desselben aufs engste umschlossen.[4])

Da, in dieser neuen Bedrängniß, hielt die Königin mit Abalbert Azzo Rath auf Canossa, wie man Berengar'n zum Rückzug bewegen und Italien von seiner Tyrannei zu befreien vermöge. Ihre Wahl fiel auf Otto, den ruhmvollen König der Deutschen. Der Ruf seiner gefeierten Tugenden hatte aus seinen vaterländischen Gauen über das Alpengebirg auch nach Welschland sich verbreitet, und Abel-

---

[1]) Donizo l. c.   [2]) Leo von Ostia Chronik von Monte Casino B. l. c. 61 bei Murat. Scr. Rer. Ital. T. IV.   [3]) Donizo 636. Auct. Anon. V. Math. Reg. c. 1.   [4]) Donizo S. 636.

heid zweifelte nicht, an ihm den bereitwilligsten und gewaltigsten Rächer ihrer tief beleidigten Ehre zu finden. Sofort ward ein Bote von ihr nach Deutschland gesandt und der Auftrag ihm ertheilt, mit einer getreuen Erzählung der Leiden der Königin vor Otto's Throne zu erscheinen und denselben aufzufordern, nach Italien zu kommen, die Königin aus Canossa zu befreien und mit ihrer Hand die Herr= schaft Italiens in Besitz zu nehmen. ¹) Auch ein Schreiben Papst Agapet's II. ward dem Boten gegeben, welcher seine Bitten mit denen der Königin vereinigte und ihn um die Rettung Italiens von Berengar's schwerem Arme bringend ersuchte. ²)

Nach Deutschland war bereits ein Gerücht von dem unglücklichen Schicksale der Königin gedrungen, und Otto hatte mit tiefem Schmerz die Erzählungen der schmählichen Mißhandlungen vernommen, mit denen Berengar, dem er fünf Jahre hindurch an seinem Hofe Schutz und Freundschaft geschenkt, die tiefbekümmerte Wittwe Lothar's überhäuft hatte. ³) Er selbst war damals Wittwer: seine Gemahlin Editha, die englische Königstochter, eine edle, gottergebene Frau, deren Tod das ganze Reich in tiefe Betrübniß versetzte, war am 26. Januar 946 gestorben. ⁴) Sie hinterließ dem Könige zwei Kinder, Luitgard, Konrad's des Weisen Gemahlin, und Ludolf, der Herzog von Schwaben ward. Die ganze Liebe, die Otto ehemals seiner Gemahlin geschenkt hatte, war auf diesen Sohn übergegangen, und er hatte ihn, der damals sechszehn Jahre alt war, noch in demselben Jahre mit Genehmigung der Großen des Reichs feierlich zu seinem Mitregenten und Nachfolger ausrufen lassen. ⁵) Man glaubte all= gemein, der König werde sich nicht wieder vermählen. ⁶)

Da traf im September des Jahres 951 der Abgesandte aus Canossa an seinem Hoflager ein, und überbrachte ihm die Botschaft Adelheid's und des Papstes einladendes Schreiben. Das überraschende Anerbieten der Königin, welche die allgemeine Stimme als die schönste Frau in der Welt rühmte, der ehrenvolle Aufruf, ihrer Bedrängniß zu Hülfe zu kommen, die Versicherung des Papstes, daß ganz Italien sich sehne, Berengar's drückendes Joch abzuwerfen, bestimmten seinen Entschluß, mit Heeresmacht über die Alpen zu ziehen und durch

---

¹) Leo von Ostia I. 61. ²) Donizo l. c. Baronius Annalen der Kirche z. J. 951. ³) Rosw. 721. ⁴) Frodoard, Neorologium Fuldense, Chron. Quedlinb., ad annum 946. Orig. Guelf. IV, 397. — Ranke's Jahrbücher, I, 2, S. 103 u. fg. ⁵) Monachus Hamersleb. bei Leibn. I. 708 z. J. 947. Dithm. II. 22. Vergl. Frodoard z. J. 953 und Wittech. III. 651. ⁶) Leben d. h. Mathilde b. Leib. I. 200.

seinen mächtigen Arm dem Lande die längstentbehrte Ruhe wiederzugeben. Er berief sofort eine allgemeine Versammlung der Edeln
seines Reichs, stellte derselben die Leiden der flehenden Königin vor
und forderte sie auf, mit ihm die Waffen zu ihrer Rettung zu ergreifen.[1]) Einstimmig ward der Zug nach Italien beschlossen, in Eil
ward ein auserwähltes Kriegsheer zusammengebracht und schon am
Ende des Herbstmonds brach der König nach dem mittägigen Deutschland auf, um durch das Thal von Trident nach dem Reiche der
Lombarden zu ziehen. Voraus sandte der König seinen Sohn, den
Herzog Ludolf von Alemannien[2]), um mit seinen Getreuen den
Berengar von der Belagerung Canossa's abzuhalten und ihn zu nöthigen, auf seine eigene Rettung zu denken. Er selbst gab vor, mit
seinem Gefolge eine Wallfahrt nach Rom thun zu wollen[3]); mit ihm
zog die Blüthe des deutschen Adels, der Herzog Heinrich von Baiern
sein Bruder, sein Tochtermann, Herzog Konrad von Franken und
Lothringen und eine große Anzahl der edelsten Grafen und Herren,
der Erzbischof Friedrich von Mainz und viele andere Prälaten. In
den letzten Tagen des Herbstmonds wehten Otto's Banner schon auf
den Bergen der Alpen; er durchschritt das Thal von Trident und
erreichte glücklich die Stadt Verona am Etschfluß. Von hier aus
sandte er einen Boten an die Königin Adelheid gen Canossa, um
ihr seine Ankunft in Italien zu melden.

Hier hatte unterdessen die bangste Erwartung geherrscht: die
Burg, obwohl jedem Angriff feindlicher Waffen trotzend, hatte von
Adalbert Azzo bei der Eilfertigkeit, mit der die Rettung Adelheid's
geschehen mußte, nicht gehörig mit Lebensmitteln versorgt werden
können, und der einreißende Hunger drohte die Belagerten zur Uebergabe zu zwingen. Da, zu rechter Zeit noch, erschien der Bote des
Königs vor Canossa: aber Berengar hielt die Burg so eng mit
seinem Kriegsheer umschlossen, daß derselbe vergebens sich mühte,
einen Weg zu dem Gipfel des Felsens zu finden. Deßhalb befestigte
er den Brief, den ihm Otto gegeben und den Ring, der Adelheid
ihm verloben sollte, an eines Pfeiles Spitze und schnellte ihn mit
einer Bogensenne hinauf nach Canossa, unbemerkt von den Wachen
des Königs Berengar. Das Schreiben eröffnete den Bedrängten
die Nachricht König Otto's: „daß er mit Herresmacht im Reiche der

[1]) Leben d. h. Mathilde b. Leibn. I. 200. Vergl. Rosw. S. 722. Fortf. b.
Rheg. z. J. 951. Frodoard z. diesem J. [2]) Fortf. b. Rheg. z. J. 351. [3]) Wittech. III. 652. Dithm. II. 22.

Lombarden erschienen sei und zu Verona sich befinde, daß sein Sohn
Ludolf von ihm nach Mailand vorausgesandt worden und daß er
selbst in kurzem zu ihrer Befreiung nach Canossa aufzubrechen gedenke;
— deshalb ermahnte er sie, sich tapfer zu halten, mit Gottes Hülfe
werde er der Königin Wunsche gemäß sich mit ihr vermählen und im
Uebrigen für des Königreiches Wohlfahrt gebührende Sorge tragen." [1])

Berengar hatte unterdessen die Kunde von Ludolf's Anzug
erfahren und als kurz darauf auch die unzweifelhafte Nachricht von
Otto's gewaffneter Annäherung an ihn gelangte, faßte er den Ent=
schluß, die Belagerung Canossa's aufzuheben und, der drohenden Ge=
fahr entweichend, in seinen festen Schlössern Zuflucht zu suchen. Mit
der höchsten Freude sahen die in Canossa Eingeschlossenen bald darauf
des Königs Heer sich von dem Felsen entfernen. [2])

Otto aber zog in Eil von Verona auf Pavia, den alten Kö=
nigssitz der Lombarden am fruchtreichen Ufer des Tessino. [3]) Alles
unterwarf sich ihm auf diesem Wege, es wetteiferten die Großen
Italiens, ihrem gewaltigen Erretter ihre Treue und Ergebenheit zu
bezeigen und die entferntesten Städte schickten ihm ihre Schlüssel ent=
gegen. Ohne einen Schwertstreich zu thun, langte der König vor
Pavia an, das ihm willig die Thore öffnete, und hier vereinigte er
sich mit seinem Sohne Ludolf, der von Mailand mit seiner Heeres=
abtheilung heranzog.

Die Fürsten und Prälaten des Reichs, die mit Otto nach Pavia
gezogen waren, veranstalteten hierauf eine Reichsversammlung und
huldigten ihm als ihrem König. [4]) Schon am 10. des Weinmonds
951 nennt sich Otto in einer Urkunde [5]), die er dem Kloster des
heiligen Ambrosius zu Mailand ausstellte, König der Franken und
Longobarden. Also ward das Königreich Italien zwei und funfzig Jahre,
nachdem Kaiser Arnulf die Krone desselben zum letztenmale getragen,
wieder mit dem Reiche der Deutschen vereinigt.

Nachdem Otto seine Herrschaft in Pavia befestiget hatte, ward
eine Gesandtschaft von ihm nach Canossa zur Königin Adelheid ge=
schickt, die ihr die kostbarsten Geschenke überreichen und sie feierlich
einladen sollte, nach Pavia zu kommen, um dort ihre Vermählung
mit ihm zu vollziehen. Unter einer ansehnlichen Begleitung, welche
die Haufen der Landesbewohner aus den Gegenden, durch welche sie

---

[1]) Leo von Ostia I 61. [2]) Rosw. l. c. [3]) Rosw. l. c. Dithm. II. 22.
[4]) Rosw. l. c. [5]) In Puricelli Monum. Ambros. Basil. in Grävi. et Burmanni
Thes. Antiq. et Hist. Ital T. IV. P. I. S. 136.

zog, verstärkten, brach die Königin nach Pavia auf, Herzog Heinrich von Baiern, der Bruder des Königs, den dieser über den Poßfluß ihr entgegengesandt, erwartete sie mit einem glänzenden Gefolge auf der Mitte des Weges. [1]) Der König selbst kam ihr aus der Hauptstadt entgegen und führte die schöne, von so schweren Drangsalen wunderbar errettete Frau mit den größten Ehrenbezeugungen in die Mauern ein, innerhalb deren sie ehemals als Königin gethront hatte und aus denen sie nach der schimpflichsten Behandlung war in den Kerker geschleppt worden.

Am Weihnachtsfeste 951 ward hierauf, nachdem König Otto seiner Braut eine reiche Morgengabe mit vielen Ländereien im Elsaß, in Franken, Thüringen, Sachsen und in den slavischen Landen verschrieben [2]), das Beilager zu Pavia in höchster Freude prächtig begangen. [3])

---

[1]) Rosw. S. 723. [2]) S. die Bestätigungs-Urk. Otto's II. geg. zu Dornburg an d. Elbe 8. Jun. 975, bei Würdtwein Nova Subsid. Dipl. III. 414. Die Verschreib. Otto's I. selbst ist, so viel mir bekannt, nicht mehr vorhanden. [3]) Ann. Saxo. z. J. 952. Otto cum suis fidelibus in Italia Papiae natale Domini celebravit et celebratis juxta magnificentiam nuptiis etc. proficiscitur inde etc. Vergl. Wittech. III. 652. Fortf. d. Rhegino z. J. 951. Froboard zu diesem J. Hermann der Lahme z. J. 952.

Zweites Buch.

Otto's fernere Regierung bis zu seiner Kaiserkrönung in Rom.
952 bis 962.

Nachdem die Feste, welche der Vermählungsfeier folgten, beendigt waren, dachte König Otto ernstlich darauf, die Besitznahme Italiens zu vollenden. Er durchzog daher das Reich von einem Ende bis zum andern, bestätigte die Bischöfe und Aebte, so wie die weltlichen Großen, die Herzoge, Grafen und Herren bei ihren Ehren und Würden und hatte, da er überall auf keinen Widerstand traf, in kurzem die Staats= verwaltung von neuem geordnet. [1] Unterdessen hielt sich Berengar mit seiner Gemahlin und seinen Söhnen in den festen Schlössern, wohin er geflohen war, und getraute sich nicht, dem König im offnen Felde zu begegnen. Deßhalb rüstete sich dieser nun, auf Rom zu ziehen, um durch den Papst und die Römer die abendländische Kaiser= krone zu empfangen. Gleich nach seiner Ankunft in Italien war von ihm dieser Absicht halber der Erzbischof Friedrich von Mainz und der Bischof Hartpert von Chur zu Agapet II. nach Rom voraus= gesandt worden. [2]

Seit der Ermordung des Kaisers Berengar I. im Jahre 924 hatte in dieser Stadt die berüchtigte Marozia, die sich im Besitz der festen Engelsburg befand und nach dem Tode ihres ersten Ge= mahls, des Markgrafen von Camerino, Albericus, den Herzog Guido von Tuscien geheirathet hatte, die oberste Herrschaft behauptet. Nach dieses Guido Tode bot Marozia dem Könige Hugo von Italien ihre Hand und die Stadt Rom zum Heirathsgut an; die Vermählung erfolgte im Jahre 932. Allein die Römer, eingedenk ihrer ehemaligen Größe, verabscheuten die Herrschaft eines Fremden eben so sehr, als

---

[1] Rosw. 723 fg. Cont. Rheg. ad a. 952. [2] Hermann der Lahme u. Fro= board z. J. 952.

die einer Frau, und ergriffen daher mit Freuden die ihnen darge-
gebene Gelegenheit, sich von der läſtigen Herrſchaft zu befreien.
Alberich, Sohn der Marozia und ihres erſten Gemahls, des
Markgrafen gleichen Namens, war von ſeinem Stiefvater, den Könige
Hugo empfindlich beleidigt worden. Als er nämlich dieſem eines
Tages auf Befehl ſeiner Mutter das Waſchwaſſer darreichte und aus
Ungeſchick ihm die Hände übergoß, hatte Hugo ihn mit einem Schlage
ins Angeſicht gezüchtigt. Ueber dieſe Begegnung aufs höchſte erbittert,
ſtellte Alberich den Römern in einer heftigen Rede vor, wie der
König, welcher ihm wegen eines ſo geringen Anlaſſes ſo übel begegnet ſei, ſich nicht ſcheuen werde, gegen ſie ſelbſt ſich noch ſchänd-
lichere Gewaltthaten zu erlauben, und mit derſelben entehrenden Tyrannei, mit welcher er die Lombarden beherrſche, auch die Hauptſtadt
der Welt ſich unterwürfig zu machen, verſuchen werde. [1]
    Bereitwillig folgten die Edeln Roms ſeiner Aufforderung, Hugo'n
aus der Stadt zu vertreiben: das ganze Volk ergriff die Waffen,
ſperrte die Thore und ſchickte ſich an, den König, deſſen Heer vor
der Stadt lag, in der Engelsburg zu belagern. Dieſer kam in der
Angſt den Römern in ihrer Abſicht zuvor, ließ ſich von den Mauern
der Engelsburg herab und floh mit ſeinem ganzen Heere in Eile aus
dem Herzogthum Rom. Hierauf ſtellten die Römer die alte Regierung durch Conſuln, Prätoren, Tribunen und Senatoren wieder her;
Alberich ward zum Patricius erwählt, ſeine Mutter Marozia aber
verhaftet. In den folgenden Jahren verſuchte König Hugo zwar,
durch wiederholte Belagerungen Rom in ſeine Gewalt zu bekommen,
und verwüſtete alle Orte im Umkreiſe des Stadtgebietes mit Feuer
und Schwert; aber unbezwungen hielt ſich Alberich in den ſchützenden
Mauern. Da verſuchte der König, denſelben durch eine Liſt zu überwältigen. Er bot ihm ſeine Tochter Alba mit einem bedeutenden
Brautſchatze zur Gemahlin an, und verſprach, ihn in's Künftige wie
einen lieben Sohn zu behandeln; — in der That aber ging ſeine
Abſicht dahin, ſich einen Weg nach Rom dadurch zu bahnen. Allein
Alberich beſiegte ſeinen Gegner an Verſchlagenheit: er nahm zwar
die Alba zur Gemahlin an, im Jahre 936, und ließ ſich das Heirathsgut behändigen; den Einlaß in Rom aber verweigerte er hartnäckig dem Könige, worauf dieſer von neuem die Feindſeligkeiten
begann und faſt jährlich ſeinen Eidam durch Plünderung aller Ort-
ſchaften in dem Herzogthume ſchreckte, bis die Stadt durch den Mark-

---

[1] Luitpr. III. 12 fg.

grafen Berengar vor den weiteren Beunruhigungen ihres Gegners
sicher gestellt ward. [1)

Dieser Alberich nun lebte noch als Patricius zu Rom und
herrschte als solcher über die Stadt und das Herzogthum, als Otto's
Gesandtschaft an den Papst Agapet II. gelangte. Mit Alberich's
Interesse war es auf keine Weise vereinbar, einen Kaiser als obersten
Herrn über sich und die Römer herrschen zu lassen, auch war das
Andenken der Freiheit noch zu neu bei diesen, als daß sie der Aufforderung des deutschen Königs so bereitwillig hätten Folge leisten
sollen. Die Unterhandlungen scheiterten daher an der beharrlichen
Weigerung des Patricius und seiner Römer, der Einfluß des Papstes
der Otto gern die Krone aufs Haupt gesetzt hätte, war zu gering,
als daß er hätte durchdringen können, und eine ablehnende Antwort
welche Otton ertheilt ward, nöthigte Diesen für den Augenblick auf
die von ihm gewünschte Kaiserkrönung zu verzichten[2]); ja eine neue
unerwartete Nachricht aus Deutschland zwang ihn, Italien ganz zu
verlassen.

Sein Sohn Ludolf hatte schon im December des vorigen Jahres
aus Welschland sich entfernt und war über die Alpen nach Deutschland zurückgekehrt: die alten Chroniken berichten ausdrücklich, daß
dieser Aufbruch plötzlich und ohne Vorwissen des Vaters geschehen
sei[3]) — als die Ursache desselben geben sie den Unwillen an, den
Ludolf über die Entschließung Otto's empfand, sich mit Adelheid
zum zweitenmale zu vermählen.[4]) Denn ob er gleich bereits im Jahre
947 feierlich unter Beistimmung aller Großen des Reichs, die ihm
den Eid der Treue im voraus geschworen hatten, zum Nachfolger
auf dem väterlichen Throne bestimmt worden[5]), so erfüllte doch seine
Seele die schwere Befürchtung, daß die Söhne, welche Adelheid
seinem Vater schenken würde, dereinst dem vor dem Regierungsan-
tritte des Vaters Erzeugten, vorgezogen werden könnten. Die außerordentliche Liebe, die Otto der Königin entgegentrug, ließ diesen
Argwohn immer tiefere Wurzeln schlagen; den zwanzigjährigen Jüngling überwältigte das bittere Gefühl, durch eine Stiefmutter von dem
ersten Platze verdrängt zu werden, den er bisher im Herzen des Vaters besessen hatte — wie hätte er fremden Einflüsterungen, die sein
Mißtrauen zu erhöhen suchten, widerstehen können?

---

[1]) Luitpr. IV. 1 f. Froboard z. d. J. 933. [2]) Froboard z. J. 952.
Baronius Annales Eccles. z. diesem J. [3]) Fortf. b. Rheg. z. J. 951. [4]) Dithm.
II. 22. [5]) Dithm. l. c. Froboard ad a. 953.

Zu alle diesem kam noch eine persönliche Feindschaft, die zwischen Ludolf und seinem Oheim, dem Herzog Heinrich von Baiern bestand. So schwer dieser vormals gegen seinen Bruder sich vergangen hatte, so hoch war er jetzt, seitdem er sich mit ihm ausgesöhnt und durch die zuvorkommendste Ergebenheit in allen Dingen ihm sich werth zu machen gestrebt hatte, in der Gunst des Königs gestiegen, so daß er des unumschränkten Vertrauens desselben genoß. [1]) Eben dieses Vertrauen aber und der Einfluß, den Heinrich dadurch behauptete, machte ihm den eifersüchtigen Neffen verhaßt [2]); und durch Streitigkeiten, die wegen den Grenzen ihrer beidertheiligen Herzogthümer, Alemannien und Baiern, entstanden [3]), ward Ludolf's Abneigung gegen Heinrich, welcher dieser eine schroffe Kälte und unverhaltenen Stolz entgegensetzte [4]), nur noch höher gesteigert. Schwer beleidigt hatte ferner der Herzog von Baiern seinen Neffen, indem er die Gemüther der Italiener ihm abwendig zu machen gesucht hatte, so daß Ludolf, als er von seinem Vater nach Italien vorausgesandt ward, überall die größten Schwierigkeiten hatte erfahren müssen. [5])

Als Adelheid nach Pavia kam, bewarb sich der Herzog Heinrich auffallend um deren Freundschaft und war in kurzem so glücklich, von ihr desselben Vertrauens gewürdigt zu werden, das Otto ihm bisher bewiesen hatte [6]). Dieß war es, was Ludolf's Empfindlichkeit aufs entschiedenste kränkte und den Argwohn mit aller Stärke in seine Seele hineinrief, daß er auf dem Punkte stehe, aus seines Vaters Herzen gänzlich verdrängt und von ihm vollkommen vergessen zu werden.

In dieser finstern Stimmung brach Ludolf im Christmond des Jahres 951, ohne von Otto Abschied zu nehmen, unerwartet nach Deutschland auf [7]); der Erzbischof Friedrich von Mainz, derselbe, der bei den Unruhen Herzog Giselbert's von Lothringen, seines Bruders, auf der Seite der Empörer gestanden hatte, begleitete ihn. Sie wandten sich beide nach Sachsen und während Otto mit Adelheid in Pavia Hochzeit hielt, feierte Ludolf mit königlicher Pracht das Weihnachtsfest zu Saalfeld im Thüringerlande, demselben berüchtigten Orte, wo Heinrich, Herzog von Baiern, vor wenig Jahren den verbrecherischen Plan, seinem Bruder und Könige mit bewaffneter Hand entgegenzutreten, entworfen hatte. Wie damals Heinrich,

---

[1]) Rosw. 723. [2]) Hermann der Lahme z. J. 953. [3]) Gerhardus V. S. Udalrici Ep. August b. Surius unterm 4. Jul. c. 10 §. 36. [4]) Wittech. III. 652. [5]) Fortf. d. Rhegino z. J. 951. [6]) Rosw. 723. [7]) Fortf. d. Rheg. z. J. 951. 952. Dith. II. 22. Wittech. III. 652.

stellte auch Ludolf ein großes Gastmahl an, wozu, außer dem Erz=
bischof Friedrich von Mainz, alle Großen des Reichs aus den be=
nachbarten Gauen geladen wurden. Hier pflogen im Geheimen die
beiden Mißvergnügten Rath, und Ludolf traf unter der Hand An=
stalten, sich durch Geschenke und Versprechungen eines Anhanges zu
versichern. Der Anschlag wurde in kurzer Zeit ruchbar; die Nachricht
von seines Sohnes verdächtigem Benehmen gelangte auch nach Ita=
lien zu Otto, und dieß war der Grund, welcher ihn bestimmte, un=
verzüglich über die Alpen zurückzukehren.

Nachdem er in Pavia den Herzog von Franken und Lothringen,
seinen Tochtermann, mit einem ansehnlichen Heereshaufen, um den
Berengar aufzusuchen und zur Unterwerfung zu bringen, zurück=
gelassen hatte[1]), trat er gegen Ende des Hornungs 952[2]) mit seinem
Bruder, dem Herzog Heinrich von Baiern, und der Königin Abel=
heid, seinen Weg an. In allen Gauen des deutschen Reiches, durch
welche er zog, ward er mit jubelnder Freude begrüßt. Er ging über
Zürich, durch den Elsaß[3]), am Rheinstrom hinunter nach Sachsen[4])
um die neue Gemahlin seiner ehrwürdigen Mutter Mathilde vor=
zustellen. Zu Pölde, dem Witthum der letztern, an der Mittags=
seite des Harzgebirges, wo sie in jenen Tagen ein Benedictinerkloster,
dem heiligen Servatius zu Ehren, gestiftet, ward das heil. Osterfest
in der Königspfalz gefeiert[5]).

Durch die unerwartet schnelle Ankunft Otto's war Ludolf
überrascht worden; er sah sich genöthigt, der eigenen Sicherheit hal=
ber und um jeden Argwohn zu entfernen, seine Absichten zu verber=
gen. Otto war beruhigt, da er keine offene Widersetzlichkeit wahr=
nahm. Desto unverhohlener zeigte Herzog Heinrich seinem Neffen
Verachtung; der Spalt, der zwischen seinem und des Vaters Herzen
entstanden war, immer mehr zu vergrößern, war seine angelegentliche
Bemühung, ja so rücksichtslos begegnete er dem Neffen, daß er
öffentlich Schmähungen gegen denselben fallen ließ[6]). Immer glühender
entbrannte der Haß in Ludolf's Herzen, und er sollte bald einen
mächtigen Bundesgenossen finden, mit dem er den Racheplan gegen

---

[1]) Wittech III. 652. Rosw. 724. [2]) Urk. v. 21. Januar geg. zu Pavia bei
Calmet Hist: de Lorraine T. I. Preuv. 361 und Urk. v. 6. Febr. 952 auch geg.
zu Pavia Murat Antiq. Ital. Diss. 65. [3]) Urk. v. 2. März 953 geg. bei Zürich
bei Neugart Cod. Dipl. Alem. I. 598 und Urk. v. 10. März geg. zu Erstein im
untern Elsaß, daselbst 599. [4]) Wittech l. c. proximum pascha acturus in Saxonia. [5]) Bestätigungsbrief des Kl. Pölde geg. zu Pölde am 16. April 952, Char=
reitag vor Ostern bei Leukfeld Ant. Pöl. S. 18. [6]) Wittech l. c.

den Oheim beschließen könne. Dieser Bundesgenosse war Herzog
Konrad, sein Schwager.

Ihm war es nach Otto's Abzuge aus dem lombardischen Reiche
geglückt, mit dem König Berengar von Italien zu einem festen
Schlusse zu kommen [1]). Dieser nämlich, der die Ueberzeugung gewonnen hatte, daß Otto's Herrschaft durch Freunde und Anhänger,
die er in Welschland gefunden, zu fest begründet sei, als daß er mit
den wenigen Getreuen, die ihm geblieben, sie umzustürzen vermöge,
und dem während seines fünfjährigen Aufenthalts in Deutschland die
heldenmüthige Tapferkeit des Eidams des Königs der Deutschen hinlänglich bekannt geworden war, hatte jedem Versuch, sich mit
diesem zu messen, entsagt und zu einer freundschaftlichen Unterhandlung
sich bereitwillig erklärt. Konrad, den die Ehre reizen mochte, so
schnell die lombardische Sache zu Ende zu führen, war seinerseits
diesem Begehren freundlich entgegen gekommen und da Berengar
nichts sparte, mit jener verschlagenen Höflichkeit, die ihm zu Gebote
stand, Konrad's Gunst zu gewinnen, so hatte dieser ihm die besten
Versprechungen im Namen des Königs gemacht und endlich den Berengar überredet; ihm nach Deutschland zu folgen und Otto's
Gnade sich zu unterwerfen.

König Otto hielt damals Hoflager in seiner Lieblingsstadt Magdeburg [2]), und hierhin wandten sich von Welschland aus Berengar
und Konrad. Die Nachricht, daß der König der Lombarden komme,
dem Könige der Deutschen zu huldigen, war vorausgeeilt und Otto
gab Befehl, seinen bisherigen Gegner mit gebührendem Glanze zu
empfangen. Alle Herzöge, Grafen und Herren, die zur Stelle waren, und die vornehmsten Hofbeamten holten eine Meile weit von der
Stadt den Berengar ein und führten ihn so unter königlichem Gepränge nach Magdeburg; hier war eine Wohnung für denselben zubereitet worden, wo er seinen Aufenthalt nehmen sollte. Allein so
ehrenvoll diese erste Begrüßung für den König der Lombarden war,
so verächtlich mußte er von nun an sich begegnen sehen. Drei Tage
lang ließ ihn Otto warten, ehe er ihm eine Unterredung mit sich
vergönnte; er konnte eines Unwillens nicht Herr werden, den er mit
Recht über denjenigen empfand, welchem er so großmüthig einst Beistand und Hülfe verliehen, und der seitdem durch so viele niederträch-

---

[1]) Witteck l. c. Roswitha 724. [2]) Witteck. III. 652. Die urbs regia die hier
vorkommt, ist eben Magdeburg. Vergl. II. 644 „ad urbem regiam, quma voci-
tamus Magadaburg." Nach einer Urk. v. 29. April 952 war er um diese Zeit
daselbst. Schaten Ann. Paderb. S. 295.

tige Thaten sich selbst und ihn, seinen Schutzherrn, geschändet hatte.
Endlich am vierten Tage erlangte es Berengar, daß Otto ihn vor
sich ließ: aber die Unterhandlung fiel ganz anders aus, als jener
gemeint hatte, und wie es ihm von Herzog Konrad zugesichert wor=
den war. Nur mit großer Mühe gewann er von Otto sicheres Ge=
leit zu seiner Rückkehr über die Alpen [1]) und den Bescheid, daß auf
einem großen Reichstage im August des laufenden Jahres zu Augs=
burg in Alemannien sein Schicksal entschieden werden solle. Mit
dieser keineswegs seinen Erwartungen entsprechenden Weisung reiste
Berengar nach Italien zurück.

Niemand aber am Hoflager des Königs empfand über diesen
harten Spruch eine tiefere Betrübniß, als der Eidam des Königs,
Herzog Konrad. Denn er war es gewesen, der den Berengar
durch die bestimmtesten Zusicherungen auf eine ungleich tröstlichere
Lösung seiner Angelegenheit hingewiesen hatte und, indem er der
mächtigen Gunst vertraute, die er bei Otto besaß, keinen Augenblick
im Zweifel gewesen war, daß dieser seinen Vorstellungen Gehör
schenken und sein gegebenes Wort nicht durch eine gegentheilige Ent=
scheidung zu Schanden machen werde. Daß der König nun dennoch
sich anders erklärt hatte, bewies ihm unzweifelhaft, daß sein Einfluß
bei demselben tief gesunken sein müsse, und sein beleidigtes Ehrgefühl
stellte ihm diese vermeintliche Kränkung in dem nachtheiligsten Lichte
dar. Es konnte nicht fehlen, daß die ganze Schwere seines Hasses
auf den fiel, durch dessen wachsendes Ansehen er sich hauptsächlich in
dem Vertrauen des Königs heruntergesetzt glaubte, und den er nicht
mit Unrecht als den vorzüglichsten Rathgeber desselben in der beren=
garischen Sache ansah [2]). Dieses aber war Herzog Heinrich von
Baiern, durch Adelheid's Gunst der entschiedene Liebling des Königs.

Sobald Ludolf die Stimmung gesehen, in welche Konrad durch
Berengar's wenig befriedigende Abfertigung versetzt, und sobald er
den Widerwillen erkannt hatte, den dieser deßhalb gegen Heinrich ge=
faßt, versäumte er nicht, sich offen gegen denselben zu erklären, und
die gleiche Lage, in der sich beide befanden, führte schnell eine feste
Vereinigung zwischen ihnen herbei. Der Erzbischof Friedrich von
Mainz schloß sich getreulich an sie an — eine alte Feindschaft, in
der er mit dem Herzog Konrad gelebt, ward des neuen Bündnisses

---

[1]) „vix vita et patria indulta in Italiam rediit.“ Fortf. b. Rhegino z. J.
952. [2]) Derselbe: „Berengarius nihil de his, quae voluit obtinuit — machi-
natione Henrici Ducis — unde Chunradus, Dux multum offensus a debita Regis
fidelitate defecit.“ Witt. l. c.

halber vergessen und beigelegt. Die Verbündeten beschlossen, sich in die Verfassung zu setzen, so bald als möglich gegen den Herzog Heinrich losbrechen zu können und, dafern der König seine Hand nicht von ihm abziehen wolle, auch diesem dann mit Waffengewalt sich entgegenzustellen.

Otto verweilte den ganzen Sommer hindurch in seinem Sachsenlande: er ordnete hier die Reichsgeschäfte und schien das Ungewitter, welches über seinem Haupte heraufzog, nicht bemerken oder nicht beachten zu wollen, wenigstens traf er im geringsten keine Vorkehrungen, es aufzuhalten oder zu zertheilen. Starke Seelen bewegt nur die gegenwärtige und offenbare Gefahr, — die zukünftige, noch ungewisse, vermag nicht den ruhigen Gang ihres Lebens zu stören. — Furchtlos erwartete Otto die kommende Zeit; das Gefühl seiner Sicherheit stützte sich auf die große Zuversicht, die ihn trug, daß die Hand der Allmacht über ihm wache.

Unterdessen rückte die zur Eröffnung der großen Reichsversammlung, welche Berengar's Sache entscheiden sollte, bestimmte Zeit heran [1]). Zu Anfang des Augustmonds [2]) fanden sich die edeln Herren der Franken, Sachsen, Baiern, Alemannen und Lombarden zu Augsburg am Lechfluß zusammen, hierher zog aus Sachsen der König Otto mit seiner Gemahlin Adelheid, kam über die Alpen herüber König Berengar mit seinem Sohne und Mitregenten Adalbert. Die Erzbischöfe Friedrich von Mainz, Herold von Salzburg, Manasses von Mailand, Petrus von Ravenna, außer ihnen noch 20 Bischöfe vom Baierland, Franken, Alemannien und Lombardien, viele Aebte und andere Prälaten waren mit erschienen [3]), um über die Wohlfahrt der Kirche gemeinsamen Rath zu pflegen, auch Gesandte der griechischen Kaiser Constantinus Porphyrogenitus und Romanus II. waren zugegen [4]): es war eine reiche und glänzende Versammlung.

Hier nun, in Augsburg endlich, gelang es Berengarn, den König zu besänftigen und Gnade von ihm zu erhalten; fußfällig bat er die tiefgekränkte Adelheid um Vergebung für die ihr angethane

---

[1]) Das Folgende nach Witteck. III. 652. Fortf. b. Rhegino z. J. 952. [2]) 7. August 952 war die Synode Mansi Collect. Concil XVIII. 435. In der Mitte des Monats der Reichstag Fortf. des Rheg. [3]) Mansi l. c. [4]) Dieß erhellet aus der Legatio Luitpr. ad Impr. Graec. b. Murat. Scr. Rer. Ital. T. II. P. I. S. 480. Luitprand bezieht sich darauf, daß Berengar und Adalbert in Gegenwart derselben den Lehnseid abgelegt.

Schmach und erhielt sie [1]). Hierauf leistete er mit seinem Sohne, im Angesichte der gesammten Herren des deutschen und lombardischen Reiches, feierlich dem Könige Otto, indem sie beide in dessen Hände die ihrigen legten, die Vasallenpflicht, sie huldigten ihm als ihrem Oberherrn, und Otto gab ihnen mit Ueberreichung eines goldenen Scepters [2]) das Reich der Lombarden, als Lehen der deutschen Krone, zurück [3]). Die beiden Marken aber, die von Verona und Aquileja, trennte er davon ab; sie wurden zu Baiern geschlagen und mit ihnen Herzog Heinrich, sein Bruder, belehnt. Des Königs Absicht bei dieser Verfügung war, die wichtigen Pässe, die durch die heutigen Tyroler Alpen über Brixen und Trident am Etschfluß hinab nach Italien führen, versichert zu bleiben, um einen stets offenen Weg dorthin zu haben, sobald seine Gegenwart in diesem Lande dereinst wieder nothwendig werden sollte [4]). Nachdem Otto dem Berengar und seinen Sohn einbringlich ermahnt hatte, über Italien eine milde und gerechte Herrschaft zu führen [5]), reisten die beiden Könige im Gefolge der edeln Lombarden, die zu dem Reichstage gekommen waren, zurück in ihr wiedergewonnenes Reich; Otto aber wandte sich mitternachtwärts, erst nach Sachsen [6]), dann nach Frankenland, wo er den Winter über zuzubringen gedachte, um die nöthigen Reichsgeschäfte persönlich dort abzuthun. Das Weihnachtsfest des Jahres 952 feierte er zu Frankfurt am Main, von da ging er am Rheine hinauf nach dem Elsaß; er hatte beschlossen, in der königlichen Pfalz zu Ingel= heim das heil. Osterfest zu begehen [7]). Hier nun, während der Kö= nig am Rheinstrom auf und abzog, erfuhr er, daß die Widersetzlich= keit seines Sohnes Ludolf in eine offne Empörung ausarte, daß auch sein Tochtermann, Herzog Konrad, die Fahne des Aufruhrs gegen ihn erhoben und daß beiden der Erzbischof Friedrich von Mainz den möglichsten Vorschub leiste [8]).

Die Erbitterung dieser Verbündeten war durch die neue Gnade, welche Otto seinem Bruder auf dem Reichstage zu Augsburg erwie= sen hatte, indem er ihn mit den Marken Verona und Aquileja be=

---

[1]) Dithm. II. 22. reginae iram supplici venia placavit. [2]) Luitpr. Leg. l. c. [3]) Fortß. des Rheg. und Wittech. l. c. [4]) Dieselben. [5]) Dies bezeugt Rosw. l. c. [6]) Urk. v. 16. Octbr. 952 geg. zu Frosa an der Elbe bei Würdt= wein Nova Subs. Dipl. III, 363 und Urk. v. 26. Octbr. geg. zu Walhausen in b. goldnen Aue bei Schaten Ann. Pad. 296. [7]) Cont. Rheg. ad a. 953. Urk. v. 13. Febr. 953 geg. zu Erstein, einer Pfalz im untern Elsaß, bei Würdtw. l. c. 365 u. v. 24. Febr. daselbst bei Schöpflin Als. Dipl. I. 113. [8]) Cont. Rheg. l. c. Wittech. III. 652.

lehnte, aufs höchste gestiegen; insonderheit aber war Ludolf's Eifersucht durch das Gerücht, daß König Otto wirklich seinem von der
Adelheid ihm geschenkten Erstgebornen, der den Namen seines Großvaters Heinrich erhielt, die Thronfolge zugesichert habe[1]), zur vollen
Flamme entzündet worden. Konrad und Ludolf hatten seit jenem
Tage zu Augsburg in Eil eine Menge Mißvergnügte aus Franken,
Sachsen und Baiern an sich gezogen, viele Burgen und Schlösser
befestigt und laut und öffentlich ihre Meinung dahin ausgesprochen,
daß sie, es aufs äußerste zu treiben, entschlossen seien. Ihr Plan
ging dahin, am Rheinstrom ihre gewaffnete Macht zusammenzuziehen;
ihre hauptsächlichste Hoffnung stützte sich auf die Hülfe der lothringischen Herren; mit ihnen gedachten sie zuversichtlich dem Könige und
seinem Bruder, dem Herzoge Heinrich die Spitze bieten zu können[2]).

Als Otto in der Fastenzeit des J. 935 nach Ingelheim kam[3]),
nur von wenigen Getreuen begleitet, erkannte er deutlich, daß sein
Aufenthalt hier nicht gesichert sei; er brach daher nach Mainz auf,
um sich dieser edeln und reichen[4]) Hauptstadt Frankens zu bemächtigen
und die Gesinnung des Erzbischofs Friedrich zu erproben. Lange
Zeit verweigerte dieser ihm den Einlaß in die Stadt, und gab dem
Könige dadurch sehr unzweideutig zu erkennen, was er von ihm zu
erwarten habe. Endlich setzte Otto seinen Willen durch, ritt in
Mainz ein und erklärte sich bereitwillig, die Rechtfertigung seines
Sohnes und Eidams zu vernehmen, die sie geben zu wollen ihn durch
den Erzbischof hatten wissen lassen. Ludolf und Konrad erschienen zu Mainz vor Otto. Indem sie demselben äußerlich Unterwerfung heucheln und ihm betheuern, daß ihre Rüstung in keiner
Weise gegen die königliche Majestät gerichtet, bekennen sie trotzig,
daß es allerdings ihre Absicht sei, den Herzog Heinrich von Baiern,
wenn er zum Osterfest am Hoflager des Königs in Ingelheim erscheinen werde, greifen zu wollen.

So sehr Otto durch diese verwegene Erklärung überrascht und
innerlich erzürnt ward, und so wenig er, als oberster Schirmherr
des Friedens es zuzugeben gesonnen, daß Fürsten des Reichs eigen-

---

[1]) Das Ludolf diesem Gerücht Glauben beigemessen habe, erzählt ausdrücklich
Frodoard z. J. 953. Vergl. Witt. l. c. Dieser Prinz Heinrich starb eben so
wie der zweite, Bruno, in früher Jugend. [2]) Fortf. b. Rheg. z. J. 953. Witt.
l. c. [3]) Das folgende alles nach b. Fortf. b. Rhegino z. J. 953 und nach Witt.
III. 652. 653. [4]) So Ruotger in V. S. Brunonis A. E. Colon. §. 13 bei Leibn.
I. 277.

mächtig und durch gewaffnete Hand sich ihr Recht selbst verschaffen möchten: so mußte er doch der mißlichen Lage, in welcher er sich befand, sich fügen und schweigend die Fehdeankündigung, die offenbar seinem königlichen Ansehen Hohn sprach, aufnehmen; doch begab er sich in Eile zu Schiff nach Cölln und wandte von dort sich nach Sachsen, wo er mit seiner Mutter Mathilde feierlich zu Dortmund das Osterfest beging[1]). Hier nun sammelte er um sich ein mächtiges Heer aus der Mitte seiner Getreuen, und befahl durch eine Gesandtschaft seinem Sohne und Eidam ernstlich und bei schwerer Ungnade entweder die Rädelsführer der Empörung ihm auszuliefern, oder gewärtig zu sein, für seine und des Reiches Feinde erklärt zu werden; im Uebrigen aber zu Fritzlar in Franken, wo eine allgemeine Reichsversammlung stattfinden solle, vor den gesammten Fürsten des Reichs sich nochmals von den angeschuldigten Vergehungen zu reinigen. Hierauf erhob sich Otto mit dem gesammten Heere nach dem Rheinstrome, um sich der Treue der lothringischen Herren zu versichern. In Cölln kam ihm der Bischof Adalbert mit den vornehmsten Großen dieses Herzogthums entgegen und unterwarf sich dem Könige, wodurch mit einemmale die Hoffnung der Verbündeten, durch die Lothringer Hülfe am Rheine die Uebermacht zu erhalten, vernichtet ward. Nochmals wandte der König sich nun nach Sachsen zurück, ordnete hier alle Angelegenheiten, übertrug die höchste Gewalt dem Herzog Herrmann dem Billunger, und begab sich sodann nach Fritzlar auf den angekündigten Reichstag.

Eine große Anzahl der vornehmsten Herren des Reiches war hier versammelt; auch der Herzog Heinrich von Baiern fand sich ein — nur Ludolf und Konrad hatten der Einladung keine Folge geleistet[2]). An ihrer Statt erschien der Erzbischof Friedrich von Mainz, um für seine Bundesgenossen zu sprechen. Der König hielt strenges Gericht über die des Verbrechens der beleidigten Majestät Angeklagten; viele von ihnen, die sich nicht genügend zu rechtfertigen im Stande waren, und unter diesen zwei edle Thüringer, Deban und Wilhelm, die vormals in der Fehde gegen Eberhard von Franken und Giselbert von Lothringen dem Könige treue Hülfe geleistet hatten, jetzt aber überführt wurden, auf die Seite der Empörer getreten zu

---

[1]) 3. April. Cont. Rheg. Cf. Witt. l. c. Quare cum in Saxoniam perexisset maternis gaudiis et officiis decenter curatur. Am 21. April war er in Quedlinburg. Urk. b. Heda de Episc. Ultraj. S. 86.   [2]) Das Folgende nach Witt. III. 653.

sein, wurden mit der Verweisung bestraft und dem Herzoge Heinrich von Baiern zur gefänglichen Haft übergeben. Viele andere Große, die an der Verschwörung Antheil genommen, schreckte der Ernst, mit welchem der König zu Werke ging und bewog sie zur Unterwerfung. Am heftigsten erhob der Herzog Heinrich Anklage gegen den Erzbischof Friedrich, so daß der König und mit ihm beinahe die ganze Versammlung aufs höchste über denselben erzürnt ward; doch gelang es dem schwer Beschuldigten, der gerechten Strafe zu entgehen und freien Abzug zu erhalten. Gegen Ludolph aber und Konrad wurde die Reichsacht ausgesprochen und beide ihrer Herzogthümer feierlich entsetzt[1]). Hierauf hob Otto den Reichstag auf und rückte mit seinem Heere, das zumeist aus Sachsen und einigen Franken und Lothringern bestand, dem Rheine zu, fest entschlossen, die Empörer nun durch die Gewalt der Waffen zur Demüthigung zu zwingen.

Ludolf hatte sich indessen in Mainz festgesetzt: die Stadt war ihm von dem Erzbischof Friedrich, der nach seiner Zurückkunft von Fritzlar nach Breisach aufgebrochen war, um hier den Ausgang des Kriegs zu erwarten, übergeben worden. Hierher hatte sich auch Konrad, von den Lothringern vertrieben, geworfen, nachdem er lange durch eine verzweifelte Gegenwehr sein Herzogthum zu behaupten versucht hatte, und endlich durch den mächtigen Grafen Ragenar von Hennegau in einer blutigen Schlacht an der Maas besiegt und zur Flucht war genöthigt worden[2]). Beide, Ludolf und Konrad, hatten Mainz in Eile trefflich befestigt und beschlossen, in den Mauern dieser Stadt die Ankunft des Königs zu erwarten.

Gegen Anfang des Monats Julius[3]) erschien Otto, nachdem er vorher auf seinem Wege alle Städte, deren die Empörer sich bemächtigt, durch die Waffen oder freiwillige Uebergabe in seine Gewalt gebracht hatte, mit Heereskraft vor Mainz und begann sofort mit

---

[1]) Cont Rheg. hat beim J. 953 ausdrücklich noch die Nachricht, daß Bruno, des Königs Bruder, das Erzbisthum Cölln und zugleich das Herzogthum Lothringen übertragen erhalten habe. Ohne Zweifel ward auch Ludolf, wie sein Vater angedroht hatte, da er sich nicht stellte, seines Herzogthums entsetzt, die Worte d. Cont. Rheg. z. J. 954, wo es heißt, daß Lud. seinem Vater das Herzogth. zurückgegeben habe, stehen nicht entgegen, denn sehr begreiflich wollte er dem Spruche des Königs im Anfang sich nicht fügen und erklärte sich erst bei der Versöhnung bereit, dem Besitze Allemanniens zu entsagen. [2]) Froboard z. J. 953. A. S. ad h. a. Fragm. Chron. Lobiensis b. Würdtwein Subsid. Dipl. XIII. 212 z. J. 952 (statt 953) bellum fuit inter Cenradum et Reinerum super Mosam. [3]) Das folgende wieder nach Dithm. II. 22. 23. Witt. l. c. u. Fortf. d. Rheg. z. J. 953.

allem Nachdruck die Belagerung. Sechszig Tage stürmte er die Stadt, ohne daß er ihre Einnahme durchzusetzen vermocht hätte: alle Maschinen, womit er die Mauern zu durchbrechen suchte, wurden von den Belagerten entweder zertrümmert oder verbrannt. Alle Stürme, welche die Belagerer, obwohl verstärkt durch den Zuzug Herzog Heinrich's, der zu dem König mit einem Heere aus Baiern gestoßen war, unternahmen, vermochten eben so wenig die Besatzung zu überwältigen, als alle Ausfälle, welche diese wagte, den König zur Aufhebung der Belagerung zu nöthigen. Eine schwere Bangigkeit lastete auf beiden Heeren, welche Vater und Sohn gegen einander aufgeboten, indem die in der Stadt den Beherrscher des Reiches, die außerhalb derselben den dereinstigen Nachfolger zu fürchten hatten. Die gemeinsame Hoffnung stand auf eine friedliche Uebereinkunft, welche man durch Verzögerung einer gewaltsamen Entscheidung am leichtesten herbeiführen zu können, sich versichert hielt.

Endlich im Sept. d. J. 953 bot der König, um einen nochmaligen Versuch nicht ungethan zu lassen, seinen Sohn und Eidam durch väterliche Nachsicht zu ihren Pflichten zurückzuführen, den Belagerten einen gütlichen Vergleich an. Er verhieß ihnen deßhalb sicheres Geleit in sein Feldlager, damit sie ihre Rechtfertigung darlegen und über den Frieden mit ihm unterhandeln möchten. Graf Ecbert, Schwesterjohn seiner Mutter und Neffe Herzog Hermann's zu Sachsen, ward als Geißel in die Stadt gesandt. Hierauf erschienen Ludolf und Konrad in dem Lager des Königs, warfen sich vor demselben auf die Kniee nieder und erklärten sich bereit, jedwede Strafe zu erdulden, dafern nur Otto diejenigen frei ausgehen lassen wolle, die ihnen in dem gegenwärtigen Kampfe treue Hülfe geleistet hätten.

Aber dieses letztere schlug Otto mit Festigkeit ab; er entgegnete ihnen, daß es zu spät sei, jetzt seine Gnade für ihre Bundesgenossen aufzurufen, und daß er nimmermehr die gerechte Strafe, welche sie verschuldet, ihnen erlassen könne. Ihrerseits beharrten Ludolf und Konrad bei ihrer Erklärung, daß sie, ohne ihre Getreuen gesichert zu sehen, die Vergebung, die ihnen der König zusichere, nicht anzunehmen vermöchten; sie entschuldigten sich mit dem Eide, den sie jenen geschworen, nichts zu ihrem Nachtheil zu bewilligen. Alle Vorstellungen, die insonderheit Ludolf anwandte, seinen Vater zu überzeugen, daß ihre Schwerter eigentlich nicht gegen des Königs Majestät, sondern gegen Herzog Heinrich gerichtet gewesen seien, vermochten nicht, Otto's Entschließung zu ändern; und als zuletzt noch

12

Herzog Heinrich durch eine heftige Rede, in der er Ludolfen vor allem Volk einen Rebellen und schändlichen Empörer schalt, dessen Zorn von neuem aufs höchste gesteigert hatte, zerriß die Unterhandlung plötzlich und Ludolf und Konrad begaben sich zurück in die Festung. War bisher der Widerstand der Verschworenen hartnäckig gewesen, so verdoppelten sie nun, da die Hoffnung auf eine friedliche Lösung des Streits geschwunden war, ihre Anstrengungen, um sich gegen den König mit allem Nachdrucke zu behaupten. Ihre Hauptabsicht ging dahin, die Getreuen desselben nach und nach ihm abwendig zu machen, und durch freigebige Geschenke und noch freigebigere Zusagen auf ihre Seite zu ziehen. Auf solche Weise ward Graf Ecbert, der Vetter Otto's, den dieser nach Mainz als Geißel gesandt, gewonnen, und noch in derselben Nacht, die auf den Tag folgte, wo die Unterhandlung mit dem König fruchtlos sich zerschlagen hatte, traten die gesammten bairischen Vasallen Herzog Heinrich's, indem sie diesen heimlich verließen, zu Ludolf über. Dieser beschloß hierauf, mit Konrad die Stadt Mainz zu verlassen, um einen sächsischen, dem Könige zur Hülfe heranziehenden Heereshaufen unter Anführung des Grafen Wichmann, Bruder des Grafen Ecbert, sich entgegenzustellen. Es gelang ihnen, auf der Grenze von Franken das sächsische Heer unerwartet zu überfallen und in einem wüsten Schlosse, wohin es sich gerettet hatte, zu umzingeln. Die Sachsen mußten versprechen, innerhalb dreier Tage in ihre Heimath zurückzukehren; ihr Führer aber, Graf Wichmann, verband sich, durch dieselben Mittel gewonnen, die seinen Bruder dem Könige abwendig gemacht hatten, mit den Empörern. Beide Brüder wandten darauf sich nach Sachsen, entschlossen, auch in dieser Landschaft die Fahne der Empörung aufzupflanzen; Konrad übernahm es, nach Lothringen zu gehen[1]), um einen Versuch zu wagen, dieß Reich wieder unter seine Botmäßigkeit zu bringen, Ludolf aber zog mittagwärts nach Baiern, um den tödlich gehaßten Oheim in seinem eigenen Lande zu züchtigen.

Von Heinrich war, bevor er nach Mainz dem Könige mit Heereskraft zuzog, die Verwaltung von Baiern dem Pfalzgrafen Arnulf den Jüngern, dem Sohne des ehemaligen Herzogs Arnulf übertragen worden[2]). Noch immer hatte derselbe den Verlust des

---

[1]) So Frodoard z. J. 953. [2]) Vergl. Gerardus in V. S. Udalrici Ep. Aug. c. 10. §. 36 in Actis SS. unterm 4. Julius. Ruotger in V. Brunonis AE. Colon. c. 16. bei Leibn. I. 279. Hermann der Lahme z. J. 953 Witt. und Rheg. l. c.

Herzogthums, das Otto nach seines Vaters Tode erst seinem
Oheim Berchtold und dann seinem eignen Bruder übertragen hatte,
nicht verschmerzen können: doch hatte die Macht ihm gefehlt, den
Anspruch auf daffelbe, den er noch immer zu haben vermeinte, mit
den Waffen zu verfechten. Seine Abneigung gegen den König war
Ludolfen wohl bekannt und sie gab ihm die Veranlassung, eine
Unterhandlung ihm anzutragen, die sofort von Arnulf mit der
größten Bereitwilligkeit angenommen ward; auch seine Brüder, Her-
mann und Eberhard, traten dem Bündnisse bei[1]). Nicht sobald
hatte Ludolf sich des Beistandes dieser, im Baierland nach dem
Herzog mächtigsten, Herren versichert, als er von Franken aus in
starken Märschen gen Regensburg sich wendet. Sofort öffnet der
Pfalzgraf Arnulf ihm die Thore dieser Hauptstadt; die Gemahlin
Herzogs Heinrich's, Judith, des Pfalzgrafen Schwester, die Kinder
derselben und alle ihre Freunde und Anhänger, werden genöthigt, die
Stadt und das Land zu verlaffen; der ganze Schatz des Herzogs ge-
räth in Ludolf's Hände, der ihn unter seine Getreuen vertheilt.
Nach der Einnahme Regensburgs fallen auch alle anderen befestigten
Städte vom Herzog Heinrich ab, faft alle Bischöfe, insonderheit der
Erzbischof Herold von Salzburg, und die meisten Grafen in Baiern,
treten auf die Seite der Aufrührer.

Nachdem Otto, der noch immer vor Mainz stand, die Nachricht
von den reißenden Fortschritten erfahren hatte, die Ludolf gemacht,
hebt er, seinem Bruder zu Gefallen, die Belagerung dieses Platzes
auf und schickt sich an, gleichfalls nach Baiern aufzubrechen. Trotz
des herannahenden Winters und ohnerachtet ein großer Theil seines
Heeres, der durch den beschwerlichen Feldmarsch ermüdet, um seine
Entlassung gebeten hatte, von ihm verabschiedet worden war, entschließt er sich dennoch, nur mit wenigen Getreuen den Krieg fortzuführen. Er selbst, obwohl im Glanz und Wohlleben erzogen, scheute
keine Mühe und Anstrengung, dafern nur des Reiches Beste dadurch
gefördert wurde; und der Gedanke, noch in diesem Jahre seinen Sohn
zur Unterwerfung bringen zu können, bewog ihn, alle Schwierigkeiten,
denen er bei so geschwächter Macht und der Strenge der Jahreszeit
entgegen ging, muthig zu tragen.

Gegen das Ende des Herbstmonds 953 langte Otto vor Regensburg an; diese Stadt hatte Ludolf zu einem festen Waffenplatze gemacht und in ihren Mauern sich eingeschloffen, um vor dem Andrange

---

[1]) So Witt. l. c.

seines Vaters geborgen zu sein. Wenig Vorschub fand dieser in
Baiern und Alemannien: nur der Bischof Ubalrich von Augsburg
war mit einem Heereshaufen zu ihm gestoßen und die schwäbischen
Grafen Adalbert von Marchthal und Theobald von Dillingen,
der Bruder Bischof Ubalrich's, hatten von ihren Burgen vom Ufer
der Donau aus mit einer Anzahl von Reitern und Reisigen seine
Macht verstärkt [1]). Er mußte sich begnügen, die Stadt, so weit er
konnte, einzuschließen und die Gegend weit und breit zu verwüsten,
um den Belagerten die Lebensmittel zu entziehen. Drei Monate lang,
bis in die Adventzeit, lag Otto vor Regensburg; doch die Baiern
waren eben so wenig zu einer offenen Feldschlacht, als zur Ergebung
zu bringen. Deßhalb zog der König gegen das Ende des J. 953
heimwärts nach Sachsen, um hier das heilige Weihnachtsfest zu feiern,
und den dringenden Anforderungen Herzog Hermann's, ihm zu
Hülfe zu kommen, zu willfahren.

Es hatten im Sachsenland die Grafen Ecbert und Wichmann
die Zusage, Unruhe und Aufruhr zu stiften, welche sie Ludolfen
und Konraden gegeben, als sie in Franken von ihnen schieden, getreulich erfüllt. Feind waren sie beide ihrem Oheim, dem Herzoge
Hermann, dem der König die Verwaltung Sachsens übertragen;
mit Neid hatten sie schon längst seine Macht und die Gunst, in welcher er beim Könige stand, betrachtet. Ihre unruhige, aufbrausende
Gemüthsart, war durch die Aufhetzungen, mit denen des Königs Sohn
und Eidam ihren Unwillen zu steigern gewußt hatten, nur noch heftiger angeregt worden. Graf Wichmann beschuldigte öffentlich seinen
Oheim, den Herzog — mit welchem Rechte, läßt sich aus Mangel an
Nachrichten nicht darthun, — daß er ihn seine väterliche Erbschaft
geraubt und seine Schätze ihm entrissen habe. Beide Brüder ergriffen
sofort die Waffen und suchten durch eine fortlaufende Reihe von Gewaltthätigkeiten dem Herzoge zu schaden. Dieser aber, dem Alles daran gelegen war, daß nicht ein öffentlicher Aufstand bei des Königs
Abwesenheit im Sachsenlande sich erhebe, mühte sich, durch den be-
sonnensten Ernst und durch ein würdevolles Benehmen, das Umsich-
greifen der Empörung zu hindern; es gelang seinen weise und klug
gewählten Veranstaltungen, die offene Flamme eines Kriegsfeuers bis
zur Ankunft des Königs darnieder zu halten [1]).

Sobald Otto nach Sachsen gekommen war, berief er sogleich
beide streitende Theile vor seinen Hof zu Magdeburg vor Gericht.

---

[1]) So das Leben des heil. Ulrich I. c. c. 10.   [2]) Witt. III. 654 vergl. 657.

Der Oheim brachte seine Klage an, die Neffen vertheidigten sich; alle Umstehenden stimmten dem Antrage des Herzogs bei, daß die Grafen die verdiente Strafe zu büßen hätten. Der König aber, stets lieb= reich, verschonte sie damit und begnügte sich, den Grafen Wichmann unter einer gewaffneten Bedeckung zur gefänglichen Haft in seinem Königspalast zu verurtheilen. Er blieb hierauf den ganzen Winter hindurch in Sachsen, bis ihn der anbrechende Frühling und eine neue schreckliche Nachricht, daß die alten Feinde der deutschen Nation, die wilden Ungarn, seinem Sohne und Eidam zu Hülfe ziehend, in Deutschland eingebrochen, von neuem in die Waffen rief.

Während der König nämlich in Sachsen war, hatten die Empörer in Baiern schlechtes Glück gehabt. Gleich nach dem Abzuge Otto's von Regensburg war Pfalzgraf Arnulf nach Augsburg gegangen, um an dem Bischofe Udalrich, weil er zu dem König gestanden, schwere Rache zu nehmen. Er hatte sich der Stadt bemächtigt, sie beraubt und geplündert, den Sprengel des Bisthums weit und breit mit Schwert und Feuer verwüstet, und war dann nach Schwabmünchingen, fast eine Tagereise von Augsburg entfernt, gezogen, wohin der Bischof sich geflüchtet hatte. Vor den Mauern dieser festen Burg ließ er Udalrich auffordern, sich zu ergeben; dieser aber erklärte mit Festig= keit, er werde dem Könige, seinem Herrn, getreu bleiben im Leben und Tode. Nun begann Arnulf die Veste zu belagern; mehrere Wochen lang ängstigte er den Bischof: da zogen Theobald, Graf von Dillingen, dessen Bruder, und Graf Adalbert von Marchthal zum Entsatze heran. Diese beiden schlugen Arnulf's Heer in einem blutigen Treffen; Graf Adalbert ward schwer verwundet und starb bald hernach an den Folgen der Wunde; sein Leichnam ist von dem Bischof Ulrich, seinem Vetter, in Augsburg ehrenvoll beigesetzt wor= den; Hermann, Arnulf's Bruder, ward gefangen und niemand hat erfahren, was aus ihm geworden sei; er selbst, der Pfalzgraf aber mußte nach Regensburg sich retten [1]).

Eben so unglücklich, wie seine Bundesgenossen in Baiern, war Herzog Konrad in Lothringen gewesen. Zwar zuerst, als er dort= hin von Franken aus gekommen war, hatte er Metz durch heimliche Ueberrumpelung genommen; nach kurzer Zeit jedoch die Stadt, nach= dem er in ihr und ihrem Gebiete übel gehaust, wieder verlassen müssen [2]). Denn ein mächtiger Herr war in Lothringen gegen ihn

---

[1]) Leben des heil. Ulrich l. c. Vergl. Hermann d. Lahmen z. J. 953.
[2]) Frodoard z. J. 953.

aufgeſtanden — Bruno, der Bruder König Otto's, dem dieſer, als
der greiſe Erzbiſchof Wicfried von Cölln, der bei dem Krönungsfeſte
zugegen geweſen, im J. 953 mit Tode abgegangen, das Erzbisthum
und, nachdem Konrad in die Reichsacht erklärt worden war, auch
zugleich das Herzogthum Lothringen aufgetragen hatte[1]) — das erſte
Beiſpiel in Deutſchland, daß ein geiſtlicher Herr auch herzogliche Ge=
walt erhielt. Der König Otto ſoll hierbei das Beiſpiel des Hohen=
prieſters der Juden, des Samuel, der zugleich Richter war, vor
Augen gehabt haben[2]); nicht wenig auch mochte er dazu durch die ihm
klar einleuchtende Nothwendigkeit bewogen worden ſein, die Regierung
der unruhigen Lothringer und die große Macht, welche der Beſitz
dieſer reichen und weitläufigen Provinz ihrem Inhaber gab, in die
ſicherſten Hände zu legen: denn drei lothringiſche Herzoge hinterein=
ander, Giſelbert, Heinrich und Konrad, waren es geweſen, die
durch Empörung ſeinen Thron zn erſchüttern verſucht hatten.

Jenes Mißgeſchick der Empörer nun bewog ſie zu dem ſchänd=
lichen Schritte, die verderbliche Macht der Ungarn in die vater=
ländiſchen Gaue hinüberzurufen. Beide, Ludolf und Konrad,
werden von den gleichzeitigen Schriftſtellern dieſer unwürdigen That
angeklagt; ja Ludolf ſoll ihnen ſogar Geld dargereicht haben, um ſie
anzureizen, das deutſche Land, ſein künftiges Erbe, zu verwüſten[3]).
Auch Herold, Erzbiſchof von Salzburg, ward nachmals ſchwer vor
dem Papſt angeklagt, daß er in gleicher Abſicht die Schätze ſeiner
Kirchen an die Heiden gegeben habe[4]).

Seitdem ſie Otto gleich im Anfange ſeiner Regierung ſo ſcharf
mit dem Schwert zurückgewieſen hatte, waren die Ungarn zwar mehr=
mals wieder über den Ensfluß in das ihnen zunächſt liegende Baiern
eingefallen, aber immer glücklich wieder zur Flucht genöthigt worden.
Zweimal in den Jahren 943 und 944 hatte ſie Herzog Berchtold
von Baiern auf der Welſer Haide am Traunfluß und in den kärnthi=
ſchen Thälern geſchlagen[5]), zweimal hatte ſie Herzog Heinrich im J.
947 durch eine doppelte Niederlage im Friaul geſchreckt[6]). Jetzt aber,
im Frühlinge 944, brach eine furchtbare Anzahl ihrer berittenen
Schaaren wiederholt in Baiern ein, wo ſie mit Ludolf ſich verban=

---

[1]) Derſelbe u. Fortſ. b. Rhegino z. J. 953.   [2]) Witt. I. 638.   [3]) Konraden
beſchuldigt Frodoard z. J. 954. Ludolfen Dithm. II. 23. Vergl. V. Brunonis
AE. Col. S. 279. Simul Ungaros antiquam pestem patriae sollicitabant (Conr.
et Lud.) und Witt. III. 654.   [4]) Hansiz Germania Sacra I. 154.   [5]) Hermann
der Lahme z. J. 943. Fortſ. b. Rhegino z. J. 944. Witt. II. 649. Vergl. b.
Chronicon Salisburgense.   [6]) Witt. II. 649.

ben und in die Verfassung setzten, dem Könige in einer offenen Feldschlacht zu begegnen. Otto, auf die erste Nachricht von ihrem ver-
berblichen Anzuge, ging von Sachsen aus, um die Fastenzeit, in Eil
heldenmüthig ihnen entgegen; der Gedanke, daß er durch Gottes
Gnade Herr und König der Deutschen und als solcher ihm auferlegt
und geboten sei, sein Volk gegen alle Feinde zu schirmen, hauchte seiner Seele begeisterten Muth ein, — er beschloß, die wilden Ungarn
im Kampfe zu bestehen. Aber unerwartet wandten dieselben sich nach
Abend zu gen Frankenland, geführt von Boten, die ihnen Ludolf
gegeben. Da ward von ihnen weder Freund noch Feind geschont:
einem edlen Herrn in Franken, Ernst geheißen, der auf der Seite
der Empörer stand, wurden allein an Tausend seiner Dienstmannen
und Untersassen als Gefangene weggeführt; denen, die es mit dem
Könige hielten, erging es noch schlimmer. Am Palmsonntage vor
Ostern erreichten sie Worms am Rheinstrome, wo die Anhänger
Konrad's sie mit den größten Ehren empfingen; die Stadt selbst
mußte ihnen ungeheure Summen an Silber und Goldes zahlen.
Hierauf führte sie Konrad durch Lothringen hindurch, wo sie vor
allen die Güter, die der Erzbischof und Herzog[1]) Bruno zu seiner
Hofhaltung überkommen hatte, so wie die Landschaften Ragenar's,
Grafen von Hennegau, durch Plünderung schreckten; von da nahmen
sie ihren Weg durch Frankreich und Burgund und gingen über Italien nach ihrer pannonischen Heimath zurück[2]).

Tief im Herzen erbittert über des Sohnes verrätherische Treu-
losigkeit hatte Otto die Plage Deutschlands, Frankreichs und
Italiens vorüberziehen sehen[3]): er rückte hierauf unverzüglich mit
Heereskraft wieder vor Regensburg und dießmal zog mit ihm der
Markgraf der Ostländer über der Elbe und Saale, Gero, der tapfere
Held, den in allen Schlachten, die er mitfocht, der Lorbeer des Sie-
ges verherrlicht hatte[4]) Zwei Monden hindurch ward zum andern
Male die feste Stadt belagert: verzweiflungsvoll vertheidigte sie Lu-
dolf und Arnulf, der Pfalzgraf. Endlich, von der Noth überwäl-
tigt, baten die Eingeschlossenen um einen Stillstand der Waffen;
Otto verwilligte ihn bis zur Mitte des Heumonds. Ein Tag ward
den Empörern angesetzt, damit sie nach Cinna[5]), in der bairischen

---

[1]) So heißt er bei Sigbert von Gemblours z. J. 959 und oftmals in V.
Brunonis bei Leibn. I. z. B. 287. [2]) Die in Anmerk. 3) auf voriger Seite angezogenen
Stellen. [3]) Das folgende wesentlich nach Witt. III. 654. 655. Vergl. Fortf. b.
Rhegino z. J. 954. [4]) Witt. tot victoriis, quot praeliis clarus. [5]) Dieser Name
steht auf der Karte von Franken im Chron. Gottwic. auf der Stelle, wo das

Mark Ostfranken, ohnfern des Regnitzflusses gelegen, kommen möchten, um nochmals ihre Rechtfertigung vor ihm und allen versammelten Großen zu führen.

Am 15. Junius des Jahres 954 ward der Reichstag zu Cinna eröffnet. Nächst Ludolf und einer großen Menge edler Grafen und Herren von seiner und des Königs Seite, waren auch der Erzbischof Friedrich von Mainz, der bisher aus Furcht vor dem Könige sich seines bischöflichen Amtes begeben und als Einsiedler zu Breisach auf der Rheininsel gelebt hatte, und der Tochtermann Otto's, Herzog Konrad, gekommen. Vergebens hatte dieser den Erzbischof Bruno von Cölln, mit dem er in Unterhandlungen getreten war, zum Treubruch gegen den König zu verleiten gesucht: Bruno, obwohl schon so weit gewonnen, daß er dem Herzoge am Osterfeste die Krone aufzusetzen sich entschlossen hatte, war dennoch bald darauf vom Gewissen gerührt worden und wieder auf die Seite des Königs getreten); ja er hatte Konrad an der Spitze seiner gewaffneten Macht bei Remelbingen im Gebiet des Ardennerwalds eine Schlacht angeboten, die dieser aber nicht annahm[2]), sondern sich jetzt auf den Reichstag verfügte, um die Gnade des Königs zu erflehen.

Als die Großen des Reiches, im feierlichen Rathe beisammensitzend versammelt waren, begann Otto von hohem Throne herab also zu ihnen zu sprechen[3]):

„Dafern der Zorn meines Sohnes und der Andern, die in Empörung gegen mich stehen, allein mich träfe, und nicht die gesammte Christenheit mit Schrecken erfüllte, so würde ich gelassen es dulden. Wenig würde ich es achten, daß man in meine Städte räuberisch eingefallen ist, daß ganze Landschaften meiner Herrschaft entrissen worden sind, dafern man nicht zugleich an dem Blute meiner Verwandten und geliebtesten Grafen sich gesättiget hätte. Hier sitze ich, eines Sohnes beraubt: den, welchen ich am meisten geliebt und von niedrigster Stelle zur höchsten hinauf und zu den herrlichsten Ehren erhoben, meinen einigen Sohn, sehe ich als den bittersten Feind mir

---

heut. Langenzenn (ohnfern Kadolzburg in der Gegend von Nürnberg) sich befindet. Kloster Cinna bei Jüterbogk kann nicht gemeint sein wegen der großen Entfernung vom Schauplatze des Krieges; auch waren von Horsedal (Roßstahl), (2 Meilen von Cinna, wo, wie unten folgt, die Schlacht zwischen Otto und Ludolf geschlagen ward) nach Witt. nur noch 3 Tagereisen (gegen 15 Meilen) bis Regensburg. S. Büschings Erdbeschreibung III. Th. 2..Bd. S. 524
[1]) Dithm. II. 32. erzählt diese Thatsache [2]) Fortf. b. Rhegino z. J. 954. Remelbingen lag ohnfern Luxemburg) Chron. Gottwic. I. S. 557. [3] Witt. III. 654.

gegenüber. Doch auch dieses würde ich tragen, hätte nicht der Streit zwischen mir und ihm die Feinde Gottes und der Menschen zum Einbruch in unser Vaterland verlockt. Durch sie liegt jetzt mein Reich veröbet darnieder, durch sie ist mein Volk der Knechtschaft oder dem Tode überliefert, durch sie sind die Städte zerstört, die Kirchen in Asche gelegt, die Diener des Herrn erwürgt worden! Da sind sie hingezogen, die wilden Barbaren, in ihre Heimath zurück, beladen mit Gold und Silber, womit ich ehedem meinen Sohn und Eidam bereichert — noch raucht der Weg, den sie genommen, von dem vergossenen Blute! Was nach dem Allen mir noch Schändlicheres geboten werden möge, vermag ich nicht zu ermessen! —"

Sogleich, nachdem Otto geendiget hatte, trat Heinrich, sein Bruder, der Baierherzog, auf und sprach[1]): „Wohl hat der König Recht, daß der Frevel von den Empörern bis zum Uebermaße erschöpft sei; was ihn betreffe, so wolle er lieber allem Unglück und Ungemach freudig entgegengehen, als zugeben, daß ihnen, den Feinden des Vaterlandes, die so niederträchtig und treulos das fremde Heidenvolk zum Verderben des Reiches berufen, jemals Gnade widerführe!"

Die Schwere dieses harten Wortes zu mildern, trat hierauf Ludolf in den Kreis und bekannte, daß er die Ungarn mit Gelde bestochen, aber nur, damit sie ihm und seinen Untergebenen keinen Schaden zufügen möchten. Wenn er hierin strafbar geworden, so möchten die versammelten Herren bedenken, daß er nicht freiwillig, sondern durch die bitterste Noth gedrängt, diesen Schritt gethan habe.

Endlich, nachdem Ludolf gesprochen, begab sich auch der Erzbischof Friedrich von Mainz in die Mitte der Versammlung; er gelobte, in offnem Gerichte es erweisen zu wollen, daß er, so lange des Königs Haupt die Krone schmücke, niemals Feindseliges gegen ihn gedacht, niemals dergleichen berathschlagt oder zur Ausführung gebracht habe, aus Furcht nur sei er von dem Könige abgefallen, weil dieser ihm zornig gewesen und in der Meinung gestanden habe, daß schwere Schuld auf ihm laste. Im Uebrigen vermöge er durch einen heiligen Eidschwur die Aufrichtigkeit seiner Treue zu erhärten.

Nachdem der König ernst und schweigend den Sohn, liebreich und mild den Bischof vernommen, entgegnete er letzterem also: „Ich verlange von Euch keinen anderen Eid, als daß Ihr des Reiches Frieden und Eintracht, so viel Ihr vermöget, beförbert!" In dieser Maße

---

[1]) Alles folgende nach Witt. III. 655.

schwur Friedrich vor Otto und den Herren des Reichs; auch der Herzog Konrad unterwarf sich dem Könige und erlangte Gnade von ihm: zwar erhielt er Lothringen nicht wieder, aber seine Erbgüter im Frankenlande blieben ihm zugesichert [1]).

Nur Ludolf war nicht zu bewegen, vor seinem Vater sich zu bemüthigen und in dessen Hände sein Schicksal zu legen. Vergebens ermahnten ihn Friedrich und Konrad — er blieb unerschüttert. Eben so verharrte Otto bei seinem Spruche, daß Ludolf, der so schwer sich an ihm und dem Reiche vergangen, ohne alle Bedingung zu unterwerfen habe. Da trennten sich Friedrich von Mainz und Konrad von Franken öffentlich von Ludolf [2]), und dieser brach in der folgenden Nacht mit den baierschen Herren, die ihn zu dem Reichstage begleitet, wieder nach der Donau hin auf. Ihm auf dem Fuße folgte der König: er ereilte den Sohn auf dem Wege. Ludolf rettete sich nach Roßstal [3]), zwei Meilen von Cinna entfernt auf der Straße gen Regensburg zu; gewaltig drängte ihn der König. Vor den Mauern dieses Platzes kam es zu einem offenen Treffen zwischen Vater und Sohn; mörderisch ward von beiden Seiten gefochten; die Nacht erst trennte die erhitzten Heere — unentschieden blieb der blutige Kampf. Ludolf erreichte Regensburg. Nach drei Tagemärschen stand auch der König am Ufer der Donau.

Zum drittenmale ward nun die Belagerung Regensburgs unternommen [4]), der Lagerplatz abgesteckt, die Stadt eng umschlossen und mit aller Macht berannt. Unausgesetzt rückten bewegliche Thürme an die festen Mauern heran; heftig entbrannte der Streit, doch heldenmüthig hielten sich die Baiern. Endlich zwang der Hunger die Belagerten, durch einen kühnen Ausfall eine Entscheidung herbeizuführen. Sie faßten den Entschluß, daß die Ritter durch das mitternachtwärts gelegene Thor hervorbrechen sollten, um den Feind glaubend zu machen, als wollten sie in seinem Lager ihn angreifen, während ein anderer Haufen auf dem Donaustrome zu Schiffe gehen, und, wenn der Feind das Lager verlassen habe, dieses erobern solle. Auf das Geläut der Sturmglocke brachen die Baiern

---

[1]) Fortf. d. Rheg. z. J. 954. Chunradus, omisso Ducatu in gratiam Regis intromittitur, vita, patria et praedio contentus. Das patria deutet auf die Verschonung vor der Strafe der Verbannung, die bei Feloniefällen gewöhnlich war. [2]) So Witt. l. c. [3]) Witt. III. 655 hat Horsedal. Dieß ist das heutige. Dorf Roßstal, ohnfern Nürnberg. S. d. Karte von Franken im Chron. Gottwic. und Büschings Erdbeschreibung Th. III. Bd. 2. S. 525. [4]) Das Folgende alles nach Witt. III. 655.

aus der Stadt hervor; doch das Heer in des Königs Feldlager erkannte das Zeichen und trat in die Waffen. Eine Säumniß, welche
die bairischen Ritter sich zu Schulden kommen ließen, vernichtete den
ganzen Anschlag: ehe noch das königliche Heer das Lager verlassen
hatte, um den Ausfallenden entgegen zu ziehen, traf der Haufen, der
zu Schiff gegangen, bei den Zelten der Belagerer ein, ward hitzig
empfangen und mußte zu schneller Flucht nach dem Strome sich hin
bequemen. Aber nur wenige kehrten in die Stadt zurück: ein großer
Theil gerieth bei der Verwirrung der eiligen Flucht auf tiefe Stellen
und ward von den Fluthen hinabgerissen, viele andere versanken auf
den überfüllten Schiffen. Auch die bairischen Ritter, die unterdessen
zum Kampfe sich gestellt hatten, wurden siegreich von dem Könige
geworfen; viele Todte von ihnen bedeckten das Feld; auch sie flohen
in Unordnung zurück nach den Mauern der Stadt; nur ein Einziger
von des Königs Kriegshaufen ward bei diesem Gefechte tödtlich verwundet.

Von neuem und nur noch heftiger begann nun die Belagerung
Regensburgs; in wiederholten Ausfällen waren die Baiern nicht glücklicher; immer höher stieg die Hungersnoth in der geängstigten Stadt.
Die ganze Heerde des Schlachtviehs, welche die Belagerten zwischen dem Regenfluß und dem Donaustrom innerhalb eines waldigen
Ortes geborgen, ward von dem Herzog Heinrich entdeckt und unter
seine Kriegsleute vertheilt. Da endlich kam Ludolf mit den vornehmsten Herren nochmals aus der Stadt heraus in des Königs Ge-
zelt und flehte um Frieden. Aber unbedingte Ergebung forderte
Otto. Verzweifelnd ging Ludolf zur Stadt zurück.

Darauf beschloß der König, müde, noch längere Zeit zu verlieren — die Belagerung hatte sich schon wieder in die sechste Woche
verzogen — die Festung durch einen Hauptsturm zu nehmen. Markgraf Gero, der gewaltige Held, stürmte das Osterthor; ihm rückten
die Baiern muthig entgegen. Von der dritten bis zur neunten Stunde
ward tapfer gefochten; Nachts kehrten die Banner der Belagerten in
die Pforten der Stadt zurück. Der Pfalzgraf Arnulf aber, von
Geschossen durchbohrt, war im Kampfe gefallen, unkenntlich unter dem
Leichenhaufen seiner Getreuen: erst nach zwei Tagen fand ihn ein
hungerndes Weib, das aus der Stadt schlich, um Nahrung zu suchen.
Also endete der Sohn des gewaltigen Arnulf's, der Enkel Luitpold's, derselbe, der durch die Erbauung der Burg Schehren, ohnweit des Ilmflusses [1]), einen neuen Namen seinem erlauchten Ge-

---

[1]) Lory, Geschichte von Bayern z. J. 954.

schlechte ertheilte, das späterhin, als die Nachkommen Luitpold's nach Wittelsbach herüberzogen, von dieser Veste genannt worden ist.

Nachdem sein Tod in Regensburg verkündet worden war, erfüllte Leid und Schrecken die Belagerten. Ludolf zog mit seinem tapfern Haufen hinaus, den Hungertod fürchtend: er wandte sich nach Alemannien zu, seinem ehemaligen Herzogthume. Otto rückte ihm nach. Bei Dissen am Illerflusse ohnweit Ulm trafen die beiden Heere zusammen: eine neue Schlacht sollte den unseligen Streit zwischen Vater und Sohn endlich entscheiden. Da, in dem Augenblick, als Beide schlagfertig sich gegenüberstanden, übernahm es der fromme Bischof Ubalrich von Augsburg und mit ihm Hartpert von Chur einen Stillstand der Waffen zu Stande zu bringen ¹). Ihr edles Bemühen ward von einem glücklichen Erfolge gekrönt: Otto verstattete seinem Sohne, daß er zu Fritzlar auf einem Reichstage erscheinen möge, wo er seines letzten Spruches gewärtig sein solle ²). Hierauf zog der König heim in das Sachsenland; sein Bruder, Herzog Heinrich, begab sich nach Neuburg am Ufer der Donau.

Während nun Otto zu Sonnenfeld ³), in der waldigen Gegend zwischen dem Thüringer Walde und dem Fichtelgebirge gelegen, sich aufhielt, um sich während der Herbstzeit an der Jagdlust zu vergnügen, trat unerwartet, mit demuthsvoller Geberde, baarfuß, im Bußgewande, Ludolf ihn an. Sein Herz, endlich durch den Edelmuth seines großen Vaters, der ihm viermal vergebens Gnade geboten, erweicht, hatte zu bitterer Reue sich gewandt und darum war er dem König von Alemannien in sein Land nachgezogen und warf sich jetzt flehend zu dessen Füßen nieder. Otto und alle Anwesende wurden bis zu Thränen gerührt und als Ludolf feierlich Gehorsam gelobte und daß er in Allem nach des Königs Willen sich fügen wolle, verhieß ihm Otto, vom Vatergefühl überwältigt, Vergebung. Zu Arnstadt in Thüringen ⁴) auf der Königspfalz, am 17. des Christmonds

---

¹) Leben d. heil. Ulrich c. 12. Hermann d. Lahme z. J. 953 (statt 954). ²) Witt. III. 655. ³) Die Dresdner Handschrift des Witt. hat Suveldun. In einer kaiserlichen Originalurkunde des zwölften Jahrhunderts, die ich selbst in den Händen gehabt, heißt es: „Sufelt in Thuringia situm" — deßhalb ist es wahrscheinlich, daß Sonnenfeld zwischen Coburg und Cronach, wo 1264 ein Cisterzienser-Kloster gestiftet ward, gemeint ist. Ausdrücklich sagt Witt. daß der König in patriam zurückgegangen sei: dieß aber war Sachsen und Thüringen. ⁴) Das Folgende nach dem Chron. des Marianus Scotus z. J. 954 in Pistorii Script. I. 448 nach Ruotger V. Brun. A. E. Col. b. Leibn. I. 284 und nach Cont. Rheginonis z. J. 954.

954, erfolgte sobann die öffentliche Aussöhnung des Königs mit sei= nen Söhnen: das Herzogthum Schwaben erhielt Ludolf nicht wie= der, er mußte es feierlich mit allen Vasallen in seines Vaters Hände zurückstellen und darauf gab es dieser dem Schwiegersohne seines Bruders, Heinrich's von Baiern, Burcharden, den man für ei= nen Sohn jenes ersten Herzogs Burchard in Schwaben hält, welchem König Konrad einst die herzogliche Krone verliehen hatte. Konrad aber, Otto's Eidam, weil er frühzeitiger des Königs Gnade sich unterworfen, ward als Herzog über Frankenland bestätigt[1]). An diesem selben Tage auch ward Wilhelm, ein natürlicher Sohn des Königs, den er in früher Jugend mit einer edlen Slavin, die als Gefangene am Hoflager seines Vaters lebte, erzeugt hatte[2]), nach alter Sitte vom Volk und der Geistlichkeit zum Erzbischof von Mainz erwählt: Friedrich war am 25. des Weinmonates gestorben.

Ruhig hätte nun der König über sein Reich die Herrschaft führen mögen, überall war Frieden; denn auch Regensburg[3]), als der Kö= nig und sein Bruder wiederholt es mit Waffengewalt überzogen, er= gab sich im Frühling des folgenden Jahres und mit ihm stellte ganz Baiern sich wieder unter Heinrich's Scepter — aber die Folgen des großen Frevels, mit dem die Empörer die Ungarn geladen, sollten noch schrecklicher an das Licht kommen. Als der König, nach= dem er in Baiern die Ordnung hergestellt, die Anführer des Auf= standes mit der Verweisung bestraft, den Uebrigen großmüthig ver= geben hatte, wieder heimwärts nach Sachsenland zog, gegen den Anfang des Julius 955, begegneten ihm Gesandte der Ungarn, die da vorgaben, sie kämen, um die alte Freundschaft mit dem Könige von neuem zu befestigen: in der That aber waren sie ausgeschickt, um zu erkunden, welches Ende die Fehde mit Ludolf genommen. Denn kaum hatte der König, der sie mehrere Tage hindurch gastfreundlich bewirthen und mit Geschenken beehren ließ, sie wieder entlassen, als Eilboten von Herzog Heinrich aus Regensburg anlangten, mit der Nachricht, daß unermeßliche Schaaren aus den pannonischen Steppen die bairischen Gauen überschwemmten.

Und also war es. Gewaltiger als je hatten der Ungarn berittene Haufen das waldige Kalengebirg und den Ensfluß überschritten; ein

---

[1]) Denn noch bei der Schlacht auf dem Lechfelde heißt es von ihm b. Witt. III. 656. „Franci quorum procurator et rector erat dux Conradus und eben so heißt es b. Dithm. II. 14 Conradus Dux. [2]) Er war nach Cont. Rheg. 928 geboren. Vergl. Witt. III. 661 zu Ende und Dithm. II. 39. [3]) Dieß und das Folgende nach Witt. III. 555.

alter Schriftsteller [1]) berichtet, es seien ihrer hunderttausend gewesen — solch ungeheure Menge von ihnen hatte Deutschland noch niemals gesehen. Sie selbst rühmten sich, auf ihre Uebermacht trotzend, daß, wofern der Himmel nicht auf sie herniederstürze und die Erde nicht ihre Abgründe öffne, um sie zu verschlingen, sie nimmer würden besiegt werden [2]). Alles Volk in Baiern flüchtete vor ihrer Wuth mit Hausrath und beweglichem Eigenthum in die verschlossenen Städte, Burgen, Klöster und Kirchen oder in die schützenden Berge und Wälder. Wo die grimmigen Heiden heilige Wohnungen erbrachen, wurden betagte Mönche erwürgt, oder in den Flammen ihrer Klöster verbrannt; die jüngeren noch rüstigen, führte man in die Gefangenschaft ab [3]). Von der Donau bis zum Lechfluß und weiter bis zur Iller in Schwaben ward alles Gebiet mit Feuer und Schwert verheert. Wie ein verwüstender Strom wälzte ihr unabsehbarer Zug sich bis zu den Bergen des Schwarzwaldes [4]). Augsburg allein, obwohl nur mit niedrigen Mauern versehen, und ohne Thürme, von zahllosen Flüchtlingen erfüllt, trotzte ihrer Wuth: denn der fromme Bischof Udalrich schützte es mit Heldenmuth. Er und Graf Theobald von Dillingen, sein Bruder, und viele andere Herren aus den nachbarlichen Gauen hereingekommen, hatten in Eile die Stadt durch höhere Wälle und Thürme befestigt, entschlossen, den Andrang der Ungarn aufzuhalten oder zu sterben.

Diese, obschon sie ehemals feste Städte nicht zu belagern versucht, hatten dießmal auch mit Werkzeugen zur Brechung der Mauern sich gerüstet, und schickten sich an zur Berennung der Stadt. Vom Illerfluß her und von Baiern herauf sammelten sie sich vor Augsburg und lagen vor demselben auf beiden Lechufern, so daß sie ringsum die Mauern umschlossen — doch ihr größter Haufe stand bei dem gegen Sonnenaufgang gelegenen Thore, von wo aus man zum Lechfluß sich wendet [5]). Von dieser Seite her kam ihr furchtbarster Andrang, aber tapfer widerstanden die Belagerten; sie kämpften verzweifelnd für ihr Leben. Bischof Udalrich selbst, auf hohem Pferde sitzend, mit der Stola bekleidet, ohne Helm, Panzer und Schild, unberührt von den

---

[1]) Hepidan Mönch von S. Gallen bei Golbast Rer. Alem. I. [2]) Fortf. d. Rhegino z. J. 955. [3]) Legenda Vetusta SS. Mariani et Aniani Mon. Boic. I. 349. Vergl. März Abh. von Jllmünster in d. Abh. Bayr. Akademie X. 143. [4]) Dieß und das Folgende meist wörtlich nach d. Leben des heil. Ulrich c. 12. [5]) Vergl. die sogenannte augsburgische Weberchronik, die ums Jahr 1540 aus Nachrichten rember Zeitbeschreiber, aus alten Jahrbüchern der Stadt, aus Urkunden und Volkssagen zusammengetragen ward, und Zschokkes baierische Geschichte I. 242.

ihn umschwirrenden Pfeilen und Steinen, ritt durch die Reihen der
Christen und feuerte sie an zum Kampfe. Die Ungarn wurden zum
Rückzuge genöthigt. In der Nacht ließ Udalrich die Thürme, die
am Tage gelitten, wieder ausbessern und die beschädigten Wälle er=
neuern. Während dessen durchzogen Klosterfrauen, Kreuze vor sich
tragend, in feierlichem Zuge unter heiligen Gesängen die Straßen;
andere erflehten in den Klöstern und Kirchen Rettung aus der unge=
heueren Gefahr. Der Bischof selbst, der heilige Mann, wandte sich
in glühendem Gebete zum Himmel, auf daß er der geängstigten Stadt
schnelle Hülfe senden möge. Nur kurze Zeit vor Tages Anbruch
übergab er den müden Leib erquickendem Schlafe.

Sobald der Tag graute, versammelte er alles Volk um sich,
hielt Hochamt und reichte seinen bedrängten Landsleuten das Nacht=
mahl. Er ermahnte sie liebreich, im rechten Glauben zu verharren
und ihre Hoffnung auf Gott, den Allmächtigen, zu setzen: der werde
sie trösten. Darauf stimmte er laut den Psalm David's an: „Und
wenn ich im Schatten des Todes wandle, so werde ich nichts Uebles
fürchten, weil der Herr mit mir ist“ [1] und dann entließ er die
Krieger, damit sie muthig die Ungarn im Kampfe bestehen möchten.

Als der erste Strahl der aufgehenden Sonne die Gefilde der
Erde überglänzte, nahte der Heiden unübersehbares Heer —, von
allen Seiten die Stadt umzingelnd, Kriegs= und Belagerungszeug
mit sich führend, glühend vor Verlangen, die Zinnen zu erklimmen.
Aber hoch oben an allen Stellen der Mauer erschauten sie die tapfe=
ren Helden von Augsburg, wohl gerüstet, still und ernst, muthflam=
menden Auges: furchtbar leuchteten ihre Waffen im Sonnenglanze.
Bei diesem Anblick erzitterten die Herzen der Ungarn und feige Furcht
ergriff sie. Vergebens mühten sich ihre Woiwoden, sie mit Geißel=
hieben vorwärts zu treiben [2], damit sie den Angriff begännen: Furcht
vor der ihnen drohenden augenscheinlichen Todesgefahr ließ sie den
Schmerz nicht achten — sie waren nicht zu vermögen, den Sturm zu
beginnen. Als Bultzko, ihr König, über die Feigheit seiner Völker
tobte und wüthete, kam der auf der Reisersburg in Schwaben auf hohem
Felsen am Donaustrand Rache brütende Graf Berthold, Sohn des bei
Regensburg gefallenen Pfalzgrafen Arnulf, zu ihm und meldete,
daß Otto, der König der Deutschen, im Anzuge sei. Auf diese Nach=
richt beschloß Bultzko von der Stadt abzulassen: die Trommete er=
tönt und das Heer zieht sich in das Lager zurück. Hier hält der

---

[1] Psalter XXIII. 4. [2] Flagellis minantes. So b. Leben b. heil. Ulrich.

der Ungar Rath mit seinen Getreuen, faßt den Plan, zuerst König Otto im Kampfe zu bestehen und wendet sich sodann mit seinem ganzen Heer auf das rechte Ufer des Lechflusses.

Otto war, als er die Botschaft vom Einbruche der Ungarn empfangen, unverzüglich nach Baiern aufgebrochen[1]), nur von wenigen Sachsen begleitet, weil eben ein Feldzug gegen die nach dem baltischen Meere zu wohnenden Slaven zu führen war. An den Grenzen der Lande Baiern und Schwaben, bei Werth, ohnfern des Einflusses des Lechs in den Donaustrom, hatte sein Kriegsheer durch den Zuzug fränkischer und baierscher Haufen und tausend böhmischer Reiter, die Herzog Boleslav führte, Verstärkung erhalten. Sein Bruder, Herzog Heinrich, lag in Regensburg krank; den Oberbefehl hatte für ihn der tapfere Graf Eberhard an der Sempt und von Ebersdorf übernommen. Auch Herzog Konrad war mit vielen Rittern und Reisigen zum Könige gestoßen und sein Erscheinen erfüllte Otto's Schaaren mit Kampflust; denn er war ein gewaltiger Kriegsmann, eben so kühn als besonnen, und bei dem Heere deßhalb vor Allen beliebt. Also verstärkt setzte Otto über die Donau; er zog in Eilmärschen, unbemerkt, durch unwegsame Gegend nach dem bedrängten Augsburg um dasselbe womöglich zu entsetzen.

Von dieser Stadt aus, weiter nach Mittag hin, breitet sich eine unübersehbare Ebene aus, zehn Stunden Weges lang, zwischen dem Lechflusse und der Werbach, ohne Baum und Strauch, nur mit kurzem Grase bewachsen, rings von einer Hügelreihe umschlossen, welche Dorfschaften bedecken: dieß ist das Lechfeld. Hier, in dieser weiten Blache, für Bewegungen von Kriegshaufen bequem, schlug der König sein Lager auf; seine Plänkler berichteten ihm, daß die Ungarn ihm nicht fern seien: sie standen am rechten Ufer des Lechflusses bei Gunzenlech[2]), einem Platze, den späterhin die Wellen hinweggeschwemmt haben, ohnfern des Dorfes·Kissing[3]), das heut zu Tage ein berühmter Badeort ist. Nachdem nun von Augsburg aus auch Bischof Udalrich mit seinem Bruder, Grafen Theobald, und viele Einwohner unter dem Banner der letzteren, welches ein Bürger, Syboth Stolzehirsch trug[4]), zu ihm gestoßen waren, befahl Otto

---

[1]) Das Folgende nach Witt. III. 656. 657. Dithm. II. 24. Leben des heil. Ulrich c. 12. Anonym. Chron. Ebersperg bei Oefele Scr. Rer. Boic. II. 7. Die Weberchronik. Vergl. auch Cont. Rheg. u. Herm. Contr. u. V. Brunonis A. E. Col. bei Leibn. I. 284. [2]) Chron. Ebersp. l. c. [3]) Lori's Lechraingeschichte S. 178. 179. „Gunzenlech neben Kissing". [4]) So die Weberchronik. Paul von Stetten Gesch. von Augsburg I. S. 41.

ein allgemeines Fasten in seinem Lager an, und daß das Heer auf
morgen zum Kampfe solle gerüstet sein. In acht Haufen stellte er
seine Völker zum Treffen. In dreien voraus zogen die Baiern unter
dem Grafen Eberhard von Ebersberg, dann folgten die Franken
unter Konrad, ihrem Herzoge. Der fünfte Schlachthaufen war aus
erwählten Rittern des ganzen Heeres gebildet; er war der größte und
hieß der königliche, weil der König selbst ihn führte. Ihm vorange-
tragen ward das Reichsbanner mit dem Bilde des Erzengels Michael,
welcher bei Merseburg die königlichen Truppen zum Siege geführt [1]),
umgeben von einer dichten Leibwacht der Tapfersten. Im sechsten
und siebenten Haufen gingen die Schwaben unter Burkhard, ihrem
neuen Herzoge, und die tausend böhmischen Reiter folgten zuletzt in
dem Nachzug; ihnen war die Hut des Trosses und des Feldgeräthes
vertraut. Jeder der acht Haufen gelobte seinem Führer, und jeder
einzelne Mann dem andern, mit heiligem Eidschwur getreuen Beistand
bis zum Tode.

In solcher Weise gerüstet rückte der König am Vorabende des
heil. Laurentinsfestes, dem neunten des Augustmonds dem Feinde entgegen: nicht lange säumten die Ungarn. Sie schwammen mit ihren
Pferden durch den reißenden Lechfluß [2]) zum linken Ufer über und
breiteten dort ihre zahllosen Reiterschwärme aus. Als der König
diese unübersehbaren Horden erblickte, verzweifelte er, daß Menschen-
gewalt im Stande sei, sie zu besiegen; er äußerte laut, daß, wenn
Gott sie nicht schlage, er unrettbar mit seinem Häuflein verloren sei. [3])
Lange umschwärmten die Ungarn die deutsche Schlachtordnung; endlich
umgingen sie dieselbe und brachen unerwartet, unter einem Hagel von
Pfeilen und gräßlichem Geschrei, auf das Hintertreffen ein, welches
das Gepäck mit sich führte. Ihrem ungestümen Andrang wichen die
böhmischen Reiter; ein großer Theil von ihnen fällt von den mächtigen
Pfeilschüssen durchbohrt, ein anderer wird gefangen, die übrigen retten
sich durch schleunige Flucht, der ganze Troß fällt in die Hände der
Ungarn. Hierauf stürzte die gesammte Macht der letzteren frohlockend,
im Taumel des Siegs, auf den sechsten und siebenten Schlachthaufen;
auch die Schwaben erlagen nach männlichem Streit dem gewaltigen
Angriffe. Da giebt der König, schnell die Gefahr überblickend, seinem
tapfern Tochtermanne, dem Herzog Konrad Befehl, mit den Franken
sich auf den vorrückenden Feind zu werfen. Dieser, voll Verlangen,

---

[1]) angelus, penes quem victoria. Witt. [2]) Lech, fluvium celerem.
Dithm. So ist er noch h. z. T. [3]) So das Leben des heil. Ubalrich.

die früher auf sich geladene Schmach der Bundesgenossenschaft mit den Ungarn durch glänzende Thaten wieder gut zu machen, rennt voll Löwenmuth auf die grimmigen Heiden: es gelingt ihm, sie zum Weichen zu bringen, die Gefangenen zu lösen und das ganze Gepäck wieder zu erobern. Nachdem er nach allen Seiten hin den Feind zurückgedrängt, kehrt er am Abend siegreich in's Lager des Königs.

Am andern Morgen [1]), am Feste des heil. Laurentius, dem 10. August im Jahre des Heils 955, vor Tagesanbruch, beichtete der König, allein, vor Gott knieend, in tiefster Demuth, seine Sünden und that das Gelübde: „dafern der Erlöser der Welt an diesem Tage Sieg und Leben ihm schenken wolle, zu Merseburg dem Märtyrer Laurentius, diesem Bezwinger des Feuers [2]) zu Ehren, ein Bisthum zu gründen." Hierauf hielt der fromme Bischof Udalrich von Augsburg vor allem Volke feierlich Hochamt, und als Otto aus seinen Händen das Nachtmahl empfangen, stand er von der Erde auf und redete also zu dem Heere [3]):

„Daß ein tapferer Muth, liebe und getreue Mannen, Eure Busen durchflammen müsse in der schweren Gefahr, die uns nah ist, erkennet ihr selbst, die Ihr den Feind nicht mehr fern, sondern vor Euch mit Augen erblicket! Bis hierher bin ich durch Euern heldenmüthigen Arm zu jeder Zeit glorreich im Kampfe bestanden; außerhalb der Grenzen meines Reiches habe ich überall hochherrliche Siege erfochten! Soll ich in meinem Lande nun, auf der vaterländischen Erde, ruhmlos zur Flucht gebracht werden? — Wohl weiß ich, daß der Feind an Zahl uns überlegen, doch nimmermehr ist er's an Heldenkraft und an Waffen. Mir und Euch ist bekannt, daß ein großer Theil der Heiden der letztern ganz entbehrt und daß das größte Gut, des Himmels Beistand, ihnen mangelt. Der Ungarn einige Schild ist ihr hochfahrender Trotz, der unsere ist das Vertrauen auf Gott und seine allmächtige Hülfe. Ihr, die Ihr Herren seid, beinahe des ganzen Europa's, bedenket, wie unrühmlich es wäre, dem heidnischen Volke Euch zu beugen! Lieber laßt uns, dafern unsre letzte Stunde gekommen, ruhmvoll sterben auf dem Wahlplatze der Ehre, und der Schmach zuvorkommen, ein elendes, knechtisches Leben, unterworfen

---

[1]) Dithm. II. 24. sagt ausdrücklich: Postero die, id est in festivitate Christi Martyris Laurentii. Er hat vorher den Sieg Konrads, den er am 9. August erfochten, erzählt. [2]) Noch ist der glühende Rost, auf welchem der heil. Mann zu Rom im J. 258 unter K. Valerian (Haltaus) gemartert ward, sein Attribut bei der Bildsäule in seinem Dome zu Merseburg. [3]) Die folgende Rede wörtlich nach Witt. III. 657.

dem Feinde, zu führen, oder wie wilde Thiere des Waldes an der Schlinge zu enden! — Mehr noch würde ich zu Euch sprechen, liebe und getreue Mannen, wenn meine Worte den Muth Euerer Seelen zu höherer Flamme emporheben könnten. Besser mit dem Schwert, als mit der Zunge laßt uns jetzt reden."

Nachdem der König geendet, ergriff er Schild, Schwert und die heilige Lanze und schwang sich auf's Roß. Er selbst, der Erste, sprengt auf den Feind ein, glorreich, wie es einem Könige geziemt, der über streitbare Männer gebietet. [1]) Kaum hatte der aufgehende Morgen seine ersten Strahlen gesendet [2]), als die Heere auf einander trafen. Furchtbar, in engen, geschlossenen Gliedern, die Schilde vorgestreckt, prallte die deutsche Schlachtordnung auf den Feind; fest hielt Mann an Mann an einander. [3]) Tapfern Widerstand thaten die Vorderſten der Ungarn, aber immer gewaltiger drängten die Deutschen. Endlich, als viele in wilder Angst zur Flucht sich wandten, kam allgemeines Grauen unter die Heiden. Ihre Ordnung ward getrennt, immer enger ihre aufgelösten Rotten gegen den Lechfluß hin zusammengedrückt, wo die Schnelligkeit ihrer Pferde ihnen nicht mehr half: gräßlich mähte das Schwert der Deutschen in dem ungeheuern Getümmel. Siegreich leuchtete der Reichsengel hoch empor über das mit Leichen besäte Feld, wo das Schicksal zweier großer Völker heute entschieden ward.

Otto verfolgte die fliehenden Ungarn bis in die sinkende Nacht. Eine unermeßliche Anzahl von ihnen starb auf dieser Flucht, zum Theil, eingeholt von den Deutschen durch die Schärfe des Schwertes, zum Theil in den Flammen der Dörfer, in welche sie sich geworfen, oder in den Wellen des Lechs, indem das gegenseitige steilere Ufer das Erklimmen desselben ihnen wehrte. [4]) Das ganze Bette dieses Flusses soll von untergesunkenen Körpern erfüllt worden sein. [5]) Das Lager der Ungarn mit den unzähligen Gefangenen und einer unschätzbaren Beute von goldenen und silbernen Schmuckketten und Glöckchen, welche die Vornehmſten von ihnen unten an ihren ausgezackten Kleidern zu tragen pflegten, prächtigen Gefäßen und Münzen, fiel in die Hände der Sieger. Hoch erfreut ritt Otto am Abend an der Seite des frommen Bischofs Udalrich in die Mauern des frohlockenden Augsburgs ein: er blieb hier die Nacht über. [6])

---

[1]) Witt. l. c. [2]) So das Leben Erzbiſch. Brunos von Cölln b. Leib. I. 284. [3]) So hatte Heinrich die Deutschen fechten gelehrt. Luitpr. II. 9. [4]) So Witt. l. c. [5]) Hermann der Lahme z. J. 955. [6]) So das Leben des heil. Ulrich.

Am andern Morgen aber zog er wieder hinaus und lagerte auf grünem Wiesenplane mit seinem siegreichen Heere, um zu erkunden, wer von seinen Getreuen noch lebe. [1]) Da ergab sich, daß viele deutsche Helden im schweren Streite gesunken waren, — Theobald, der edle Graf von Dillingen, Bischof Udalrich's Bruder, und Reginald, sein Vetter, vor allem aber Konrad, der heldenmüthige Herzog der Franken, dessen Schwert nächst dem des Königs hauptsächlich die Ehre des Siegs erfochten hatte. [2]) Um im hitzigen Kampfe des heißen Sommertages frischen Athem zu schöpfen, hatte er den Helm gelüftet; da war ein feindlicher Pfeil tief in den Hals ihm gedrungen, so daß er in demselben Augenblicke auf dem Felde des Sieges erblassen mußte. Er bezahlte mit seinem Tode die Schuld gegen das Vaterland und sah seinen Wunsch sich gewährt [3]), seine frühere Treulosigkeit mit seinem Herzblute zu sühnen. Der König weinte Thränen über der Leiche des Helden, und ließ dieselbe nach seiner Stadt Worms in die Kirche des heil. Alban zum Begräbniß abführen.

Nach der Todtenschau gedachte Otto die geflohenen Ungarn vollends zu vernichten. Er selbst zog über den Lechfluß hinüber dem Baierlande zu und sandte Boten voraus, die den Befehl in alle Ortschaften tragen sollten, sämmtliche Fuhrten und Fährwerke der Flüsse genau zu bewachen, um den Ungarn die Flucht zu versperren. [4]) Darauf sind noch viele von diesen in den Fluthen der Ströme umgekommen, viele von dem bairischen Landvolk erschlagen worden. Ihr König Bultzko und noch zwei von ihren vornehmsten Woiwoden wurden gefangen nach Regensburg gebracht, wo Herzog Heinrich sie vor dem Osterthore hängen ließ. Auch Graf Berthold von Reisersburg, Sohn des Pfalzgrafen Arnulf, fiel in die Hände der Nachsetzenden: ihn begnadigte der König auf Vorbitte des Bischofs Udalrich, der ihn aus der Taufe gehoben, und gab ihm sogar das hohe Pfalzgrafenamt seines Vaters. [5]) Furchtbar rächte sich der erbitterte Landmann wegen der erlittenen Greuel an seinen heidnischen Drängern: viele wurden verstümmelt, gekreuzigt, durch langsame Martern hingerichtet, andere haufenweis in große Löcher gethan und lebendig begraben. [6]) Von dem ganzen ungeheuern Heere sollen, wie

---

[1]) Dithm. II. 24. [2]) Dithm. l. c. Witt. l. c. Hermann der Lahme l. c. Leben des heil. Ulrich. [3]) So berichten Siegbert von Gemblours zum Jahre 957 (statt 955) u. d. Leben d. Erzbisch. Bruno S. 287. [4]) So das Leben des heil. Ulrich. Vergl. Herm. den Lahmen und Hepidan. [5]) Chron. Conradi Schyrensis S. 18. Vergl. Scholliner N. Abh. der Bayr. Akad. III. 122 fg. [6]) Anon. Ebersperg b. Oefele II. 7.

Keza, ihr eigner Geschichtschreiber berichtet, nur sieben mit abge=
schnittenen Ohren die Kunde der erlittenen Niederlage ihren Lands=
leuten nach Ungarn zurückgebracht haben. [1]

Seit dem Tage bei Augsburg ging großes Schrecken und laute Weh=
klage durch dieses Land: das Volk daselbst, vor den Waffen der
Deutschen zitternd, verschanzte sich aus Furcht. [2] Nie seitdem haben
die Ungarn wieder einen Raubzug nach Deutschland oder einem an=
dern Reiche gewagt; sie, die Europa zur Wüste gemacht, sind fortan
ruhig in ihrem Lande geblieben und haben sich gewöhnt, dasselbe zu
bebauen. Das Land unter der Ens aber, das nachmalige Oesterreich,
ist ihnen abgenommen worden; Otto richtete hier die alte Markgraf=
schaft, die vordem Rüdiger von Pechlarn, hochgeehrt in Gesängen,
besessen und die späterhin unter Otto II. an das berühmte Geschlecht
der Babenberger gekommen ist, wieder auf, und blieb fortan in
freundlicher Verbindung mit den Ungarn. Noch ehe er starb, hatte
er die Freude zu sehen, daß es durch des frommen Bischof's Pil=
grin zu Passau Bemühung das Christenthum Eingang in Ungarn
fand [3]), ja, daß der Bischof Bruno von Verden, ein naher Ver=
wandter Herzog Hermann's [4] des Billungers, den er selbst nach
Ungarn gesandt [5]), den König Geisa zur Taufe bewog, im J. 972.
Durch dessen Sohn und Nachfolger, Stephan den Heiligen, den
Gemahl Gisela's, der Enkelin Herzog Heinrich's von Baiern,
welcher das Erzbisthum Gran gestiftet und dem Lande treffliche Ge=
setze gegeben hat, ist seitdem die christliche Lehre im Ungarlande all=
gemein verbreitet worden.

Schon vor Augsburg aus hatte Otto Eilboten nach Sachsen ge=
sandt, seiner ehrwürdigen Mutter und allen Fürsten den erfochtenen
herrlichen Sieg zu verkünden. [6] Er selbst, von seinen Getreuen um=
geben, die ihn, wie seinen Vater nach der merseburger Schlacht mit
dem ehrenden Namen eines Vaters des Vaterlands jetzt grüßten, zog
mit seinem kranken Bruder, dem Herzoge Heinrich von Baiern,

---

[1]) Sim. Keza im Chron. Hungariae ed Alex. Horany, (es ward im 13. Jahrh.
geschrieben). Vergl. d. Chronik Bischof Ottos von Freysingen B. 6. c. 20. [2]) Otto
von Freysingen l. c. [3]) Allgem. Weltgesch. Th. XV. Abth. I. S. 412. [4]) Dithm.
II. 37. [5]) Sehr gründlich hierüber Hansiz in s. Germania Sacra I. S. 207 fg.
Noch auf dem letzten großen Reichstage, den Otto 973 am Osterfest zu Quedlin=
burg hielt, erschienen ungarische Gesandte vor ihm. Dithm. II. 37. Witt. III. 661.
[6]) Dieß und das Folgende nach Dithm. II. 25. Witt. III. 657. Den Besuch
Heinrichs in Pölde bei Mathilden erzählt ausführlich d. Leben der heil. Mathilde
bei Leibn. I. 201.

balb barauf ber Heimath zu. Weit voraus kamen ihm alle edeln
Herrn, unter ihnen auch Hermann ber Billunger, ber mächtige
Herzog von Sachsen, und Gero, ber tapfere Markgraf, entgegen und
empfingen frohlockend und mit staunender Ehrfurcht ihren gewaltigen
König, ber, wie Wittechind sagt, einen Sieg erfochten hatte, wie
er seit zwei Jahrhunderten [1] in Europa nicht war erfochten worden.
Zu Pölbe am Harzgebirge wartete seiner bie fromme Mathilbe,
und schloß ben Retter ber Christenheit mit Freubenthränen in bie
mütterlichen Arme. Auch seine Gemahlin Abelheib sah Otto hier
wieder, bie ihm im vorigen Jahre einen britten Sohn, wie ber Vater
geheißen, geboren hatte [2], ber bie beiben älteren, Heinrich und
Bruno, überlebte, und nach Ludolph's Tod sein Nachfolger warb
im Reiche. Von allen Altären bes christlichen Europa's, und bes
beutschen Landes zumal, stiegen in diesen Tagen Opfer unaussprech=
lichen Dankes hinauf zum Himmel und mit Lobgesängen warb bie
Gnabe und Herrlichkeit Gottes in ber Höhe gepriesen, bie so offenbar sich
bewiesen hatte in bem glorreichen Siege. Darauf, nachbem sich bie Brüber
in ihrer Mutter Umarmung ergötzt, wandte Heinrich sich heimwärts
nach bem Baierlande. Der König und Mathilbe haben ihn nicht
wieder gesehen; er starb balb barauf im Wintermonde bes J. 955,
und liegt zu Regensburg begraben. Sein Erstgeborner, Heinrich,
später ber Zänker geheißen, bamals vier Jahr alt [3], erhielt bas Her=
zogthum Baiern und bie Marken Verona und Aquileja aus bes
Königs Hand. [4] Sein zweiter Sohn Bruno hat bes Vaters Erb=
güter im Sachsenlande überkommen und ist Herr zu Braunschweig
geworden. Von seinen beiben Töchtern war Hebwig bem Herzoge
Burchard von Alemannien vermählt und Gerberga hat als Aebtissin
bem Stifte Ganbersheim vorgestanden.

Otto aber zog von Pölbe aus wieder zu Felbe, um nun auch

---

[1] Witt. hat hier wahrscheinlich ben großen, von Karl Martell zwischen Tours
und Poitiers über bie Saracenen im J. 732 erfochtenen Sieg im Sinne. [2] Die
Fortf. b. Rheg. hat zwar beim J. 955 bie Nachricht, baß Otto II. geboren sei;
allein bie Queblinburger Chronik bei Leibn. II. 280 giebt an, baß Mathilbe, bie später
Aebtissin von Queblinburg warb, sei in diesem Jahre geboren. Vielleicht fällt bie
Geburt Otto's II. in ben Anfang bes J. 955, bas bie Alten bekanntlich mit Weih=
nacht anfingen, also eigentlich ins Ende bes J. 954. Albericus in Chron. nennt
Otto II., als er im J. 961 zu Aachen gekrönt warb: puerum septennem. Die
beiben Erstgebornen Söhne Otto's I. erwähnt Witt. III. 652: Nati sunt Regi
filii ex serenissima Regina (Adelh.) primogenitus Henricus, secundus Bruno,
tertius Otto. Sie starben früh: Bruno nach bem Necrolog. Fuldense. 6 Id.
Sptbrs. 957. [3] Geb. 951. Ann. Sax. [4] Fortf. b. Rheg. z. J. 955.

den angefangenen Krieg mit den Slaven zu beenden. Graf Wichmann, zur Strafe wegen des Aufruhrs gegen seinen Oheim Herzog
Bernhard in dem Königspalast zu Magdeburg in Haft gehalten und
dem Aufgebot des Königs, seines Vetters, mit gegen die Ungarn zu
ziehen, durch eine vorgeschützte Krankheit entgangen, hatte diese Völker
von neuem zu Treubruch und Abfall verleitet. [1]) Nachdem er und
sein Bruder, Graf Ecbert, von dem tapfern Oheim verjagt, über
den Elbstrom hatte weichen müssen, waren sie mit zwei slavischen
Fürsten, Stoineff und Neco, die in der heutigen Ukermark geboten,
in ein offnes Bündniß gegen den König getreten, hatten mit ihrer
Uebermacht Herzog Bernhard die Spitze geboten, und denselben in
harte Bedrängniß gebracht. Darum rief Bernhard den König: in
feierlicher Versammlung wurden Wichmann und Ecbert in des
Reiches Acht erklärt, und Otto brach sofort gegen sie und die Slaven auf; mit ihm zogen sein Sohn Ludolph [2]), Gero der Markgraf, und Boleslaw [3]), Herzog der Böhmen. In dem äußersten
Norden von Deutschland, da wo der Reknitzfluß seine Fluth in das
baltische Meer ergießt, kam es am 16. des Weinmonds, am Feste
des heil. Gallus [5]), zu einer großen blutigen Schlacht. Die Slaven
wurden besiegt; einer ihrer Fürsten, Stoineff, selbst auf der Flucht
ereilt und getödtet, die Grafen aber entkamen nach Frankreich, wo
Herzog Hugo von Franzien sie aufnahm.

Darauf hat Otto in den folgenden Jahren in wiederholten Feldzügen die Macht der trotzigen Slaven gebrochen [5]) und treulich sind
ihm Herzog Bernhard von Sachsen und Markgraf Gero dabei be-
hilflich gewesen bis an das Ende ihrer Tage. Graf Wichmann,
aus Frankreich zurückgekehrt, hat späterhin noch zweimal mit slavischer
Hülfe sich gegen den König empört, und endlich hat Mjesko, der
Herzog der Polen, des Königs getreuer Lehnmann, ihn vollständig
besiegt; er ist an seinen erhaltenen Wunden in offener Feldschlacht gestorben. Graf Ecbert dagegen, sein Bruder, hat des Königs Verzeihung auf Vorbitte des cöllnischen Erzbischofs Bruno erhalten.

In jenen Tagen sind die gesammten slavischen Lande zwischen der
Saale, Elbe und Oder in achtzehn Gaue vertheilt worden: sie zinsten
dem Könige der Deutschen, und alle, bis auf drei, haben zur christlichen Lehre sich bekannt. [6]) Auch der Polen ruhmwürdiger Herzog

---

[1]) Dieß und das Folgende nach Witt. III. 657 ff. [2]) Hepidan. [3]) Floboard
z. J. 955. [4]) Hepidan z. J. 955. [5]) Fortf. d. Rhegino z. J. 957, 959, 960.
Floboard z. J. 958. Witt. l. c. Dithm. II. 26. [6]) Adam von Bremen II., 17.

Mjesko, der über die Lechen gebot an beiden Ufern der Oder bis über den Weichselstrom hinaus, ist Vasall des deutschen Reiches mit allen seinen Unterthanen geworden: bis zum Warthefluß zahlte er Tribut an König Otto. [1] Seine Gemahlin Dombrowka, die Tochter Boleslaw's I. von Böhmen, hat ihn bewogen, des Evangeliums Lehre zu vernehmen. Er und sein ganzes Land sind dazumal Christen geworden: die heidnischen Götzen wurden — sagt man — an einem Tag in die Ströme versenkt oder verbrannt. Zu Posen, am Warthefluß, ward das erste polnische Bisthum gestiftet [2], das unter des mainzischen und später des magdeburgischen Erzbischofs Oberaufsicht gestellt ward. Des Sprengels Regierung überkam Jordan: der hat mit unermüdetem Eifer die milde Lehre des Kreuzes im polnischen Lande verbreitet.

Endlich hat Otto um diese selbe Zeit auch noch einen Versuch gemacht, das Christenthum in das ferne Rußland zu verpflanzen. Dazumal beherrschte dieses Reich, dessen Hauptstadt das große und vollreiche Kiew [3] am Dneprstrom war, Olga, Schwiegertochter Rurik's des Wäringerfürsten, der zuerst gegen Ende des neunten Jahrhunderts zu Nowgorod eine selbstständige Herrschaft gegründet hatte. Im J. 955 hatte diese Fürstin sich in Constantinopel zum Christenthum bekannt und in der Taufe den Namen Helena empfangen. Vier Jahre darauf kam eine Gesandtschaft von ihr an Otto, der sich Missionarien ausbat. Der König willfahrte ihrem Begehren: 961 ging Adalbert, Mönch von St. Maximin zu Trier, jetzt zum Bischof der Russen geweiht, in jenes weitentlegene Reich. Sein frommer Eifer aber scheiterte an der Wildheit der dortigen Landesbewohner: bereits nach Jahresfrist mußte er seinen Rückweg unter Lebensgefahr wieder antreten. [4] Unter den Russen ist erst durch Helena's Enkel Wladimir, zu Anfang des elften Jahrhunderts, der christliche Glaube befestiget worden.

Hatte der Ruf von Otto's großmächtiger Herrschertraft schon vor seinem Zuge nach Italien seinen Namen in fremden Reichen verherrlicht; so war derselbe jetzt durch die gegen die Slaven und Ungarn

---

[1] Dithm. II. 27 u. 36. Miceconem, Imperatori fidelem, tributumque usque in Uurta fluvium solventem — Gero, Orientalium Marchio Miseconem quoque eum sibi subditis imperiali subdidit imperio. S. 97 nennt er ihn Miseco Poleniorum inclitus Dux, und daß es derselbe sei, der schon früher erwähnt worden, beweisen die Worte: in superioribus libris ex magna parte signatus. [2] d. J. hat sich nicht ausmitteln lassen, gewiß ist, daß es vor 968 bestand: denn da weihte Adalbert, Erzbisch. von Magdeburg, den Bisch Jordan. [3] 400 Kirchen hatte die Stadt schon unter Heinrich dem Heiligen. Dithm. VIII. 265. [4] Fortf. d. Regino z. d. J 959, 961, 962.

erfochtenen Triumphe, besonders aber seitdem er mit dem Siegeskranze von Augsburg seine Schläfe geschmückt, in die entferntesten Lande gedrungen. Wie einst Karl der Große aus dem Stamme der Franken die Welt mit seinem Ruhme erfüllt, wie demselben von allen Seiten her die Herrscher entlegener Völker ihre Huldigungen dargebracht hatten: so sah man jetzt die christlichen Könige des Abendlandes und den morgenländischen Kaiser, ja selbst die Kalifen von Cordova und die Beherrscher der Gläubigen in Asien und auf der afrikanischen Nordküste wetteifern, den großen Otto aus dem Stamme der Sachsen durch Gesandtschaften zu ehren: da waren es prachtvolle Gefäße von Gold und Silber, von Elfenbein und Erz, wunderbar gefärbte Glasscheiben, köstliche Teppiche, Balsam und Gewürze aller Art, die man ihm überreichte und Thiere, die man vorher niemals in Sachsen gesehen, Löwen und Kameele, Affen und Strauße. [1]

Er, der König, erwiederte freundlich die Gesandtschaften, welche an ihn kamen; selbst nach Cordova hin ging Johann, nachmaliger Abt von Gorkum in Holland, auf sein Gebot, um den Kalifen Abderrhaman III., dem Mächtigen und Weisen, Freundschaftsverversicherung zu bringen [2] — auch seine Botschafter trugen an fremde Höfe die reichsten Geschenke. [3] Aber alle diese Herrlichkeit, welche den erlauchten König umstrahlte, vermochte nicht, ihn über sich selbst zu erheben: demüthigen Herzens blieb er, wie vordem. Er, der unüberwindliche Kriegsheld, liebte über Alles den Frieden [4], und führte das Schwert nur, um ihn der Welt zu erhalten. Darum ruhte der benachbarten Reiche Hoffnung und Zuversicht allein auf ihm und die gesammte Christenheit betrachtete ihn, schon bevor er die Kaiserkrone empfangen, als ihren mächtigsten Schutzherrn. [5] Deutschland aber fühlte mit Stolz, welch einen König es habe: alle Zeitgenossen, die uns Nachrichten von ihm hinterlassen, preisen einstimmig den Flor

---

[1] Wittech. B. III. S. 659. Er nennt zwar die Fürsten der Saracenen hier nur im Allgemeinen; daß aber der von Cordova damit gemeint sei, beweist das Leben des Abtes Joh. von Gorkum in Actis Sanctorum bei Surius unterm 24. Febr. und in Labbei Bibl. Nova MSS. T. I. Und daß auch die asiatischen und afrikanischen Beherrscher der Gläubigen darunter zu verstehen seien, ergiebt sich aus dem Prologe Wittechinds zum 2. Buche seiner Annalen, wo es heißt, daß Otto's Macht sich bis nach jenen Weltheilen hin erstrecke. Noch im J. 973, kurz vor seinem Tode, empfing Otto zu Merseburg eine afrikanische Gesandtschaft. Wittech. III. S. 661. [2] S. das erwähnte Leben Abt Johannes von Gorkum. [3] S. z. B. Luitpr. VI. c. 1. von Constantinopel. [4] Prolog Dithmars z. 2. Buch s. Chronik. [5] Wittech. B. III. S. 659.

des Reichs unter seiner segnenden Hand. [1]) Die Zeiten waren jetzt durch ihn heraufgekommen, von denen Bischof Dithmar von Merseburg sagt, daß es schwer sei, ihre Herrlichkeit zu beschreiben, [2]) die Zeiten, die er wiederholt Deutschlands goldenes Alter nennt. [3])

Denn wie Otto nach Außen die Grenzen seines Reiches durch Tapferkeit schirmte und befestigte, also suchte er dasselbe auch von innen durch den Schmuck geistiger Bildung zu erheben. „Der Hof König Otto's", so erzählt der gleichzeitige Lebensbeschreiber seines Bruders, des cöllnischen Erzbischofs Bruno [4]), „war ein Zusammenfluß der weisesten Männer von allen Gegenden des Reichs: hier zeigte sich, wie in einem hellen, glänzenden Spiegel Alles, was der Menschengeist auf dem Erdball je Großes und Schönes erschaffen, hier leuchteten die herrlichsten Vorbilder der Tugend, und wer hierher kam, hätte er sich vorher für noch so verständig gehalten, mußte mit Beschämung sich überzeugen, daß er bisher nur im Vorhof der Weisheit gestanden."

Vor allen waren es die geistlichen, zu des Königs besonderem Dienste an dessen Hofe lebenden Herren, die solchen Schatz der Bildung bewahrten, und aus welchem der König, mit des Volkes und der Geistlichkeit Einstimmung, oftmals die Bisthümer und Abteien

---

[1]) S. das Leben Bischof Theoderichs von Metz bei Leibnitz Scr. Brunsw. I. S. 297: Otto, cujus vita nil aliud fuit, nisi exemplar pietatis et castitatis — Jure felicia dixerim Ottonis tempora, cum claris praesulibus et sapientibus viris respublica sit reformata, pax ecclesiarum restaurata, honestas religionis redindegrata. Erat videre et re ipsa probare, verum esse illud philosophi, fortunatam esse rempublicam, si vel reges saperent vel regnarent sapientes. D. Leben Johannes von Gorkum durch Johannes von Metz bei Labbei T. I. 775, wo es heißt: gloriosissimum Caesarem omnium retro praeconia superasse et universo orbi non minus gloriae, quam fructui natum esse. Dithmar von Merseburg Prol. z. ersten Buch v. 5—10. Haec (mea scripta) non ornatu splendide dictaminis ullo Sed tantum plano percurrunt ordine campo Saxoniae regum vitam moresque priorum Quorum temporibus regnum velut ardua cedrus Enituit nostrum longe lateque timendum. Prol. z. 2. B. von 7. 8. Non fuerat tantus Caroli de morte patronus Nec puto simili regnum pastore potiri. B. II. S. 45. Post Carolum Magnum regalem cathedram nunquam tantus patriae rector atque defensor possedit. S. übrigens Wittech. im zweiten und dritten B. und Ruotgers Leben Bruno's Erzbisch. von Cölln, an mehreren Stellen. [2]) B. II. S. 22. Tanti patris ac filii (Ludolfi) temporibus quantum vigeret regnum, vix ulli est ad enucleandum. [3]) B. II. S. 26. Temporibus suis aureum illuxit seculum. S. 45. Impleri tunc namque videpant, quod a quodam sapiente praesago futurorum scriptum est: Primum est aureum seculum, dehinc acreum, postque ferreum sequitur. [4]) Bei Leibn. T. I. Rer. Brunsw. S. 275. c. 7.

beſeßte. Denn wie er die Söhne der edeln Grafen und Herren zu
ſich berief, damit ſie an ſeinem Hofe die Kriegszucht erlernen und
Einſicht in die Staatsgeſchäfte gewinnen möchten, um nachher die
ihnen anbefohlenen Grafſchaften gebührend zu beherrſchen: alſo ver=
ſammelte er auch in ſeinen Hofgeiſtlichen die Tüchtigſten um ſich und
ließ ſie unter ſeinen Augen ſich weiter fortbilden, um ihnen ſpäter
der einzelnen Reichsſprengel geiſtliche Herrſchaft zu vertrauen. ¹) Lange
Zeit ſtand Bruno, bevor er das cöllniſche Bisthum und die Regie=
rung von Lothringen erhielt, als Erzkaplan dieſer Hofgeiſtlichkeit vor,
nachdem er früher in der biſchöflichen Schule zu Utrecht und dann
nach des Vaters Tode bei dem Bruder war erzogen worden. Mit
welchem in Wahrheit unermeßlichen Eifer dieſer die Wiſſenſchaften
umfaßt und die Künſte geehrt und geliebt habe, vermag ſein Lebens=
beſchreiber kaum zu erzählen. „Bruno“, ſagt derſelbe ²), „zog zu=
erſt die lang vergeſſenen ſieben freien Künſte aus ihrer Dunkelheit
wieder hervor. Was Griechenlands und Roma's Weiſen, was ihre
Geſchichtſchreiber, Redner und Dichter Neues und Großes geſagt, das
durchdachte er auf's fleißigſte mit ihnen; nicht blos das, was in ſei=
ner Nähe lag, ſuchte er ſich anzueignen, das Entfernteſte, Fremdeſte
und Schwierigſte ſtrebte er zu durchdringen. Ueberall, wo ein berühm=
ter Mann von erleuchtetem Geiſte ſich nur zeigen mochte, da ſuchte
er beſcheiden von ihm zu lernen. Auf allen ſeinen Reiſen mußten
ſeine Bücher, deren er eine beträchtliche Anzahl beſaß, ihm folgen.
Oft ſaß er mitten unter den griechiſchen und römiſchen Gelehrten, un=
terhielt ſich mit ihnen über der Weltweisheit erhabenſte Fragen, und
überraſchte ſeine Gegner durch den tiefen Sinn ſeiner Reden. Der
König, ſein Bruder, wohnte nicht ſelten dieſen Verſammlungen bei,
und bewies ſich auch hier, wie er in allem der Erſte war, als einſich=
tiger Richter, der ſchwerlich jemals ſich irrte.“

Aber nicht dieſe Hofgeiſtlichkeit allein war es, die ſolche Bildung
zeigte, es waren auch die Domſtifter und Klöſter. So berühmt unter
andern war Ekhard, Mönch zu St. Gallen in Allemannien, daß
ihm der König ſeines Sohnes Otto's II. Erziehung übertrug ³), und
Notker, Scholaſticus in demſelben Kloſter, überſetzte die Pſalmen
in's Deutſche. ⁴) Die vornehmlichſte Beſchäftigung der geiſtlichen

---

¹) S. war z. B. Gero, der 969 nach Bruno's Tode Erzbiſch. z. Cölln ward,
Capellan Otto's Dithm. II. 33. Auch Boſo, erſter Biſch. zu Merſeburg, war in
servitio regis. Dithm. II. 40. ²) l. c. ³) Ekkehardi Jun. de Casib. monast.
S. Galli id Goldast Scr. Rer. Alem. c. 11 u. 16. S. 47. 57. ⁴) Die Handſchrift
befindet ſich noch zu St. Gallen; gedruckt iſt ſie in Schilter's Thesaurus.

Herren in den Stiftern und Klöstern war die Erforschung des gött=
lichen Wortes, das in den Büchern des alten und neuen Bundes
offenbart worden, und das Lesen der Werke der ehrwürdigen Väter
der ersten christlichen Kirchen. Wie die damalige Geistlichkeit in den
Reichthum und die Fülle der Weisheit der heiligen Schriften sich ver=
tieft, und diese Weisheit auf die Verhältnisse der Zeit, in der sie
lebte, zu beziehen verstanden habe, davon können vor allen andern
die Schriften des Bischofs Dithmar von Merseburg ein recht glän=
zendes Zeugniß uns geben: aus ihnen leuchtet jene Kraft des leben=
digen Glaubens, jener feste und gewisse Geist hervor, der für die
höchste Weisheit galt in jenen Tagen. Nächstdem wurden aber auch
in den Dom= und Klosterschulen die jungen Männer, die sich zum
Kirchendienst heranbilden wollten, in Musik und Philosophie, so wie
in mathematischen und Natur=Wissenschaften unterrichtet.[1] Aus dem
gelehrten Kloster Corvei an der Weser ging der Mönch Wittechind
hervor, dessen drei Bücher von den Thaten der Sachsen, vornehmlich
Heinrich's und Otto's, wir oftmals erwähnt haben, und in denen
die Kraft der Gedanken und des Herzens Demuth leicht eine gewisse
Steifheit der Schreibart übersehen lassen. In dem Johannes=Kloster
Bergen vor Magdeburg und dann in der Domschule dieser Stadt
ward jener Dithmar, Sohn des Grafen Siegfried von Wal=
beck, nachheriger Bischof zu Merseburg, herangebildet: seine Chronik
in acht Büchern ist ein treuer Abdruck der edeln Einfachheit, Fröm=
migkeit und Biederkeit seiner Zeit. Wie auch in Frauenklöstern da=
mals der Wissenschaften und Künste Schmuck einheimisch gewesen, be=
weist das berühmte Lobgedicht der Nonne Roswitha zu Gandersheim
auf Otto den Großen, das zwar ebensowenig gerundet, als Dithmar's
geschichtliches Werk, aber voll der glänzendsten Bilder ist und der
Dichterin edle Gesinnung bezeugt.[2]

Wie nun der König überall ein geistiges Leben zu wecken und
zu fördern bemüht war, so suchte er auch außerhalb Deutschland aus
anderen Landen, was dort Preiswürdiges war, zu gewinnen. Aus
Italien ließ er einen gewissen Gunzo, Diacon der Kirche zu Novara,
an seinen Hof kommen[3], der an hundert Schriften der alten Zeit,

---

[1] S. V. S. Meinwerci n. 52. Grammatik, Dialektik und Rhetorik gehörten
zur Philosophie, Geometrie, Mathematik und Astronomie zu den mathematischen
und Physik zu den naturwissenschaftlichen Studien. [2] Conrad Celtes in Nürn=
berg gab zuerst ihre Werke heraus. Das Lobgedicht steht in Meibom. T. I.
[3] Siehe den Brief desselben vom J. 960 an die Mönche von Reichenau b. Mar=

mit nach Deutschland herüberbrachte [1]) — mit solchen Büchern, die in den Klöstern durch Abschriften vervielfältigt wurden, begnadigte Otto die Bisthümer und Abteien, am reichsten Magdeburg, seine geliebteste Stadt. [2]) Als Luitprand, Diacon zu Pavia und Geheimschreiber bei dem lombardischen Könige Berengar, von diesem verfolgt, geflohen war, nahm Otto ihn liebreich an seinem Hoflager auf: an den Ufern des Mains, in Frankfurt, in gesicherter Zuflucht [3]), schrieb Luitprand seine Geschichte europäischer Begebenheiten in sechs Büchern, die den frommen Diener der Kirche, den gelehrten Kenner des Alterthums und den umsichtigen Staatsmann verrathen. Wie viel dem König daran gelegen gewesen, mit dem griechischen Reiche, bei dem noch immer vornehmlich die Blüthe alter Wissenschaft und Kunst war; in freundlichen Verhältnissen zu bleiben, das läßt sich nicht nur aus den Gesandtschaften, die er an den griechischen Kaiser abschickte [4]), sondern auch aus dem späteren Plane schließen, den Otto faßte und mit so viel Beharrlichkeit durchsetzte, seinem Sohne eine griechische Kaiserstochter zur Gemahlin zu geben. Von Griechenland aus, das schon einmal Rom mit seinem Geiste entzündet, ist seit Otto's Zeiten vielfach berührt und befruchtet und namentlich nach Deutschland jene große Anregung zu Bauwerken herübergetragen worden, aus welchen später die herrliche gothische Kunst sich entwickelt hat. [5]) So ist denn auch mehr, als wahrscheinlich, daß der Einfluß arabischer Cultur von Otto nicht unbeachtet gelassen worden ist: denn jener Johannes, Mönch von Gorkum, Botschafter des Königs, blieb drei Jahre lang auf Kosten seines Klosters zu Cordova, das damals unter Abderrhaman III. weithin berühmt war durch Ackerbau, Handel und Gewerbfleiß, und wo die Künste, vornehmlich die Baukunst, der herrlichsten Blüthe sich erfreuten. [6])

---

tene Ampliss. Anectod. Thes. T. I. S. 294 ff. Vergl. M. J. Ch. Gatterer Prog. De Gunzone Italo. Norimb. 1756. 4.
[1]) l. c. p. 304. „Adveniens deferebam paene centum librorum volumina." Hierunter waren von römischen und griechischen die vornehmsten Homer, Aristoteles, Plato, Pythagoras, Cicero, Sallust, Birgil, Horaz, Lukan, Terenz u f. w. Gatterer l. c. p. 30 ff. [2]) Dithm. II. S. 37. [3]) Präfat. ad L. III. Hist. Europ. [4]) Luitprand traf einen Kaufmann von Mainz als Gesandten von Otto in Constantinopel, als er zum ersten Male 948 von Berengar gesandt, dahin kam, Luitpr. VI. 2. [5]) Unter Meinwerc von Paderborn (Bisch. 1009—36) ward schon eine Kapelle durch griechische Werkmeister gebaut. V. eius b. Leibn I. S. 545. Auch in andern Künsten ist Griechenland Vorbild gewesen: einer griech. Schaale erwähnt das Testament Erzbisch. Bruno's von Cöln. S. Ruotgeri V. Brunonit. b. Leibn. I. 290. [6]) Das Leben desselben bei Surius und Labbe.

Spärliche Nachrichten nur haben die gleichzeitigen Schriftsteller uns von den Bauwerken des Königs hinterlassen: am ausführlichsten erzählen sie uns, wie Magdeburg durch ihn verschönert worden sei. Diese Stadt, schon zu Carl's des Großen Zeiten bekannt [1]), gelegen in großer und fruchtbarer Ebene am Ufer des Elbstroms, hatte Otto seiner ersten Gemahlin, der englischen Königstochter Editha, zum Leibgedinge verschrieben [2]); durch eine Aehnlichkeit mit dem heimath- lichen London an der Themse war sie ihr vor allen Städten in dem Reiche ihres Gemahls lieb und theuer geworden, und darum wurde sie von ihr und dem Könige auf's sorgfältigste ausgebaut und mit Gebäuden geschmückt. [3]) Schon im J. 937 hatte Otto zur Ehre des Fürsten der zwölf Boten und des heil. Moritz und Innocenz, der Märtyrer, eine Abtei gestiftet und ein Münster von wunderbarer Schönheit erbauen lassen. [4]) In diesem Münster [5]), das nach Er- richtung des Erzbisthums Magdeburg zur erzbischöflichen Kirche ward, waren die Säulen von Marmor, die Kapitäler derselben umschlossen die Gebeine des heil. Moritz, welche der König von Regensburg hatte kommen lassen [6]), des heil. Innocenz, die er von König Rudolf von Burgund zum Geschenk erhalten [7]) und anderer heiliger Männer, die er aus Italien über die Alpen geschickt hatte [8]); die Altäre und Wände glänzten von edlen Gesteinen, die Kelche, Leuchter und Räuchergefäße waren von lauterem Golde. [9]) Hier, wo seine erste Gemahlin schon

---

[1]) Capitul. Caroli M. L. III. 6. vom J. 805.   [2]) Stiftungs-Urk. von dem Moritzkloster zu Magdeb. geg. zu Magdeb. 937. 21. Septbr. in Leukfeld Ant. Halberst. S. 639.   [3]) Bulle Joh. XIII. v. J. 968. Magdeburg, ubi idem sere- nissimus Cäsar civitatem mirfice fundavit in Leukf. l. c. S. 650.   [4]) S. b. er- wähnten Stiftungsbrief und Bulle d. Joh. XIII. vo. J. 967 bei Leukf. l. c. S. 648. Magdeburg etc. ubi etc. Imperator mirae magnitudinis construxerat Dithm. II. 25. statuit rex abbatiam in Mageburgensi civitate, incipiens eccle- siam mirum in modum, ubi Sancta requiescit Edith et juxta quam post obitum suimet pausare desideraverat ipse.   [5]) Dithm. II. 29. Pretiosum quoque mar- mor cum auro gemmisque Caesar praecepit ad Magdeburg adduci In omnibus columnarum capitibus Sanctorum reliquias diligenter includi jussit.   [6]) Dithm. II. 29 im J. 961. Sie kamen nach Regensburg von S. Moritz im Walliserland, wo d. Heilige unter d. K. Diocletian und Maximian, ohngefähr 286, den Märtyrer- tod gestorben war.   [7]) Dithm. I. 21. 2 Urk. v. J. 937. b. Meib. I. 740. 741. [8]) Dithm. I. 28.   [9]) 19 Tonnen Goldes soll Otto zum Bau der Kirche verwendet haben, wie alte Schriften derselben und ein, jetzt im Umgange um den Chor, früher im Schiffe der Kirche, aufgestelltes, sechzehnseitiges, von Sandstein gearbei- tetes, wohl dem Ende des dreizehnten Jahrhunderts angehöriges, kleines Gebäude mit einem Altare bezeugen, auf welchem Otto und seine Gemahlin Editha auf Thronen sitzen. Der Kaiser hält in der Hand eine flache Schale mit 19 Kügel- chen, welche auf besagte 19 Tonnen Goldes deuten sollen.

begraben lag, die im J. 946 entschlafen war, wollte auch er, der König, seine Ruhestätte finden. [1])

Nächst diesem Münster hatte Otto in Magdeburg noch einen steinernen Palast aufführen lassen [2]), wo er am liebsten Hof hielt und Recht über seine Völker sprach; die vielbesagte Abtei aber ver= legte er, nach der Gründung des Erzbisthums, hinaus auf einen Berg vor die Mauern der Stadt: sie ist fortan Kloster=Bergen ge= nannt worden. [3])

Alle diese Gebäude jedoch — die Dome zu Meißen, Zeitz [4]), so wie auch das große Haus, das er in Merseburg zu erbauen ange= fangen und seit dem Gelübde auf dem Lechfelde zur bischöflichen Kirche hatte einrichten lassen [5]), die von Heinrich schon begonnene Stifts= kirche des heil. Servatius in Quedlinburg [6]) und viele andere Mün= ster und Paläste in seinen sächsischen Pfalzstädten, ferner die Kloster= kirchen, die seine Mutter Mathilde zu Pölde und Nordhausen [7]), seine Gemahlin Adelheid zu Selz am Rheine im Elsaß, wo sie be= graben liegt [8]) und sein Bruder Bruno zu Cölln, dem heil. Panta= leon zu Ehren [9]), gestiftet, — sind im Laufe der Jahrhunderte bis auf wenige Spuren [10]) untergegangen, so daß jetzt fast nur noch die ehrwürdigen Ueberreste des Benediktinerklosters zu Memleben in der goldenen Aue, dessen Bau unter Otto II. vollendet wurde [11]), und

---

[1]) Dithm. II. 29.   [2]) Dithm. II. 37.   ad caminatam — (Rex) remeabat. Viele Urk. haben die Unterschrift: Act. in Magdeburg palatio.   [3]) Chron. Ber= gense b. Meib. III. S. 293.   Chron. Magdeb. b. Meib. II. 273.   [4]) Stieglitz Gesch. der Baukunst. S. 148.   [5]) Dithm. II. 24.   [6]) Stiftungs=Urk. geg. zu Qued= linburg 15. Sept. 937. b. Leukf. l. c. S. 637.   [7]) Leben d. heil. Mathilde c. 5. und 4. bei Leibn. Scr. Rer. Brunsw. I. S. 204 und 200.   [8]) Dithm. IV. 90. [9]) Dithm. IV. 74.   [10]) Die Domkirche Otto's zu Magdeburg brannte 1207 ab; noch stehen die Marmorsäulen mit den Reliquien der Heiligen im hohen Chor des heutigen Dom's; auch in der Kapelle am Kreuzgange, wo jetzt das K. Provinzial= Archiv ist, sieht man noch Säulen von Verde antico aus Otto's Zeit. Die queb= linburger Stiftskirche brannte 1070 schon ab. Leukf. l. c. S. 474.   [11]) Heut zu Tage sieht man noch über der Erde die beiden Wände, welche das Schiff bildeten, in jeder 6 halbzirkelrunde Bogenthore und einen Theil des halbzirkelrunden Chors — alles im neugriechischen Style und von schönem rothen Sandstein. Die Seite des Chors, die nach Mitternacht zu an die Wirthschaftsgebäude des Kammergutes stößt, hat in den J. 1791 ff. einer — Branntweinbrennerei weichen müssen. Die unterirdische, höchst merkwürdige Kirche unter dem Chor der überirdischen ist noch ganz erhalten; sie ist jetzt — ein Kartoffelkeller. Spuren von Gemälden an den Schäften der Säulen über der Erde habe ich noch entdeckt, nicht aber die Gemälde, angeblich von Otto und Editha, die Stieglitz in s. Gesch. d. Baukunst hat in Kupfer stechen lassen. Vergl. das geb. Werk S. 43, 44, 89.   Wohl ist sehr zu

die unterirdischen Münster in dem Servatiusstifte zu Quedlinburg [1]) und der heil. Kreuzkirche zu Nordhausen, aus den Tagen des großen Königs auf unsere Zeiten herübergekommen sind.

Wie die Baukunst hat auch die Malerei unter Otto geblüht; der Bischof Luitprand erzählt uns [2]), daß Heinrich, sein Vater, den großen Sieg bei Merseburg im obern Saale der königlichen Pfalz daselbst durch ein Gemälde habe darstellen lassen, welches so köstlich gewesen, daß man eher die wirkliche Schlacht, als das Bild derselben zu sehen geglaubt habe. Auch diese Kunst ward vornehmlich zur Verherrlichung des Himmels gebraucht: an den Wänden der aufgerichteten Münster erglänzten die Wunder des Heilands und die Thaten der Heiligen. So hat der Bischof Udalrich zu Augsburg, wo er nach der Ungarnschlacht das der heil. Afra zu Ehren gestiftete Kloster wieder aufbaute, die Kirche durch herrliche Gemälde und die Decke derselben durch getäfeltes Werk schmücken lassen. [3])

Was die Dichtkunst betrifft, so ist außer dem oben genannten Lobgedicht auf Otto und den sechs Schauspielen, welche die ganders-heimer Nonne Roswitha im terenzischen Style in lateinischen Versen geschrieben, keine eigenthümliche Hervorbringung weiter aus Otto's Zeit auf die unsere gekommen — nicht einmal Nachrichten darüber haben die gleichzeitigen Schriftsteller uns hinterlassen. Wohl aber lebten im Munde des Volks noch jene Heldenlieder, welche Karl der Große zu sammeln befohlen [4]), und die alte Sitte dauerte fort, die Thaten alter Helden und Könige beim Saitenspiel zu feiern im Gesange [5]) — ja die Sage erzählt sogar, daß jene Zwölf, von denen

---

wünschen, daß alles gethan werde, um diese Ruinen zu erhalten, die mit die ältesten in Deutschland und die denkwürdige Stelle sind, wo Heinrich und Otto starben und des letztern Herz und Eingeweide noch unter der Erde liegen.
[1]) Hier liegt Heinrich begraben, es ist im traurigsten Zustande. [2]) B. II. c. 9. [3]) Leben des heil. Udalrich in Actis SS. unterm 4. Julius c. 7. [4]) Eginh. c. 29. Poeta Saxo ad a. 814. [5]) Schon zu den Zeiten der Karolinger gab es Sänger, Altefridi V. Ludgeri L. II. 81. Ludgero oblatus est caecus, vocabilo Bernlef, qui a vicinis suis valde diligebatur, eo qnod esset affabilis et antiquorum actus et regum certamina bene noverat psallendo promere. Und daß solche Heldenlieder zu Otto's Zeiten noch gesungen wurden, beweist V. Mathildis Reg. c. 4. b. Leibn. I. 202, wo es heißt, daß sie nach dem Tode ihres Gemahls neminem andire voluit, secularia carmina cantantem, und die in der bem Nibelungenlied (Ausg. v. d. Hagen) angehängten „Chlage" enthaltene Nachricht, daß Bisch. Pilgrin von Passau (970—991) die Thaten Rüdigers von Bechlarn nach der Sage habe in lateinischen Versen beschreiben lassen.

die edle Singkunst als solche ordentlich gestiftet worden sei, zu Otto's
Zeiten gelebt haben sollen. [1]

Endlich beweisen auch die kostbaren Kleinodien, die heiligen Ge=
fäße und prächtigen Gewänder, welche Otto und seine Nachfolger,
deren Gemahlinnen und Töchter und die Bischöfe des zehnten und
elften Jahrhunderts an die von ihnen gestifteten oder vergrößerten
Dom= und Klosterkirchen schenkten [2]), daß kunstreiche Gießwerke in
Gold, Silber und Erz [3] und seine Arbeiten in Edelgesteinen, Perlen
und Seide der damaligen Zeit recht wohl bekannt waren. —

Aus alle dem nun, was wir hier zusammenzustellen bemüht gewe=
sen sind, ergiebt sich überzeugend, daß der Wissenschaften und Künste
Gedeihen in deutschen Landen damals im glücklichsten Fortgange be=
griffen war, und daß die Tage des großen Königs gänzlich von jenem
Vorwurfe zu befreien sind, den man ihnen gemacht hat, als hätte
eine tiefe Barbarei damals alle Wissenschaft und Kunst im Staube
darnieder gehalten. Zu sprechend sind die Zeugnisse der Zeitgenossen,
als daß man glauben könnte, Otto habe es verabsäumt, auch in
dieser Hinsicht dem geistigen Bedürfnissen seines Volkes zu Hülfe zu
kommen und ihm dadurch einen belebenden Schwung mitzutheilen.
Wie aber im ganzen Mittelalter die Sorge für das, was wir Wis=
senschaft und Kunst nennen, nie als eigenthümliches oder wohl gar
höchstes Ziel angesehen wurde, das ein Herrscher auf dem Throne zu
verfolgen habe, sondern, wie jene Zeit eine weit umfassendere Aufgabe
sich stellte, in der jenes Streben zwar seinen Platz, aber nur den un=
tergeordneten, der ihm gebührt, fand, die Aufgabe nämlich: ein großes
Staatsleben in's Dasein zu rufen und der Kirche Verfassung auf festen
Säulen zu gründen, so hat auch Otto mit weiser Besonnenheit be=
dacht, diese Aufgabe vollständig zu lösen und das Ganze nie über dem
Einzelnen aus den Augen zu verlieren, der Wissenschaft und Kunst
nur jenen untergeordneten Antheil von Kraft zuwenden können, den
ihm sein Hauptplan übrig ließ, das Reich nach Außen in den

---

[1]) Uhland, Walther v. d. Vogelweide S. 1. [2]) Die sächsischen Kirchen, vor=
nehmlich Halberstadt und Quedlinburg, verwahren noch viele solche Geschenke S.
Vita Meinwerci Ep. Paderb. und Vita Bernwardi Ep. Hildesh. b. Leibn. T. I.
an mehrern Stellen. [3]) Nach Adlzreiter P. I. Annal Bojorum L. XIII. no. 33
p. 322 u. Aventin's Chronik B. V. waren die in der Abtei Mauerkirchen in
Baiern dem Herzoge Heinrich, Otto's Bruder, und seinem Feldherrn Ratho, Gra=
fen von Andechs, wegen ihrer Siege über die Ungarn (in Friaul 947) im J. 948
gesetzten Bildsäulen, welche sie beide in voller Rüstung darstellten, aus Gyps, den
man im Feuer gehärtet.

höchsten Glanz zu erheben und im Innern desselben die Herrschaft einer ewigen Wahrheit und Gerechtigkeit zu begründen.[1]) Darum begnügte er sich, die Liebe, welche er für jene geistige Bildung trug, öffentlich seinen Landsleuten zu zeigen und sein eignes Hoflager mit derselben zu verschönen, wohl wissend, daß ein Vorbild allein die Deutschen zu gleichem Streben aufmuntern werde, und daß die ächte Wissenschaft und die ächte Kunst nur der Erweckung bedürfen, um sich dann selbstständig und ohne weitere Hülfe von Außen zu entfalten.

Was Otto durch dieses sein Beispiel, mit dem er voranging, bewirkt, was er durch die Verbindung mit Arabern, Römern und Griechen, welche er den Deutschen eröffnete, diesen genützt habe, das beweisen die Zeiten seines Sohnes und Enkels[2]) und des h. Heinrich's, in denen die Entwicklung der deutschen Wissenschaft und Kunst zu immer höherm Gipfel emporstieg, in denen die geistreichsten und kunsterfahrensten Prälaten, wie der Erzbischof Willigis von Mainz;[3]) die Bischöfe Bernward von Hildesheim[4]), Meinwerc von Paderborn[5]), Wolfgang von Regensburg[5]) und der berühmte Gerbert von Auvergne, als Papst Sylvester II. genannt, lebten und von deren Art und Sinn das schöne Münster der heil. Jungfrau zu Basel[6]) und das hohe Chor und die unterirdische Kirche des Straßburger Domes[7]) noch reden.

Wohl hat Deutschland nach dem Untergange des sächsischen Kaiserhauses für Wissenschaft und Kunst noch bessere Zeiten gesehen, und die letztere zumal hat sich in der ganzen Fülle ihrer bewundernswürdigen Schönheit erboten: aber das edelste Kunstwerk, die Staatsverfassung ist in solcher Vollendung, wie aus den Händen der Ottonen nicht wieder hervorgegangen. So glänzend, wie unter ihnen, hat die deutsche Kraft sich niemals wieder gezeigt in der Ueberlegenheit über andere Völker, und zu keiner Zeit ist wieder so viel groß-

---

[1]) Darum meint Dithmar von Merseburg B. 2. S. 45. die nach ihm lebten, wären von der antiqua veritatis et iustitiae semita, darauf Otto ihnen vorausgegangen sei, wieder abgewichen. [2]) Otto III. hieß wegen seiner ausgezeichneten Bildung, die er besonders durch seine Mutter, die griechische Kaiserstochter Theophania, erhielt, Mirabilia Mundi. [3]) Er war Otto's II. Lehrer, Dithm. IV. 67 Von ihm ist der Dom zu Mainz gebaut worden und einzelne Ueberreste dieses alten Baues sind noch heut zu Tage vorhanden. [4]) S. die schönen Lebensbeschreibungen von ihnen bei Leibn T. I Rer. Brunsw. [5]) Nach Dithm. im Prol. z. 5 B. war er Heinrichs II. Lehrer. [6]) erbaut von Heinrich II. 1010—19. Stieglitz Gesch. d. Baukunst S. 65. [7]) erbaut von demselben 105—128. Stieglitz S. 128.

artige, patriotische Tugend im Ganzen und Allgemeinen, bei geistlichen und weltlichen Herren unter den Deutschen gewesen [1]): vielmehr hat, seitdem einmal unter Heinrich IV. der arge Haber zwischen Staat und Kirche begonnen, die Zerrüttung beider, langsam zwar, aber immer weiter um sich gegriffen, so daß wir gerade von dem Zeitpunkt an, wo unter dem letzten Hohenstaufen Wissenschaft und Kunst in höchster Blüthe standen, immer mehr und mehr von unserer vormaligen Nationalgröße, ja endlich gar das gemeinsame Reich deutscher Nation haben verlieren müssen. —

Während Otto diesseits der Alpen, nachdem er die lange Fehde mit Sohn und Eidam glücklich zu Ende geführt, weise und mild über das beruhigte Deutschland gebot und nun, nach der Ungarn Besiegung, in der Sonne des Friedens alle Segnungen desselben emporzureifen begannen, hatte Berengar, uneingedenk der Warnung des Königs, von dem er das lombardische Reich auf dem augsburger Tage zu Lehen genommen, mit eisernem Scepter in Welschland geherrscht und die Demüthigung, die er von Otto erfahren, durch Feindseligkeiten aller Art an denen gerächt, die auf dessen Seite sich gestellt hatten. Die Unruhen, in welche Otto durch Ludolf und Konrad war verwickelt worden, hatten ihm eine willkommene Gelegenheit geboten, sich um so ungestörter den Eingebungen seiner wilden Gemüthsart überlassen zu dürfen. Ungescheut hatte er geistliche und weltliche Herren verfolgt, am heftigsten Adelbert Azzo, welcher der Königin Adelheid Zuflucht auf Canossa gegeben: ihn hatte er gleich nach seiner Rückkunft von Deutschland von neuem auf seiner Felsenburg eingeschlossen, und, wiewohl auch diesmal vergeblich, durch eine hartnäckige Belagerung bedränt.[2]) Alle Großen Italiens sträubten sich gegen das unerträgliche Joch des grausamen Königs; häufige Klagen erschollen nach Deutschland hinüber, Liutprand, Diacon und Geheimschreiber zu Pavia, mußte sich sogar durch die Flucht, wie oben gemeldet worden, vor seines Herrn Zähzorn an das Hoflager Otto's retten und end-

---

[1]) Schon Dithm. (B. 2. S. 45.) der unter Heinrich II. schrieb, klagt: Omnes quae leguntur virtutes, his (er meint Otto und seine Fürsten) degentibus florentes, his obeuntibus marcescerunt. Denn wahr bleibt, was Dithmar an derselben Stelle sagt: Sicut Dominus, sic et principes eius — wie der oberste Herr, so die, die unter ihm gebieten. [2]) Donnizo's Leben der Großgräfin Mathilde L. I. c. 1. b. Leibn. 637. Er erwähnt ausdrücklich einer doppelten Belagerung Canossa's. Doch ist nicht zu leugnen, daß in seiner und des Leo von Ostia Erzählung viele Widersprüche sich finden. Vergl. Murat. Gesch. von Italien V. 475.

sich rief auch Walbert, Erzbischof von Mailand, der erste Prälat
des Landes, wiederholt und dringend um Hülfe gegen Berengar's
Härte. Ihn nämlich hatte die Geistlichkeit und das Volk dieser Stadt
auf den ambrosianischen Stuhl erhoben, nachdem Manasses abge-
dankt hatte, derselbe Erzbischof von Arles, welchem von Berengar
dafür, daß er ihm gegen Hugo einst das Thal von Trident geöffnet, das Erzbisthum Mailand versprochen und nach Ardericus
Tode gegeben hatte. Nachher aber hatte den Manasses diese Abdankung gereut, und, vom Könige begünstigt, war er damit umgegangen, den Walbert wieder von dem hohen Kirchenamte zu verdrängen: deßhalb wandte sich dieser an Otto; es war im Jahre 956. [1])
Schon lange hatte der deutsche König mit Unmuth aus Italien
die Nachrichten von Berengar's gewaltthätiger Herrschaft vernommen und zauderte jetzt nicht länger, sich der geängstigten Lombarden
anzunehmen. Er schickte deßhalb eine Gesandtschaft über die Alpen [2]),
um sich für Walbert zu verwenden, und da dieselbe nichts ausrich-
tete, entschloß er sich, durch Waffengewalt den treulosen Vasallen zur
Unterwerfung zu zwingen. Weil er selbst damals noch gegen die
Slaven beschäftigt war, gedachte er seines Sohnes Ludolf, der seit
dem Reichstage zu Arnstadt, wo er das Herzogthum Schwaben in
seines Vaters Hände hatte zurückstellen müssen, in Trauer gelebt, aber
durch unzweideutige Beweise dem Könige seine Ergebenheit bewährt
hatte, und für den sich Bruno, sein Oheim, dringend verwandte. [3])
Ihm übertrug Otto die Herrschaft über das lombardische Reich, aus
dem er den Berengar vertreiben sollte, dafern er ihm Treue gelobe.
Hierauf schwur Ludolf dem Vater einen feierlichen Eid, und zog im
Sommer d. J. 956 mit Heeresmacht über das Alpengebirge, um das
schöne Lombardien sich zu erstreiten. Er gelangte glücklich durch das
Thal von Trident nach Verona zum Etschfluß, ging sodann über den
Po, entsetzte Canossa und vereinigte sich hier mit dem tapfern Abalbert Azzo. [4]) Dann zog er auf Pavia und befand sich in kurzem
im Besitze beinahe des ganzen lombardischen Reiches. [5]) Berengar,
von Allen verlassen, vermochte nirgends einen Widerstand ihm entgegenzustellen, sondern rettete sich mit Wenigen seiner Getreuen nach

---

[1]) Arnulph v. Mailand I. 6. in Murat. Scr. Rer. Ital. im 4. Bd. [2]) Derselbe.
[3]) Ruotgeri V Brunonis b. Leibn. c. 31. Roswitha b. Meibom S. 725. [4]) Donnizo V: Math. Ducatr. l. c. Anonymus V. Math. b. Leibn. I. 691. [5]) Frodoard, Chorherr v. Rheims, Fortf. b. Rhegino v. Prüm und Hermann der Lahme
von Reichenau z. b. J. 956.

ter Insel Giulio, einem stark befestigten Plaße, der im Lago d'Orta,
im Gebiete von Mailand lag.¹) Hierher folgte ihm Ludolf, und
hatte eben die Beste zu berennen begonnen, als unerwartet der lom=
bardische König, von seinen eignen Leuten verrathen, ihm in sein Feld=
lager überliefert ward. Aber Ludolf verschmähte es, diese Treulosig=
keit zu benutzen; er begnügte sich, Berengarn aufzufordern, dafern
er sich nicht selber verderben wolle, seinem großen Vater Unterwerfung
zu geloben und, nachdem er ihn bedeutet, daß er weit entfernt sei,
einen Feind, den er durch Kriegsgewalt zu bezwingen gekommen sei,
durch eine Schändlichkeit seiner eigenen Getreuen zu fangen, ließ
er edelmüthig ihn von dannen ziehen.²)

Hierauf bereitete sich Ludolf mit allem Ernst, den Krieg weiter
fortzuführen; es gelingt ihm im folgenden Jahre den Sohn Beren=
gar's, Adalbert, in einem großen Treffen zu besiegen, und dadurch
seine Herrschaft in Lombardien immer fester zu begründen.³) Aber
ein jähes Fieber riß ihn zu Plombia⁴) am Tessino im Gebiete von
Novara am 6. des Herbstmonds 957⁵) in der Blüthe des Lebens, im
27sten Jahre⁶), von hinnen: die italienischen Geschichtschreiber selbst
bezeugen es⁷), daß Gift, durch Berengar's Tücke ihm beigebracht,
die Ursache seines Todes gewesen. So schändlich lohnte dieser König
die Großmuth eines Gegners, von dem ihm kurz vorher Leben und
Freiheit war geschenkt worden. Die Eingeweide des Gemordeten wur=
den in der Kirche des heil. Prosper von Antoniano, ohnweit des
Prato bi Carpineto im Gebiete von Reggio, beigesetzt⁸), der Körper
aber prächtig einbalsamirt nach Deutschland gebracht, wo er von dem
Erzbischof Wilhelm, dem Bruder des Entschlafenen, zu Mainz in
der Kirche des heil. Alban feierlich ist bestattet worden.⁹)

Die Botschaft von Ludolf's beklagenswerthem Tode traf den
unglücklichen Vater, als er eben gegen die rebarischen Slaven, die in
der Uckermark und um Stettin herum ihre Wohnsitze hatten, zu Felde
lag. Ihn erfüllte der Hintritt des geliebten Sohnes, den er nach

---

¹) Arnulph von Mailand l. c. ²) Arnulph von Mailand l. c. ³) Hermann
der Lahme, Froboard z. J. 957. ⁴) im Comitatu Plombiensi, den die Urk. vom
29. Juli 962 bei Baronius z. d. J. erwähnt. ⁴) Dithm. II. 26. Hermann der
Lahme und Hepiban z. J. 957. ⁶) Beim Tode Editha's 26. Jänner 946 war
Ludolf 15 Jahre alt. Witt. III. 651. ⁷) Arnulf von Mailand l. c. perfidia
Longobardum fertur veneno necatus. Sigonius de Regno Italiae b. J. 957.
Repentina morte sublatus, cujus suspectus Berengarius fuit. Hepidan sagt:
Febre corruptus. ⁸) Donizo in Chron. L. II. bei Murat. Gesch. von Italien Th.
V. S. 477. ⁹) Dithm. l. c.

langer Verirrung nur wieder gefunden zu haben schien, um ihn für diese Erde auf immer zu verlieren, mit dem heftigsten Schmerze; reichlich flossen seine Thränen um ihn: aber unerschütterlich fest verehrte er auch in diesem bittersten Leid des Himmels segnende Allmacht.[1]) Von seiner Gemahlin, der schwäbischen Herzogstochter Ida, hinterließ Ludolf nur zwei Kinder, einen dreijährigen Sohn[2]), der seinen Namen führte und späterhin, nach Burkhard's Tode, Herzog von Schwaben geworden ist, und eine' achtjährige Tochter[3]) Mathilde, die sich dem Grafen Obizzo von Mailand, dem Stammvater der berühmten Visconti's[4]), vermählt hat.

Wohl wäre der König nun gern sogleich nach Welschland gezogen, um den blutigen Schatten seines Sohnes durch des treulosen Berengar Demüthigung zu versöhnen; aber sowohl der Krieg gegen die Slaven, als sein Verlangen, die inneren Angelegenheiten des deutschen Reichs mit sorgfältigem Eifer zu immer festerer Ordnung zu bringen, hielt ihn noch eine geraume Zeit auf der Vatererbe zurück.

Während dem nun überstieg die Tyrannei, mit welcher Berengar über das lombardische Reich gebot, alle Grenzen; fühllos fuhr dieser Wüthende fort, alle Leidenschaften seiner finstern Seele zu kühlen, und weltliche und geistliche Fürsten seiner Rache zu opfern. Nicht zufrieden, die Bisthümer seines Reiches mit den empörendsten Bedrückungen zu verderben, streckte der Unersättliche nun auch seine Hand nach dem Eigenthume des römischen Stuhles aus, nahm Besitz von den festen Plätzen des Exarchats[5]), und gab sehr unzweideutig zu verstehen, daß der, in dessen Händen die Gewalt, auch für die erste Kirche der Christenheit und St. Peters geheiligtes Besitzthum keine Achtung zu haben brauche.

Auf solche Weise hatte Berengar acht Jahre nun, seitdem er von dem Augsburger Reichstage nach Lombardien wieder zurückgekehrt war, die Geißel über dies unglückliche Land geschwungen; da endlich im J. 960 erhoben sich — wie von einem gemeinsamen Grauen überwältigt, das alle aufschreckte, des Tyrannen Fesseln zu brechen — die Großen Italiens, um jenseits der Alpen, bei dem Könige der Deutschen, ihrem Oberlehnsherrn, Rettung aus der ungeheuren Bedrängniß zu erflehen. Vor allem erschien der Cardinal Diacon Johannes und Azzo, Geheimschreiber, beide von noch dreizehn Bischöfen

---

[1]) Witteck. III. 659. Dithm. II. 26. [2]) geb. 954. Fortf. b. Rhegino. [3]) geb. 949. Derselbe. [4]) S. d. Tafeln des Henninges und Hübner. [5]) z. B. von S. Leo, worin er später belagert und gefangen ward.

begleitet, vor Otto's Throne, gesandt von den Papste Jo=
hannes XII.[1]) Dieser Johannes, bevor er zu St. Peter's Throne
hinauf stieg, Octavian geheißen[2]), war der Sohn des Patriciers
Alberich und der Alda, König Hugo's von Italien Tochter — er
war nach des Vaters Tode 954[3]) diesem in dem Patriciate gefolgt
und die Römer hatten zwei Jahre darauf, obwohl er erst achtzehn
Jahre zählte[4]), durch Uebertragung der päpstlichen Krone auch die
geistliche Herrschaft über ihre Stadt ihm eingeräumt. Nach dieser
glänzenden päpstlichen Gesandtschaft kam Walbert, Erzbischof von
Mailand, nur mit Mühe den Nachstellungen Berengar's und seines
Nebenbuhlers, des Erzbischofs Manasses von Arles, entgangen.[5])
Es langte ferner auch Walbo, Bischof zu Como und Obertus,
der Markgraf, hochberühmt als Ahnherr des erlauchten Hauses Este.
Nächst diesen Herren traten noch viele Gesandte vor Otto auf, der
damals im Sachsenlande Hof hielt, geschickt von andern italienischen
Bischöfen und Grafen, — beinahe alle andern luden durch Schreiben
ihn ein, Berengar's Gewalt zu zerbrechen und Italiens eiserne
Krone auf das eigene Haupt sich setzen zu lassen.

Von so vielen Aufforderungen bestürmt, entschloß sich nun Otto,
nicht länger mehr mit dem Zuge nach Welschland Anstand zu nehmen,
um Frieden und Ruhe dort wieder herzustellen und dann zu Rom mit
der Kaiserkrone die Herrschaft über das Abendland, die der Papst ihm
angetragen hatte, zu empfangen. Nachdem er daher das Weihnachts=
fest des J. 960 zu Regensburg im Baierland in Begleitung der
päpstlichen Gesandten, der Erzbischöfe Walbert von Mailand, Wil=
helm von Mainz, seines Sohnes, Friedrich's von Salzburg, und
vieler andern Bischöfe vom deutschen und lombardischen Reiche ge=
feiert[6]), ging er zu Anfang des folgenden Jahres 961 nach Sachsen
zurück und begab sich dann im Maimond auf den in Worms am
Rheinstrom ausgeschriebenen Reichstag. Hier waren alle Großen ver=
sammelt, um Raths zu pflegen wegen der Romfahrt, und hier schlug
der König den Fürsten seinen Sohn Otto zu seinem Nachfolger vor.
Einstimmig ward der Zug nach Italien beschlossen und einstimmig

---

[1]) Fortf. d. Rhegino z. J. 960. Chronographus Saxo z. d. J. (Leibn. Ac=
cess. Hist.) [2]) Er war der erste Papst, welcher den Namen änderte. [3]) Frobo=
ard, Chorherr von Rheims z. d. J. [4]) Die Heirath war 936 erfolgt. Baronius
Annales Ecclesiae ad a. 956. Muratori Gesch. von Italien V. Th. S. 473
[5]) Arnulph von Mailand B. I. c. 4. Vergl. auch Dandulus, Gesch. von Venedig
b. Murat. Scr. Rer. Ital. T. XII. S. 206. [6]) D. sächf. Annalist z. J. 961. (be=
kanntlich fingen die Alten das Jahr mit Weihnacht an.)

erfolgte die Wahl des siebenjährigen Knaben zum Könige.[1] Darauf zog Otto mit seinem Sohne und den gesammten Herren des Reichs vom Wormsfeld nach der alten Krönungstadt Aachen hinüber. Hier traten die beiden von Bruno gesetzten Unterherzoge dieses Reichs, Gottfried, der an der Maas gebot[2], und Friedrich, der an der Mosel herrschte[3], ingleichen die übrigen lothringischen Großen der Wahl bei, und am Pfingstfeste, dem 26sten des Maimonds, ward König Otto II. von den drei Erzbischöfen Bruno von Cölln, seinem Oheim, Wilhelm zu Mainz, seinem Bruder, und Heinrich zu Trier, seinem Vetter[4], mit der goldnen Krone geschmückt. Der Vater überließ ihn an Wilhelm und Bruno zur Pflege: auch des Reiches Verwaltung ward beiden Prälaten in seiner Abwesenheit übertragen.[5]

Sodann ging Otto nach Sachsen zurück, ordnete hier alle Geschäfte mit Weisheit, vertraute Herzog Hermann dem Billunger und Gero, dem tapfern Markgrafen die Hut der Grenzen gegen die Slaven, und brach dann im Augustmonat nach Baiern auf.[6] In Augsburg sammelte sich der König zahlreiches und kräftiges Heer. Es zogen mit demselben aus Sachsen der Erzbischof Abeldag von Hamburg, die Bischöfe Landward von Minden, Ottwin von Hildesheim und Drogo von Osnabrück, von Lothringen Erzbischof Heinrich von Trier und der Abt Wilher von St. Maximin,, von Franken Bischof Otger von Speier und die Aebte Hatto zu Fulda und Günther zu

---

[1] Fortf. b. Rhegino z. J. 961. Daß das Reich damals entschieden ein Wahlreich war, so daß nur die Wahl der Fürsten und die Zustimmung des Volks den Nachfolger bestimmen konnte, läßt sich sogar urkundlich hier erweisen. S. den Stiftungsbrief von Queblinburg v. 15 Sept. 937 bei Leukf. Ant. Halberst. S. 638. Hier sagt Otto I. selbst: „si aliquis generationis nostrae in Francia et Saxonia regalem etc. possideat sedem etc. und dann: Si autem alter e populo eligatur rex". Albericus in Chron. z. J. 961 und Fragm. Chron. Lobiensis b. Würdtw. No. Subsid. Dipl. XIII. [2] S. Cont Rheg. ad a. 964 wo es heißt: Lothariensis dux Gotefridus u. b. Urk. Erzbisch. Bruno's b. Martene Vet. Monum II. S. 46 mit der Unterschrift: Actum Aquis palatio d. II. Kal. Novbrs. regnante Rege Ottone, fratre nostro so. XVIII. Godefrido duce. [3] Vergl. über ihn Froboard z. J. 959. Er war der Bruders Enkel Herzog Giselbert's von Lothringen. Seine Gemahlin war Beatrix, Tochter Herzog Hugo's des Großen, Schwager vom König Otto. Sein Bruder war der Bischof Adalbert von Metz, der von 927—64 auf dem bischöfl. Stuhle saß. S. die Tafeln von Henninges und Hübner. Daß Gottfried an der Maas herrschte und Friedrich an der Mosel, wird übrigens nur mit Wahrscheinlichkeit vermuthet. [4] Bei Froboard z. J. 956 heißt er Propinquus Regis Ottonis. Er ward in diesem Jahre 956 nach Rotbert's Tode, der an der Pest starb, gewählt. [5] Fortf. b. Rhegino und Sigbert von Gemblours. [6] Hepidan, Mönch v. St. Gallen z. d. J.

Hersfeld, vom Baierland Bischof Poppo zu Würzburg und Ger=
wich, Abt des St. Petersklosters daselbst, von Alemannien endlich
Odo von Straßburg und Hartpert von Chur.[1] Nächstdem von
weltlichen Herren: Gottfried, Herzog von Niederlothringen, an des
Erzherzogs Bruno Statt[2], und viele edle Grafen, Herren und Ritter
des Reichs, zumal vom Lande der Sachsen. Auch Adelheid beglei=
tete den König und von den lombardischen Prälaten vor allen der
Erzbischof Walbert von Mailand[3] und Liutprand, Diacon zu
Pavia. Der Zug ging auch dießmal an der Etsch hin, durch das
Thal von Trident und näherte sich Verona. Da, ohnfern dieser
Stadt, an der Etschklause bei Chiusa, stellte Adalbert, Beren=
gar's Sohn, der noch immer in besserem Ansehen stand, als der
Vater, dem König einen in Eil zusammengebrachten Kriegshaufen, um
ihm den Eintritt in die lombardischen Ebenen zu wehren.[4] Aber
schon nach wenigen Tagen zerstreute sich dieß Heer, nachdem die lom=
bardischen Großen in demselben, den Adalbert gebeten hatten, sei=
nen Vater zur Abdankung zu vermögen und selbst allein das Scepter
zu übernehmen, von diesem die entschiedene Weigerung Berengar's
vernommen hatten. Ohne allen Widerstand, wie er vor zehn Jahren
nach Italien gekommen war, nimmt Otto auch jetzt wieder von dem
Lande Besitz; ohne einen Schwertstreich zu thun, durchzieht er von
Verona aus das ganze Reich und gelangt, fast von allen lombardischen
Bischöfen und Grafen feierlich begrüßt und mit Freuden empfangen,
nach Pavia. Von Schrecken erfüllt, war Berengar mit seiner Ge=
mahlin und seinen Töchtern aus dieser Hauptstadt entflohen[5]: er
selbst nach St. Leo in Monte Feltro, einem festen Schlosse in der
Landschaft Umbrien, mitternachtwärts von Urbino gelegen, Willa
nach der Insel St. Giulio im Lago d'Orta, die vor fünf Jahren

---

[1] Diese Namen finden sich z. Th. bei der Kirchenversammlung in Rom 963 in
Liutpr. VII. 7. z. Th. bei Baronius Ann. Eccl. in den zu den Jahren 962, 63, 64 gehörigen Urkunden, z. Th. endlich kommen sie in den gleichzeitigen Schriftstellern vor.
Dem Abt von St. Maximin in Trier ertheilte Otto zu Rom 962 das Erzkanzleramt bei
seiner Gemahlin. S. d. Urk. in Zylles. Defens. Abb. S. Maximini P. III. S. 20. Ueber Poppo von Würzburg s. Jägers Gesch. von Franken Th. I. Den in Italien
erfolgten Tod Herz. Gottfrieds, Heinrichs von Trier und Gerwichs von Würzburg,
hat der Fortf. des Rhegino z. J. 964. [2] Ruotgers Leben bei Leibn. I. S. 286.
[3] Landulph der Aeltere Mailänb. Gesch. II. 16 b. Murat. T. IV. [4] Camillus.
Peregrinus Gesch. der lombardischen Fürsten b. Mur. S. R. Ital. II. S. 299
Die Zahl 60,000, die er von Adalberts Heer angiebt, ist augenscheinlich übertrieben.
[5] Fortf. d. Rhegino z. J. 962.

ihrem Gemahle Schutz gegen Ludolf gegeben; Adalbert, Guido und Konrad aber, Beider Söhne, irrten in unwirthbaren Gegenden umher und strebten mit ihrem geringen Gefolge das Schloß Garda am See gleichen Namens, wo die Königin Adelheid einst gefangen gesessen, das Thal Travaglia im Gebirge gegen den Lago Maggiore und die stark befestigte Insel im Lago di Como zu halten.

Während Otto in Pavia verweilte und auf seinen Befehl der Reichspalast, den Berengar vor seiner Flucht hatte schleifen lassen, wieder aufgerichtet ward[1]), war der Erzbischof Walbert von Mailand bemüht gewesen, die gesammten Prälaten und Fürsten Italiens zusammenzuberufen, ihnen in einer heftigen Rede die unerträgliche Thrannei König Berengar's nochmals vor Augen zu stellen, und sie sodann zu vermögen, ihn und sein ganzes Geschlecht auf ewige Zeiten der Herrschaft für verlustig zu erklären und König Otto zu wählen. Nachdem die ganze Versammlung hierzu ihren Beifall erklärt, ward Otto aus Pavia nach Mailand abgeholt, um auf den Thron der Lombarden erhoben zu werden; es war im Laufe des Wintermonds 961.[2])

In dem Münster des heil. Ambrosius ward, sobald Otto zu Mailand angelangt war, die Krönung mit höchster Pracht vollzogen. Erzbischof Walbert hielt das Hochamt; ihn umstanden die übrigen lombardischen Bischöfe, eine große Anzahl Herzoge, Markgrafen und Grafen aus dem deutschen und lombardischen Reiche wohnten der Feierlichkeit bei. Otto legte seinen ganzen königlichen Schmuck, die heilige Lanze, das Schwert und Wehrgehenke, den Königsmantel und die übrigen Obergewänder auf den Altar des heil. Ambrosius nieder und ward dafür durch den Erzbischof mit dem Ornate der lombarschen Könige bekleidet: dann salbte derselbe ihn mit dem heiligen Oele und setzte ihm die eiserne Krone[3]) aufs Haupt, zugleich gab er ihm nach dem ambrosianischen Ritus die Meßbinde eines Subbiacons um den linken Arm. Also geschmückt, sang der König die Epistel während der Messe, wie in alter Zeit schon Theodosius der Große

---

1) Fortf. b. Rhegino z. J. 961. 2) Landulph der Aeltere Mail. Gesch. II. 16. 3) Diese eiserne Krone ward von der lombardischen Königin Theodolinde zu Ende des 6 Jahrh. der Kirche geschenkt, welche sie zu Monza, ohnweit Mailand, zu Ehren Johannes des Täufers erbaut hatte. Sie war von Gold mit edeln Gestei-nen und hatte inwendig einen kleinen Ring von Eisen, der aus einem der Nä-gel des wahren Kreuzes des Heilandes herkommen sollte. Die alten longobardischen und carolingischen Könige brauchten sie nicht; zuerst ward Berengar von Friaul 888 damit gekrönt. S. Murat. Abh. über die eiserne Krone.

auf Bitten des heil. Ambrosius es gethan haben soll, und zuletzt
ward er von dem Erzbischof und allem Volk jubelnd als Lombardiens
König ausgerufen.[1])

Noch einige Tage blieb Otto zu Mailand. Er bestätigte hier
die Großen des Reichs in ihren alten Rechten und Freiheiten und
stellte einem Jeden, so viel er konnte, das, was Berengar's
Grausamkeit und Habgier ihm entrissen, wieder zurück.[2]) Von dem
Alpengebirge bis an die Grenzen des Herzogthums Rom gehorchte
jetzt alles seiner Herrschaft; in die Hauptstadt des letzteren aber sandte
er Hatto, den Abt zu Fulda voraus, um für seine Ankunft daselbst
die Wohnungen bereit zu halten.[3])

Das Weihnachtsfest feierte der König noch zu Pavia[4]): dann,
im Jänner, bereitete er sich zu der Kaiserkrönung. Bevor er nach
Rom selbst zog, schwur er den Abgesandten des Pabstes folgenden
Eid[5]): „Dir, Herr Johannes, dem Papste gelobe ich, König Otto,
und schwöre beim Vater, dem Sohne und heil. Geiste, und bei dem
Zeichen dieses lebendigmachenden Kreuzes und bei diesen Gebeinen der
Heiligen, daß ich, dafern Gott mir vergönnt, nach Rom zu gelangen,
die heil. römische Kirche, und Dich, der Du ihr vorstehst, nach meinen Kräften erhöhen, und nimmer verursachen, noch zugeben will,
daß Du von irgend jemand Deiner Ehren und Würden beraubt wer-
dest. Ich schwöre, daß ich zu Rom nichts ohne deinen Rath beschließen will, von alle dem, was Dich betrifft oder die Römer. Ich
schwöre endlich, daß ich alles, was von des heil. Petrus Erbtheil in
meine Gewalt kommen möge, Dir wiedergeben will, und daß, wem
ich dereinst die Herrschaft über Italien anvertrauen werde, auch dieser
schwören soll, nach Kräften Dein Helfer zu sein, die Erbe des heil.
Petrus zu schirmen."

Darauf, zu Ende des Jänners, brach der König von Pavia nach
der Hauptstadt des Abendlandes auf, mit ihm Adelheid, seine Gemahlin, die deutschen Bischöfe, Grafen und Herren, die gesammten
Bischöfe Lombardiens, fast alle Herzöge, Markgrafen, Capitanen
und Valvassoren dieses Reichs[6]) — so glänzend hatte seit Karls des
Großen Zeit, kein König jenseits der Alpen her die Romfahrt gethan. Der Erzbischof Walbert von Mailand war drei Tagereisen

---

[1]) Landulph l. c. [2]) Liutprand, oder vielmehr sein Fortsetzer, (denn mit dem
c. 5 des B. 6 schließt wahrscheinlich Liutprands Werk) B. 6. c. 6. [3]) Forts. des
Rhegino z. J. 961. [4]) Derselbe zum J. 962. [5]) Baronii Annal. Eccl. T. X. z.
J. 960 und im Decret Gratians dist. 63. c. 33. [6]) Landulph l. c.

vorausgeeilt [1]): ihm folgte der König, überall, wo er durchzog, mit frohlockender Bewunderung empfangen, sein Zug glich einem Triumphe. Endlich, am ersten des Hornungs im J. 962, lag die ewige Roma mit ihren Münstern, Palästen und Ruinen vor den Augen des Königs. Als er sich dem goldnen Thore näherte [2]), das in die leoninische Vorstadt führte, in welcher die Kirche des heil. Petrus liegt, kamen der Senat, die römischen Ritter und das Volk mit ihren Fahnen ihnen entgegen; hinter ihnen zogen die Schulen der verschiedenen fremden Nationen, die in Rom wohnten, oder auf Wallfahrten dorthin gekommen waren, die Sachsen, Franken, Friesen, Longobarden und Griechen, auch sie mit ihren Fahnen, Zeichen und Kreuzen, zu Ehren des erlauchten Königs der Deutschen, der nun bald mit der Kaiser= krone die Herrschaft über alle Reiche [3]) empfangen sollte, feierliche Hymnen absingend.

Darauf, nachdem Otto den weißen Zelter, welchen ihm der Papst schickte, und auf den sonst auch die alten römischen Triumphatoren ihren Einzug gehalten, bestiegen hatte, ritt er in das Thor ein, durch die unermeßliche Volksmenge gerade auf den vaticanischen Berg zu. Hier, in dem Vorhofe der Kirche des heil. Petrus, der auf weißen Säulen von Marmor ruhte und das Paradies genannt wurde, saß Papst Johannes XII. und erwartete ihn, von den Bischöfen, Car= dinälen und der übrigen Geistlichkeit umgeben. Sobald der König vom Pferde gestiegen war und die Stufen zum St. Peter hinaufzu= gehen begann, erhob sich der Papst von seinem Throne und ging ihm entgegen: beide reichten sich die Hände und umarmten sich. Noch waren die silbernen Pforten der Kirche verschlossen: da fragte der Papst nochmals den König, ob er, wie Karl und seine Nachfolger, schwören wolle, die heil. römische Kirche zu schirmen, so viel er ver=

---

[1]) Derselbe. [2]) Diese Beschreibung des Einzugs in Rom und der Krönungs= festlichkeit nach Analogie der letzten Kaiserkrönung Berengar's (915) in dem Lob= gedicht auf denselben b. Murat. T. II. P. I. S. 406 ff. u. nach den in den Noten daselbst angezogenen Beispielen der Krönungen carolingischer, sächs., fränk. und schwäb. Kaiser vor und nach Otto, vornehmlich Otto's II. nach d. sächs. Annalist b. J. 967 und Heinrich des Heil. nach Dithm. B. VII. S. 200. Ferner ist ver= glichen worden: Sigonius de Regno Italiae B. VI. z. J. 962. Murat Antiq. Ital med. aevi Diss. 3. und des Abts Landi Gesch. der Fürsten aus dem alten Hause Sachsen, aus der ital. Handschrift übersetzt von Mebes S. 244 ff. Liutp. VI. 6. sagt nur, daß Otto miro ornatu et apparatu vom Papste empfangen wor= den sei. Den Tag der Krönung purif. Mariae hat Hepiban fälschlich beim Jahre 964 statt 962. [3]) omnium regnorum imperium Landulph l. c.

möge? Und als Otto geschworen, wurden die Thüren geöffnet und
der Papst trat, den König an der Hand, in die Hallen der Kirche;
es folgten ihnen die gesammten Bischöfe, die übrige Geistlichkeit und
die edeln Herren von Deutschland und Italien. Darauf betete Otto
am Grabe der heil. Apostel: so lange er betete, hielt Ansfried,
Sohn Graf Lambert's von Hennegau, der Schwertträger des Königs, das gezückte Schwert über seinem Haupte, da er wohl wußte,
daß die römische Treue oftmals seinen Vorfahren sich verdächtig gemacht habe [1] — sodann aber trennte er sich von dem Papste: dieser
ging über die Tiberbrücke zurück in den Lateran [2], Otto aber zog
in die für ihn zubereitete Wohnung auf dem Monte Mario, im
Nordwesten der Stadt, damals Mons Gaudii geheißen. [3]

Am andern Morgen, am Fest der Lichtmeß der heil. Jungfrau
im Jahre des Heils 962, erschien der König als römischer Patricier
gekleidet, in Tunika und Mantel, mit römischen Schuhen und einem
Goldreif um das Haupt, im Gefolge des römischen Senats und seiner
Getreuen. Er bestieg den Zelter, ritt durch die leoninische Vorstadt
und während die Königin Adelheid mit ihrer Begleitung sich in die
Peterskirche begab, über die Tiberbrücke bis zu den Wällen der Stadt.
Hier kam ihm der Papst mit den Cardinälen und dem übrigen Clerus
zu Pferde entgegen, und alle begaben sich darauf zu dem vaticanischen
Berg in die Peterskirche. Hier, beim feierlichen Hochamte, salbte
der Pabst Otto'n mit dem heiligen Oele und setzte ihm, unter dem
Beistand des Erzbischofs Walbert von Mailand [4], die goldne, mit
Diamanten geschmückte Krone aufs Haupt, wobei er ihn mit lauter
Stimme vor allem Volke zum Kaiser ausrief. Die unzähligen, aus
allen Reichen der Christenheit versammelten Menschen erklärten durch
frohlockenden Zuruf ihren Beifall. [5] Nach Otto ward auch seine

---

[1] Dithm. IV. 84. Ansfried ward nachher Graf von Löwen und zuletzt Bischof von Utrecht, s. V. S. Ansfridi in Actis SS. 4. Mai. [2] Daß der Papst im
Lateran damals wohnte, beweist Cont. Liutpr. VI. 6. wo die römische Kirchenversammlung Johann XII. vorwirft, daß das palatium Lateranense durch ihn pro-
stibulum meretricum geworden sei. [3] Daß der Kaiser hier wohnte, ergiebt sich
aus der angezogenen Stelle in Dithm. IV. 84. Vergl. Martinelli Roma Sacra
S. 98 und Nota 32 ad Carmen Panegyricum Berengarii b. Mur. T. II. P. I. S.
406. Es ist vom Monte Mario aus bekanntlich die schönste Aussicht auf die Stadt
Rom, die Campagna und die Krümmungen der Tiber. [4] Landulph l. c. [5] Fortf.
des Rhegino z. J. 962. acclamatione totius populi et cleri ab Apostolico Johanne Augustus vocatur et ordinatur. Landulph sagt l. c. er wäre vor der
Menge aller Völker — unter ihrer Zustimmung gekrönt worden.

Gemahlin vom Papſte gekrönt. [1]) Darauf ſchwuren die römiſchen Großen mit dem Papſte über dem Leichnam des Fürſten der zwölf Boten dem neuen Kaiſer den ſeit Karl dem Großen herkömmlichen Eid der Treue, und daß ſie mit Berengar und Adalbert niemals wieder Gemeinſchaft haben wollten. [2])

Nachdem die Krönungsmeſſe beendet war, beehrte der Kaiſer den Papſt mit köſtlichen Geſchenken von Silber und Gold und edeln Geſteinen [3]); eben ſo beſchenkte er nach altem Brauch das römiſche Volk und das Kriegsheer. Die Feier des Tages beſchloß ein prächtiges Feſt, das der Papſt im Lateranpalaſt zu Ehren des Kaiſers veranſtaltet hatte. —

Auf ſolche Weiſe ward denn 63 Jahre, ſeitdem Arnulf aus dem Stamme der Franken, und 38 Jahr ſeit Berengar, der Letzte von lombardiſchem Blute, die Krone getragen, in der Perſon Otto's des Sachſen, das abendländiſche Kaiſerthum erneuert und dadurch vor aller Welt ein offenbares Zeugniß gegeben, daß die höchſte Kraft und die höchſte Macht bei den Deutſchen ſei. Wie das germaniſche Land, in der Mitte Europas gelegen, gleichſam das Herz dieſes Welttheils iſt, und die Natur ſelbſt es beſtimmt zu haben ſcheint, daß von hier aus die Angelegenheiten anderer Staaten geordnet werden ſollen; alſo hatte Otto ſeit dem Anfang ſeiner Regierung in den chriſtlichen Nachbarlanden ſeinen Einfluß verbreitet, und dadurch das unzweifelhafte Uebergewicht Deutſchlands über dieſe begründet, und darum befeſtigte er mit Recht hinwiederum bei dem Reiche der Deutſchen die alte ehrwürdige Kaiſerherrſchaft und zwar dauernd: denn fortan ſind es nur deutſche Könige, ſeine Nachfolger, geweſen, welche die höchſte Krone der Chriſtenheit empfangen haben.

Es war aber dieſe Kaiſerwürde, wie ſie es zu Karl's des Großen Zeit geweſen, nichts anderes, als die oberſte Schutzherrlichkeit über alle Kirchen und über alles Volk des chriſtlichen Abendlandes: der Kaiſer ſollte der oberſte Schirmvogt über die Welt, ſo weit ſie chriſtlich war, ſein [4]) und in dieſem Sinne trägt Otto nun, von

---

[1]) Dithm. II. 26. [2]) Cont. Liutpr. VI. 6. [3]) Derſelbe. [4]) So iſt Landulph l c. zu verſtehen, wenn er ſagt: Otto ſolle mit der Kaiſerkrone omnium regnorum imperium erhalten In gleichem Sinne heißt es bei Witted. I. 639 von Otto: er ſei totius orbis caput, cujus potentiae majestatem non solum Germania, Italia atque Gallia, sed tota fare Europa non sustinet und S. 642 in dem Vorwort zum zweiten Buche in der Anrede an die Aebtiſſin Mathilde, Otto's Tochter: Domina esse dinosceris jure totius Europae.

der Krönung im S. Peter an, in seinen Siegeln nebst dem Scepter auch den Reichsapfel, welcher den Erdball bedeutet. [1])

Freiwillig, wie Karl der Große es erhalten, war auch ihm das Kaiserdiadem übertragen worden: ihn, der schon lange der Mächtigste war in der gesammten Christenheit, der in Deutschland und Burgund allgewaltig gebot, den Frankreich und Italien als ihren großen Schiedsrichter verehrten, der Europa von allen Feinden des Kreuzes glorreich gerettet, hatte der Papst aus freiem Antriebe und als Sprecher gleichsam der ganzen christlichen Welt nach der ewigen Roma gerufen, um durch die Weihe der Kirche feierlich ihn in dem kaiser= lichen Amte zu bestätigen, das Otto schon lange zuvor, auch ohne den kaiserlichen Namen zu führen, geübt, indem er der Welt durch Gerechtigkeit, den Frieden gegeben und die Christenheit durch seinen siegreichen Arm geschirmt hatte.

Und eben darum, weil diese Würde, welche die höchste und vor= nehmste sein sollte, einem solchen zu Theil ward, der so ganz ent= schieden über den andern Fürsten Europa's an Macht stand, einen solchen, dessen aus wahrhaft großen Eigenschaften hervorgegangenes Ansehen von allem christlichen und nicht christlichen Volk der Erde geehrt und gefürchtet ward: eben darum mußte diese Würde einen Glanz um sich verbreiten, der seines Gleichen nicht gehabt hat in der ganzen neueren Geschichte. Nicht in einer äußeren Macht ruhte die Herrlichkeit des Kaisers, nicht auf weitläufigem Länderbesitz — denn nichts eigenthümlich besaß Otto, als seine Familiengüter und die zerstreuten carolingischen Domainen — ursprünglich, tief und unmit= telbar begründet in der Macht der öffentlichen Meinung und dem Glauben der Völker lag die Majestät des kaiserlichen Namens, eine unbegrenzte Hochachtung für den Träger desselben war ihrer Heiligkeit innerste Wurzel.

Daß Otto, nachdem er den Gedanken an Ein deutsches Reich, den sein Vater fest im Auge behalten, so kräftig in die Wirklichkeit hinübergeführt hatte, nun am Ziele dieses Strebens, wie es schon sein Vater gewollt, mit der Kaiserherrschaft noch dazu das ehrwürdige Amt eines obersten Schirmers der christlichen Welt übernahm, daß er durch Befestigung der römischen Kaiserkrone bei sich und seinen Nachfolgern dem deutschen Reiche diese alte Herrlichkeit wieder zu=

---

[1]) Otto war der Erste, der den Reichsapfel trug. Vergl. Chron. Gottwicense I. 163. Siehe eine Abbildung von Otto's kaiserlichem Siegel aus einer Urk. vom J. 965 in Heineccii Tract. de Sigillis Veterum 5te Kupfertafel no 4 und eine andere aus einer Urk. vom J. 970 in Walthers Lex. Dipl. 5te Kupfertafel.

sicherte, — das ist von den vielen großen Werken, die er der Welt hinterlassen, das wichtigste und einflußreichste gewesen.

Dennoch aber ist die Wiederherstellung des römischen Kaiserthums durch Otto von den Neueren oftmals als besonders für Deutschland verderblich verurtheilt und die alte ehrwürdige Gestalt des großen Kaiser deßhalb mit dem rücksichtslosen Tadel eines leeren Ehrgeizes gekränkt worden. Ja, so weit ist man mit dieser ungerechten Anklage gegangen, daß man ihn geradezu beschuldigt hat, als sei er durch die erneuerte Verbindung Italiens mit Deutschland und die Annahme der römischen Kaiserkrone Urheber und Vorbild jener verderblichen Staatskunst geworden, durch welche die späteren deutschen Könige, seine Nachfolger im Reiche, das deutsche Vaterland zu Gunsten Italiens so auffallend vernachlässigt hätten, und durch welche Ströme edlen deutschen Blutes bei den Römerzügen so fruchtlos auf welscher Erde wären vergossen worden.

Es wird daher an der Stelle sein, eine Ehrenrettung des glorwürdigen Todten hier niederzulegen und, um die Nichtigkeit jener Vorwürfe in ihrem ganzen Umfange zu erweisen, einmal jene großen und mächtigen Staatsgründe durch eine tiefere Untersuchung in ihr rechtes Licht zu setzen, welche den erlauchten Kaiser bestimmt haben, mit der höchsten Krone der Christenheit seine Schläfe zu schmücken, so wie auch die überwiegende Wichtigkeit aller der guten Folgen vor Augen zu stellen, welche die Erneuerung der Kaiserherrschaft nicht blos für Deutschland und Italien, sondern auch für ganz Europa und für die Kirche gehabt hat.

Nicht eitle Ruhmbegierde ist es gewesen, welche Otto'n über die Alpen geführt, um die eiserne Krone Lombardiens und zu Rom das Kaiserdiadem zu erlangen, sondern gute und treue Gedanken haben ihn dorthin geleitet, und zwar vorerst: der hochherzige Wunsch, die Noth der durch fortwährende Bürgerkriege, Barbareneinfälle und Thrannenherrschaft bedrängten Halbinsel nun endlich dauernd zu enden — sodann der edle Antrieb, durch sein Ansehn die Angelegenheiten der Kirche wieder in eine feste Verfassung zu bringen, und namentlich dem römischen Stuhle wieder seine ursprünglichen ehrwürdigen Bestimmung zu verhelfen — und endlich der große Plan, jene alte Ordnung von neuem herzustellen, kraft deren von ihm, als den berufenen Schutzherrn der christlichen Welt, wieder das Scepter der Gerechtigkeit über dem Erdball gehalten und bewirkt werden solle, daß alle Gewalt auf demselben in Recht sich verwandle.

Seit länger als einem halben Jahrhundert, nachdem die caro-

lingischen Kaiser dort zu herrschen aufgehört hatten, war Italien der
Schauplatz der entsetzlichsten Verwirrung gewesen. Vergebens hatten
einheimische Könige aus dem Blute der alten lombardischen Herrscher,
vergebens fremde Fürsten von burgundischem Stamm Milde und Gewalt versucht, die Herzen der welschen Großen zu gewinnen und das
Reich zu der verlornen Kraft und Selbstständigkeit wieder heraufzu-
führen — alle ihre guten und schlimmen Anstrengungen waren an
der unbezwinglichen Freiheitsliebe und der unruhigen Neuerungssucht
der Italiener gescheitert. Eine entschiedene Abneigung derselben gegen
die Könige, welche sich selbst erkoren, hatte immer wieder, nach kurzer Zeit Gegenkönige auf den Thron gerufen; kein großer Mann
war aufgetreten, dessen überwiegende geistige Kraft die Ruhe des
Landes auf die Dauer hätte befestigen mögen. Ausschweifende, zügel-
lose Frauen waren die Beherrscherinnen der ewigen Roma geworden;
eine Reihe von meist ohnmächtigen und lasterhaften Päpsten hatte den
Stuhl des heil. Petrus, der der erste und heiligste sein sollte in der
Christenheit, um seine ganze Ehrwürdigkeit gebracht und durch kaum
glaubliche Verbrechen geschändet. Im untern Italien, wo Capua,
Benevent und Salerno, Neapel, Gaëta und Amalfi zwar unter ei-
genen Fürsten, aber unter griechischer Hoheit, und Apulien und Ca-
labrien unmittelbar unter griechischen Statthaltern standen, war die
Herrschaft der griechischen Kaiser schon seit geraumer Zeit erschlafft
und nicht vermögend, den Andrang der sicilianischen und afrikanischen
Saracenen aufzuhalten — ungestraft, wie in den Gebirgen und
Thälern der Alpen von Fraxinetum aus, raubten in den ihnen von
dem Byzantinischen Hofe preisgegebenen apulischen und calabrischen
Landschaften der Mauren furchtbare Schwärme, und setzten durch
Raubzüge nicht selten auch Rom und das übrige mittlere Italien in
Schrecken.

Als Otto zum erstenmale im J. 951 nach Welschland mit
Heereskraft gezogen war, von der Königin Adelheid und dem Papste
gegen Berengar geladen, die Bedrängniß des Landes zu mildern,
hatte er der Hoffnung Raum geben zu dürfen geglaubt, daß Italien
von einem eigenen Herrscher, der seine oberste Lehnsherrlichkeit zu
fürchten habe, werde beruhigt werden können; und darum hatte er,
wiewohl es ihm leicht gewesen sein würde, selbst das Scepter in den
Händen zu behalten, da die Herzen aller Großen des Landes sich
ihm zugewandt hatten, dennoch Berengar'n in dem Königthume
bestätigt. Jetzt aber, da er wiederum über die Alpen kam, zehn
Jahre seit jenem ersten Zuge in das italische Land — jetzt da er

15

mit Augen erblickte, daß das Elend desselben, statt sich zu vermindern, nur zu einem höheren Grade emporgestiegen sei — jetzt, da der unzweifelhafte Beweis ihm vorlag, daß die Italiener sich selbst zu beherrschen nicht die Kraft mehr besäßen — jetzt war er, um dem Lande wahrhafte Hülfe zu geben, mit Nothwendigkeit jetzt nur auf das Eine verwiesen: dem eingebornen Könige die Herrschaft zu nehmen und mit der eignen starken Hand die Zügel derselben zu ergreifen.

So bereitwillig aber, als Otto sich zeigte, die eiserne Krone sich auf das Haupt setzen zu lassen, so entging es ihm doch nicht, daß ihr Gewicht in voller Schwere auf ihm lasten und ein ungewöhnliches Ansehen erforderlich sein werde, den verwickelten Verhältnissen, in die er nun eintrat, die Spitze zu bieten. Er mußte daher darauf denken, dieses Ansehen durch alle Mittel, die ihm zu Gebote standen, um sich her zu verbreiten, und unter diesen war das ehrenvollste und sicherste die Uebernahme der alten Kaiserherrschaft. Mit ihr war nach dem allgemeinen Glauben der Völker jene Heiligkeit verknüpft, die ganz allein und für sich schon ihrem Träger von allen Seiten einen bereitwilligen Gehorsam sicherte, an sie in der öffentlichen Meinung jene höchste Erhabenheit gekettet, welche die Gemüther der Lombarden am bestimmtesten zu einer ehrfurchtsvollen Unterwerfung auf die Dauer zu zwingen vermochte. Auch waren unter allen den letzten italischen Königen die, welche die Kaiserkrone zugleich mit der lombardischen getragen, und unter diesen namentlich Berengar I., immer noch diejenigen gewesen, die sich des meisten Ansehens zu erfreuen gehabt hatten.

Wenn nun von dieser einen Seite, was die Beruhigung Italiens betraf, Otto zur Wiederherstellung des Kaiserreiches sich bestimmt sah, so ward er es auch dringender noch durch den Zustand der Kirche die, aufs höchste zerrüttet, wie er eines mächtigen Schutzherrn bedurfte, den man seit geraumer Zeit so schmerzlich vermißt hatte. Der Stuhl S. Peters war in der langen Verwirrung, die Italien zerrissen, zu einer unglaublichen Erniedrigung gekommen: nach dem Willen der mächtigen Markgrafen von Tuscien und Camerino, nach den Launen und Eigenschaften lasterhafter Weiber, wie die Theodora und Marozia, hatten ihn die Römer vergeben; fast nur kraftlose und üppige Weichlinge, mit wenig ehrenvolleren Ausnahmen, hatten ihn bestiegen, ja der Sohn eines Papstes, von einer jener Frauen in verbotenem Umgang gezeugt, war der Nachfolger seines Vaters geworden. [1]) Durch Wollüste entheiligt,

---

[1]) Nach Liutpr. III. 13. war Papst Johannes XI. 931—36. Sohn der Marozia und des Papstes Sergius III.

von Blutvergießen befleckt[1]), dazu noch von den lombardischen Königen und den morgenländischen Kaisern angefeindet und von den Saracenen bedrängt, stand der ehrwürdige Thron der Apostel ohnmächtig und schmachvoll da, seines ganzen Ansehens entkleidet. Hier, vor
allen andern, damit des Hauptes Verderbniß nicht auch die übrigen Glieder
ergreife, und die oberste Kirche der Christenheit wieder als wahrhaf-
tes Vorbild den ihr anvertrauten vorleuchten möge, war schnelle und
durchgreifende Abhülfe vonnöthen. Otto vor Allen erkannte die Gefahr für dringend; er war mit seiner ganzen Kraft sie zu entfernen
bereit und entschlossen — aber nur als Kaiser durfte er gegen des
Papstes geheiligte Macht Einspruch erheben, nur als Kaiser überkam
er das Recht, jenes allgemeine Concilium zu berufen, auf welchem
später der ausschweifende Johannes XII. entthront ward — und
auch deßhalb hat Otto die Krönung im S. Peter empfangen.

Ein dritter sehr großer und mächtiger Staatsgrund, der ihn bewog, die alte Kaiserwürde zu erneuern, ist endlich derjenige gewesen,
daß er, um die seit Karl's des Großen Tode in Europa so oft und
so furchtbar gestörte Ruhe wieder dauernd zu befestigen, es als nothwendig erkannte, jenes oberste Richteramt über die christliche Welt in
seiner vollen Bedeutsamkeit wieder zu übernehmen, das eben in dieser
Würde lag und kraft dessen ihm auferlegt war, in allen Landen, wo
man das Kreuz anbetete, durch Gerechtigkeit den Frieden zu wahren
und nach Außen zu durch der Waffen Macht alle Feinde zu schrecken.
Wie Karl der Große in der Christenheit herrlich gewaltet, wie er
seinen mächtigen Arm über ganz Europa ausstreckend, als Kaiser die
Angelegenheiten der gesammten christlichen Völker geleitet, so wollte
auch Otto wieder dastehen, als höchster weltlicher Schiedsmann
Streitigkeiten unter des Evangeliums Bekennern schlichten, Fehden
und Kriegen durch seines kaiserlichen Namens Ansehen vorzubeugen,
der Unterdrückten überall sich annehmen und für die allgemeine Freiheit ein mächtiger Beschützer sein. Wohl hatte er dieß Alles schon
früher gethan — in Frankreich und Welschland — nur aber gerufen
dort von dem Könige und hier von den Großen des Reiches, nachdem
beide sich selbst zu helfen nicht mehr vermocht: als Kaiser kam ihm
das Recht zu, selbstmächtig zwischen streitende christliche Völker zu

---

[1]) Nach Liutpr. III. 12. warb Johannes X. (914—928) mit einem Kissen
erstickt. Auch Stephan VIII. (939—42) soll von den Römern ermordet worden
sein. P. Paji in Breviar. Pontif. nach dem Martinus Polonus. Schon früher
war Stephan VI. 897 durch Stricke erwürgt worden. Froboard.

treten und die Sache der Bedrängten zu verfechten, ohne erst ihren Hülferuf zu erwarten.

Wie aber zu jener Zeit in allen christlichen Ländern, wo die Völker durch eine Wahl ihre Herrscher sich setzten, die Ueberzeugung galt, daß die Kronen der Erde durch Gottes Gnade, der die Stimmen der Wählenden lenke, vergeben würde und wie man fest glaubte, daß alle Macht und Gewalt von des Himmels Höhen herstamme: so konnte auch Otto — obgleich er die Kraft in sich fühlte, das Amt eines Kaisers auf Erden zu führen, und obgleich alles christliche Volk Volk das feste und gewisse Vertrauen zu ihm hegte, daß er der Christenheit oberster Schirmherr zu sein vermöge [1]) — dennoch nicht anders, als durch eine feierliche Weihe der Kirche die Bestätigung zu solchem hohen Berufe empfangen und nur der Papst war es, der, als der Christenheit oberster Bischof, als ihr Sprecher gleichsam und Vertreter sie ihm zu ertheilen vermochte — und auch darum mußte er zu Rom das Kaiserdiadem annehmen.

Wenn nun die hohen und reinen Gedanken einleuchten, für welche begeistert Otto die beiden Kronen in Italien auf seinem Haupte befestigen ließ: so wird man ihn allein schon deßhalb von den meisten Vorwürfen loszählen müssen, die man auf ihn gehäuft hat: denn nur die Gedanken — bliebe wegen der Gebrechlichkeit der menschlichen Natur und des Uebergewichtes widerstrebender Verhältnisse ihre Ausführung auch noch so weit hinter ihnen zurück — adeln den Menschen. Aber auch die Folgen, welche die Wiederherstellung des Kaiserthums für die späteren Zeiten und Schicksale der Völker gehabt hat, sind so beschaffen gewesen, daß jene Anklagen vollends in ihr Nichts zurücksinken und das Bild des großen Kaisers in seiner ganzen Erhabenheit vor unsern Augen erscheint.

Was zuvörderst Italien anlangt, so treten uns hier vor allen diese sehr bedeutenden Vortheile entgegen, daß dieses so lange der Zerrüttung und Gesetzlosigkeit preisgegebene Land durch Otto nun wieder zur Ruhe, Wohlstand und einer geordneten Verfassung zurückkehrte, daß, wie durch ihn die Ungarn seit dem Tage von Augsburg, der ihre Macht brach, in ihrem Lande zurückgehalten wurden, durch ihn nun auch den Einfällen der Saracenen ein Ziel gesetzt ward, und die in der Auflösung aller rechtlichen und sittlichen Verhältnisse zur tiefsten Verwilderung herabgesunkenen Lombarden bei der Gemeinschaft

---

[1]) Wittech. III. 659 omnium circumquaquae Christianorum in illo res atque spes sitae.

mit den Deutschen, ihren stammverwandten Brüdern, in der Tüchtigkeit und Kraft derselben ein Vorbild erhielten, an welchem sie sich
wieder zu stählen und zu erheben vermochten. Wirklich ist, wie
selbst italienische Geschichtsschreiber anerkennen [1]), durch die Vereinigung Deutschlands und der Lombardei, während Otto und die übrigen sächsischen Kaiser das Scepter getragen, ein ganz neues Leben
unter die Lombarden gekommen und sind die Keime jenes Heldengeistes
erzeugt worden, der sich in den republikanischen Einrichtungen und
Verfassungen der späteren Jahrhunderte in solcher Größe gezeigt hat.
Denn Otto, weit entfernt eine unbeschränkte Herrschaft zu behaupten,
gebrauchte seine Macht selbst, um die Freiheit zu gründen. Nichts
weiter, als die unbestrittenen Domainen der alten Könige behielt er
an sich, alles übrige trug er den lombardischen Laienfürsten und Prälaten zu Lehen auf; unter der Bischöfe Oberaufsicht ließ er die
Städte durch sich selbst sich beherrschen. Darum haben auch die Italiener mit solcher Ergebenheit an ihm und seinem Stamme gehangen
und erst, als der letzte Otto kinderlos starb, haben sie noch einmal
den Versuch gewagt, sich selbst einen König zu geben, der aber bald
und mit leichter Mühe von Kaiser Heinrich dem Heiligen ist besiegt
worden.

Wohl hätte Italien, mit Deutschland vereinigt, glorreich und
ohne großen Aufwand von Kraft und Menschen beherrscht werden
mögen, wenn die Nachfolger Otto's, der, obwohl er Jahre lang in
Italien verweilte, darum doch nicht das deutsche Vaterland vernachlässigt hat, dahin getrachtet hätten, jenes Reich mit dem deutschen
immer mehr und mehr zu verschmelzen, wenn sie mit derselben Weisheit, wie die Kaiser des sächsischen Hauses, durch Lehnsauftragungen,
an die italischen Großen mit diesen sich in freundschaftlicher Verbindung erhalten, und namentlich nicht, wie die letzten Hohenstauffen,
den verderblichen Plan befolgt hätten, das untere Italien wie ein
Erbreich, und von hier aus Deutschland durch Hofrichter [2]) beherrschen
zu wollen. Seit jener Zeit, wo Heinrich VI. und Friedrich II.
es unternahmen, Neapel und Sicilien eigenthümlich zu besitzen, und
die Lombardei zugleich unter ihre Botmäßigkeit zu zwingen, haben die

---

[1]) Sim. Sismondi Hist. des Republ. Ital. du moyen âge Thl. I. S. 88 der
deutschen Uebers. „Nie hatte eine Umwälzung auf den Charakter, die Verfassung
und die künftigen Schicksale einer Nation einen so entscheidenden Einfluß, als die
Vereinigung Deutschlands und der Lombardei unter dem Scepter Otto's d. Gr."
Vergl. Sigonius de Regno Italiae z. J. 973. [2]) Bekanntlich setzte Friedrich II.
auf dem großen Reichstage zu Mainz 1245 den ersten Hofrichter.

Italiener in der Angst, von so gewaltiger Macht erdrückt und zu einer vollkommenen Unterwerfung genöthigt zu werden, mit entschiedener Einhelligkeit der kaiserlichen Oberherrschaft, die ihre ganze Liebe verloren, den alten Gehorsam versagt und endlich dieselbe in ihren Grundfesten zerstört. Welches Unheil dadurch für sie selbst erwachsen sei, das bezeugen die Klagen eines Dante [1]) und Petrarca, die noch im vierzehnten Jahrhundert mit großem Verlangen an die Stelle der Anarchie und bürgerlichen Zwietracht, welche Italien von neuem zerrütteten, die Rückkehr der alten väterlichen Kaiserherrschaft ersehnten. Welche schlimme Folgen es aber für Deutschland gehabt hat, daß Rudolph von Habsburg [2]) und seine Nachfolger so gänzlich den Einfluß auf Italien aufgaben, das nun einmal sich selbst zu beherrschen nicht vermochte und wieder einer fremden Macht in die Arme sich werfen mußte, erweist sich aus dem Uebergewicht, welches Frankreich dadurch erlangt, und mit dem es — seit Karl von Anjou festen Fuß in Neapel gefaßt — seine Macht durch Philipp den Schönen immer weiter verbreitet und endlich durch Verlegung des päpstlichen Stuhls nach Avignon dieselbe auf den höchsten Gipfel gebracht — Deutschland niederzudrücken versucht und schon unter Ludwig dem Baier es wirklich vermocht hat. [3])

Wie durch die große Staatsumwälzung, welche Italien unter das Scepter Deutschlands gestellt, jenes Reich von diesem eine neue Kraft und Tüchtigkeit mitgetheilt erhielt, und dadurch aus seinem politischen Zerwürfniß und seiner sittlichen Erniedrigung sich aufrichtete, so hat es uns dagegen die Schätze mannigfacher Lebensbildung zurückgegeben. Denn immer war, wiewohl bei den Griechen eigentlich die Blüthe alter Kunst und Wissenschaft bewahrt wurde, Italien das Land, das einen köstlichen Reichthum von Denkmalen der Cultur aus den Zeiten griechischer und römischer Herrlichkeit besaß in Schriften jener großer Männer des Alterthums, in mannigfachen Bild- und Bauwerken. Wie sorgsam Kaiser Otto bedacht gewesen sei, diese Schätze auf deutschen Boden zu verpflanzen und ihn dadurch zu befruchten, beweist die oben angeführte Thatsache, daß er den Gunzo, der so viel treffliche Bücher griechischer und römischer Weißen besaß, an seinen Hof beschied. Und auf solche Weise ist Deutschland in der

---

[1]) Purgat. c. 6. [2]) obgleich Villani (L. VII. c. 54. T. XIII. b. Murat. Scr. R. It.) selbst von ihm sagt: se habesse voluto passare in Italia, senza contrasto n'era Signore. [3]) v. Olenschlager, Staatsgesch. des röm. Kaiserthums in der 1sten Hälfte des 14ten Jahrh. Vorrede S. 2.

Kunst und Wissenschaft von Italien aus seit seiner Zeit noch vielfach und wesentlich bereichert worden. Nächstdem ist aber auch von dorther das sehr einladende und aufregende Vorbild eines durch Gewerbfleiß und Handel belebten Städteverkehrs zu uns gekommen, dem sehr bald die deutschen Städte nachgefolgt sind, und wodurch jener erstaunliche Flor derselben in den späteren Zeiten begründet worden ist. Denn Italien, durch die Ueppigkeit seines Bodens, die günstige Lage im Mittelmeer, seinen Reichthum an guten Häfen und Flüssen bestimmt, das Land der Städte und des Handels zu sein, hatte frühzeitig, nachdem es sich von den Stürmen der Völkerwanderung erholt, und namentlich seit den Zeiten Karls des Großen in einer ansehnlichen Menge von Ortschaften eine rege Fülle von Gewerbfleiß und Handelsthätigkeit entwickelt und nach und nach die Keime aller jener städtischen Einrichtungen ausgebildet, durch welche es bald zu einer ungemeinen Blüthe sich erheben sollte. Nicht einmal die wilden Einbrüche der Ungarn und Saracenen und die innere Zerrüttung hatten diese große Bewegung in den Städten der Lombardei zu hemmen vermocht, und was ja etwa dadurch untergegangen war, hob die Ruhe, die jetzt dem Lande verschafft ward, von neuem wieder und um so kräftiger empor. Otto aber und seine Nachfolger sahen recht wohl, wie weit Italien in dieser Hinsicht vor Deutschland voraus sei; sie benutzten das Beispiel der lombardischen Städte und waren bemüht, auch in den deutschen Veranstaltungen für Belebung des Handels und der Gewerbe, von denen weiter unten geredet werden wird, zu treffen um das Reich auch in dieser Hinsicht einem immer höheren Wohlstande entgegenzuführen.

Was nun aber insbesondere die Kaiserwürde betrifft, so hat deren Erneuerung und Bestätigung bei Deutschland den nicht hoch anzuschlagenden Gewinn gehabt, daß diesem Reiche dadurch jener großartige Ehrenvorzug und jene überwiegende Hoheit zugesichert wurden, durch welche nicht nur unsere Altvordern zu den stärksten, edelsten und freudigsten Lebensgefühlen erhoben, sondern auch fremde Völker mit einer Ehrfurcht und Scheu durchdrungen worden, die allein — so lange nur Männer auf dem Kaiserthrone saßen, welche in Wahrheit kräftige, gerechte und edelmüthige Schutzherren der christlichen Welt waren — von Deutschland übermüthige Angriffe fremder Macht zurückgehalten haben.

Von jener urältesten Zeit an, wo wir zuerst germanischen Stämmen in der Geschichte begegnen, ist ein allgemein verbreiteter Sinn für das Große und Erhabene unter ihnen bemerkbar, — ein

Sinn, der bei keinem Volke der alten und neuen Welt in stärkerem Grade getroffen wird — ein Sinn endlich, in welchem die unbezwingliche Liebe der Deutschen für die Freiheit, jene vorherrschende Neigung zu kühnen und gewagten Zügen in entlegene Länder, welche wir in ihren siebenhundertjährigen Wanderungen[1]) und noch später in den Kreuzfahrten wahrnehmen, die Feststellung der großartigen Lehnsverfassung, so wie das mächtige Gefühl für Vaterland, Nationalruhm und Nationalehre und so vieles andere Herrliche in unserer alten Geschichte ihren Erklärungsgrund finden.

Diesen Sinn der Germanen für das Große und Erhabne zu beleben und in steter, heilsamer Spannung zu erhalten, war die vornehmste Sorge jener gewaltigsten Männer gewesen, welche über deutsche Völker geboten und von denen wir hier nur Theoderich, den Ostgothen, und Chlodwig, den Franken, nennen wollen; am stärksten war er von Karl benutzt worden und er hatte ihm herrliche Früchte getragen. So wie seine Nachfolger anfingen, von der glorreichen Bahn, die er ihnen eröffnet, sich wieder zu entfernen und, was er so groß begonnen, so kleinlich weiter zu führen, wandten sich auch die Herzen des Volkes von ihnen und es ist eben die niedere Richtung und Schwäche derselben gewesen, die, indem sie die Achtung untergrub, welcher die Herrscher bedürfen, das Zerwürfniß nach Deutschland hereinrief. Sollte das Königthum wieder sein altes ehrwürdiges Ansehn erlangen, so mußte ein Mann sich unter den Deutschen erheben, der jenem ihrem Verlangen nach dem Erhabenen und Gewaltigen entsprechend, durch ungewöhnliche Kraft und glänzende Thaten von neuem sich ihre Bewunderung erzwang.[2]) Ein solcher Mann war Heinrich, der Sachse: er bewirkte durch die große Kraft, womit er den großen Gedanken, daß das Reich der Deutschen nicht durch innere Kämpfe zerspalten, sondern ein einiges sein und einig die Fremden besiegen müsse, verfolgte, daß seine Landsleute wieder mit Ehrfurcht vor dem Königsscepter sich beugten. Aber auch Heinrich hielt dieses Ansehen, zu welchem er durch den erfochtenen Sieg bei Merseburg in deutschen Landen gelangt war, nicht für hinreichend; er hatte schon den Plan entworfen, nach der Hauptstadt des Abendlandes hinabzuziehen, um die römische Kaiserkrone zu empfangen und

---

[1]) Von der Cimbern und Teutonen Zeit 113 vor Chr. bis zum Zug der Lombarden nach Italien 568 n. Chr. [2]) denn noch immer galt, was Tacitus Germ. c. 7 von den Deutschen des 2ten Jahrh. gesagt: duces admiratione præsunt.

nur der Tod war es gewesen, der ihn an der Ausführung seines Vorhabens gehindert hatte. Ganz in demselben Verhältniß, wie sein Vater, stand Otto: auch er war seit der gewonnenen Schlacht auf dem Lechfelde allgemein zu sehr hohem Ansehn gekommen — dennoch aber sah er ein, daß es nothwendig sei, zu jener höchsten Stufe des Ruhmes hinaufzusteigen, auf der Karl der Große gestanden, wenn er anders derselben Verehrung, die dieser genossen, bei seinen Lands= leuten sich versichern und hinter jenem großen Vorbilde nicht zu weit zurückbleiben wollte. Das Andenken an Karl und die Herrlichkeit, die er dem Reiche verschafft, war einmal zu tief in die Seelen der Deutschen gedrungen, daß es sich nicht wieder austilgen ließ, und die Großen Deutschlands waren es selbst, die Otto'n, nachdem sie die heimischen Angelegenheiten durch ihn vollständig geordnet erblickten, das Ansinnen machten und ihn in dem Gedanken bestärkten, nach Welschland zu ziehen, um mit dem kaisereichen Purpur sich bekleiden zu lassen. Denn einhellig erfolgte auf dem großen Reichstage zu Worms, wo Otto mit ihnen wegen der Romfahrt berathschlagte, der weltlichen und geistlichen Herren Einstimmung zu derselben und eine große Anzahl von ihnen begleitete selbst den König über die Alpen.

Erst nachdem er dort mit dem Kaiserdiadem seine Schläfe ge= schmückt und dadurch zu dem ersten Fürsten der christlichen Welt feier= lich geweiht worden, fühlte der edle Stolz, der die Herzen der Deut= schen durchflammte, sich wieder vollkommen befriedigt; geheiligter als vormals erschien ihnen die Person des Königs, unbegrenzt und un= wandelbar wurde die Verehrung für ihn, und die zwölf Jahre hin= durch, die Otto als Kaiser, obwohl meist abwesend von Deutschland, noch verlebte, hat auch nicht eine Spur jener unruhigen Widersetzlich= keit getrübt, wie er sie wohl während der früheren Zeit seiner Re= gierung hatte erfahren müssen. [1]

Und eben so nun, wie die Kaiserwürde die Macht des Königs der Deutschen bei seinen eigenen Untergebenen befestigte und erhöhte, hat auch die Ehrfurcht und Scheu, welche fremde Völker vor ihr trugen, Deutschland sicher gestellt gegen äußere Gefahren. Glorreich

---

[1] Schiller Werke in 12. XVI. 184. Die Frage ist der Erörterung werth, warum selbst die staatskundigsten Kaiser so hartnäckig darauf bestanden, die An= sprüche des deutschen Reichs auf Italien geltend zu machen ꝛc. Ehrgeiz allein er= klärt diese Einstimmigkeit ihres Betragens nicht; es ist höchst wahrscheinlich daß ihre Anerkennung in Italien auf die einheimische Autorität der Kaiser in Deutsch= land einen merklichen Einfluß hatte ꝛc.

und herrlich ist die Geschichte der Deutschen unter den sächsischen, und zum Theil noch unter den fränkischen Kaisern; kein fremdes Volk hat in dieser Zeit gewagt, dem deutschen Scepter auf die Dauer zu trotzen; selbst Boleslav, der mächtige und tapfere Polenherzog, hat sich wiederholt vor Kaiser Heinrich II. gebeugt, und wiewohl unter dem richtungslosen und leidenschaftlichen Heinrich IV. große Unruhen Deutschland bewegten, des Papstes Uebermuth die Kaiserkrone beschimpfte, darauf unter Lothar und den ersten schwäbischen Kaisern die großen inneren Fehden begannen, hat dennoch nach Außen zu jederzeit das Reich der Deutschen seine überwiegende Hoheit behauptet; und selbst dann, als die Kaiserwürde nach dem großen Interregnum ihre eigentliche Bedeutung, und nach und nach immer mehr von dem alten umfassenden Einflusse verlor, ist lange Zeit noch jene tiefe Verehrung für ihre Heiligkeit in den Gemüthern zurückgeblieben, die einem übermäßigen Einfluß der Fremden auf die deutschen Angelegenheiten gewehrt hat.

Solches also waren die Vortheile, welche die Wiederherstellung der Kaiserwürde für Italien und Deutschland gehabt hat: einen nicht weniger bedeutenden hat die Kirche dadurch erlangt, den nämlich, daß, sobald Otto die Schirmherrlichkeit über sie überkommen, nun auch jener strenge Einfluß auf den päpstlichen Stuhl von ihm geltend gemacht wird, welcher Johannes XII., dem letzten aus der langen Reihe verworfener Päpste, so unerträglich erschien, daß er offen wieder von dem, den er zu Hülfe gerufen, abfiel und welcher ihn endlich, nachdem er vergebens sich gegen Otto zu behaupten versucht, durch den Spruch einer allgemeinen Synode von dem Throne der Apostel herabstieß. Jetzt, zum erstenmal wieder nach vielen Jahren, konnte durch die freie Wahl der versammelten Geistlichkeit und der Großen ein zu dem erhabenen Amte des obersten Hirten der Christenheit wahrhaft tüchtiger Mann unter dem Schutze Otto's gewählt werden; und wiewohl die Römer sich wiederholt gegen diesen empörten, so setzte es doch endlich der Kaiser durch das feierliche Versprechen, das er von ihnen sich geben ließ, durch, daß hinfüro kein Papst ohne kaiserliche Zustimmung durfte ernannt werden. — Die Päpste nun, die er und die übrigen Kaiser sächsischen Stammes, seine Nachfolger, auf S. Peters Stuhle bestätigt, sind es gewesen, die diesem zuerst sein altes Ansehn zurückgegeben und mit den Tugenden wieder verherrlicht haben, welche vor Otto's Erscheinen in Rom beinahe gänzlich für ihn verloren gegangen zu sein schienen.

Offenbar hat Otto, wie Karl der Große, das Verhältniß zwischen

Papst und Kaiser ganz richtig als ein wechselseitiges erkannt und baß der Papst in dem Kaiserreiche nichts anderes sei, als dessen oberster Bischof. Darum bestand er so dringend darauf, daß, wie der Kaiser die Weihe seiner Macht aus den Händen des Papstes empfange, auch dieser nicht anders, als durch den Kaiser bestätigt, von seinem Throne Besitz nehmen solle. In dieser natürlichen Ordnung allein, so daß sie beide gegenseitig auf einander beruhten, gegenseitig sich trügen und schützten, vermochten das Kaiserthum und die Kirche sich auf den Standpunkten zu erhalten, welche sie einnehmen sollten — auch haben die Päpste unter den Kaisern des sächsischen Hauses in schöner Eintracht mit diesen zugleich die Angelegenheiten der Christenheit geleitet, und nur erst Gregor VII. ist es gewesen, der, indem er den Kaisern so übermüthig das Recht absprach, die Päpste zu bestätigen und dadurch an die Stelle des Friedens jenen unseligen Streit heraufrief, die Zerstörung des ursprünglichen und eigentlich großartigen Verhältnisses beider Gewalten bewirkt hat.

Was nun zuletzt noch die günstigen Folgen betrifft, welche aus des Kaiserthums Erneuung für ganz Europa hervorgegangen sind, so lassen sich dieselben dem Wesentlichsten nach in Folgendem zusammenfassen: Dadurch, daß die christlichen Staaten, und zwar nicht nur die bereits vorhandenen, wie Deutschland mit Burgund, Frankreich, Italien, England und die spanischen Reiche, sondern auch die seit dem Ausgange des zehnten Jahrhunderts neuentstehenden, wie Ungarn, Polen, Rußland, Dänemark, Norwegen und Schweden, über welche alle mit der Herrschaft der Kirche sich auch die Achtung des kaiserlichen Namens verbreitete, unter dem Kaiserreiche in freundlicher Gemeinschaft zusammen sich fanden, ist allererst Europa zu einem einigen, großen politischen Ganzen erhoben worden. In diesem großen Ganzen stand der Gedanke obenan und lebte gleichsam als alles durchdringende Seele darin, daß des Kaisers geheiligte Macht mit dem Scepter der Gerechtigkeit und dem rächenden Schwerte als oberster weltlicher Schiedsrichter und Schirmherr über dem Erdball stehe, um einmal alle rohe, wüste Gewalt unter den christlichen Staaten aufhören zu machen und in Recht zu verwandeln, und dann, um die gesammte Christenheit auch gegen äußere Gefahren und die Angriffe aller ihrer Feinde zu vertreten — eben so, wie der Papst als höchster geistlicher Obmann in diesen freien christlichen Staatenvereine stehen sollte, um mit dem Kreuze des Glaubens allen gewaltsamen Streit und Hader unter des Evangeliums Bekennern in Liebe zu verklären und um

immerdar die weltliche Macht, damit sie nicht ihre Grenzen über-
schreite, an die ewige Wahrheit und Gerechtigkeit zu mahnen.

Wohl ist es wahr, daß dieses Ideal niemals in seiner ganzen
Reinheit ist zur Ausführung gebracht worden — am nächsten sind
ihm die sächsischen Kaiser und zum Theil die fränkischen, unter denen
Kaiser- und Papstthum noch friedlich zusammenwirkten, gekommen.
Nach ihnen erst hat die große Spalte zwischen Staat und Kirche sich
hervorgethan, welche die alte Majestät der Kaiserwürde untergrub,
und wiewohl vor allen der hochgesinnte Friedrich Barbarossa mit
herrlicher Kraft für Erneuerung derselben gekämpft hat, ist doch das
Streben der folgenden schwäbischen Kaiser, dasjenige was er nur
durch seine Persönlichkeit sich errungen, dauernd für sich zu behaupten,
vergeblich geblieben. Immer aber ist das Kaiserthum, selbst in der
Gestalt, wie es bis zu dem Falle der letzten Hohenstauffen aufrecht
gehalten ward, es gewesen, unter dessen milden Einfluß Europa zur
Gesittung heranwuchs, durch welches in die nördlichen und östlichen
Staaten dieses Welttheils, zumal in die, welche in Lehns- und Tri-
butabhängigkeit standen von Deutschland, die christliche Religion und
die Keime germanischer Bildung sich verbreitet haben, und durch
welches alle übrigen Staaten Europas in jenen lebendigen wechselseitigen Verkehr gesetzt worden sind, der so unberechenbaren Einfluß auf
ihre innere Entwicklung gehabt hat. Ganz verschieden von der strengen
römischen Kaiserherrschaft, welche die Völker mit ihrer Einförmigkeit
erdrückte und ihre ganze Freiheit und Selbstständigkeit vertilgte, und
eben so verschieden von jener übermüthigen Suprematie, welche die
späteren habsburgischen Kaiser, besonders die des siebzehnten Jahrhunderts anstrebten, haben unter dem milden Kaiserreiche des Mittelalters die Staaten Europa's, ein jeder nach seiner besonderen Eigenthümlichkeit in mannigfaltigem Reichthum und herrlicher Lebensfülle
sich herausgebildet und haben dennoch in einem großen, schönen Ganzen sich enthalten gefühlt.

Schon von dieser Seite betrachtet also muß das Kaiserthum in einem
ehrwürdigen Lichte uns erscheinen — daß aber der ihm zu Grunde liegende
ursprüngliche Gedanke nicht vollkommen in die Wirklichkeit hat übergeführt
werden können, wird jedes bessere deutsche Gemüth tief und schmerzlich beklagen. Der Sinn und Geist jedoch, der einen solchen Gedanken hervorrief, wie Karl, Otto und die anderen edelsten deutschen
Kaiser ihn in ihrer Brust getragen haben, wird jederzeit als groß und herrlich gefeiert werden in der Geschichte, und das Mißlingen seiner Ausführung vermag seine eigene Hoheit und die Hoheit derer, die für

ihn gelebt und gekämpft haben, auf keine Weise zu schmälern. Am allerschlechtesten aber steht es einer späteren Zeit — die genügsamer geworden — und, weil ihr ganzes Sinnen und Streben mehr auf das Kleine, Nichtige und Gemeine sich richtet, die Kraft der Auffassung für jene erhabenen, bildenden Gedanken verloren hat — an, die große Ordnung des Kaiserthums, die so ganz ausschließlich darauf berechnet war, die Gerechtigkeit und den Frieden zu begründen, und durch welche zweifelsohne Europa vor der Anarchie und Verwilderung ist geschützt worden, mit einem vorschnellen Urtheil ganz zu verwerfen.

Drittes Buch.

Otto als Kaiser bis zu seinem Tode. 962—973.

Die höchste Krone der Christenheit sah Kaiser Otto nun auf seinem Haupte befestigt und damit das vornehmste Ziel seiner Heerfahrt nach Welschland erreicht: es blieb ihm jetzt nur noch übrig, die Angelegenheiten dieses Reiches zu bestellen und dann gegen denjenigen aufzubrechen, der allein die neue Ordnung der Dinge anfeinden zu können schien, gegen Berengar.

Den Hornung des J. 962 hindurch verweilte der Kaiser noch zu Rom: er ließ den Römern ihre Verfassung, kraft deren sie, wie in Zeiten ihrer Hoheit, durch Consuln, Tribunen und einen Senat sich beherrschten, nur versicherte er sich überall der obersten Macht in weltlichen Dingen, wie Karl der Große sie behauptet, eben so, wie sie der Papst in geistlichen besaß und setzte deßhalb einen Stadtpräfect ein[1]), der beiden, dem Papste und ihm, den Eid der Treue schwur und den er durch das Schwert mit der oberstrichterlichen Gewalt in Sachen, die über Blut und Leben gingen, belehnte — dem Senat blieb nur die Entscheidung über bürgerliche Streitigkeiten, dem Papste die Verwaltung und die Einkünfte aller Güter der römischen Kirche.[2]) Die Oberherrschaft auch über diese Güter behielt sich der Kaiser, als oberster Lehnsherr, ausdrücklich vor, wie selbst das sehr zweifelhafte Schenkungsdiplom Otto's an den römischen Stuhl vom 13. Februar 962 ausweist, dessen Original mit goldenen Buchstaben geschrieben, die Engelsburg verwahren soll und das der Cardinal Baronius aus zwei vatikanischen Abschriften in seinen Annalen der Kirche hat abdrucken lassen.[3])

---

[1]) Epist. Geroi Präpos. Reichersberg ad Henricum Presbyt. Cardinalem bei Baluz Miscell. L. V. p. 64 sq. Vgl. Muratori Gesch. von Italien Bd. VI. S. 4 92 f. [2]) Murat. l. c. S. 492 fg. [3]) z. J. 962. Es steht ausdrücklich darin: „salvia in omnibus potestate nostra et filii nostri, posterorumque nostrorum."

Im Märzmond brach Otto durch das Herzogthum Tuscien über Lucca wieder nach Lombardiens Hauptstadt Pavia auf, wo er das Osterfest zu feiern beschlossen hatte. [1]) Hier nun, an seinem Hoflager versammelten sich alle Großen des Landes, dem neuen Kaiser ihre Huldigung zu bringen, und hier war es, wo derselbe seine kaiserliche Huld und Gnade wie gegen die Kirchen des Reichs, so gegen die Herzoge, Grafen, Markgrafen und andere edle Herren, die ihm am getreusten gedient hatten, durch eine Menge feierlicher Belehnungen bewies.

Vor allen begabte er reich und herrlich den Erzbischof Walbert von Mailand; ihm schenkte er eine Menge königlicher Städte und erhob ihn mit großen Ehren hoch vor allen andern Prälaten. [2]) Das Bisthum Cremona, das eben erlediget worden, verlieh er an Liutprand, den Geschichtschreiber [3]), der in großer Gunst bei ihm stand, und den er seines tiefeindringenden Verstandes halber noch zu wichtigen Staatsgeschäften bestimmt hatte. Und eben so freigebig bezeigte er sich auch gegen die übrigen Bisthümer: vielen von ihnen hat er in diesen Tagen, andern im Verlaufe des Jahres ihre alten Freiheiten, ihre Märkte, Zölle und andere Gerechtsame bestätigt; den meisten ertheilte er Grafenrecht und die ganze Verwaltung über ihre bischöfliche Hauptstadt innerhalb der Mauern und auf mehrere Meilen im Umkreise. [4]) Dadurch wurden diese Städte vollkommen befreit von der Macht der weltlichen Voigte und haben von jetzt an unter der milden Herrschaft des Krummstabs und dem kaiserlichen Schutze beinahe ganz frei und unabhängig ihre Angelegenheiten geleitet.

Wie Otto die geistlichen Fürsten erhob und beschenkte, so hat er auch dazumal die weltlichen Herren mit Würden und Ehren be-

---

Die Zweifel gegen die Urkunde sind weitläufig auseinandergesetzt in Le Bret Gesch. von Italien Bd. I.

[1]) Fortf. d. Rheg. z. J. 962. [2]) Landulph d. Aelt. Gesch. v. Mailand II. 16. [3]) Baronius z. J. 963 n. 3. Murat. l. c. V. 496. [4]) Urk. geg. zu Lucca am 13. März 962 für Parma (auf der Reise nach Pavia) bei Ughelli It. Sacra II. 157. „largimur murum ipsius civitatis et districtum et omnem publicam functionem tam infra civitatem quam extra in omni parte civitatis infra 3 milliaria. Urk. geg. zu Pavia am 24. Sept. 962 für Asti bei Ughelli l. c. II. 347." „Confirmamus etc. privilegium etc. per quod dicta ecclesia jure proprietario districtum in mercatum atque publicam omnem functionem ejus possidet civitates et circumcirca infra 2 milliaria conjacentia. In ähnlicher Weise hat er andere Bisthümer begnadigt. So z. B. Urk. geg. zu Lucca am 7. Aug. 964 für Reggio in Origg. Guelf. I. 510. Der Bischof erhielt die Verwaltung der Stadt und vierer Meilen im Umkreise.

gnadigt, und vornehmlich sind es drei von ihnen gewesen, denen in
jenen Tagen der Grund zur Größe ihres Hauses gelegt worden ist.
Vorerst Adalbert Azzo, Herr und Stammvater des Hauses zu Canossa, das mit der berühmten Großgräfin Mathilde ausstarb: ihm
übertrug Kaiser Otto, gedenkend, daß er früher der Kaiserin Adelheid Zuflucht auf seiner Felsenburg gegeben, zum Lohne für solche
Treue die schönen Grafschaften von Reggio und Modena in dem reichen, fruchtbaren Gefilde am nördlichen Abhange der Apeninnen.[1]
Sodann Obertus, der Markgraf, Ahnherr des erlauchten Hauses
Este, dessen Nachkommen noch jetzt zu Braunschweig und in Groß-
britannien thronen; er, der selbst über die Alpen gekommen war, um
Otto nach Lombardien zu laden: ihm gab der Kaiser das hohe Pfalzgrafenamt über dieß Reich, kraft dessen er an seiner Statt der hohen
Gerichte pflegte über die italischen Herren auf den Landtagen.[2] Und
endlich Hugo, Sohn Hubert's, Markgrafen und Herzogs von Tuscien, der aus dem Hause Arles stammte, ein natürlicher Sohn König Hugo's und durch seinen Bruder Lothar ein Schwager Adelheid's gewesen: diesen Hugo, den Neffen seiner Gemahlin, bestätigte
Otto in dem Herzogthume des Vaters.[3]

Und nachdem der Kaiser nun also des Landes Verwaltung geordnet, gedachte er den Berengar mit den Gliedern seiner Familie
zur Unterwerfung zu zwingen. Immer noch saßen diese, widersetzlich
auf den festen Burgen, wohin sie scheu und furchtsam bei seiner Ankunft in Lombardien geflohen, und meinten hier vor dem Arme des
mächtigen Oberlehnsherrn (welcher über die Alpen gestiegen war,
schwere Rache zu üben) geschützt und geborgen zu sein.[4] Aber ihre
Stunde hatte geschlagen.

Otto sammelte seine Getreuen um sich und zog von Pavia aus
mit Heeresmacht am Tessino hin, bei Plombia vorbei, wo Ludolf
gestorben war, nach dem Lago d'Orta, um hier auf der Insel S.
Giulio zuerst Willa zu belagern. Er ließ sofort alle Zugänge zu
dem See sperren und ·begann die Berennung der Veste. Hartnäckigen

---

[1] Donizo V. Math. Dncatr. I. 1. Muneribus magnis Attonem ditat et
altis Cui nonnullos Comitatus contulit ultro Per quem regnabat, nil nirum, si
perambat. In der angezogenen Urk. von 7. Aug. 964 heißt es: „ex petitione
Adliberti incliti Comitis Regiensis seu (so viel als et) Mutinensis.
[2] In der angezogenen Urk. vom 24. Septbr. 962 findet sich die Unterschrift:
Ottbertus, Sacri Palatii Comes. [3] Muratori Gesch. von Italien V.
487. 525. Landi Geschichte der sächs. Kaiser 253. [4] Fortf. des Rheg. z. J. 962.

Widerstand leistete die Königin: endlich, nachdem der Kaiser sie beinahe zwei Monden lang durch tägliche Angriffe ermüdet, und die Pfeile seiner Bogenschützen und die geschleuderten Steine der Kriegsmaschinen hart genug das Inselschloß geängstigt hatten, ward Willa genöthigt, sich zu ergeben. Großmüthig und mildreich schenkte ihr Otto die Freiheit, und verstattete ihr, sich zu wenden, wohin es ihr beliebe. Darauf begab sie sich eilfertig nach S. Leo in Monte Feltro zu ihrem Gemahl und beschwor denselben, weit entfernt durch die kaiserliche Huld besänftigt worden zu sein, alle Kräfte des Widerstandes aufzubieten und sich auf keine Weise Otto zu unterwerfen[1]); dieser aber, nachdem er dem Bisthum Novara die eroberte Insel S. Julio wieder geschenkt[2]), ging nach Pavia zurück, wo er den Herbst hindurch blieb[3]) und das Weihnachtsfest dieses und das Osterfest künftigen Jahres gefeiert hat.[4])

Während der Kaiser nun hier friedlich mit den Lombarden verkehrte und in diesen Tagen die Wahl seines Sohnes zum König von Italien bewirkte[5]), kamen von Rom aus an ihn sehr betrübende Nachrichten.[6]) Der Papst Johannes XII. war, uneingedenk seines Eidschwurs, nie wieder mit Berengar und seinem Geschlecht gemeine Sache zu machen, mit Abalbert, der unterdessen in Frazinetum bei den Saracenen[7]) Schutz gesucht hatte, ja sogar nach der Insel Corsika hinübergeschifft war[8]), um die dortigen Mauren gegen den Kaiser aufzurufen, wider alles Erwarten von neuem in Unterhandlungen getreten. Die vollkommen fehlgeschlagene Hoffnung, an Otto einen Schutzherrn zu erhalten, der ihm die Freiheit, zu thun und zu lassen

---

[1]) Die Fortf. d. Rheg. z. J. 962. [2]) Urk. dieser Schenkung vom 29. Juli 962 geg. in villa quae dicitur Horta prope lacum S. Julii in Baronius Annal. Eccl. zu diesem J. [3]) Urk. v. 24. Sept. 962 für Asti bei Ughelli IV. 347 und Urk. vom 6. Decbr. 962 für Modena bei Murat. Diss. 73. in Antiq. It med. aevi beide gegeben zu Pavia. [4]) Fortf. d. Rheg. z. J. 963. Urk. vom 26. Jan. 963 für Kl. Lorsch bei Meibom I. 747 und Urk. vom 29. April 963 bei Mur. Diss. in Antiq. Ital. beide geg. in Pavia. [5]) S. Mur. (Gesch. von Italien V. 499 und Antich. Estense T. I. c. 16. Nach einem hier angeführten Gerüchte des Kaisers zu Volterra vom 19. Juni 967 heißt es: Anno imperii Domini Hottonis Imp. Aug. et idem Hottonis filii ejus gratia Dei Regis sexto ind. 10. (Kaiser wurde Otto II. erst 25. Decbr. 967). Eben so heißt es in einer Urk. bei Mabillon Sec. V. S. 769 von demselben Jahre: tempore duorum Ottonum patris et filii: anno 6 regni Italici Ottonis junioris ind. 10. [6]) Siehe über das Folgende besonders die Fortf. Liutpr. VI. 6. und die des Rhegino z. J. 953. [7]) Sigbert von Gemblours z. J. 963 und Liutprand l. c. [8]) Rheg. Cont. z. J. 963.

was ihm beliebe, nicht kränken werde, den Ueberdruß, den er über den strengen Ernst empfand, mit welchem der Kaiser seine oberlehns=herrlichen Rechte über des römischen Stuhles Güter geltend gemacht hatte, und die Scheu vor der kaiserlichen Macht, die nach Beren=gar's Besiegung allgewaltig zu werden drohte, waren eben so viel Bestimmungsgründe für denjenigen gewesen, von seinem Retter ab=zufallen und auf die Seite seiner Feinde zu treten, der, dem Beispiele seiner lasterhaften Vorfahren folgend, Zeit seines ganzen Lebens un=bedenklich alle Leidenschaften einer lüsternen Seele befriedigt, und nur in der höchsten Bedrängniß und in der festen Zuversicht den teutschen König über die Alpen gerufen hatte, derselbe werde nichts eiliger thun, als ihn von seinen Feinden befreien, alle verlornen Besitzungen ihm zurückgeben und im Uebrigen dann zu Rom vollkommen freie Hand lassen. Willig hatte Johannes daher den Klagen und Hülfs=anrufungen, welche Adalbert aus den maurischen Landen an ihn gelangen ließ, sein Ohr geliehen und ihn endlich, nachdem er ihm mit einem Eide bekräftigt, ihn gegen die Macht des Kaisers zu ver=treten, wieder förmlich nach Rom eingeladen.

Als Otto solch unerwartete Kunde erhielt, wollte er anfangs nicht glauben, wie es möglich sein könne, daß die sich als Freunde so schnell wieder zusammengefunden hätten, welche noch kurz vorher so feindlich sich gegenübergestanden hatten; doch ließ er unter der Hand einige seiner Getreuen nach Rom reisen, um die Wahrheit die=ser Gerüchte näher zu erforschen. Gegen diese kaiserlichen Boten er=gossen sich die Römer in laute Klagen gegen des Papstes ausschwei=fendes Leben: sie berichteten ihnen, wie er den Lateranpalast, den ehemaligen Wohnsitz heiliger Männer, zu einem Aufenthalt der nied=rigsten Lüste gemacht; wie er die Rahnera, die Witwe eines seiner Ritter, von Liebe verblendet, mit vielen Städten, ja sogar mit gol=denen Kelchen und Kreuzen aus den Schätzen des S. Peters be=schenkt; wie vor kurzer Zeit die schöne Stephana an der Geburt eines Kindes, das seiner verbrecherischen Umarmung das Leben ver=danke, gestorben sei; ja wie er sogar mit der Concubine seines Vaters, Stephana, und deren Schwester in verbotenem Umgange lebe. Keine ehrbare Frau in Rom dürfe mehr wagen, zum Gebet über die Schwellen des Grabes der heiligen Apostel zu gehen, nachdem man vernommen, daß selbst an dieser heiligen Stelle Frauen, Jungfrauen und Witwen vor wenig Tagen mit Gewalt geschändet worden seien. Denn so ohne alles Maaß wollüstig sei der, welcher S. Peters Schlüssel trage, daß alle Frauen, ohne Unterschied, die, welche die schwarzen Steine mit ihren Füßen träten, und die, die auf hohen Wagen sich einherziehen ließen, seine Begierden entflammten. Dabei stünden die Kirchen der heil. Apostel verwahrlost da: nicht tropfenweise falle der Regen, sondern in Strömen auf die Altäre; niemand könne darin in ruhiger Andacht zu Gott flehen, da von den zertrümmerten Decken der Tod herabdrohe. Und deßhalb, weil der Papst ein solch ärgerliches Leben nicht aufgeben wolle und möge, zürne er dem Kaiser und hasse ihn, und rufe gegen ihn den Adalbert zum Schützer und Schirmer sich auf, in der Zuversicht, daß dieser ihn ungestraft ferner nach seiner Willkür werde schalten lassen.[1]

Mit Trauer zwar, aber ruhig und gelassen, vernahm Otto diese Nachrichten aus dem Munde der wiederkehrenden Boten. „Der Papst ist noch jung, erklärte er ihnen; man muß hoffen, ihn durch das Beispiel redlicher Männer zu bessern. Ich gedenke ihn durch eine ehrerbietige, freimüthige Vorstellung aus dem Abgrunde, in dem er versunken ist, wieder herauszuheben und mit dem Propheten zu sagen: „„Das ist die Umwandlung durch die Rechte des Höchsten!““[2] Für jetzt ist vor Allem vonnöthen, den Berengar zur Unterwerfung zu bringen: dann geschehe der Zug nach Rom!"

Solchem Entschlusse gemäß befahl der Kaiser, alles zum Aufbruch gegen Monte Feltro bereit zu halten; zugleich ließ er eine Heeresabtheilung nach den im Comer- und Gardasee von Adalbert noch besetzten Burgen abgehen. Er selbst bestieg in den ersten Tagen des Maimonds 961 ein Schiff und segelte den Pofluß hinunter in die Landschaften des Exarchats gen Ravenna. Von hier aus zog er mit dem Heere weiter und erschien vor den Mauern S. Leo's in Monte Feltro, auf steilen Felsen zwischen den Bergen des Apennins und dem adriatischen Meere gelegen, von wo aus Berengar die Umgegend behauptete und mit seiner Gemahlin trotzig ihn erwartete. Der Kaiser ließ sogleich die Burg von allen Seiten umzingeln, die Ausgänge versperren und die Berennung der Veste mit aller Stärke beginnen.

Nur kurze Zeit hatte Otto hier vor S. Leo gestanden, als eine Gesandtschaft des Papstes in seinem Feldlager erschien: Leo, Kanzler des apostolischen Stuhles und Vorsteher der heiligen Archive[3], der hernach an Johannes Statt den päpstlichen Thron bestieg, und Demetrius, einer der vornehmsten der römischen Großen. Ihr Auf-

---

[1] Dieß und das Folgende alles nach Liutpr. VI. 6. [2] Psalter LXXVII. 11. [3] Protoscriniarius. Dieser hatte die oberste Aufsicht über die heil. Archive und über die Besorgung und Ausfertigung der päpstlichen Schreiben, indem er den 12 Scriniariis vorstand. S. Dufressne Glossarium.

trag an Otto lautete also: „Wunderbar könne es nicht erscheinen, daß der Papst, von jugendlichem Feuer überwältigt, bisher jugendliche Vergehungen sich habe zu Schulden kommen lassen; jetzt sei aber die Zeit herangerückt, wo es sein eifrigster Wunsch sei, einen andern Lebenswandel zu ergreifen. Was aber ihn, den Kaiser, betreffe, so müsse sich der Papst billig darüber beklagen, daß er zwei Männer, welche die dem römischen Stuhle schuldige Treue gebrochen und ihm abtrünnig geworden seien, den Bischof Leo und den Cardinal Diacon Johannes bei sich zurückbehalten habe und daß er den Eid, den er im S. Peter geschworen, breche, indem er die Unterthanen in der Umgegend von S. Leo nicht ihm, dem Papste, sondern sich selbst habe huldigen lassen."

Darauf erwiderte der Kaiser den Gesandten: „Dank weiß ich es dem Papste, daß er sein Leben zu ändern gelobt und den Entschluß gefaßt hat, sich zu bessern; ob ich aber die Beschuldigung verdiene, die er auf mich geworfen hat, daß ich meinen Eidschwur gebrochen, das möget Ihr selbst richten! Alles Land des heil. Petrus, das in meine Gewalt fallen werde, dem römischen Stuhle wieder zu erstatten, hab' ich versprochen: und das ist der Grund, weßhalb ich den Berengar mit all den Seinen aus dieser Felsenburg zu jagen bemüht bin. Wie kann ich dieß Besitzthum dem Papste wieder erstatten, wenn ich es nicht zuvor ihren räuberischen Händen entrissen und in meine Botmäßigkeit gebracht habe? Den Bischof Leo und den Cardinal Diacon Johannes, die dem Papste abtrünnig geworden, und denen Schutz verliehen zu haben, er mir vorwirft, hab' ich in diesen Tagen nicht mit Augen gesehen, geschweige denn an mich behalten; vernommen aber hab' ich, daß man sie zu Capua auf ihrer Reise nach Byzanz, wohin sie der Papst, den griechischen Kaiser gegen uns aufzurufen, gesandt, hat gefangen genommen. Mit ihnen ist an demselben Orte des Papstes geliebtester Freund, Saleccus, ein Bulgare von Geburt und in Ungarn erzogen, mit ihnen der ruchlose Zachäus, den, obwohl unerfahren in geistlichen und weltlichen Dingen, der Papst erst neulich zum Bischof geweiht und nach Ungarn gesandt hat, um diesem wilden Volke einen neuen Ueberfall auf uns zu predigen, festgehalten worden. Keinem Lebendigen würde ich Glauben beimessen, der mir sagte, daß solches der Papst zu thun vermocht habe; glaubwürdig aber sind die Briefe, die man bei jenen Männern gefunden, und die, mit dem Bleie gesiegelt, den Namen Johannes uns zeigen." [1]

---

[1] Alles dieß wörtlich nach Liutpr. IV. 6.

Mit solcher Antwort entließ der Kaiser die Boten des Papstes, und gab ihnen die Bischöfe Landward von Minden und Liutprand von Cremona mit, die mit einem Eide vor S. Peters Stuhle bekräftigen sollten, daß er selbst frei von Schuld sei. Zugleich trug er den Rittern, welche diese Herren begleiteten, auf, dafern der Papst seiner Versicherung keinen Glauben schenken wolle, die Wahrheit derselben im redlichen Zweikampfe zu erhärten. Und so zogen die Gesandten des Kaisers mit denen des Papstes über den Apennin hinüber gen Rom. Kalt und geringschätzig empfing sie hier Johannes, nicht unzweideutig gab er zu erkennen, wie überdrüssig er des Kaisers sei. Doch ließ er die Bischöfe sich ihres Auftrages vollständig entledigen, wollte aber weder den Eid des Kaisers vernehmen, noch seine Rechtfertigung durch den Eid geschehen lassen, sondern bestand unerbittlich auf seinem harten Sinne. Dennoch schickte er nach Ablauf einer Woche eine abermalige Gesandtschaft, den Bischof Johannes von Narni und den Cardinal-Diacon Benedictus mit des Kaisers Boten an diesen zurück, jedoch in keiner andern Absicht, als um ihn mit Versprechungen einzuschläfern, damit er Zeit zu dem entscheidenden Schritte gewinne, mit welchem er den Bruch offen herbeizuführen gedachte.

Denn während noch seine Boten vor S. Leo im Lager des Kaisers verweilten, landete Adalbert, von Fraxinetum kommend, wirklich in Civita Vecchia und kam, vom Papste geladen und ehrenvoll empfangen, nach Rom. Gehofft hatte Johannes, daß die Mehrzahl der Römer diese Neuerung begünstigen und mit ihm von Otto wieder abfallen würde. Aber diese Hoffnung schlug fehl: der größere Theil des römischen Adels erklärt sich offen gegen den Papst, bemächtigt sich der Burg des heil. Paulus, stellt zur Sicherheit des Kaisers Geiseln und fordert diesen dringend auf, schleunigst selber nach Rom zu kommen.

Als bei Otto von allen diesen Dingen sichere Nachricht einlief, erkannte er wohl, daß die Lage der Dinge seine eigne Anwesenheit und zwar ohne weitern Aufenthalt erfordere, er ließ daher einen Theil seines Heeres vor S. Leo, wo er den ganzen Sommer über gelegen hatte, stehen und zog mit dem größern über das Apenningebirge auf Rom: es war in den letzten Tagen des Weinmonds 963.[1] Kaum hatte er vor den Mauern der Stadt sein Lager aufgeschlagen, als die Römer durch eine Gesandtschaft ihn ehrerbietig begrüßen und

---

[1] Alles dieß nach Liutpr. VI. 6. Vgl. Fortf. b. Rhegino z. J. 963.

ihrer Treue versichern ließen. Ohne allen Widerstand öffnen sich ihm die Thore; er hält am Tage nach dem Feste Aller Heiligen, dem zweiten des Wintermonds[1]) seinen feierlichen Einzug. Das Aeußerste noch versuchte der Papst, den Kaiser aus den Mauern zu verdrängen: er selbst erscheint mit Helm, Schild und Panzer bekleidet, wie der Ritter S. Georg, an der Spitze seiner Kriegsschaar, sieht sich aber bald genöthigt, um der Gefangenschaft zu entgehen, durch die Flucht sich zu retten. Nachdem er zuvor den größten Theil des Schatzes des heil. Petrus an sich gerissen[2]), begiebt er sich in Begleitung Adal-bert's über den Tiberfluß nach Capua und Benevent hin.[3]) Otto aber läßt am folgenden Tage unverzüglich das römische Volk, dem nach alter Gewohnheit die Papstwahl zustand, sich versammeln und dasselbe eidlich gebieten, daß hinfüro kein Papst mehr gewählt werden und die Weihe erhalten solle, der nicht seine, des Kaisers und seines Sohnes, König Otto's, Bestätigung empfangen habe.[4])

Auf solche Weise und durch dieses Gelöbniß versicherte Otto sich von neuem des wichtigsten Rechtes der Kaiser über den Stuhl der Apostel, das ihnen, als den Schutzherren desselben, gebührte und das, seit Karl der Große es in seiner Person bestätigen lassen, wiederholt von seinen Nachfolgern war ausgeübt worden. Und nun, da die rö-mische Geistlichkeit und die Herren dieser Stadt ihm anlagen, ein allgemeines Concilium zu berufen, um die Angelegenheiten der Kirche vollends in Ordnung zu bringen, bedachte er sich nicht länger und befahl, daß nach dreien Tagen die geistlichen Väter versammelt sein sollten.

Am 6ten November des J. 963 erschienen auf dieses Geheiß in der Kirche des Fürsten der zwölf Apostel die sämmtlichen Bischöfe und Cardinalgeistlichen, die zu jener Zeit in Rom ihren Aufenthalt hatten: vor allen, an Engelfried's Statt, des Patriarchen von Aquileja, der plötzlich erkrankt war, der Diacon Rodulfus, Wal-bertus, der edle Erzbischof von Mailand, Petrus, Erzbischof zu Ravenna und Abelbag, des Kaisers oberster Reichsrath[5]) und Erz-

---

[1]) Die am 6ten November versammelten Väter erklärten, daß der Papst ante quinque dies sich dem Kaiser gewaffnet entgegengestellt habe: also kam dieser am 2. Novbr. nach Rom. So Liutpr. VI. c. 8. S. 473 bei Muratori T. II. P. I. [2]) So d. Fortf. d. Rhegino. [3]) Hermann der Lahme z. J. 963 giebt diese Richtung an: er sagt der Papst sei nach Campanien geflüchtet. [4]) Dieß und das Folgende nach Liutpr. VI. 6. und Fortf. b. Rhegino z. J. 963. [5]) So heißt er in einer Urk. v. 6. Weinmonds 962 b. Mur. Ant. Ital. med. aevi T. VI. Diss. 73 S. 311. „Adelach summus Regnorum nostrorum Consiliarius."

bischof zu Hamburg; aus deutschen Landen ferner die Bischöfe Landward von Minden, Otger von Speier und Poppo von Würzburg [1]);
von Lombardien Bischof Liutprand von Cremona und Bischof Her-
menald von Reggio; von Tuscien die Bischöfe von Albano, Ostia,
Sabina und Porto, die zu Palästrina, Velletri, Tivoli und Amagni,
zu Lucca, Piestoja, Savona, die zu Narni, Sutri, Camerino, Spoleto und viel andere, an der Zahl drei und dreißig. Es erschienen
weiter der Cardinal-Erzpriester Stephanus und der Cardinal-Erzdiacon Benedictus mit zwölf Cardinal-Priestern und zwei und
dreißig Cardinal-Diaconen, auch Stephanus, der Erzmeßdiener,
mit allen übrigen Geistlichen der römischen Kirche von den niederen
Orden. Endlich von den Patriciern Roms eilf aus den edelsten
Geschlechtern, zwei Bevollmächtigte des Volks und die sämmtlichen
Ritter der weltbeherrschenden Stadt. [2])

Als diese große und ehrwürdige Versammlung in den Hallen S.
Peters ihre Plätze genommen und in tiefem Schweigen saß, begann
von seinem Throne herab also Kaiser Otto zu reden:

„Ehrerbietig grüße ich die erlauchte und heilige Synode, die in
dem gemeinsamen Geschäft, mit dem gemeinsamen Eifer, das Wohl
der Kirche zu berathen, zusammengekommen ist. Den allein vermisse
ich, der als ihr höchster Vorsteher an ihrer Spitze gestellt sein sollte,
Papst Johannes. Und darum, heilige Väter, ergehet die Frage an
Euch, wie es komme, daß er allein es vermieden habe, in diesem
Kreise zu erscheinen?"

Darauf erhoben sich die gesammten Bischöfe Roms, die Cardinal-Priester, Diaconen und die Abgeordneten der Stadt und entgegneten: „Warum der Papst ausbleibe, das könne des Kaisers geheiligter Weisheit nicht unbekannt sein: denn nicht zu jenen gehöre Johannes, die im Schafsgewande kämen, von innen aber reißende
Wölfe seien — ohne Scheu und öffentlich frevle er gegen den allmächtigen Gott und die Menschen."

Und wiederum sprach der Kaiser: „Gerecht und billig erscheint
es uns, daß die Anklagen gegen den Papst mit Namen aufgeführt
werden und dann, was zu thun sei, die gemeinsame Berathschlagung
entscheide."

---

[1]) a Francia Bubtus Parmensis sagt Cont. Liutpr. l. c. wahrscheinlich ist es
Poppo von Würzburg. Den Namen Poppo führt wenigstens unter allen deutschen
Bischöfen damaliger Zeit nur der zu Würzburg. Auch war er mit dem Kaiser
nach Italien gegangen. Vergl. Bucelini Germ. Sacra. [2]) cum omni Romanorum
militia. So Liutpr.

Nun erhob sich zuerst Petrus, der Cardinalpriester, bezeugend, wie Johannes Messe gelesen, ohne vorher das heilige Abendmahl empfangen zu haben; — Johannes, Bischof von Narni und der Cardinal=Diacon Johannes, bezeugend, wie der Papst einem Diacon im Stalle die Weihe außer den vorgeschriebenen Zeiten gegeben — ferner Benedictus mit den gesammten Cardinal=Priestern und Cardinal=Diaconen, bezeugend, daß der Papst die bischöflichen Weihen um Geld ertheilt, und ein zehnjähriges Kind auf den Stuhl von Todi gesetzt habe. Wie er die Kirchen beraubt, lehre besser der Augenschein, als das Wort; nicht zwar mit Augen wäre von ihnen gesehen worden, aber aus untrüglicher Quelle sei ihnen wissend, daß der Papst die Witwe des Raynerus, die Stephana, seines Vaters Concubine, die Witwe Anna mit ihrer Enkelin gemißbraucht und den geheiligten Lateranpalast zu einem Aufenthalt der unreinsten Lüste entweiht habe. Oeffentlich habe er der Jagdlust sich ergeben; Benedictus, seinem Beichtvater, habe er der Augen beraubt, derselbe sei bald darauf gestorben; den Cardinal=Subdiacon Johannes habe er entmannen und tödten lassen; Feuer sei von ihm angelegt worden, er sei mit Helm, Schild und Panzer bewaffnet auf den Straßen erschienen. Endlich riefen alle Geistlichen und Laien: „er habe auf die Gesundheit des Teufels getrunken, im Würfelspiel den Zeus, die Venus, und andere heidnische Götter angerufen, er habe die Frühmetten und geistlichen Horen nicht gehalten und verschmäht, sich mit dem Zeichen des Kreuzes zu schützen. [1]

Als Kaiser Otto ruhig und ernst diese Anklagen vernommen, befahl er dem Bischof Liutprand von Cremona, weil die Römer seine Landessprache, die sächsische, nicht verstanden, seine Entscheidung ihnen allen in lateinischer Sprache zu eröffnen. [2] Darauf erhob er sich von seinem Throne und sprach:

„Nicht selten begiebt sich's und ich weiß es aus eigener Erfahrung, daß solche, die mit hohen Ehren geschmückt sind, der Verläumdung neidischer Menschen nicht entgehen; der Gute mißfällt den Bösen, in eben der Weise, wie der Böse den Guten. Und das ist der Grund, weßhalb ich die Anklage, die der Cardinal=Diacon Johannes so eben auf den Papst gewälzt hat, und die Ihr alle bekräftigt habet, als unentschieden dahinstelle, nicht wissend, ob ein heiliger Eifer, oder

---

[1] Also wörtlich Liutp. VI. 7. [2] Man erinnere sich an das, was Witt. II. 650 sagt: Romana lingua locqui sciebat, sed rarum est, quo ejus uti dignaretur.

eine ungerechte Mißgunst sie Euch abgedrungen hat. Dagegen aber beschwöre ich, der Unwürdige, kraft der mir von oben verliehenen Macht und Gewalt, jetzt Euch alle bei dem höchsten Gott, den Niemand betrügen kann, auch wenn er es wollte, und bei der heil. unbefleckten Jungfrau Maria, der Mutter des Heilands, und bei dem köstlichen und theuren Leib der zwölf Apostel, in dessen heiligem Dome ich solches hier spreche, daß kein Verbrechen dem Papste zur Last fallen möge, das er nicht wirklich begangen und das nicht die glaubwürdigsten Männer mit Augen gesehen haben." —

Und als der Kaiser geendet und der Bischof Liutprand seine Rede den Vätern verdolmetschet hatte, riefen alle Bischöfe, Diaconen und die übrigen geistlichen Herren und das römische Volk wie ein einiger Mann: „So Papst Johannes nicht das, was der Cardinal-Diacon Benedictus gesprochen, und noch weit Ruchloseres verbrochen, so möge der Fürst der Apostel, der mit seinem Wort des Himmels Thore den Gerechten öffnet und den Ungerechten verschließt, uns nimmermehr von den Banden unserer Sünden befreien. Ja, des Bannes Strafe treffe uns alle und am jüngsten Tage seien wir auf die Seite derer gestellt, die zu dem Allmächtigen gesagt haben: „„Weiche von uns, wir verschmähen die Weisheit deiner Wege!"" Dafern des Kaisers Majestät uns nicht Glauben schenken will, so möge sie zum wenigsten ihr Kriegsheer vernehmen, dem Johannes vor fünf Tagen mit dem Schwert umgürtet und im Helm und Panzer begegnet: nur der Tiberfluß, der dazwischen floß, verhinderte, daß er in solchem Aufzuge von den Rittern gefangen genommen wurde!"

Kaiser Otto entgegnete: „Solches bezeugen so viele, als ich Streiter zähle in meinem Heere!" — Und die heilige Versammlung sprach: „Dafern es dem Kaiser, unserm Herrn, gefällt, so sende er ein Schreiben an Papst Johannes, das ihn einlade, zu uns zu kommen, um seine Rechtfertigung zu führen."

Hierauf ward folgendes Schreiben an den Papst erlassen: .

„Dem obersten Bischof und Papste der heil. Kirche, Herrn Johannes, entbietet Otto, von Gottes Gnaden Kaiser, mit den Erzbischöfen Liguriens, Tusciens[1]), Sachsens und Frankens seinen Gruß in dem Herrn!"

---

[1]) Ligurien (von legumen — reich an Gemüse. Vergl. Gobel. Pers. b. Meib. I. 68 fg.) hieß das Stück Landes, das Mailand, Pavia und Verona umschloß und westlich bis nach Frankreich hinreichte: hier scheint es für Lombardien zu stehen.

„Als wir nach Rom im Dienste Gottes gekommen und Eure Söhne, die römischen Bischöfe, Cardinal-Priester, Diaconen und das gesammte römische Volk über Eure Abwesenheit befragt, und warum Ihr uns, Euern und der römischen Kirche Schutz- und Schirmherrn, zu sehen verschmähet, haben sie solches und so Entehrendes von Euch uns eröffnet, daß Ihr Euch schämen würdet, wenn Ihr selbst es von Gaukelspielern vernähmet. Damit Euch, ehrwürdiger Herr, nicht Alles von diesen Beschuldigungen unbekannt bleibe, schreiben wir der Kürze halber nur Einiges nieder, weil, wenn wir Alles mit Namen zu verzeichnen unternähmen, kaum eines Tages Frist uns hinreichen würde. Wisset denn also, daß nicht einige nur, sondern alle Römer, vom geistlichen Stande und vom Stande der Laien, Euch des Mordes, des Meineids, des Kirchenraubes und der Blutschuld mit Eurer Verwandtschaft, ja sogar mit zwei leiblichen Schwestern, angeklagt haben. Demnächst geben sie noch Anderes Euch Schuld, was uns mit Grauen erfüllt hat, zu hören, daß Ihr auf des Teufels Gesundheit getrunken und im Würfelspiel den Zeus angerufen habt und die Venus und andere heidnische Götter. — Deßhalb beschwören wir flehentlich Euch, ehrwürdiger Vater, daß Ihr zu uns kommen und wegen solchem allen Euch zu rechtfertigen nicht verweigern möget. Dafern Ihr vielleicht des unbändigen Pöbels Gewaltthätigkeiten fürchtet, so bekräftigen wir Euch mit einem Eidschwur, daß nichts geschehen soll, als was die heiligen Satzungen der Kirche gebieten — Gegeben am 6. Wintermonds im Jahre des Heils 963."

Und als dieses Schreiben abgefaßt worden und alle mit ihres Namens Unterschrift es bekräftiget hatten, entließ Kaiser Otto die versammelten Väter. Die Boten aber trugen ihre Ladung über den Tiberfluß an Johannes. Nach wenig Tagen erschien von ihm folgende Antwort:

„Johannes, Bischof, Knecht der Knechte Gottes, an alle Bischöfe!"

„Wir haben vernommen, daß Ihr einen neuen Papst wählen wollet. Dafern ihr dieß thut, verhänge ich des Bannes Strafe über Euch, kraft des allmächtigen Gottes, so daß Ihr Niemanden weiter die Weihe ertheilen, noch Messe lesen dürfet!" [1]

Aemilien (von der alten via Aemilia) das die Gebiete von Piacenza, Parma, Bologna, Imola bis nach Ravenna hin umfaßte, gehört noch zum lombardischen Reiche. Bekanntlich hatte die Kirche ihre besondere Eintheilung der Länder. Tuscien das Herzogthum, wozu Rom gerechnet ward.

[1] Alles dieß wörtlich nach Liutpr. VI. 9. 10.

Darauf, am 23. November, berief Kaiser Otto zum andern
Male die heil. Versammlung in die Peterskirche; ihr wohnten außer
denen, die in der ersten gesessen, noch Heinrich, Erzbischof zu Trier,
und von Welschland die Bischöfe von Modena, Piacenza und Tortona
bei. Es ward des Papstes Schreiben verlesen und für nöthig erach=
tet, ihm in solcher Weise zu erwidern:

„Dem obersten Bischof und Papste der heil. Kirche entbietet
Otto, durch die Gnade Gottes Kaiser, und mit ihm die heil.
Versammlung, die sich zu Rom im Dienste Gottes zusammen=
gefunden, ihren Gruß!"

„Es ist in der vergangenen Sitzung, am 6ten des Novembers
ein Schreiben Euch zugesandt worden, in welchem die Namen der
über Euch verhängten Anklagen und deren Gründe enthalten gewesen.
Wir haben in demselben Schreiben von Euch, ehrwürdiger Herr,
nichts anderes, als das, was Rechtens ist, gebeten. Darauf ist von
Euch ein Schreiben zu uns gekommen, nicht also verfaßt, wie die
Würde der Sache es erheischte, sondern wie Stolz und Leidenschaft
es Euch eingegeben haben. Zu der heil. Synode nicht zu kommen,
mußtet Ihr einen gerechten Grund haben; Boten mußten von Euch,
ehrwürdiger Vater, zum wenigsten an uns gesandt werden, die Euch
mit Krankheit oder einem anderen Hinderniß entschuldigten. — Nach
solchem Allen entbieten wir Euch nun: Wenn Ihr nicht weiter an=
stehet, in der Versammlung der Väter zu erscheinen, und Eurer An=
klage halber Rechtfertigung zu geben, so werden wir den schuldigen
Gehorsam Euch nimmermehr weigern. Dafern aber, was nicht ge=
schehen möge, Ihr ferner zögern solltet, zu uns zu kommen und Euch
zu reinigen wegen der Todsünden, deren Ihr beschuldiget worden, zu=
mal da nicht des Meeres Fluth, nicht des Leibes Krankheit, nicht
des Weges Weite Euch hindern, so werden wir Euren Bannfluch ver=
achten und denselben auf Euch zurückschleudern, weil wir solches mit
Recht thun können. Judas, der unsern Herrn und Heiland verrieth
und verkaufte, hatte zuerst mit den übrigen Jüngern die Gewalt zu
binden und zu lösen, von dem Meister durch die Worte erhalten:
„„Amen sage ich Euch über Alles, was Ihr da binden möget auf
Erden 2c."" Und so lange er getreu blieb dem Herrn mit den übri=
gen Jüngern, vermochte er zu binden und zu lösen. Nachdem er
aber durch das Gift der Begierde zum Mörder geworden und das
Leben zu tödten sich erkühnet — welchen Gebundenen vermochte er
dann noch zu lösen und welchen Gelösten zu binden, als allein sich,
den er mit dem unseeligen Strange erwürgte? — Geg. am 23sten d.

Wintermonds im Jahre des Heils 963 und übersandt durch Hadrian, den Cardinal-Priester und Benedictus, den Cardinal-Diacon."[1]

Als die Boten mit diesem drohenden Schreiben am jenseitigen Ufer des Tiberflusses anlangten, war der Papst verschwunden: er hatte mit Pfeil und Bogen sich in die Wälder aufs Waidwerk begeben, der Jagdlust zu fröhnen. Und als sich Niemand fand, der zu sagen vermocht hätte, wo er zu treffen sein könne, kehrten die Boten unverrichteter Sache zur Stadt zurück.

Kaiser Otto aber berief zum drittenmale die Väter in die Hallen S. Peters, und hier redete er also zu der heiligen Versammlung:

„Wir haben des Papstes Ankunft erwartet, damit wir in seiner Gegenwart uns der Klagen entledigen könnten, die wir unsrer Seits über ihn führen müssen. Jetzt aber, da wir sicherlich wissen, daß er niemals unsrer Ladung Folge leisten werde, beschwören wir Euch dringend, fleißig zu erwägen, wie treulos er an uns gehandelt habe. Kund und zu wissen thue ich daher Euch, den Erzbischöfen, Bischöfen, Priestern, Diaconen und übrigen geistlichen Herren, und Euch, Grafen, Richtern und dem versammelten Volk, daß Er, Papst Johannes, von Berengar bedrängt und Adalbert, die gegen unsere Macht sich aufzulegen sich erkühnet, Boten an uns nach Sachsen gesandt hat, mit der Bitte, daß wir um der Liebe Gottes willen über das Alpengebirge herabzögen, ihn und die heil. römische Kirche aus den Händen jener Frevler zu befreien. Mit Gottes Hülfe sind wir hierhergekommen und was von uns für ihn gethan worden, ist zu sagen nicht vonnöthen: Ihr habt es mit Augen gesehen. Durch meinen Beistand ihren räuberischen Händen entrissen und wieder eingesetzt auf S. Peters geheiligtem Stuhle in die alte glorwürdige Herrlichkeit, hat er dennoch, des Eides vergessend und der Treue, die er mir feierlich gelobt über dem Leibe des heil. Petrus, denselben Adalbert wieder nach Rom hereingerufen und ihm wider mich Schutz gegeben; Aufruhr hat er gegen mich geprebigt und ist im Angesicht meines Kriegsheeres, mit Helm und Panzer bewaffnet, ein Kriegsfürst geworden. — Was über solch einen Mann zu beschließen sei, erkläre die heil. Versammlung." —

Darauf erhoben die römischen Bischöfe, die Cardinäle und das gesammte Volk einhellig ihre Stimmen: „Eine unerhörte Wunde, wie sie der Kirche geschlagen worden, bedarf eines unerhörten Heilmittels.

---

[1] Liutpr. VI. 10.

Verderbte der ·Papst mit seinem ruchlosen Wandel sich allein und
nicht alle die andern, so möchte man ihn ferner noch dulden. Wie
viel Gerechte sind aber durch sein Beispiel zum Unrecht, wie viel
Fromme zur Sünde verleitet worden? — Darum flehen wir alle bei
des Kaisers Majestät, daß jenes Ungeheuer, das der Arm der Tu=
gend aus seiner Laster Pfuhle nicht mehr emporzuheben vermag, aus=
gestoßen werde aus der heil. röm. Kirche, und ein Anderer an seiner Statt
S. Peters Stufen besteige, der, lautern Sinnes und Gemüthes, mit un=
tadelhaftem Wandel uns vorstehe und ein herrliches Vorbild uns gebe!—"

Und als Kaiser Otto erklärt, daß solche Entschließung ihm ge=
nehm sei, rief einmüthig die ganze Versammlung dreimal mit lauter
Stimme: „Wir erheben den ehrwürdigen Herrn Leo, der heil. röm.
Kirche Kanzler, einen tadellosen Mann, zu der Geistlichkeit oberster
Würde; wir wählen ihn zu der Christenheit obersten Hirten, daß er
hinfüro erster und gemeinsamer Papst der heil. Kirche sei; dagegen
verwerfen wir allesammt den abtrünnig gewordenen Johannes wegen
seines gottlosen Lebens!"[1])

Kaiser Otto gab seine Zustimmung zu der Wahl — es erhob
sich sofort die Versammlung der Väter und Leo, der Achte dieses
Namens in der Reihe der Päpste, ward unter feierlichen Gesängen
nach uraltem Brauch vom S. Peter heraus über die Tiberbrücke
zum Lateranpalast geleitet. Darauf, am 6ten des Christmonds 963[2]),
erhielt er im S. Peter die heil. Weihe; die Römer alle gelobten ihm
eidlich Gehorsam.

Froh, diese wichtige Angelegenheit so glücklich zu Stande gebracht
zu haben und der Treue der Römer versichert, die so einmüthig Jo=
hannes das Absetzungsurtheil gesprochen und den neuen Papst erkoren
hatten, hoffte nun Otto im Geleite weniger Getreuen sicher in Rom
verweilen zu können: er verabschiedete daher einen ansehnlichen Theil
seines Heeres, und verstattete denselben, in die Heimath zurückzukeh=
ren. um den Römern nicht mit einer so großen Anzahl von Kriegs=
leuten beschwerlich zu werden.

Aus Lombardien langte die Nachricht an, daß sich das Schloß
Garda, am See gleiches Namens, welches bisher Adalbert's Ge=
treue besetzt gehalten, ergeben habe[3]); und kurz darauf, nachdem der
Kaiser das heil. Weihnachtsfest mit Papst Leo in gebührender Weise
begangen, wurden ihm auch die Schlüssel der Veste S. Leo über=

---

[1]) Liutpr. VI. 10. 11. [2]) P. Pagi in Crit. ad Baronium z. J. 963 no 2.
[3]) Fortf. d. Rhegino z. J. 963 am Ende.

fandt[1]): die vom Kaiser zurückgelaffene Heeresabtheilung hatte fie
durch Lift in ihre Gewalt bekommen[2]), — Berengar mit feiner
Gemahlin Willa und zwei Töchtern, Gerberga und Gifela, mußten fich dem Kaiser zu Gefangenen übergeben. Die letzteren nahm
Adelheid, des Kaisers Gemahlin, großmüthig und edel an ihrem
Hoflager auf[3]), und Gerberga ift die Gemahlin des Alebramus,
erften Markgrafen von Montferrat, geworden.[4]) Der König aber
und die fchändliche Willa, wurden zur Strafe ihrer fchweren Verbrechen, nach Baiern an Herzog Heinrich, Otto's Neffen, in die
alte Vefte Babenberg an der Rednitz gefendet[5]): hier find fie in engem
Gewahrfam gehalten worden. Berengar ift darauf im dritten Jahre
der Haft, am 4ten des Auguftmonds 966, verftorben[6]) und mit eh-
renvollem Gepränge zu Bamberg beftattet worden; feine Gemahlin
hatte fchon vorher den Schleier genommen, um in den Mauern eines
Klofters ihre Sünden zu verbüßen.

Aber alle diefe Strahlen des Glücks, welche auf des Kaisers
Haupt fielen, follten bald durch eine furchtbare Wolke, die über ihm
heraufzog, verdunkelt werden, und hätte nicht des Himmels Hand ihn
gnadenvoll behütet, fo hätte er zu Rom das Ende feines glorreichen
Lebens finden mögen.

Der entthronte Papft Johannes XII. hatte, nachdem er fichere
Nachricht von dem Spruch erhalten, welcher über ihn im S. Peter gefällt
worden, fich wieder von Adalbert getrennt, der von neuem nach
Corfika zu den Mauren hinübergefchifft[7]), um einen Anhang zu wei-
terem Widerftand gegen den Kaiser zu gewinnen. Johannes aber
verhielt fich noch immer in den Wäldern, die nach Campanien hin
liegen: doch ftand er mit feinen Anhängern, die er in Rom noch
hatte, in engfter Verbindung. Sobald er erfahren, daß Kaiser Otto
den größten Theil feiner Heerfchaaren entlaffen, fäumte er nicht, die
wandelbaren Römer zum Abfall zu verleiten. Sofort gingen Boten
von ihm nach der Stadt mit dem Auftrage, den Römern die Zurück-
gabe der bei feiner Flucht mitgenommenen Schätze des heil. Petrus
und der übrigen Kirchen zuzufichern, dafern fie ihm gelobten den Kai-
fer und Papft Leo zu überfallen und beide zu ermorden.[8])

---

[1]) Derf. z. J. 964. [2]) Dithm. II. 26. [3]) Fortf. b. Rhegino z. J. 965.
[4]) P. Mabillon. Annal. Ord. S. Bened. III. Lib. 46. n. 43. p. 552. [5]) Fortf.
b. Rhegino z. J. 964. Annales Hildesh. zu demf. J. Dithm. l. c. Leben der heil.
Mathilde b. Leibn. I. 201. [6]) Fortf. b. Rhegino z. J. 966. Necrolog Fuldense
zu demf. J. [7]) Fortf. b. Rheg. z. J. 963 gegen Ende. [8]) Dieß und das Folgende
nach Liutpr. VI. 11. und Fortf. b. Rhegino z. J. 964.

Die Römer, verblendet durch das angebotene Gold und darauf
bauend, daß Otto nur von Wenigen geschützt sei, erklärten sich be=
reitwillig, die schändliche That zu vollstrecken; die Boten des Papstes
kehrten mit solcher Kunde zu ihm, den Hocherfreuten, zurück. Der
dritte Jänner des Jahres 964 ward zur Ausführung des Mordan=
schlages bestimmt, und eine nicht unbeträchtliche Anzahl von Castella=
nen in der Umgegend der Stadt und dem Herzogthume für die Ver=
schwörung gewonnen.

Aber der Herr wachte über seinen Helden: noch bevor der ver=
hängnißvolle Tag hereinbrach, ward der ruchlose Mordplan dem Kai=
ser entdeckt, und vorbereitet trafen ihn die Römer. Als am festgesetz=
ten Morgen in allen Straßen der Stadt die Lärmtrommeten ertönten,
und bei ihrem Schalle die Aufrührer sich zusammenrotteten, den Kai=
ser in seinem Lager auf dem Monte Mario zu überfallen: hatte dieser
mit seiner Leibwache sich schon zu Pferde gesetzt und rückte ihnen in
die leoninische Vorstadt, zum Streite gerüstet, entgegen: er traf den
Haufen der Rebellen auf der Engelsbrücke, welche sie mit Wagen
gesperrt hatten. Sofort fallen die Deutschen, ein kleines aber hel=
denmüthiges Häuflein, des Kampfes gewohnt, mit unerschrockenem
Sinn und unbezwungenen Waffen in die Reihen der Römer, die ihren
gewaltigen Andrang nicht zu bestehen vermögen. In kurzer Zeit ist
ihre Streitordnung zersprengt; wie Habichte der Vögel Schwärme
verscheuchen, so zerstreut der deutschen Ritter Kraft die weichenden
Römer und verfolgt sie bis tief in die Straßen und auf die Plätze
der Stadt. Kein Schlupfwinkel, kein Schanzkorb, kein Rammelwerk,
nicht einmal die Grüfte der Cloaken retten die Fliehenden; furchtbar
wüthet das Racheschwert der Deutschen in dem wilden Gedränge.
Nur der Kaiser, dessen edles Herz noch Mitleid für die fühlte, die es
so wenig verdienten, ruft endlich seine Krieger aus dem Gemetzel zu=
rück; auch Papst Leo kam, Hülfe flehend für die Römer. Was bis
jetzt noch nicht das Schwert dahin gerafft hatte, blieb leben: siegreich
kehrte der Kaiser in sein Lager zurück. Am folgenden Tage erschienen
die Aufrührer, Gnade flehend, vor ihm: sie mußten hundert Geißeln
stellen und von neuem über dem Leibe des heil. Petrus ihm und dem
Papste Treue geloben. Darauf blieb Otto noch eine volle Woche zu
Rom; er feierte das Dreikönigsfest hier, und machte sich dann fertig,
in das Herzogthum Spoleto und die Mark Camerino zu gehen, um
die dortigen Angelegenheiten zu bestellen und den Abalbert, der, wie
ihm war berichtet worden, in jenen Gegenden wieder erschienen sein
sollte, zur Unterwerfung zu bringen. Bevor er von Rom abzog,

warf Papst Leo sich ihm zu Füßen mit der Bitte, den Römern ihre Geißeln wieder zurückzustellen und ihn ihrer Treue zu überlassen; nur ungern willigte der Kaiser in das Gesuch: ihm ahnete wohl, daß ein Lamm in der Wölfe Mitte nicht sicher sein werde.

Und nicht grundlos war seine Befürchtung. Kaum hatte er die Stadt verlassen und war über den Apennin gezogen, als Papst Johannes sich wieder geschäftig bezeigte, die Römer von neuem umzustimmen und noch einmal zum Treubruch zu verführen. Seine Concubinen, die Stephana, Rainera und Anna, wiegelten das Volk auf, und es gelang ihnen, die Römer zu verlocken, daß sie Johannes wieder in die Stadt einließen. Papst Leo VIII. entkam nur mit Noth, aller seiner Habseligkeiten beraubt, nur von wenigen Getreuen begleitet, aus den Mauern von Rom und wandte sich nach der Mark Camerino in des Kaisers Feldlager, um dessen Hülfe zu erflehen. — Unterdessen, am 26sten des Hornungs, berief Johannes in die Peterskirche eine Versammlung von mehr denn dreißig Bischöfen und Cardinälen der römischen Kirche [1]), erklärte Papst Leo für einen unrechtmäßigen Papst und entsetzte die Bischöfe, die ihn geweiht hatten, ihrer Ehren und Würden. Mit unmenschlicher Grausamkeit begann er darauf gegen die, welche auf des Kaisers Seite sich gestellt hatten, zu verfahren. Dem Cardinal-Diacon Johannes ließ er die rechte Hand abhauen, den Vorsteher der heiligen Archive, Azzo, der Zunge, zweier Finger und der Nase berauben, und viele andere Edle der Stadt durch schmähliche Hinrichtungen tödten. Und wie er es vorher gethan, ergab er sich von neuem allen Lüsten eines ausschweifenden Lebens. [2])

Mit gerechtem Unwillen vernahm solches alles Kaiser Otto aus dem Munde des von Johannes erst mit Geißelhieben beschimpften, dann in hartem Gewahrsam gehaltenen und endlich in der Hoffnung Gnade vom Kaiser zu erlangen, an ihn abgesandten Bischofs Otger von Speier. Nachdem er das Osterfest mit dem Papste in der Mark Camerino gefeiert, traf er alle Anstalten, ein zahlreiches Heer zusammenzuberufen und mit demselben die treulosen Römer und ihren lasterhaften Papst zur Strafe zu ziehen. Ehe jedoch noch das Kriegsheer um seine Banner sich versammelt hatte, erhielt er die Botschaft, daß Johannes nicht mehr unter den Lebenden sei: er war auf einem

---

[1]) Die Verhandlungen siehe bei Mansi Collect. Concil. T. XVIII. S. 471 fg.
[2]) Liutpr. VI. 11. Fortf. d. Rhegino z. J. 964. multa caede Primorum in Urbe debachatus schreibt der Abt Gerbert, der nachmalige Papst Sylvester II.

nächtlichen Abenteuer außerhalb der Mauern Roms von einem eifersüchtigen Ehemann so schwer verwundet worden, daß er nach acht
Tagen, am 14ten des Maimonds 964, in der Blüthe der Jugend,
im 26sten Jahre, ohne vorher die Sterbesacramente empfangen zu
haben, seinen Geist hatte aufgeben müssen. So glänzend, sagt der
Fortsetzer der Geschichte Liutprand's, wollte der Herr allen Zeital-
tern kund thun, wie gerecht dieser Papst von den Bischöfen und von
allem Volk verschmäht, und mit welchem Unrecht er zu Rom sei wieder aufgenommen worden.

Otto hoffte nun mit leichter Mühe die Ordnung daselbst wieder
herstellen zu können und setzte sich in dieser Absicht, nachdem sein
Kriegsheer vollzählig geworden, mit diesem nach der Tiber zu in Bewegung. Als er aber in Rieti, am Velinofluß Rast hielt, ward er
durch eine sehr unerwartete Nachricht aus dieser Zuversicht gerissen.
Gesandte nämlich von Rom traten an ihn mit der Meldung, daß nach
dem Tode Johannes XII. der Cardinal=Diacon Benedictus von
den Römern zum Pabst gewählt und geweiht worden sei — ihm möge
des Kaisers Majestät die Bestätigung nicht verweigern. [1])

Otto, durch diese fortdauernde verwegene Treulosigkeit zu dem
heftigsten Zorne gereizt, schickte die Gesandten ohne Weiteres von sich
hinweg und ließ die Römer zurückwissen: „er wolle lieber das Reich
und die Krone verlieren, als jemals zugeben, daß Papst Leo vom
Stuhle der Apostel herabsteige.“ Zugleich brach er unverzüglich mit
seinem Heere nach der Stadt auf, lagerte sich vor derselben, schloß sie
von allen Seiten ein und begann sie durch Wurfmaschinen und Mauer-
brecher zu berennen.

Die Römer dagegen, welche eidlich dem Papste Benedictus
(der 5te geheißen) gelobt hatten, daß sie ihn niemals verlassen und
gegen die Macht des Kaisers bis auf den letzten Blutstropfen vertheidigen würden, setzten der Belagerung hartnäckigen Widerstand entgegen. Benedictus vor allen feuert durch glühende Reden sie auf,
sich mit allen Kräften zu wehren; er selbst besteigt in vollem Ornate
die Mauern der Stadt und droht trotzig von hier herab Kaiser Otto
und seinem Heere mit dem Bannfluche.

Endlich aber bricht in Rom eine drückende Hungersnoth aus, so
furchtbar, daß die Belagerten Kleien und Pferde= und Eselfleisch zu

---

[1]) Chronicon Farfense b. Mur. Scr. R. It. T. II. P. II. S. 476 u. Auct.
Anonym. de eccl. Bremensi b. Lindenbrog Scr. R. Sept. S. 117. Die Anga-
ben beider sind, so weit es sich thun ließ, vereinigt worden.

essen genöthigt wurden, und auch dieß nur um ungeheure Summen zu kaufen war. [1]) Dadurch ward ihr widerspenstiger Sinn gebrochen; sie ergeben sich dem Sieger auf Gnade und Ungnade und öffnen ihm die Thore. Am Vorabend des Festes Johannes des Täufers, am 23sten des Brachmonds 964, zieht der Kaiser mit Papst Leo wieder in die Stadt ein, ehrfurchtsvoll von den Römern empfangen. [2]) Wohl hätte er nun strenges Gericht über diese, die ihm zweimal die geschworne Treue gebrochen, halten können, aber seine Großmuth bewog ihn, denselben noch einmal die wohlverdiente Strafe zu erlassen. Nur berief er in Eile eine Versammlung der Väter der Kirche, um den Gegenpapst Benedictus zu entsetzen.

Diese Versammlung ward in der Basilica des Laterans gehalten; es erschienen auf ihr unter dem Vorsitze des Kaisers und Papst Leo's alle Bischöfe vom lombardischen und deutschen Reiche, die diesen im vorigen Jahre in St. Peter auf den Stuhl der Apostel gehoben, die Cardinäle, die übrige Geistlichkeit der römischen Kirche und die Abgeordneten des Volkes — auch Benedictus trat in die Hallen der Kirche, an der Hand derer, die ihn gewählt hatten, mit den päpstlichen Gewändern bekleidet. Mit einer heftigen Rede, darin er ihm seine Eidbrüchigkeit vorwarf, empfing ihn Benedictus, der Cardinal-Erzdiacon: mit demüthigen Worten bat jener die erlauchte Versammlung um Vergebung, dafern er gefehlt habe. Sein reuiges Wesen bewegte des Kaisers mitleidsvolle Seele bis zu Thränen der innigsten Rührung; er selbst wandte sich zu den versammelten Vätern und flehte zu ihnen, daß dem Unglücklichen kein Leid widerfahre: vermöge er sich zu rechtfertigen, so möge er sprechen — vermöge er es nicht und bekenne er sich schuldig, so möge die Furcht vor dem Herrn ihm ein mildes Urtheil verschaffen. Darauf, durch des Kaisers Edelmuth zur tiefsten Zerknirschung gebracht, warf Benedictus V. sich zu seinen und Papst Leo's Füßen und bekannte laut und öffentlich, er habe gesündigt und mit Unrecht den Stuhl des h. Petrus bestiegen. Nachdem er solches bekannt, legte er selbst den päpstlichen Mantel ab und übereichte den Hirtenstab, den er trug, Papst Leo VIII. Dieser zerbrach ihn und zeigte die Stücken dem versammelten Volke; er befahl dem Benedict auf der Erde sitzen zu bleiben und entkleidete ihn der Planeta und Stola. Dann sprach er zu der Synode: „Hiermit entsetzen wir Benedictus, der mit Gewalt des Stuhles

---

[1]) Auct. anonym. l. c. Hermann der Lahme z. J. 964. [2]) Dieß und alles Folgende nach der Forts. b. Rhegino z. J. 964. und Liutpr. VI. 11.

deſſen, der die Schlüſſel führt im Himmel, beſtiegen, der päpſtlichen
Würde und der Würde eines Prieſters — wir verſtatten ihm aber,
weil der Kaiſer, unſer Herr, durch deſſen Arm wir wieder eingeſetzt
worden ſind in die uns gebührenden Ehren, mildthätig ſich für ihn
verwandt hat, als Diacon ferner in der Kirche Gemeinſchaft zu blei=
ben: doch verweiſen wir ihn von Rom weg und hinaus in die Ver=
bannung!“

Der Kaiſer verweilte, nachdem er ſolchermaßen den Papſt Leo
von ſeinem Nebenbuhler befreit hatte, die letzten Tage des Junius
noch in Rom, und in dieſer Zeit ließ er jenes merkwürdige Decret
abfaſſen, das nachher, als unter Gregor VII. der Kampf zwiſchen
der päpſtlichen und geiſtlichen Macht ſich erhob, mit ſolcher Hartnäckig=
keit von den deutſchen Kaiſern vertheidigt und von den Päpſten iſt
abgeleugnet worden. Es lautet, wie es in dem Geſetzbuch der Kirche
enthalten iſt [1]), folgendermaßen:

„In der zu Rom in der Kirche St. Salvator verſammelten Sy=
node, nach dem Vorgang Papſt Hadrian’s, der dem Herrn Karl,
ſiegreichem Könige der Franken und Longobarden, die Würde eines
Patricius, die Beſetzung des apoſtoliſchen Stuhls und der Biſchöfe
Einführung verliehen hat: ordne auch ich, Leo, Biſchof, Knecht der
Knechte Gottes, mit geſammter Geiſtlichkeit und dem römiſchen Volke,
beſtätige, beſtärke und verleihe und ſchenke kraft apoſtoliſcher Macht=
vollkommenheit Herrn Otto dem Erſten, Könige der Deutſchen, und
ſeinen Nachfolgern im italiſchen Reiche zu allen Zeiten, das Recht,
einen Nachfolger und Papſt des höchſten apoſtoliſchen Stuhles zu
wählen und zu verordnen [2]), und kraft ſolchen Rechtes auch die Erz=
biſchöfe und Biſchöfe zu ſetzen, daß ſie von ihm in ihre Würde ein=
geführt werden, die Weihe aber von dem, dem es gebühret, erhalten
— mit Ausnahme derer Biſchöfe, welche der Kaiſer dem Papſt und
den Erzbiſchöfen überlaſſen hat. Ich ordne ferner, daß Niemand,
weß Standes, Würde und Weſens er ſei, des Befugniſſes ſich an=

---

[1]) Gratian Dist. 63. cap. 23. [2]) Die Stelle lautet: largimur Dno. Othoni I.
Regi Teutonicorum ejusque successoribus hujus regni Italiae in perpetuum,
facultatem eligendi successorem atque summae sedis Apostolicae pontificem or-
dinandi. Das „in perpetuum“ geht offenbar auf die vorigen Worte und das
Komma iſt hinter perpetuum zu ſetzen. Sonſt hat man das Komma weggelaſſen
und aus der Stelle das Recht ableiten wollen, daß die deutſchen Könige eigen=
mächtig einen Nachfolger im Königreiche Italien ſich hätten wählen dürfen. Die=
ſes Recht konnte der Papſt in keiner Weiſe verſchenken: es ſtand den geiſtlichen und
weltlichen Fürſten des lombardiſchen Reiches zu.

maße, einen Patricier zu wählen, oder einen Papst der römischen Kirche, oder einen andern Bischof zu setzen, ohne Zustimmung des Kaisers — nur soll solches Alles ohne Geld geschehen und der Kaiser muß zuvor Patricius und König geworden sein.[1]) Dafern von der Geistlichkeit und dem Volke ein Bischof gewählt wird, welcher dem Könige Otto nicht gefällt und den er nicht einführt in sein Amt, dem soll die Weihe nicht ertheilt werden. Und wo Jemand gegen solches Gesetz und des apostolischen Stuhles Machtvollkommenheit zu handeln sich erkühnet, den treffe des Bannes Fluch, und wenn er nicht Buße thut, unabänderlich Verbannung oder Strafe des Todes."[2])

Darauf, nachdem er noch das Fest der heil. Apostel Petrus und Paulus mit dem Papste und den Römern gefeiert, brach Otto im Juliusmond nach Lombardien auf, das er seit länger als Jahresfrist nicht gesehen hatte. Als er aber über Aquapendente[3]), durch das Herzogthum Tuscien, nach Lucca hinzog, überfiel sein Heer, das des heißen Sommers ungewohnt war, eine Pest, die so furchtbar wüthete, daß Niemand gesund den Tag und die Nacht zu durchleben hoffen konnte. Viele der edelsten deutschen Männer, Herzog Gottfried von Niederlothringen, Erzbischof Heinrich von Trier, der Abt Gerwich von Würzburg, und andere wurden ein Raub des Todes.[4]) Der Kaiser

---

[1]) Nach dem Herkommen mußte Jeder, der die Kaiserkrone empfangen wollte, erst die eiserne Krone Italiens erhalten haben und zum Patricius von den Römern erkoren worden sein. Das Zeichen der Patricierwürde war ein Ring, den die Römer dem, den sie wählten, an den Finger steckten, und ein goldner Reif auf dem Haupte. [2]) Dieß ganze Decret enthält nichts weiter, als was nach dem Zeugnisse Liutprand's die Römer schon früher Otto gegeben hatten: das Recht der Bestätigung der Papstwahl, welches Odoacer, Theodorich d. Gr., dann Justinian und die übrigen morgenländischen und die carolingischen Kaiser geübt hatten, ingl. das von den lombardischen Königen und den carolingischen Kaisern, als Königen von Italien, gebrauchte Recht der Bestätigung der Bischofswahlen. Nur hatten die morgenländischen Kaiser und die lombardischen Könige oftmals sich Geld für die Investituren zahlen lassen: das ward für künftig untersagt. — Nimmermehr übrigens würde zu der Zeit, wo das Decret Gratian's gesetzliches Ansehn erlangte, — im 12ten Jhdt. wo die päpstliche Macht so hoch stand, dieß Decret Leo's VIII. mit aufgenommen worden sein, wenn man es nicht für ächt gehalten hätte. Daß übrigens das Bestätigungsrecht nicht bloß für Otto, sondern auch allen seinen Nachfolgern ertheilt worden sei, erweist sich aus dem Leben der heil. Math. c. 5. wo es heißt: totus populus Romanus se sponte subjugavit Ottonis dominatui et post illum ceteris suis posteris. [3]) Urk. v. 6. Juli 964. geg. zu Aquapendente bei Ughelli V. 431. [4]) Fortf. d. Rhegino z. J. 964.

sah sich genöthigt, den ganzen Julius und den Anfang des Augusts hindurch in Lucca zu verweilen [1]): dann erst wich die Pest und Otto überstieg das Apenningebirge und gelangte nach Pavia. Den Herbst hindurch lebte er in Ruhe und Frieden und ergötzte sich an der Jagdlust in den ligurischen Wäldern. Auch das Weihnachtsfest 964 feierte er noch zu Pavia unter den Lombarden und empfing hier eine Gesandtschaft von Petrus Candianus IV., Dogen zu Venedig, dem er die alten Rechtsame des Volkes und der Geistlichkeit bestätigte. [2]) Dann aber, nachdem er alle Geschäfte des Reichs mit Weisheit beendet, und auch noch die letzte Veste des wieder nach Corsika geflohnen Abalbert's, die im Comersee, dem Bischof Waldo von Como sich ergeben hatte [3]), machte er sich bereit, über die Alpen nach den vaterländischen Gauen zu ziehen.

Er nahm diesmal seinen Weg über Mailand am Luganer See hin über den Monte Cenere [4]) und St. Bernharbino: ihn geleiteten seine Gemahlin Adelheid mit den beiden Töchtern König Berengar's, die Prälaten des deutschen Reichs und Liutprand, Bischof zu Cremona, auch der Cardinal Benedictus; der abgesetzte und verwiesene Papst, und die übrigen edlen Grafen, Ritter und Herren, die mit ihm die Romfahrt gethan. Acht Tage nach dem Dreikönigsfest 965 war Otto zu Chur in Graubünbten. [5]) Von da wandte er sich dem Rhein entlang nach dem Bodensee hin, wo er in der Abtei Reichenau [6]) verweilte. Und weiter ging er dann über die schwäbische Alp und den Neckarfluß, bis er nach Heimbobesheim kam, wo die Lande Alemannien und Franken zusammenstießen. [7]) Hier empfingen ihn mit großer Freude seine Söhne, König Otto und Wilhelm, Erzbischof zu Mainz. [8]) Mit ihnen zog er durch den Speiergau in das Wormsfeld gen Worms, wo auch sein Bruder Bruno, Erzbischof zu Cölln und Herzog zu Lothringen, seiner wartete, mit dem er das Fest der Lichtmeß der heil. Jungfrau beging. [9]) Die ganze Fastenzeit hindurch blieb er in den fränkischen Landen, das h. Osterfest feierte er in der Kaiserpfalz am Rhein zu Ingelheim unter

---

[1]) Urk. v. 29. Jul. b. Mur. Ant. It. Diss. 14; vom 3. Aug. bei Ugh. III. 617; und v. 7. Aug. 964 b. Ugh. II. 269. alle geg. zu Lucca. [2]) Dandulus Hist. Venet. b. Mur. XII. 208. [3]) Cont. Rheg. [4]) Herm. Contr. [5]) Derf. u. Urk. vom 13. Jan. 965 bei Neugart Cod. Dipl. Alem. I. 610 geg. zu Chur. [6]) Urk. vom 23. Jan. 965 geg. zu Reichenau Herrg. Geneal. Habsb. II. 81. [7]) So Cont. Rheg. Heimbobesheim ist das heut. Heimsheim zwischen Stuttgart und Pforzheim. S. d. Charte von Franken im Chron. Gottw. [8]) Fortf. b. Rhegino. [9]) Derselbe.

großem Jubel der Seinen.[1]) Sodann aber bestieg er ein Schiff und fuhr auf dem Rheinstrom in's Lothringerland gen Cölln. Hier sollte ihn das Vaterland in der Fülle der Kaiserpracht sehen[2]): hierher hatte er seine ehrwürdige Mutter Mathilde, mit ihres Lieblings Sohne, dem jungen 14jährigen[3]) Herzog Heinrich zu Baiern, hierher seine Schwestern, die verwittwete Königin von Westfranken, Gerberga mit ihren Söhnen Lothar, dem Könige, und Karl, dem nachherigen Herzoge zu Lothringen und die Witwe Herzog Hugo's des Großen[4]) Hedwig, mit ihrem Sohne Hugo Capet, der später den Thron von Frankreich bestieg, geladen, hierher viel edle Prälaten[5]), Grafen, Ritter und Herren beschieden, um mit ihnen einen großen Reichstag zu halten. Eine so glänzende und reiche Versammlung von Männern und Frauen aus allen Ständen, war seit Jahren in teutschen Landen nicht beisammen gesehen worden.[6]) Mit ihr feierte nun Otto in aller Herrlichkeit jener schmuck- und genußreichen Zeit das heil. Pfingstfest, berieth und ordnete alle Angelegenheiten des Reichs mit den geistlichen und weltlichen Herren, gab, das Band der Freundschaft mit dem westfränkischen Könige Lothar zu verstärken, diesem, seinem Neffen, die Hand seiner Stieftochter Emma[7]), und verweilte bis zu Anfange des Juniusmondes.[8]) Dann aber zog er, nachdem er den Cardinal Benedictus dem Erzbischofe Abeldag von Hamburg zu ehrenvoller Aufnahme übergeben[9]), mit seiner Mutter, seiner Gemahlin und seinem Sohne dem Sachsenlande zu, vorerst nach Magdeburg[10]), seiner geliebtesten Stadt. Auch hier, wo

---

[1]) Derselbe. Ostern fiel 26. März. Urk. v. 28. März 965 geg. zu Ingelheim b. Leuber de Stap. Sax. no. 1600. [2]) Ueber das Folgende s. Cont. Rheg. ad a. 965. Flodoard z. J. 965. Sigbert von Gemblours z. d. J. Leben der heil. Mathilde b. Leibn. I. 205. Leben des h. Bruno das. S. 287. [3]) Er war 951 geb. Ann. Saxo. [4]) Hugo † 956 nach Flodoard. [5]) Eine Urk. bei Mansi Collect. Concil. XVIII. 490 nennt die Erzbischöfe Bruno von Cölln, Thiedrich von Trier, den zu Rheims, und die Bischöfe von Metz, Toul, Verdun, Cambray, Utrecht, Lüttich, von Münster, Minden und Osnabrück. [6]) V. Brun. l. c. Constat, nullum aliquando locum tanta celebritate, tanto splendore omnis generis hominum, aetatum, ordinum floruisse. Sigbert b. Gemblours l. c. ubi omnis illa regalis prosapia tanto ad invicem congratulationis jubilo est affecta, ut in omni vita eorum vix aliquid gaudii huic laetitiae aequiparari possit. [7]) Die Fortf. b. Rhegino setzt die Heirath in's J. 965, Flodoard in's folgende. Emma war Adelheid's und Lothar's, b. Königs v. Italien, einzige Tochter. [8]) Urk. v. 2. Jun. 965 b. Calmet. Hist. de Lorraine I. Preuv. 373 u. v. 8. Jun. 965. b. Falk Trad. Corbej. S. 550, beide geg. zu Cölln. [9]) Fortf. b. Rhegino. [10]) Er war hier am 26. Jun. nach einer Urk. bei Meibom I. 749.

in seiner Hofburg Tag und Nacht ein Schwert aufgehangen war, zum Zeichen, daß der Kaiser Gerechtigkeit übe und jeden Frevel zu rächen bereit sei [1]), entschied er mit Weisheit alle streitige Händel, die vor ihn gebracht wurden, begnadigte reich die Bisthümer und Abteien [2]) und suchte überall Frieden und Eintracht zu gründen. [3]) Mit hoher Freude erblickte er weit und breit die deutschen Lande, und die sächsischen zumal, in Wohlstand blühend und Ruhe; nur ein einziger Unglücksfall trübte zu jener Zeit seine befriedigte Seele: Gero, der edle Markgraf der Ostländer, der gewaltige Bezwinger der Slaven, sein getreuster Waffenfreund, verschied am 18ten des Brachmonds [4]), nachdem er zuletzt noch die Wonne genossen, seinen erlauchten Herrn, mit der Kaiserkrone geschmückt, im Sachsenlande zu begrüßen. Er ward in der von ihm der heil. Jungfrau und dem Märtyrer Cyriacus zu Ehren gestifteten Abtei Gernrode [5]), an der Morgenseite des Harzgebirges, ohnfern Quedlinburg gelegen, zur Erde bestattet.

Gerade zu dieser Zeit, als Otto zu Magdeburg Hof hielt, kam zu ihm eine Gesandtschaft der Römer: es erschienen vor dem kaiserlichen Throne Azzo, Vorsteher der heil. Archive und Marinus, Bischof von Sutri, den Tod Papst Leo's des VIII. zu melden und zu bitten, daß Benedictus wieder zurückkehren möge in die heilige Stadt, den Thron der Apostel zu besteigen. Der Kaiser empfing die Prälaten mit allen Ehren, auch war er geneigt, dem Gesuch der Römer zu willfahren, als die Nachricht von dem plötzlichen Tode des Cardinals, der zu Hamburg am 5ten des Juliusmondes erfolgte, die Unterhandlungen endete. [6]) Nun befahl Otto dem Bischofe Liut-

---

[1]) Compilat. Chronol. b. Leibn. II. 64. [2]) Am herrlichsten Magdeburg. Nach einer Urk. v. 27. Jun. 965 bei Gerken. Cod. Dipl. Brand. III. 40. schenkte er der Moritzkirche daselbst den Zehnden des Tributs von einigen slavischen Nationen, den sie in Silber zahlten, zu Lichtern und Räucherwerk. [3]) Ann. Hildesh. z. J. 965. Dithm. II. 39. [4]) Cont. Rheg. Witt. III. 662. Necrol. Fuld. bei Leibn. III. 764. [5]) Die Stiftung fällt ohngefähr in's Jahr 960. S. den Stiftungsbrief bei Leuk. Anh. Halb. S. 642 und Otto's Bestätigungsbrief vom 16. Jul. 961 geg. zu Siptenfeld bei Beckm. Hist. Anh. III. 169. Gero, der seine beiden Söhne Gero und Siegfried, welchen letzteren Otto aus der Taufe gehoben, verloren hatte, reiste selbst nach Rom, um die Abtei dem röm. Stuhle zu unterwerfen. Seines Sohnes Siegfried's Witwe ward die erste Aebtissin. Ann. S. z. J. 965. In der Kirche zu Gernrode befindet sich noch h. z. Tage das Grab und ein neuer Grabstein des Markgrafen. [6]) Adam von Bremen Hist. Eccl. II. 6. Benedictus, quum jam Romanis poscentibus a Caesare restitui debuisset, apud Hammanburg in pace quivet. Nach Dithm. IV. 401 ward unter

prand zu Cremona und dem Bischof Otger von Speier, mit den
römischen Abgesandten nach Italien zu gehen, um an seiner Statt zu
Rom die neue Wahl zu veranstalten.

Auch aus dem Reiche der Lombarden kam in diesen Tagen Botschaft an den Kaiser: einige Große dieses Landes, unter denen sich
auch Guido, Bischof zu Modena, des Kaisers Erzkanzler[1]), befand,
waren abtrünnig geworden und hatten den Adalbert, der aus Corsika kam, wieder unter sich aufgenommen. Deshalb schickte Otto in
Eil Boten an den Herzog Burchard von Schwaben, Schwiegersohn
seines verstorbenen Bruders Heinrich, mit dem Aufgebot, über die
Alpen zu steigen und die Aufrührer, wo er sie treffe, mit Heereskraft
anzugreifen. Burchard, des Königs Befehle gehorchend, ging mit
einer Schaar Alemannen in die lombardischen Ebenen hinunter; zu
seinen Fahnen sammelten sich die dem Kaiser getreuen Lombarden.
Mit ihnen schiffte er sich auf dem Poflusse ein, um schneller in die
Gegend zu gelangen, wo Adalbert sein sollte. Da, wo die vereinigten Alemannen und Lombarden landeten, kam es zu einem hitzigen
Treffen. Adalbert ward völlig aus dem Felde geschlagen und rettete sich mit seinem Bruder Konrad in das unwegsame Gebirge, um
des Kaisers Rache unerreichbar zu sein. Guido, ein dritter Sohn
Berengar's, war mit vielen andern in dem Treffen geblieben.
Darauf kehrte Burchard, hocherfreut über den Sieg, nach Deutschland zurück, um dem Kaiser den glücklichen Ausgang seines Feldzugs
zu melden. Zu diesem war unterdessen Guido, Bischof von Modena, sein Erzkanzler, gekommen, unter der Miene der Freundschaft
und unter dem Vorgeben, ihm die Verräther zu nennen: der Kaiser
aber, wohl wissend, daß er als Abgesandter Adalbert's komme,
weigerte sich, ihn zu sehen und zu sprechen; er ward mit Schimpf
und Schande entlassen; auf seiner Rückreise, ehe er noch die Alpen
überstiegen, bei Chur in Graubünden gefangen genommen und in die
slavischen Lande als Gefangener geschickt.[2]) Erst nach Jahresfrist
ward ihm wieder die Rückkehr in sein Bisthum erlaubt[3]); doch das

Otto III. sein Leichnam nach Rom zurückgeschafft. Eine alte Inschrift davon soll
sich noch im hohen Chor des Domes von Hamburg finden. Die Fortf. d. Rhegino sagt nur, die Römer hätten den Kaiser gebeten: pro instituendo, quem vel-
let, Romano Pontifice.

[1]) S. z. B. Urk. v. 6. Oct. 962 bei Mur. Ant. It. Diss. 73. [2]) Dieß alles
nach dem Fortsetzer d. Rhegino z. J. 965. [3]) Er war 967 bei der Kirchen-Ver-
sammlung zu Ravenna. S. Labbei Concil. T. IX.

Erzkanzleramt erhielt er nicht wieder: dieses verwaltete fortan Hu=
bert, Bischof zu Parma. [1])

Also brachte Kaiser Otto die italienischen Angelegenheiten von
Deutschland aus in Ordnung. Er selbst zog um die Mitte des Ju=
lius in den Harzgau gen Quedlinburg [2]), wo die Gebeine seines ehr=
würdigen Vaters bestattet lagen; sodann, zu Ende desselben Monats,
nach dem Helmgau in die güldene Aue, wo er bis zu Ausgang des
Wintermonds verweilte und meist in Walhausen, der kaiserlichen
Pfalz [3]), wo bereinst sein Vater Heinrich mit Mathilden Beilager
gehalten, Hof hielt. Erst im Christmond brach er wieder aus den
sächsischen und thüringischen Landen nach dem Rheinstrome hin auf [4]),
um mit den Lothringern das heil. Weihnachtsfest zu begehen. Mit
Wehmuth ritt er dießmal in die Mauern der Stadt Cölln ein: denn
der, der so fromm und weise von dem erzbischöfl. Stuhle herab des
Landes Verwaltung geführt, Bruno, sein Bruder, den er jederzeit
so werth und theuer gehalten, war zu den Todten gegangen. Ein
heftiger Fieberanfall hatte ihn, als er eben im Geleit des Bischofs
Thiedrich von Metz, seines Vetters [5]), auf einer Reise nach dem
westfränkischen Reiche begriffen gewesen, zu Compiegne ergriffen und
ihn bald darauf, am 11ten des Weinmonds, nachdem er nach Rheims
zurückgekehrt war, getödtet: sein Leichnam war von Thiedrich nach
Cölln geführt und feierlich in dem von ihm gestifteten S. Pantaleons=
Stifte beerdiget worden. [6]) Den theuren Bruder noch im Tode zu
ehren, verlieh Otto jetzt seinem geliebtesten Freund und Capellan,
dem Volkmar, durch den erzbischöflichen Ring und Stab die geistige
Herrschaft des erledigten Sprengels, die weltliche Macht über Loth=
ringen, die Bruno besessen, behielt er sich selbst vor [7]), doch ist es

---

[1]) S. die Urkunden v. J. 967 fg. bei Ughelli und andern für ital. Bisthümer
und Abteien. [2]) Urk. v. 15. Jul. 965 geg. zu Quedlinburg bei Möser Osnabr.
Gesch. II. Urk. Buch S. 5. [3]) Urk. v. 28. Jul. bei Leuber de Stap. Sax. no.
1604, vom 27. Novbr. Schannat Hist. Worm. II. 21 vom 29. Novbr. bei
Leukf. Ant. Walhus. S. 340 alle geg. zu Walhausen. [4]) Er war am 12. Decbr.
965 auf der Reise dahin zu Brughaim an der Leine. Urk. bei Leukf. Ant. Numm.
S. 158. [5]) Thiedrich war seit 964, wo Abelbert starb, Bischof zu Metz und
Consobrinus Imperatoris, also auch Bruno's. S. Fortf. d. Rheg. z. J. 965.
[6]) Leben des heil. Bruno bei Leibn. I. Sigbert von Gemblours z. J. 965. Dith.
II. 33. Ann. Saxo. z. J. 965 Wittech. III. 650 sagt von Bruno: gentis indo-
mitae Lothariorum regionem a latronibus purgavit et in tantum disciplina in-
struxit, ut summa ratio, summaque pax illis in partibus locum tenerent.
[7]) Nach den Worten des Cont. Rheg. cuncta regni Lothariensis negotia, prout
sibi videbatur, disposuit.

wahrscheinlich, daß an seiner Statt jener Friedrich, Herzog von Oberlothringen, den schon Bruno gesetzt hatte, ferner im Lothringer-lande geboten hat.[1]

Den ganzen Winter d. J. 966 hindurch verweilte Otto noch am Rheinstrome[2]); erst um die Osterzeit kehrte er nach Sachsen zurück, wohin ihn eine große Feierlichkeit rief: seine eilfjährige Tochter Mathilde, die einzige, die er noch besaß[3]), welche ihm die Kaiserin Adelheid im J. 955 geboren[4]), sollte zu Quedlinburg in dem heil. Servatiusstifte zur Aebtissin eingeweiht werden, nachdem die Wahl der Klostergesellschaft und des Volkes einmüthig auf sie gefallen war.[5]) Den Glanz dieser heiligen Handlung zu erhöhen, hatte Otto die sämmtlichen Erzbischöfe und Bischöfe deutscher Lande nach Qued-linburg beschieden; er selbst war mit seiner Mutter Mathilde, seiner Gemahlin Adelheid, König Otto II. und allen sächsischen Grafen und Herren aus der Umgegend zu dem Feste gekommen: die junge Aebtissin empfing hier nicht von einem Bischof, wie es Brauches war, sondern von allen Erzbischöfen und Bischöfen vereint die Weihe ihres geistlichen Amtes.

Darauf hat der Kaiser seine ehrwürdige Mutter nach ihrem Witthum Nordhausen geleitet, wo sie zum Heil der Seele ihres Lieb-lings, des verstorbenen Herzog Heinrich's von Baiern, den sie hier geboren[6]), ein Kloster der heil. Jungfrau und dem heil. Kreuze zu Ehren, gestiftet hatte. Hier hat Otto sieben Tage lang mit Ma-thilden zusammen gelebt, und ist am achten nach rührendem Ab-schied — denn beiden ahnete, daß sie zum letztenmale sich gesehen — weiter gezogen in Thüringen[7]): hier hat er den Sommer hindurch meist in der Pfalz Walhausen in der güldenen Aue Hof gehalten mit seiner Gemahlin und König Otto.[8]) —

In diesen Tagen ist große Freude durch's Sachsenland gegangen, veranlaßt durch die Auffindung der ersten Gold- und Silber-gruben auf dem Harzgebirge. Wahrscheinlich ist, daß schon Heinrich, Otto's Vater, Versuche gemacht habe, auf dem Ram-

---

[1]) Von ihm sagt Flodoard z. J. 959, daß ihn Bruno vice sua Lothariensibus präfecit. [2]) Noch am 12. April 966 war er zu Wiesbaden im Taunusgebirge. Urk. b. Leuber No. 1605. Am 22. April war er zu Quedlinburg. Urk. bei Würdtwein Nova. Subs. Dipl. III. 397. [3]) Denn Lintgard, Konrad's d. Weisen Gem., war 953 gestorben. Cont. Rheg. [4]) Chron. Quedl. bei Leibn. II. 280. [5]) Daselbst S. 284. Ann. Saxo z. J. 966. [6]) Leben d. h. Math. b. Leibn. I. 204. [7]) Daselbst S. 205. [8]) Urk. vom 28. Jul. 966 geg. zu Walhausen Orig. Guelf IV. 559.

melsberge bei Goslar diese edeln Metalle zu erschürfen [1]); unter Otto, und, wie ein gleichzeitiger Schriftsteller berichtet, durch seine besonderste Fürsorge, glückte es um diese Zeit, die ersten Anbrüche zu gewinnen. [2]) Dadurch eröffnete sich für die sächsischen Landschaften und für ganz Deutschland eine der wichtigsten Quellen des Reichthums und Wohlstandes. Denn, obgleich man vorher in manchen deutschen Gebirgen, in den Rheinländern [3]), den salzburger Alpen [4]), im Fichtelgebirge [5]) und in Böheim, vornehmlich zu Eula [6]), Schachte und Stollen auf edle Adern und Gänge getrieben und Goldsand im Rheinstrom, im Main [7]), und den böhmischen Gewässern [8]) aufgefunden hatte, so war doch die Ausbeute nicht erheblich gewesen: die Erzlager des Harzes aber, groß und mächtig, förderten ungleich reichere Schätze aus der Tiefe empor. Und nun begann, besonders in den sächsischen Ländern, das Gewerbe freudiger aufzublühen, wie jemals vorher: in Dörfern, Flecken, Klöstern und Städten wandten sich nicht bloß Leibeigene und Hörige, wie es vordem gewesen, sondern auch halb freie Männer sich ihm zu; vor allem ward die edle Gießkunst fleißig geübt und nutzvolle und prächtige Gefäße, Waffenschmuck, Putz für Prachtrosse und viele andere Geräthschaften zum Bedürfniß und zur Zierde des Lebens in getriebener Arbeit, von Gold, Silber und Erz immer häufiger bereitet. [9]) Durch das für gewöhnlich nun an die Stelle der Tauschwaaren tretende edle Metall ward der Umsatz

---

[1]) Der Auctor de fundat, quarundam Ecclesiarum in Saxonia bei Leibn. Scr. R. Br. I. 261 schreibt die Ehre der Auffindung der Bergwerke auf dem Rammelsberg Heinrich zu, vgl. II. 533. daselbst und III. 426 — wahrscheinlich hat er Versuche anstellen lassen. Vergl. Ranke, Jahrbücher des deutschen Reiches, Bd. I., Abth. I., S. 158 u. fg. [2]) Dithm. II. 26. Wittech. III. 659. Ann. Saxo z. J. 965. Sigbert von Gemblours z. J. 968. Otto Imp. in terra Saxonica venas auri et argenti primus industria sua aperuit. Otto, Bischof von Freisingen, Chronic. L. VI. c. 24. Otto primus venas argenti et aeris juxta Civitatem Goslariam in Saxonia invenit. [3]) Gmelin, Beitr. z. Gesch. d. deut. Bergbaues S. 156 nach einer Stelle in Ottfried's von Weißenburg Harmonie der Evangelien in Freher Orig. Palat. p. II. c. 17. S. 80. [4]) Gmelin l. c. S. 164. nach einer Urk. Otto's I. v. 940. darin er dem Erzbisthum Salzburg den ihm von Ludwig dem Kinde geschenkten Salzburghof cum omnibus censibus in auro et sale bestätigt. [5]) Gmelin l. c. S. 161—164. [6]) Gmelin l. c. S. 37 fg. besonders S. 51. [7]) Gmelin l. c. S. 156 nach Ottfrieb. [8]) Gmelin l. c. S. 43 u. fg. [9]) Goldarbeiter waren schon vor Otto in Sachsen bekannt. Ein Goldschmidt arbeitete die goldene Kette, mit der Heinrich I. auf König Konrad's Veranstaltung ermordet werden sollte. Dithm. I. 6. Die Königin Mathilde trug goldene Armbänder. Leben der heil. Mathilde bei Leibn. I. 196. In dem Testa-

der Güter erleichtert; nächst den Juden [1]), die bisher den meisten Verkehr in den Händen gehabt hatten, entschlossen sich auch Freie die Handlung zu treiben [2]), und so fing ein ungleich lebendigerer Handel an sich zu regen — ihm nach folgten alle jenen unberechnenbaren Vortheile, die ihn so wichtig und einflußreich machen.

Es war, diesen Handel und jene Gewerkthätigkeit zu fördern, Kaiser Otto's ernstliche Sorge, und das Mittel, welches er dazu gebrauchte, war, daß er die Städte auf alle Weise emporzuheben suchte. Die Zeit der Ruhe, deren es bedurfte, um dieselben zu dem zu machen, was sie sein sollten, war nun gekommen; er selbst hatte in Italien die heranreisende Blüthe der lombardischen Städte gesehen und sie waren ihm Vorbild und Antrieb zugleich geworden, auch die deutschen zu ähnlichem Wohlstand zu erheben.

Schon seit den Zeiten der ersten Karolinger zwar und noch früher hatte in den alten Städten des deutschen Reiches, zumal in denen, die noch von der Römer Zeiten herrührten, am Rheinstrom und der Donau, ein lebhafter Waarenbetrieb geherrscht. Von Constantinopel, dem Hauptstapel der indischen Waaren, seitdem die Saracenen Alexandrien erobert, waren goldene und silberne Geschirre, Edelsteine, Baumwolle, Seidenwaaren, Gewürz und Specereien [3]) über Lorch, Passau [4]) und Regensburg durch Baiern und Franken nach Thüringen, wo Erfurt der vornehmste Stapelplatz war, und sodann auf der Elbe über Magdeburg bis Bardewic geführt worden. [5]) Auch Venedig und die lombardischen Städte, vornehmlich Pavia [6]), hatten dieselben Waaren Indien's und der Levante über die Alpen auf dem Lechfluß nach Augsburg und auf der Limmath nach Zürich vertrieben, von wo sie auf dem Rheinstrome nach Straßburg [7]) gelangten. Von hier aus

---

ment Erzbisch. Bruno's von Cölln werden goldene Becher, Krüge, und andere Prachtgefäße, auch ein Pferd in Silber getrieben, erwähnt. S. sein Leben bei Leibn. I. 290. [1]) Sie standen unter dem besonderen Schutze des Kaisers und zahlten einen Leibzoll. [2]) Die Urk. vom 12. Jul. 965 bei Gerken Cod. Dipl. Brandenb. III. 38 sagt ausdrücklich: Et ne vel Judäi, vel ceteri ibi (in Magdeburg) manentes negotiatores etc. Ein Mainzer Kaufmann, der bestimmt ein freier Mann war, ging schon 958 als Gesandter Otto's nach Constantinopel. [(Liutpr. VI. 1). [3]) Capit. Car. M. V. v. J. 803 c. 2. Car. M. Epist. ad Offam Regem Merciorum bei Baluze I. 275. Monachus S. Gallensis I. II. c. 27 bei Bouquet V. 133. [4]) S. z. B. Urk. K. Arnulf's v. J. 808 bei Lünig Spic. Eccl. P. II. S. 758. [5]) Car. M. Cap. II. v. J. 805 c. 7. Cap. III. v. demf. J. c. 9. [6]) Monachus S. Gallensis de rebus bell. Car. M. I. c. [7]) S.-z. B. Urk. Ludwig's b. Frommen v. J. 831. bei Bouquet VI. 572.

ging ein lebhafter Verkehr diesen Strom entlang über die Städte
Speier, Worms, Mainz nach Lothringen und Friesland, wo Cölln,
Duisburg und Wyk de Duurstede[1]) die bedeutendsten Stapelplätze
waren. In diesen nordwestlichen Gegenden Deutschlands war häufig
Handelsgemeinschaft mit den Engländern und Dänen: namentlich wa=
ren es die Friesen, welche frühzeitig Handelsreisen nach England un=
ternahmen[2]) und auch nach Schleswig hinüberfuhren, um Pelzwerk und
Pferde[3]) von dorther zu holen. Mit diesen nordischen Gütern schiff=
ten sie an die Küsten der Nordsee bis nach Rouen, die Seine hinauf
nach Paris, und zur großen Messe von S. Denys, um hier frän=
kische Weine, Honig und Färberröthe zu ihren friesischen Tüchern da=
gegen einzutauschen.[4]) Auch die Sachsen hatten lebhaften Verkehr
mit den Friesen; friesische Schiffe schwammen die Weser und Leine
herab[5]); doch war der Sachsen größter Handel mit den nördlichen
Slaven, ihr Hauptstapelplatz das blühende Bardewic gewesen. In
den meisten der Handelsplätze Deutschlands hatten die Karolinger, des
innern Verkehrs halber, Märkte angeordnet; für Baiern zu Regens=
burg, Passau, Ingolstadt an der Donau, und zu Augsburg am Lech[6]);
für Rheinfranken zu Mainz und zu Speier; für Lothringen zu Wyk,
zu Cölln am Rhein und zu Trier an der Mosel; für Alemannien zu
Straßburg und Zürich[7]); für Sachsen zu Hamburg[8]) und Corvei an
der Weser.[9]) Auch Münzstätten, vornehmlich zu Cölln, Trier und
Aachen, zu Mainz, zu Straßburg[10]) und Regensburg[11]) waren von
ihnen eingerichtet, und Landstraßen, Brücken und Fähren angelegt
worden, für welche die Kaufleute, welche die Märkte bezogen, dafern
sie sich ihrer bedienen wollten[12]), Zölle zu entrichten gehalten waren,
so wie auch für das Geleite, das man ihnen durch Gewaffnete gab,
etwas Bestimmtes gezahlt werden mußte.

Aber aller dieser Veranstaltungen ohnerachtet waren Gewerbe und

---

[1]) S. z. B. Urk. Ludwig's d. Frommen v. J. 828. b. Bouquet VI. 649
und die angezogene v. J. 831. [2]) V. S. Ludgeri §. 10 bei Leibn. I. [3]) Car.
M. Cap. v. J. 808 c. 5 bei Baluze S. 464. Adam von Bremen de situ Daniae
c. 227. 229. Helmold, slavische Chronik L. 76. c. 2. Arnold von Lübeck im 5ten
Buch. [4]) Urk. K. Pipin's v. J. 753. bei Bouquet V. 699. [5]) Der sächs. Annal.
z. J. 815. [6]) Zschocke, Bair. Gesch. I. 216. [7]) Heinrich, deutsche Gesch II. 68.
[8]) Schon durch Karl den Großen f. Urk. Heinrich's IV. v. 1062. bei Mader
App. ad Adam. Bremensem §. 21. [9]) Urk. v. K. Ludwig d. Fr. v. J. 833.
b. Schaten Ann. Paderb. z. d. J. [10]) Le Blanc Traitè des monnoyes de
France S. 143. [11]) Zschocke, bair. Gesch. S. 146. [12]) Solches verordnet aus=
drücklich Cap. Car. M. v. J. 805 b. Baluze I. 426 u. Capit. L. III. c. 54.

Handel durch die Zerrüttung des Reichs unter den letzten Kaisern und Königen von Karl's Stamme wesentlich gestört und gehemmt worden; die Könige Konrad und Heinrich hatten, weil die Waffen ihre ganze Kraft in Anspruch nahmen, nicht vermocht, ihm eine Aufhülfe zu geben; kein einziger Gnadenbrief, darin sie einen Markt aufrichten, ist von ihnen vorhanden[1]) — auch hier war es erst Otto'n vorbehalten, wieder Großes zu schaffen für Deutschland.

Um eine hinreichende Anzahl von Menschen zu bewegen, in den Städten ihren Aufenthalt zu nehmen, und Gewerbe und den Handel zu treiben, bestätigte er den Bischöfen, die unter den letzten Karolingern nach und nach die Gerichtsbarkeit über ihre Bischofssitze aus den Händen der Herzoge und Grafen an sich gezogen hatten[2]), dieses Vorrecht; ja er verlieh ihnen und den Aebten und Aebtissinen selbst durch besondere Gnadenbriefe den Bann über Freie sowohl als Unfreie, die innerhalb der Mauern ihrer Städte, dem Weichbild derselben und allem ihrem übrigen Besitzthum sich niederlassen würden. Noch ist ein alter Brief von Kaiser Otto III. vorhanden[3]) in welchem geschrieben steht, daß der Bischof zu Speier das hohe Grafenrecht in dieser seiner Stadt und der ganzen Mark, in der sie gelegen, von seinem Großvater Otto dem Großen empfangen habe, so daß kein weltlicher Herr des Reichs, weder ein Herzog noch Graf, noch ein anderer öffentlicher Richter Macht oder Gewalt haben solle, in irgend einer Sache, einer hohen oder niedern, einen Tag anzuordnen oder ein öffentliches Gericht abzuhalten, oder irgend etwas vermöge des ihm befohlenen Königsbannes zu verlangen, vielmehr hinfüro über alle Eingesessene, Freie und Unfreie, nur der Bischof oder der Voigt, den er nennen werde, das Recht zu sprechen habe. Auch die Urkunde ist auf unsere Zeiten gekommen, durch welche Otto dem Erzbisthum Magdeburg seinen königlichen Bann über diese Stadt und deren Weichbild auf ewige Zeiten übertragen.[4]) Und eben so sind noch

---

[1]) In denen bei Pfeffinger T. III. S. 168 fg. aufgeführten königlichen und kaiserlichen Marktprivilegien ist keins von diesen beiden Königen enthalten; auch anderwärts habe ich nirgends eins finden können. [2]) Schmidt, Gesch. der Deutschen. B. IV. 4. B. c. 11. S. 208. [3]) Urk. Otto's III. v. J. 989. bei Lehmann Chronik von Speier B. IV. c. 3. S. 274. [4]) Urk. v. 9. Jul. 965. bei Meibom I. 749. „Bannum Regiae vel Imperatoriae dignitatis in Urbe (Magdeburg) ac circum jacentibus illarum partium incolis, Regio vel Imperatorio juri debitum ecclesiae in eadem civitate constructae, Sanctoque Mauritio in jus perpetuum liberaliter offerimus etc. Präscripti vero banni, Deo Sanctoque Mauritio oblati nullus vel Comes, vel Vicarus, vel Judex, vel Tribunus, vel Exac-

viele andere Stifter des Reichs in Franken, Lothringen, Alemannien, Baiern und Sachsen begnabigt worden[1]), so wie auch die meisten mächtigen Klöster und Abteien den Bann über alle in ihren Städten, Dörfern und Weilern wohnende Freie und Unfreie aus seiner Hand empfangen haben. [2])

Auf solche Weise ist unter Otto und seinen Nachfolgern, von der milderen Herrschaft des Krummstabs angelockt, jene große Bevölkerung in die Städte gekommen, durch welche sie in kurzer Zeit so reich und mächtig geworden sind. Die Bürger dieser Städte standen von nun an unter den Voigten und Vizthumen des Bischofs oder Abtes; dieser sprach ihnen, nach dem Urtheil ihrer Genossen[3]), das Recht; keine weltliche Macht, weder der Herzog, noch Graf, noch ein anderer Richter, durfte sich erkühnen, ihre Freiheit zu stören.

---

tor vel aliqua persona in eadem civitate sibi usurpanti aliquam aliam in scriptis legem aut disciplinam exercendi potestatem habeat, nisi ipse, qui eidem loco vel ecclesiae präfuerit Advocatus.

[1]) So erhielt Trier das Grafenrecht in der Stadt Honth. Hist. Trevir. I. 282. Urk. v. 947. Chur in der halben Stadt, Lünig Spic. Eccl. P. II. S. 155. Urk. v. 959. Straßburg hatte schon früher das Grafenrecht „infra civitatem vel in suburbio" erhalten. Bestätigungsurk. v. Otto II. v. J. 982. Als. Dipl. I. 131. Regensburg, die Stadt, war dem Bischof von K. Arnulf geschenkt worden. Urk. bei Pez. Thes. T. I. P. III. 37. Adam von Bremen sagt ausdrücklich in der Hist. eccl. II. c. 1. Adaldagus primo, ut ingressus est Episcopatum, Bremam longe prius tempore potestatibus ab judiciaria manu oppressam präcepto regis absolvit, et instar reliquarum urbium immunitate simulque libertate fecit donari. Worms, das den fränkischen Herzogen gehörte (Conradus Sapiens war Dux Wormaciensis, Otto von Freisingen VI. 20.) kam nach Dithm. Prol. ad L. VI. S. 136 erst unter Heinrich II. unter den Bischof. [2]) S. z. B. Urk. f. Kl. Lorsch im Rheingau v. J. 956. im Cod. Dipl. Lauresh. I. 121. „ut Abbas suisque successores, aeque Abbates, plena et integra potestate prädicto loco cunctisque ad idem cenobium pertinentibus präsint etc. ut nullus judex publicus vel quislibet ex judiciaria potestate seu alia aliqua persona quidquam potestatis aut negotii in rebus ejusdem monasterii sine Abbatis licentia exercere seu habere präsumat, nec homines ipsius loci, tam ingenuos, quam servos injuste distringere. Urk. für Gandersheim v. J. 946 bei Schaten ad h. a. (Ann. Paderb.) Et homines illius Abbatissae, seu liberi seu servi nulla judiciaria coerceantur potestate, sed in präsentia ejusdem Abbatissae Advocati eorum rectitudinem acquirant et ceterorum perficiant. S. b. Pfeffinger I. 1143 bis 1151, eine Menge anderer dergl. Privilegien. [3]) Dieß ergiebt sich aus dem Gesetz, das der Bischof Burchard von Worms († 1025) mit Zuziehung seiner Geistlichkeit, seiner Vasallen und aller Angehörigen seiner Kirche gab, bei Schannat Cod. Prob. Hist. Ep. Wormat. no 51. S. 44 fg. Hier heißt es S. 45: si quis ex aliquo commisso in manus Episcopi cum judicio sociorum suorum pervenerit.

Nachdem also Otto die Städte dem Regiment der Geistlichkeit empfohlen, dachte er darauf, auch durch neue Märkte dem Kunst- und Gewerbfleiße seiner Deutschen ein weiteres Feld zu eröffnen. Kurze Zeit nach dem Antritte seiner Regierung, nachdem er nur einigermaßen seine Herrschaft befestiget hatte, im Jahre 945, ward in der Stadt Meppen an der Ems ein neuer Markt und eine Münzstätte von ihm angelegt; damit, so wie mit dem ganzen Zolle, der dort gegeben werden mußte, hat er das Kloster Corbei begnadigt.[1] Sieben Jahre darauf ordnete er einen andern Markt und eine Münzstätte zu Wiedenbrück, auch am Emsflusse gelegen, an, und beide verlieh er dem Bischof von Osnabrück.[2] Seine vorzügliche Sorge ging dahin, den Handel der sächsischen Lande, der noch am meisten zurück war, zu erweitern; doch sind auch die alten Märkte zu Regensburg, Passau und Augsburg[3], zu Straßburg[4], Constanz und Zürich[5], zu Mainz und zu Trier und die uralte Ostermesse zu Cölln[6] von ihm bestätigt worden.

Und als er nach dreijährigem Aufenthalt in Italien, wo er den

---

[1] Schaten. Ann. Paderb. z. J. 945. [2] Derselbe z. J. 952. [3] D. Märkte zu Regensburg und Augsburg als längst bestehend erwähnt in einer Urk. Konrad's II. von 1030 bei Lünig P. Spec. Cont. IV. Theil I. Abschn. 10. S. 403. talem bannum, qualem componat, ac si mercatum Ratisponae aut Augustae inquietaret. Best. Urk. für Passau von Otto III. v. J. 999 bei Hund. Metrop. Salisb. I. 242. [4] Den Markt daselbst, der zu Karl's d. Gr. Zeit blühte, habe ich in keiner Urk. d. 10 ten und 11 ten Jahrhunderts erwähnt gefunden; daß er fortdauerte, beweist eine Urk. Friedrich's I. v. J. 1153 in Als. Dipl. I. 239. se sciat compositurum nostrum regalem bannum ita sicut mercato Mogontiae, Coloniae et Argentinae confracto reus existeret. [5] Diese Märkte als längstbestehend erwähnt in einer Urk. Otto's III. v. J. 999 bei Schöpflin Hist. Zar. Bad. V. 12. „se sciat compositurum talem nostrae reipublicae bannum, qualem ille componeret, qui mercatum Constantiae aut Thuregi frangeret." [6] Diese Märkte als längstbestehend erwähnt in einer Urk. Heinrich's III. v. J. 1056 bei Zylles. Def. Abb. S. Max. P. III. S. 41. „mercato Mogontiae, Coloniae et Treviris." In einer Urk. Otto's III. v. 993 bei Kettner Ant. Quedlinb. §. 25 heißt es: Quedlinburg solle einen Markt erhalten, wie der zu Mainz, Cölln und Magteburg. S. über die Cöllner Ostermesse: Auct. Vitae Annonis AEpi Colon. bei Surius Dec. IV. S. 136 (er saß auf dem erzbischöfl. Stuhle v. 1055—1077) Instabat aliquando paschalis festi singularis et jucunda celebritas et confluentibus Coloniam non solum ex omnibus prope Rhenum civitatibus sed et transmarinis et adhuc remotioribus provinciis absque numero populis ad nundinas toto orbe celeberrimas. — Auch Chur war ein bedeutender Handelsplatz für den ital. Handel. Kaufleute daselbst erwähnt in einer Urk. Otto's I. v. 959. bei Lünig Sp. Eccl. 2ter Thl. Til. „Chur" S. 154.

Flor der lombardischen Städte gesehen, jetzt wieder nach Deutschland
zurückkehrte, traf er noch größere Vorkehrungen, den Handel zu beleben. Als er zwischen der Oster= und Pfingstzeit am Rheinstrome auf=
und abzog, gab er auf der Pfalz Herenstein dem Kloster Lorsch im
Rheingau einen Gnadenbrief, darin er dem Abte verstattete, zu Wies=
loch, zwischen Rhein und Neckar gelegen, einen Markt einzurichten,
alle Zölle, die davon abfielen, verlieh er dem h. Nazarius, dem
Patrone des Klosters. [1]) Auch haben, wahrscheinlich um diese Zeit,
das Kloster Alvorf im Elsaß [2]) und die Abtei Gemblours in Nieder=
lothringen [3]) das Markt= und Münzrecht von ihm erhalten. Und da
er nach Magdeburg wieder gekommen war, verlieh er am 12ten Ju=
lius 965 den Markt dieser Stadt sammt der Münzstätte und allem
Zolle von Kaufmannswaaren, die durch Schiffe, Wagen, Karren,
Pferde und Fußgänger eingebracht würden, der Kirche des h. Moritz [4]);
am 12ten des Christmonds desselben Jahres verlieh er demselben sei=
nem großen Schutzpatron auch den neu angelegten Markt zu Gittelbe
am Oberharz sammt der Münze und dem Zolle [5]); alle Gewerbtrei=
benbe und Juden, die zu Magdeburg verweilten, stellte er unter den
Bann der Voigte dieser Kirche. [6]) Den Kaufleuten von Magdeburg
aber ertheilte er die besondere Freiheit, alle ihre Waaren durch's
ganze Reich zollfrei zu vertreiben; nur an den vier Hauptzollstellen
zu Mainz, Cölln, zu Thiel an der Waal und zu Barbewic sollten sie
die althergebrachten, in keiner Weise zu erhöhenden, Abgaben er=
legen. [7])

Für das Erzbisthum Hamburg errichtete er darauf am 10ten
August 966 einen neuen Markt zu Bremen an der Weser; ihn, die
Zölle und Münze verlieh er seinem getreuen Erzbischof Abelbag von
Hamburg; die Kaufleute, welche sich dort aufhielten, sollten des Kai=
sers besonderstem Schutze unterworfen sein und alle jene großen Vor=
rechte genießen, deren die Kaufleute anderer königlichen Städte sich er=
freuten. [8])

[1]) Urk. bei Meibom I. 748 v. 6. Mai. [2]) Bestätigungsbrief Friedrich's I.
v. J. 1153 in d. Als. Dipl. I. 238. [3]) V. S. Giuberti b. Surius 23. Mai c. 10.
Permissa est Gemblacensibus potestas mercatum faciendi. [4]) Urk. bei Gerken
Cod. Dipl. Brandenb. III. 38. [5]) Urk. gegeben zu Brugheim an der Leine bei
Sagittarius Ant. Magdeburg §. 84. [6]) Urk. v. 9. Jul. 965 bei Meibom I. 749.
[7]) Die Urk. Otto's II. v. 26. Jan. 975 bei Gerken Cod. Dipl. Brandenb. V.
65 erwähnt ausdrücklich, daß Otto I. solche Freiheit den Magdeburger Kaufleuten
gegeben habe. [8]) Urk. bei Meibom I. 750. negotiatores ibidem (in Bremen) tali
potiantur jure quali ceterarum regalium institores urbium.

Durch solche umfassende Begünstigungen erhoben sich bald die Märkte zu Bremen[1]) und Magdeburg, und besonders der letztere, zu außerordentlicher Blüthe; schon unter Otto III., zu Ende des 10ten Jahrhunderts, vermochte er mit Cölln und Mainz, den berühmtesten damaliger Zeit, zu wetteifern.[2])

Auf diesen Märkten nun, die, wegen der großen Messen, auf die Sonn- und Festvorabende gelegt waren, wachten die Voigte und Vizthume der Bischöfe und Klöster mit Hülfe sieben bescheidener Männer über rechtes Maß und Gewicht und billigen Preis[3]); auf ihnen waren die Erzeugnisse des deutschen Kunstfleißes zur Schau ausgebreitet; man sah hier in großen Vorrathshäusern[4]) aufgeschichtet die weißen, grauen und purpurrothen Tücher, welche besonders die Friesländer fertigten; die Barchente, Scharlachtücher und andere schöne Wollenzeuge, die zu Regensburg und Augsburg gewebt wurden[5]); die linnenen Gewänder, welche die Sachsen und Slaven an der Elbe bereiteten[6]); die Mäntel von Seidenstoff, den die Kaufleute

---

[1]) Nach Adam von Bremen H. Eccl. B. IV. c. 179 kamen im 11ten Jhdt. Kaufleute von allen Theilen der Welt mit ihren Waaren nach Bremen. [2]) Dieß ergiebt sich aus der angezogenen Urkunde Otto's III. für Quedlinburg v. J. 993, wo die Märkte zu Cölln, Mainz und Magdeburg vorzugsweise und als die bedeutendsten genannt werden. Auch der Markt zu Goslar muß noch unter den sächs. Kaisern in hohem Ansehn gewesen sein; die Kaufleute erhielten durch sie große Vorrechte, die ihnen Konrad II. in einer Urkunde v. J. 1038 bei Erath. Cod. Dipl. Quedl. S. 62 bestätigt. Auch der Markt zu Dortmund war einer der berühmtesten damaliger Zeit — er wird in einer Urk. Konrad's II. v. 1038 bei Schaten Ann. Paderb. z. diesem Jahre vorzugsweise genannt. [3]) Schon unter den Karolingern war dieß üblich Edict. Pistense c. 8 bei Baluze der Ausg. v. Chiniac. S. 177. Vergl. die angezogene Urk. Konrad's II. v. 1038. [4]) S. von Corbei Ann. Corbej. z. J. 950 b. Leibn. II. 30. [5]) Scarlati aut barracani vel pretiosi burelli, qui Ratisboni fiunt Stat. Petr. Ven. 18. Zu Augsburg blühte seit längster Zeit das Handwerk der Weber; ihre Gesellschaft genoß besonderer Vorzüge und Rechte. [6]) Ein solches linnenes Gewand trug Otto I. bei seiner Krönung in Aachen. Witt. II. 642. Wollen-, Leinen- und Seidenweberei war besonders in den Händen der Frauen. S. Urk. Otto's II. von 976 bei Guden Cod. Dipl. I. 349 ut, sicut dicta ecclesia masculorum utitur obsequio sic etiam in lineis, laneis vel sericis ecclesiae ornamentis femineo honoretur artificio. Die Königin Mathilde lernte bei der Aebtissin von Herworden, wo sie erzogen ward: sacras lectiones et manuum operationes. Leben der h. Mathilde b. Leibn. I. 194. Die silberne Kunkel der Luitgard, Herzog Konrad's des Weisen Gemahlin, ward nach ihrem Tode in der Kirche d. h. Alban zu Mainz aufgehangen. Dithm. II. 42. Im Testamente Bruno's Erzbischofes v. Cölln, bei Leibn. I. 290 kommen Tischzeuge, Meßgewänder, Teppiche und Tapeten vor.

Venedig's und Amalfi's lieferten ¹) mit Gold und Silber gestickt; und endlich die kostbaren Waffengeräthschaften ²), die in vielen Gauen Deutschlands, wo Eisenerze brachen ³), kunstreiche Waffenschmiede lieferten. ⁴)

Außer diesen Erzeugnissen führten die deutschen Kaufleute von eignen Landesproducten noch Getreide, Salz, besonders von Reichenhall in Baiern ⁵), Wein hauptsächlich vom Rheinstrom ⁶), und wohlschmeckende Biere ⁷) in fremde Länder hinaus — in diesen eignen Landesproducten hatten sie den vornehmsten Verkehr.

Aufs stärkste belebt ward der deutsche Handel durch die Verbindung Deutschlands mit Italien; noch immer kamen von den lombardischen Städten und von Venedig ⁸), dessen alte Gerechtsame, wie wir oben erwähnten, der Kaiser bei seinem Aufenthalte in Italien bestätigt hatte ⁹), die Waaren Indiens und der Levante, — Baumwolle, Seide und Spezereien aller Art — auf Lastwagen und Saumrossen über die Alpen, dann auf der Limath und dem Lech in den Rhein und die Donau, und von da durch Franken und Baiern in die Elbe ¹⁰); lombardische Gewürzkrämer, Cowertschen ¹¹) genannt, zogen in Alemannien und in Baiern auf den Märkten und in den Städten umher, ihren Gütern einen schnelleren Absatz zu verschaffen.

Wie im Mittag die erneuerte Verbindung mit Italien dem Handel aufhalf, so geschah es im Norden durch die seit Otto's Vermäh-

---

¹) Liutprand's Gesandtschaft nach Constantinopel bei Mur. T. II. P. I. S. 486 E. Die Pracht der in Deutschland gefertigten Mäntel erhebt er besonders S. 480 B. ²) Liutpr. l. c. S. 489 A. sagt, daß er von Otto I. ein pretiosissimum scutum miro opere deauratum zum Geschenke erhalten habe. ³) Z. B. in den Rheinländern, Gmelin l. c. S. 156 nach Ottfried, in Tyrol, Zschocke l. c. S. 48; in Böhmen, schon zu Tacitus Zeit, Germ. c. 43. ⁴) Zwischen Gotha und Eisenach zu Hain an der Nesse war eine große Waffenschmiede. Buchonia vetus ed Schannat. S. 403. ⁵) Leges portoriae Bojorum in Oefele Scr. R. Boic. I. 718. ⁶) Schon der Theilungs-Vertrag von Verdun erwähnt Weinbau am Rhein. Die Weinberge zu Ingelheim erwähnt Otto's I. Stiftungs-Urk. v. Queblinb. bei Leukf. Ant. Halb. S. 638. ⁷) Baiern hatte schon im 9ten Jhdt. beträchtliche Bierbrauereien. Meichelb. Hist. Fris. I. P. II. no. 336. Eben so hatten die Sachsen treffl. Bier. ⁸) Liutpr. Leg. l. c. S. 486. ⁹) Danbulus, Gesch. v. Venedig T. XII. S. 208. ¹⁰) Daß viele Kaufleute vom Rheine nach der Elbe und Saale handelten, beweist die Best.-Urk. Otto's I. für Gandersheim v. J. 956 b. Leukf. Ant. Gand. S. 99: „Deinde concessit (Ludwig IV. Kg. b. Franken) omnes mercatores a Reno usque ad Albiam et Sale transeuntes ad usum Sanctimonialium (zu Gandersh.) censum thelonei persolvere. ¹¹) Von der Stadt Cahors in Guinne, deren Einwohner vorzüglich vom Handel sich nährten.

lung mit der englischen Königstochter Editha und seit den Eroberungen in Dänemark und in den Slavenländern immer enger gewordene Gemeinschaft mit diesen Völkern. London, der Engländer vornehmste Handelsstadt [1]), Schleswig, Aarhus und Ripen, Jütland's berühmteste Häfen, und Julin, der große Stapelplatz der Wenden am Ausfluß der Oder in die Ostsee, wurden immer häufiger nun von den sächsischen Kaufleuten, besonders denen von Bremen und Magdeburg besucht, um die deutschen Landeserzeugnisse und die morgenländischen Waaren dorthin zu bringen, und Zobel und Hermelinfelle von Rußland, nebst andern Schätzen der nordischen Berge und Wälder nach der Heimath zu holen.

Dieß Wiederaufleben der Handlung, das sich langsam und unmerklich, aber desto kräftiger in der folgenden Zeit entwickelt hat, ist der erste Grund zu dem unermeßlichen Reichthum der deutschen Städte geworden, mit dem sie, schon vom 11ten Jahrh. an [2]), die Welt in Staunen versetzt haben, und namentlich hat seit Otto's Regierung durch der Harzbergwerke Entdeckung, durch die großen Märkte, die er den Sachsen gegeben, und die Vortheile, die er den Kaufleuten dieser Lande verliehen, der Keim zu jener Macht und Wohlhabenheit sich herausgebildet, welche nöthig war, um der in der ganzen Geschichte einzig dastehenden Gesellschaft der Hansa den Muth zu verleihen, durch Flotten und Kriegsvölker ihren, den ganzen Norden Europa's umschließenden, Handel gegen Fürsten und Könige zu schützen.

Ueberhaupt war, seit Heinrich I. den großen Antrieb zur Erbauung der Städte durch die Veranstaltung gegeben, daß alle Versammlungen und Festlichkeiten in ihnen stattfinden sollten, ihre Anzahl beträchtlich gewachsen; nächst den Ufern des Rheins und der Donau, in deren Wellen die meisten blühenden Städte sich spiegelten, erhob sich nun auch in den sächsischen Landen, wo bisher nur sehr wenige gestanden hatten, vornehmlich zwischen der Weser, Elbe und Saale eine reiche Fülle derselben.

---

[1]) S. die Verordnung König Ethelred's II. von England (der im Jahr 979 zur Regierung kam) bei Anderson, Gesch. d. Handl. Th. I.; hier wird der Kaufleute von Lüttich und der Leute des Kaisers (welches wahrscheinlich die Kaufleute von Bremen, Hamburg und Magdeburg sind) Erwähnung gethan, die mit ihren Schiffen nach London kämen. Es wird ihnen erlaubt, einzukaufen, aber nur auf ihren Schiffen, nicht auf dem Markte. Zu Weihnacht und Ostern sollten sie 2 Stück graue Tücher, 1 Stück braunes, 10 Pfd. Pfeffer, 5 Paar Handschuh und 2 Gefäße mit Essig als Zoll bezahlen. [2]) Bei einem Aufstande zu Cölln im J. 1074 gingen schon 600 der reichsten Kaufleute weg. Lambert v. Aschaffenburg zu d. Jahr.

Und so ward allmälig im ganzen Umkreise des deutschen Reiches jenes glückliche Verhältniß zwischen Stadt und Land herbei= geführt, und wurden beide nach und nach immer mehr in jene ange= messene Berührung gebracht, auf welcher vornehmlich die Macht und Kraft der Staaten beruht. Die vorherrschende Liebe der Deutschen zur Freiheit ließ sie eine allzugroße Vermehrung der Städte und ein Uebergewicht derselben vermeiden: der Grundbesitz und das freie Land blieben noch immer bei weitem dem städtischen Elemente überlegen.

Eben dieser Grundbesitz aber und das ganze Leben im freien Lande war es, das vornehmlich jene mannhafte Tüchtigkeit unter un= seren Vorfahren aufrecht erhielt, die ihnen ein so kräftiges und ein so glückliches Leben verschafft hat. Denn während in den Städten, welche die geistigen Kräfte im Menschen zu entwickeln bestimmt sind, die Bisthümer und Domschulen, der Gewerbfleiß und der Handel sich festgesetzt hatten, fuhr das offene Land, wesentlich darauf verwiesen, die körperlichen Kräfte auszubilden, fort, die zur Selbstständigkeit und Wohlhabenheit nothwendigen Güter durch den Anbau des Bodens zu gewinnen und jenen kriegerischen Geist lebendig zu erhalten, ohne welchen ein Reich in kurzer Zeit zur Verweichlichung und Ohnmacht herabsinken muß. In ihren Schlössern und Burgen, auf den Gipfeln der Berge, am Ufer der Flüsse und Ströme, in der Mitte ihrer Saatfelder, Wiesen und Waldungen lebten die Herren jener Tage mit ihren Mannen und Knechten in patriarchalischer Einfalt und jetzt un= gekannter Freiheit: nur Kriegszüge und Waffenspiele führten sie aus ihren Sitzen heraus, nur Staatsgeschäfte zu den Landgemeinden und Reichsversammlungen in die Städte und in die Pfalzen des Kaisers. Außerdem saßen sie geruhig auf ihrem Besitzthum, führten die Auf= sicht über die Bewirthschaftung desselben, und bewahrten in der freien, offenen Natur den natürlichen, ehrenfesten, männlich= kräftigen Sinn und die edle Einfachheit ihrer Väter. [1]

Was den Anbau des Landes insbesondere betrifft, so ward der= selbe unter Otto ganz vorzüglich durch das Beispiel der Klöster ge= hoben, von denen viele in den verschiedenen Provinzen Deutschlands mitten im freien Lande gelegen waren, und deren Anzahl sich durch den frommen Eifer von Geistlichen und Laien jetzt immer mehr vergrößerte. [2]

---

[1] Aurea mediocritas Dithm. II. 45. [2] Die Erbauung der Klöster Qued= linburg, Pölde, Engern, Nordhausen, Selz im Elsaß (durch Adelheid), S. Pan= taleon zu Cölln (durch Bruno), Gernrode (durch Gero), Lüneburg (durch Her= mann den Billunger), Westergröningen (durch Graf Siegfried), fallen in Otto's I. Zeit, vieler andern minder bedeutenden nicht zu gedenken.

Um die Klosterkirchen, welche diese Stifter zum Heil ihrer Seelen,
und damit der Dienst Gottes immer weiter sich verbreite und Arme
und fromme Pilger milden Beistand empfingen [1]), gründeten, sammelte sich eine Menge von Anwohnern, Hörige und Freie. Und wie
vorher die Jünger Benedict's mit ihren Gotteshausleuten das
Meiste zur Urbarmachung von Einöden und zur Ausrottung von Wäldern gethan hatten, so geschah es auch jetzt wieder, seit der Ernst
des großen Kaisers die Mönche zur ursprünglichen Einfalt ihrer Regel zurückzukehren bewogen hatte, nach der ihnen zu beten und zu arbeiten auferlegt war. Sie, von denen zum großen Theil der auf dem
Lande gesessene Adel seine ganze geistige Bildung durch den Unterricht
in den Klosterschulen erhalten hat, haben auch die bessere Landwirth-
schaft eingeführt: auf ihren Höfen und Dörfern sind mit großer
Sorgfalt Getreide aller Art, Wein und mannigfache Gartenfrucht
gebaut und gezogen worden und auch die Viehzucht ist bei den Kloster-
leuten in starkem Betriebe gewesen. Das Beispiel der fruchtreichen
Saatfelder der Klöster aber hat den Adel mächtig zur Nachahmung
angereizt und auch ärmere Freie bewogen, selbst das Land zu bebauen:
schon unter Otto treffen wir, besonders in Sachsen, hie und da freie
an, die sich durch Ackerbau nährten. [2]) Wie glücklich auch in dieser
Hinsicht der sächsischen Lande Beschaffenheit damals gewesen sei, das
läßt sich aus dem Urtheile Kaiser Heinrich's des Heil. abnehmen,
der, wie Bischof Dithmar uns erzählt, Sachsen oftmals das blu-
mige Paradies der Sicherheit und des Ueberflusses in allen Dingen
genannt hat. [3]) —

Bis zu den ersten Tagen des Erntemonds 966 verweilte Kaiser
Otto in den sächsischen Landen, zuletzt in der Pfalz Merseburg an

---

[1]) Die Regel Benedict's lautete c. 53 (Calmet Comentar. in Reg. Bene-
dicti (ut pauperum et peregrinorum maxime susceptioni cura sollicite ha-
beatur. In einer Urkunde Heinrich's d. Heil. v. J. 1024 bei Schaten. Ann.
Paderb. zu d. J. heißt es: „ab iisdem (decimis) pro nostra beatitudine perpe-
tua supervenientibus peregrinis et hospitibus serviatur." [2]) Beispiele
von solchen freien Bauern, die coloni hießen (Lex Alem. XXIII. 1 Liberi eccle-
siastici, quos colonos vocant) in einer Urk. Otto's I. v. 939 in Lünigs Reichs-
Archiv P. spec. Cont. II. Fortf. 3. S. 340 im Magdeburgischen; in einer Urkunde
v. 937 bei Lindenbrog Dipl. Hamburg S. 130 und in einer Urk. v. 965 daselbst.
S. 131 in Niedersachsen. [3]) Ditbm. VI. 142 Saxoniam, ut saepe professus est,
securitatis ac totius ubertatis quasi florigeram paradisi aulam, revisit.

ter Saale[1]), in Ruhe und Frieden lebend; darauf aber schickte er sich
an, wieder nach dem Rheinstrom in's Frankenland zu ziehen, wo er
zu Worms eine große Reichsversammlung ausgeschrieben hatte. Von
Rom aus war schlimme Botschaft gekommen. Zwar hatten die Rö=
mer friedlich unter Beisein der Bischöfe Otger von Speier und
Liutprand von Cremona, die der Kaiser zur neuen Papstwahl ge=
sendet, den Bischof zu Narni, als Papst Johannes XIII. genannt,
auf den Thron der Apostel gehoben; nach kurzer Zeit aber war die=
ser, weil er mit Ernst das gesunkene Ansehen der päpstlichen Macht
wieder aufrichten wollte, von Petrus, dem Präfecten der Stadt, dem
Grafen Rotfred und einigen andern Großen auf die Engelsburg ge=
sperrt und endlich gar nach Campanien in enge Haft gebracht wor=
ben.[2]) Darum war der Kaiser höchlich auf die Römer erzürnt, und
als zu Worms am Feste der Himmelfahrt der heil. Jungfrau alle
Großen des Reichs in feierlichem Rathe sich versammelt hatten, trug
er ihnen seinen Entschluß vor, nochmals die Alpen zu übersteigen und
die Rechte eines Schirmherrn auf der treulosen römischen Erbe zu
üben: alle die edlen Herren stimmten ihm bei und alsbald, nachdem
des Reiches Verwaltung dem Könige Otto und dem Erzbischofe
Wilhelm von Mainz vertraut worden war, begann der Zug nach
den Alpen hin sich in Bewegung zu setzen, noch zu Ende desselbigen
Monats. Kaiser Otto, begleitet von Adelheid, seiner Gemahlin,
dem Abte Dietfried, zu S. Maximin, ihrem Erzkanzler[3]), dem
Herzoge Heinrich von Baiern[4]), dem Bischofe Landward von
Minden[5]), und vielen andern edlen Herren vom geistlichen und welt=
lichen Stande, ging über Speier[6]) und Straßburg[7]) durch den Elsaß
immer am Rhein hin, bis nach Chur.[8]) Von hier aus überstieg er
die graubündner Alpen[9]) und erschien, zur Freude seiner Getreuen,
und zum Schrecken der Abtrünnigen, in Pavia.[10]) In dieser Haupt=

---

[1]) Urkunde vom 10ten August geg. zu Merseb. bei Meib. I. 750. [2]) Fortf.
b. Rheghino und Hermann der Lahme z. J. 966. [3]) Nach einer Urk. v. 29. März
970 geg. zu Ravenna, bei Honth. I. 306, war er daselbst gegenwärtig. [4]) S. Lori
Gesch. v. Baiern z. J. 967. nach einer Urk. bei Resch. [5]) Genannt in einer Bulle
Joh. XIII. geg. zu Ravenna vom 25. April 967, bei Mansi XVIII. 499. [6]) Urk.
vom 21. Aug. 966 geg. zu Speier, bei Lünig Sp. Eccl. Cont. III. S. 1293.
[7]) Urk. v. 24. Aug. 966, geg. zu Straßburg bei Leuber 1607. [8]) Fortf. b. Rheg.
z. J. 966. [9]) Nach Ebel soll er über den Septimer und über Chiavenna nach
dem Comersee herabgegangen sein. S. Meyer und Ebel Straßen durch Graubün=
ben S. 150. [10]) In Cremona war er nach einer Urk. vom 8. Novbr. 966, bei
Mur. Scr. R. It. T. II. P. I. S. 421.

ſtabt hielt er ſtrenges Gericht über die Lombarden, die im vorigen
Jahre mit Abalbert ſich verbunden: Sigolf, Biſchof von Piacenza,
nebſt anderen Grafen und Herren ward des Hochverraths überwieſen
— der Kaiſer ſchickte ſie jenſeits der Alpen nach Franken und Sachſen
in die Verbannung. ¹)

Das Gerücht von dieſer Strenge Otto's ſchreckte auch die Römer: ſie beeilten ſich den Papſt Johannes XIII. aus ſeinem Ge-
wahrſam zu entlaſſen und führten ihn, nachdem ſie ihn bemüthig um
Vergebung angefleht, wieder nach Rom auf den Thron S. Peters
zurück. ²) Aber den Kaiſer vermochten ſie nicht auszuſöhnen: zweimal
bei ſeinem letzten Aufenthalte in Italien hatte er ihnen ſchon Gnade
wegen ſchwerer Untreue widerfahren laſſen — jetzt beſchloß er eine
ernſtliche Strafe über die Aufrührer zu verhängen. Nachdem er daher das Weihnachtsfeſt d. J. 966 zu Rom feierlich mit dem Papſte
begangen ³) und an der Schwelle der Apoſtel Gott und dem heiligen
Petrus für den glücklichen Ausgang aller ſeiner Unternehmungen ge-
dankt hatte ⁴), ließ er die Unterſuchung gegen die Straffälligen beginnen. Die Geſetze der Kaiſer Juſtinian, Valentinian und Theo-
doſius ⁵) ſprachen Tod und Verbannung über ſie aus. ⁶) Nach ſolchem Urtheil ließ Otto die Conſuln über die Gebirge ins Elend
gehen, die Tribunen am Strange hängen, viele andere Edle mit dem
Schwert hinrichten und blenden. Der Präfect der Stadt, Petrus
war geflohen; der, welcher an ſeiner Statt eigenmächtig die Regierung
fortgeführt hatte, ward nackend, mit einem Schlauche auf dem Kopfe,
auf einen Eſel geſetzt, durch die Straßen geführt, gegeißelt und ins
Gefängniß geworfen. Sogar der Körper des Grafen Rotfred, der,
bevor der Kaiſer nach Rom kam, geſtorben, ward ausgegraben und
die Gebeine in die Lüfte geſtreut. ⁷)

Nachdem die Römer alſo durch ſchwere, doch gerechte Strafe
waren geſchreckt worden, ſind ſie, ſo lange der große Kaiſer noch
lebte, ruhig geblieben. Dieſer aber rief im Jänner des Jahres 967

---

¹) Fortſ. b. Rhegino. Sigolf muß nach kurzer Zeit wieder begnadigt worden ſein. Nach einer Urkunde vom 5. Januar 968, bei Manſi XVIII. S. 543,
war er bei der Kirchenverſammlung zu Rom. ²) Fortſ. b. Rheg. ³) Derſ. z. J.
967. ⁴) Annales Hildesh. z. J. 966. ⁵) In Italien lebte man nach dreierlei
Geſetz, nach dem römiſchen, dem lombardiſchen und nach dem fränkiſchen oder ſaliſchen. ⁶) So in dem Geſandtſchaftsbericht Liutpr. b. Mur. T. II. P. I. S. 480.
⁷) Fortſ. b. Rheg. u. Baronius Annal. Eccl. (nach einem Zuſatz zum Anastas.
Bibliothec) z. J. 966.

eine große Kirchenversammlung im S. Peter zusammen, wo er mit dem Papste, dem Erzbischof Petrus von Ravenna und den römischen, lombardischen und deutschen Bischöfen die Angelegenheiten der römischen Kirche berieth und ordnete.¹) Hierher kamen von Venedig Johannes Contarenus und der Diacon Johannes Venerius, abgesandt von dem Dogen Petrus Candianus IV.²), um den Kaiser nochmals um die Erneuerung der alten Verträge zu bitten; auch ward auf ihr Ansuchen von den versammelten Vätern die Kirche zu Grado zum Erzbisthum für das Gebiet von Venedig erhoben, so wie Aquileja es für Istrien und Friaul, Ravenna für das Exarchat und Mailand für Lombardien war.

Darauf traf Otto Vorkehrungen, den Plan auszuführen, der ihn wahrscheinlich schon lange beschäftigt hatte, und zu dem ihm jetzt, da Lombarden und Römer beruhigt waren, die gelegene Zeit gekommen war, den Plan nämlich, die Länder des unteren Italiens, die Fürstenthümer Benevent, Capua und Salerno, die, wiewohl unter eigenen Fürsten lebend, doch unter das Scepter der griechischen Kaiser sich gestellt hatten, und die Landschaften Apulien und Calabrien, welche der Hof von Byzanz durch Statthalter, die Patricier hießen, und zu Bari, Otranto, Taranto und andern Städten saßen, beherrschen ließ, unter seine Botmäßigkeit zu bringen. Denn der größte Theil dieser Lande hatte seit der ersten Eroberung der Lombarden im 6ten Jahrhundert³) diesem, einem deutschen Volke, gehört; Benevent und Capua hatten Karl's des Großen Oberherrschaft gehuldigt und ihre Fürsten, lombardischen Stammes, waren Vasallen des fränkischen Reiches geworden; die übrigen Provinzen aber, die sich später den griechischen Kaisern unterwarfen, hatte seit langer Zeit die Schwäche derselben den Einfällen der Saracenen, die von Sicilien und Afrika herüber

---

¹) Urk. v. 11. Jänner 967 bei Murat. Ant. Ital. medii aevi Diss. 65. „Venit in gremium Basilicae B. Petri Apostolorum Principis (Georgius, Abt v. Subaco) ubi cum Dno Johanne XIII. Papa Sanctae Synodo pro utilitate ejusdem ecclesiae et venerabilium locorum intereramus circumsedentibus cum Ravennate A. E. plurimis Episcopis ex Romano territorio atque Italiae et ultramontano Regno etc. atque circumstantibus multis ex nostris ex diverso ordine fidelibus.“ ²) Dandulus Hist. Venet. b. Murat Scr. R. It. T. XII. p. 209. ³) Damals besetzten die Lombarden alles Land Italiens bis auf das Exarchat, Venedig, Rom, die Gebiete von Bari, Otranto und Taranto an der Ostküste, Gaëta, Neapolis und Amalfi an der Westküste und die äußerste Spitze von Calabrien unterhalb Cosenza. Ein großer Theil dieser Landschaft und von Apulien ward lombardisch und stand unter den beneventanischen Fürsten.

tamen, preisgegeben. Alle diese Lande bedurften, um sich gegen die Räubereien dieser wilden Völker zu sichern, wieder eines mächtigen Schutzherrn, und die Gefahr, welcher das Herzogthum und die Stadt Rom durch die Saracenen, die noch immer feste Niederlassungen an den Küsten zu Monte Gargano und am Garigliano behaupteten, ausgesetzt war, erheischte dringend die Feststellung einer kräftigen Herrschaft im untern Italien.

Um solche zu gründen, ging der Kaiser jetzt, nachdem das Concilium zu Rom auseinander gegangen war, selbst vorerst in die Fürstenthümer Benevent und Capua hinunter, in denen Pandulf, der Eisenkopf zugenannt, mit seinem Bruder Landulph gemeinschaftlich herrschte.

Pandulfus empfing den Kaiser mit den höchsten Ehren an der Grenze seiner Lande [1] er führte ihn und seine Gemahlin Abelheid, die ihn begleitete, in seine Hauptstadt, das schöne Capua am Volturno. Hierher kam auch Gisulfus, Fürst von Salerno, der mit Abelheid verwandt war, von Otto durch eine feierliche Gesandtschaft geladen. Er und die capuanischen Fürsten unterwarfen sich hier der Oberherrschaft Otto's, empfingen die Belehnung aus seiner Hand und wurden Vasallen des abendländischen Reiches. Pandulfus der Eisenkopf erhielt überdem noch das Herzogthum Spoleto und die Mark Camerino: an ihn hat Otto fortan den getreusten Waffenfreund gefunden.

Im Märzmond brach der Kaiser von Benevent wieder auf und wandte sich über Spoleto [2] nach der Hauptstadt des Exarchates, Ravenna: hierher hatte auch der Papst zu kommen zugesagt, da eine neue Kirchenversammlung hier abgehalten werden sollte. Im Aprilmond, nachdem der Kaiser mit dem Papste das Osterfest zu Ravenna gefeiert [3], fanden sich die Bischöfe Italiens in der Kirche des heil. Severus, vor den Mauern der Stadt gelegen, zusammen: der Kaiser und Papst führten den Vorsitz; ihnen zunächst saßen der Patriarch Roboaldus und die beiden Erzbischöfe von Ravenna und Mailand,

---

[1] Dieß und das Folgende nach Camillus Peregrinus Hist. Princip. Longob. P. VII. S. 299 bei Murat. T. II P. I. R. Ital. Muratori setzt diese Erzählung des Camillus ins Jahr 963 — allem Zusammenhange nach paßt sie aber besser ins Jahr 967. Eine Urk. vom 13. Febr. 967 bei Ugh. Ital. Sacra VIII. 58 weist Otto in Benevent nach. Vergl. Sigbert von Gemblours z. J. 968. Otto Imp. Duces Beneventanos potentia sua ad subjectionem sui inflexit. [2] Fortf. b. Rheg. z. J. 967. [3] 31. März. Derselbe.

Petrus und Walbert; aus Deutschland waren Landward von
Minden und Otger von Speier, von Italien 52 Vorsteher geistlicher
Sitze erschienen. [1]

Die Hauptangelegenheit, welche hier in Ordnung gebracht wurde,
war die feierliche Rückgabe der Stadt und des Gebietes von Ravenna
an den römischen Stuhl. Die letzten Könige Italiens, Hugo,
Lothar und Berengar, hatten den Päpsten diese Besitzung jederzeit
vorenthalten; erst mit dem Schwerte war Berengar aus dem festen
Schlosse S. Leo, von da er die Umgegend behauptet hatte, vertrieben
und das Land unter des Kaisers Botmäßigkeit gestellt worden. Wie=
derholt schon hatte der Papst gebeten, sein altes Recht darauf ihm
wieder zukommen zu lassen, und darum belehnte jetzt Otto, seinem
Eidschwur getreu, von neuem die römische Kirche mit dem gesammten
Exarchat von Ravenna sammt Pentapolis und Commacchio in dem
Maaße, wie solches Alles vor mehr als 200 Jahren der Frankenkönig
Pipin dem Papste Stephan II. durch eine feierliche Schenkung über=
tragen hatte, dazu mit vielem andern Besitzthum, welches dem römi=
schen Stuhle durch die Habsucht der letzten lombardischen Könige war
entzogen worden. [2] Sich selbst und seinen Nachfolgern behielt er die
Oberherrschaft in allen diesen Landschaften wie in den übrigen, die
der römische Stuhl von dem abendländischen Kaiserreiche zu Lehen
trug, vor.

Hocherfreut reiste der Papst Johannes XIII. hierauf nach Rom
zurück; der Kaiser aber verweilte noch zu Ravenna [3], ordnete des
Landes Verwaltung, übertrug das Markgrafthum vom Flusse Tanaro
bis zum Meere und viele Güter an den Ufern des Poflusses dem
Gemahl der Gerberga, Berengar's Tochter, Aledramus, dem
Ahnherrn des berühmten Hauses von Montferrat [4] und befahl,
weil Ravenna, unfern des adriatischen Meeres prächtig gelegen, vor
allen andern Städten Italiens ihm, wie einst dem großen Gothenkö=
nige Theodorich, dessen Gebeine hier ruhen, gefiel, die Errichtung
eines großen Palastes außerhalb der Mauern dieser Stadt am Flusse
Muro novo. [5]

Hier in Ravenna endlich auch war es, wo eine Gesandtschaft

---

[1] Siehe Urkunde vom 25. April 967. bei Mansi Collect. Concil. XVIII.
499. [2] Fortf. d. Rhegino. Liutprand versichert (in seinem Gesandtschaftsbericht)
dem griech. Kaiser, daß Otto der röm. Kirche auch nicht einen einzigen Unterthan
vorenthalten habe. [3] 29. April 967 war er noch dort. Urkunde b. Ughelli V. 45.
[4] D. Url., vom 23. März 967, steht bei Meib. I. 751. [5] Chron. Farfense b.
Mur. Scr. R. It. T. II. P. 2. S. 475. Vergl. Mur. Aut. It. med. aevi Diss. 31.

von dem griechischen Hofe wieder an ihn gelangte. Auf dem Throne von Byzanz saß damals Nicephorus Phocas, der Nachfolger Romanus II., desselben, der die natürliche Tochter König Hugo's von Italien, Bertha, und nach deren Tode die durch ihre Schönheit berühmte Theophano, die Tochter eines Gastwirths, geheirathet hatte. Als Romanus, wie man glaubte, durch, von seiner Gemahlin erhaltenes, Gift im Jahre 963 gestorben war, hatte Theophano im Namen ihrer unmündigen Söhne, des Basilius und Constantinus, die Regierung übernommen, und kurz darauf, noch in demselben Jahre, dem Feldherrn Nicephorus, der schon vorher ihr Liebling gewesen und den das Kriegsheer zum Kaiser ausgerufen hatte, ihre Hand gereicht.[1] Basilius und Constantin wurden zwar von diesem, ihrem Stiefvater, als Reichsgehülfen angenommen, doch blieben sie von allen Geschäften entfernt. Nicephorus selbst war ein tapferer Kriegsmann, seine Heere schreckten die Saracenen in Asien, und die Fortschritte, die Otto in der Unterwerfung des untern, dem griechischen Scepter gehorchenden Italiens, machte, mochten ihm immer bedenklicher erscheinen. Deßhalb schickte er jetzt seine Gesandten zu ihm, die den Auftrag hatten, reiche Geschenke zu überbringen und um Frieden und Freundschaft zu bitten. Otto nahm sie mit großen Ehren auf, versicherte auch seinerseits, daß es sein Wunsch sei, mit dem Hofe von Constantinopel in freundlicher Gemeinschaft zu bleiben, und machte ihnen den Antrag, ihren Kaiser zu vermögen, seine Stieftochter Theophania, die Tochter seines Vorgängers im Reiche, Romanus II., seinem Sohne, König Otto, zur Gemahlin zu geben. Darauf entließ er sie huldvoll; in kurzer Zeit schickte er selbst eine Gesandtschaft nach Constantinopel, um mit dem Kaiser Nicephorus wegen der vorgeschlagenen Vermählung weitere Unterhandlungen einzuleiten.[2]

Im Maimond ging er über das Apenningebirge in das Herzogthum Tuscien[3], wo er mit dem Pfalzgrafen Obertus, dem Stammvater der Markgrafen zu Este, im Gebiete der Grafschaft Pisa zu Volterra offnes Gericht hielt[4]: in diesen Landschaften blieb er den

---

[1] Cedrenus II. 167. Zonaras 16. [2] Von dieser Gesandtschaft redet Fortf. b. Rhegino z. J. 967. In der Legatio Liutpr. ad. Nicoph. im J. 968 b. Mur. T. II. P. I. S. 481 sagt Nicephorus selbst: „Domini tui Regis Ottonis nuncii, qui praeterito te praecesserunt anno. [3] Fortf. b. Rheg. z. J. 967. [4] Dieses Gericht vom 12. Jun. 967 hat Mur. Ant. Estense I. 16 aufbehalten. Die Stadt Volterra hieß später Ottoniana, weil Otto sie zu einem kaiserl. Size erhob. Büsching, Erdbeschr. II. Thl. 2. Bd. S. 1218.

Sommer hindurch. [1]) Und weil der Plan, seinem Sohne, dem Könige
Otto die griechische Kaiserstochter zu vermählen, dessen Gegenwart in
Italien erheischte, auch der Papst und die Römer darein gewilligt
hatten, daß ihm die Kaiserkrone aufs Haupt gesetzt werde, ließ Otto
mit dem Papste zugleich Schreiben nach Deutschland ergehen, um den
Erzbischof Wilhelm von Mainz, der zu Magdeburg saß [2]) um an
des Kaisers Statt das Reich zu beherrschen, und die übrigen Fürsten
aufzufordern, den König Otto mit geziemenden Ehren über die Alpen
herüber nach Welschland zu geleiten.

Solchem Rufe zufolge, begab sich der König, um die Angelegen=
heiten deutscher Lande vorher zu ordnen, nach Franken in Worms,
wo er in großer Versammlung der edlen Herren des Reichs viele
Zeichen seiner künftigen Weisheit und Milde ablegte. Sodann, nach=
dem er die Geburt Johannes des Täufers und das Fest der Apostel
zu Frankfurt am Main gefeiert, kehrte er im Julius nach Sachsen
zurück. Hier blieb er noch bis zum Herbstmond: dann aber trat er
die Reise nach Rom an. Mit ihm zogen sein Bruder, Erzbischof
Wilhelm zu Mainz [3]), die Bischöfe Dietrich zu Metz [4]), Eber=
hard zu Lüttich und Wicfried zu Verdun vom Lothringerlande,
Abraham von Freysingen, Reginald von Eichstädt und Antonius
von Brixen aus Baiern, aus Frankenland Hanno von Worms und
aus Sachsen Otwin von Hildesheim, dazu viele andere geistliche
Herren, Grafen und Ritter. Das Fest des Erzengels Michael beging
der König zu Augsburg [5]), dann ritt er durch das Lechfeld am Lech
hinauf, überstieg die Alpen Thyrols und gelangte durch das Thal von
Trident am Etschflusse nach Verona: bis hierher war ihm von Rom
aus, wo er im September einen Besuch abgestattet hatte [6]), der Kai=
ser, sein Vater, entgegen gekommen. Beide feierten das Fest Aller=

---

[1]) Den 8. September war er noch an der Tiber, nach einer Urk. bei Ughelli
IV. 732. [2]) So Dithm. II. 29. [3]) Dithm. II. 40. [4]) Er blieb drei Jahr lang
in Italien. S. f. Leben bei Leibn. Scr. R. Brunsw. I. 301. Ihn und die Bi=
schöfe von Verdun und Brixen nennt die Urk. v. 3. Jan. 968, die auf der röm.
Kirchenversammlung gegeben ward, bei Mansi Suppl. Collect. Concil. I. 1152.
Des Bischofs von Lüttich und der zwei baierschen erwähnen die Acta der Synode
zu Ravenna vom October des J. 968 bei Mansi Concil. Collect. XVIII. und bei
Leukf. Ant. Halb. S. 649. Die Bischöfe von Worms und Hildesheim waren
nach der Narratio fundat. A. E. Magdeb. bei Meib. I. 734 ebenfalls in Italien.
[5]) Fortf. b. Rheg. z. J. 967. [6]) Dort war er am 23. b. Herbstmonds nach einer
Urk. bei Sagittar. Ant. Magdeb. 55.

heiligen in Verona [1]), dann gingen sie weiter über Mantua nach dem
Po zu. Hier setzten sie sich zu Schiff und fuhren den Fluß hinab
nach Ravenna, wo sie bis zu Ende des Novembers verweilten. Gegen
Ende des Christmonds zogen Vater und Sohn über das Apenningebirge in das Herzogthum Tuscien [2]) und von da nach Rom. Gerade
am heiligen Abend vor dem Weihnachtsfeste [3]) langten sie vor der
Stadt an. Drei Meilen weit waren der Senat und die Schulen mit
ihren Kreuzen und Fahnen unter dem Gesange der Hymnen ihnen entgegen gekommen: von ihnen geleitet, erreichten sie die leoninische Vorstadt. Hier, auf den Stufen S. Peters erwartete sie der Papst Johannes XIII. und führte sie in feierlichem Zuge an die Schwelle der
heil. Apostel. Am folgenden Tage, dem heil. Weihnachtsfeste des J.
967, empfing der junge, dreizehnjährige König Otto, unter freudigem
Zuruf der Römer und der übrigen abendländischen Völker, vor dem
Altar des h. Petrus die Krone und ward zum Kaiser gesalbt, zu
großer Freude der Seinen und der Römer. Glänzende Feste und
Spiele folgten, die Feier dieser großen Begebenheit zu verschönen.

Die beiden Kaiser veranstalteten darauf in den letzten Tagen des
Christmonds und den ersten des Jänners des folgenden Jahres eine
neue Kirchenversammlung in den Hallen S. Peters [4]): dann aber
brachen beide nach den Fürstenthümern Capua und Benevent auf.

Von hier aus ließ Kaiser Otto der Große folgendes Schreiben
ins Sachsenland ergehen [5]):

Otto von Gottes Gnaden römischer Kaiser, entbietet seinen Herzogen Hermann und Diethrich [6]) und den übrigen
Grafen des Reichs seinen Gruß und alles Gute.

„Mit Gottes Hülfe hat es mit uns und allen unsern Unterneh=

---

[1]) Dieß und das Folgende nach dem sächsischen Annalisten. Eine Urk. v. 25.
Octbr. 967 bei Schöpfl. Als. Dipl. I. 121 weist Otto II. in Verona nach. [2]) Nach
einer Urk. vom 2. Decbr. war Otto I. an diesem Tage auf dem Schloß Baba
am tuscischen Meere. Siehe Fontanini Vind. Dipl. 259. [3]) Der sächs. Annalist,
der beim Jahr 967 die Nachricht über die Krönung Otto's II. mittheilt, hat XII.
Kal. Jan. statt IX. Kal. Jan. Denn er selbst sagt: am folgenden Tage (nach
des Kaisers eigenem Briefe bei Witt. III. 661 dem Weihnachtstag) sei die Krönung vor sich gegangen. [4]) Die drei Urkunden bei Mansi Collect. Concil. XVIII.
529—534 vom 1sten, 2ten und 3ten Jänner 968 für Gandersheim, S. Maximin
und Meißen wurden auf dieser Kirchenvers. gegeben. [5]) Bei Witt. III. 66. [6]) Das
Herkommen dieses Herzog Diethrich ist nicht zu ermitteln gewesen. Mir ist es
sehr wahrscheinlich, daß er Herzog von Thüringen war. Er wird bei Witt. III.
653 und bei Dithm. II. 23 schon einmal erwähnt, als er 953 dem Könige Otto,
der vor Mainz stand, Hülfstruppen zuführte.

mungen einen glücklichen Fortgang. Gesandte des griechischen Hofes, sehr angesehene Männer, sind vor uns erschienen, die, wie wir aus Allem geschlossen haben, angelegentlich um Erhaltung des Friedens uns ersuchen. Wie auch die Unterhandlungen sich endigen mögen, so hoffen wir doch, daß sie, so Gott will, den Krieg uns nicht erklären werden. Dafern der griechische Kaiser eine gütliche Uebereinkunft von sich abweist, so wird er die Landschaften Apulien und Calabrien, welche er bisher besessen, uns einräumen müssen. Fügt er sich aber unserm Willen, so gedenken wir im Laufe dieses Sommers unsre Gemahlin und unsern Sohn wieder nach Deutschland zu schicken: wir selbst wollen unter Gottes Beistand unsern Weg über Fraxinetum nehmen, um die dort hausenden Saracenen zu bezwingen, und, wenn solches geschehen, selbst wieder zu Euch zurückkehren. Unser Sohn hat am heil. Weihnachtsfeste die Kaiserkrone vom Papste empfangen. — Geschrieben am 18ten Jänner im J. des Heils 968 in Campanien bei Capua."

Des Kaisers Hauptaugenmerk war, wie aus diesem Briefe ersichtlich ist, der Ausgang der mit dem Hofe von Byzanz eingeleiteten Verhandlungen und die Entscheidung der Unternehmung auf das untere Italien, die er davon abhängig gemacht hatte. Seine Gesandten, die er im vorigen Jahre nach Constantinopel geschickt, waren noch vor dem Weihnachtsfest wieder zurückgekehrt [1]), jedoch mit einer wenig genügenden Antwort. Deßhalb beschloß Otto jetzt auf alle Fälle die Landschaft Apulien von den Ueberbleibseln der saracenischen Niederlassungen zu säubern, und rückte daher mit seinem Sohne diesen raubenden Horden, die an den Küsten herumstreiften [2]), entgegen. Er schlug sie in einer großen Schlacht, darin, nach dem gewiß ausschweifenden Berichte eines italienischen Geschichtschreibers, 40,000 Saracenen mit ihrem Könige Bulcassimus sollen getödtet sein. [3]) Darauf ging er, um auch den Griechen Ernst zu bezeigen, im Märzmond vor ihre Hauptstadt Apulien, Bari, am abriatischen Meere gelegen, suchte,

---

[1]) Fortf. d. Rheg. z. J. 967. [2]) besonders an der Ostküste zu M. Gargano. [3]) Lupus Protospata b. Mur. Scr. R. It. T. V. 40 z. J. 967. Descendit Otho Rex et Senex, pater Othonis Regis, qui pugnavit cum Bulcassimo, Saracenorum Rege et interfecit eum, et in eo prälio perierunt XL millia hominum. Weil beide, Vater und Sohn, erwähnt werden, kann die Schlacht erst in den Anf. des Jahres 968 fallen. Daß übrigens Apulien dadurch in die Gewalt Otto's kam, scheint auch eine Stelle in der Legat. Liutpr. ad. Nicephorum zu beweisen bei Mur. Scr. It. T. II. P. I. S. 480, wo Liutprand zum Kaiser sagt: Sed et optimam arobonam fraternitati tuae nunc Dominus meus contulit etc.

wiewohl vergebens, sie durch Belagerung in seine Gewalt zu bekommen, und verwüstete die ganze Umgegend mit Feuer und Schwert. ¹)
Um aber doch den Weg einer friedlichen Auseinandersetzung noch einmal zu versuchen, beauftragte er, zumal da er vernahm, daß Abalbert in geheimen Tractaten mit dem griechischen Kaiser stehe, und
dieser der Vermählung nicht abgeneigt sei, seinen getreuen Rath, den
Bischof Liutprand von Cremona, der schon einmal für Berengar
am byzanthinischen Hofe gewesen war, dahin abzugehen; er versah ihn
mit reichen Geschenken und einer gemessenen Vollmacht. ²) Er selbst
wandte sich unterdessen, auf Bitten Liutprand's, aus Apulien hinweg nach dem Herzogthum Rom. ³)

Von des Bischofs eigener Hand ist noch ein umständlicher Bericht dieser seiner Gesandtschaftsreise nach Byzanz uns erhalten, den
er an die beiden Ottonen, seine Herren und an die Kaiserin Adelheid schrieb: er liefert uns eine getreue, lebendige Erzählung der ge-
pflogenen Unterhandlungen und giebt eine denkwürdige Aufklärung über
den morgenländischen Kaiserhof — nur ist freilich eine starke, wenn

---

Apuliam omnem potestati subditam etc. Von dieser Saracenenschlacht
erzählt kein Schriftsteller etwas Näheres, doch ist es aus Witt. zu ersehen, daß
Otto die Saracenen überwand. Er sagt III. S. 662 ausdrücklich: „Populus
pro ejus laude etc. memoravit, eum etc. superbos hostes Avaros Saracenos,
Danos, Slavos armis vicisse. Auch im sächs. Annalist z. J. 972 heißt es: Igitur
Imperator egressus de Italia cum magna gloria superatis Grācis victique Sa-
racenis etc. In Ranke's Jahrbüchern des deutschen Reiches, Bd. I., Abthl. 3,
S. 128 heißt es in der auf S. 127 angefangenen Bemerkung 9, also: „Daß nicht
in diesem Jahre, wie man nach Lupus Protospata a 967 annehmen könnte, eine
Schlacht Otto's gegen die Saracenen geliefert sei, sondern daß diese in das J.
981 falle, ist von Peregrini und Muratori bewiesen, und was Vehse, p. 356,
Note 2 anführt, genügt nicht, diese zu widerlegen.

¹) Lupus Protospata z. J. 969. Introivit Rex in Apuliam mense Martii et
obsedit Civitatem Bari irrito conatu. Statt 969 muß 968 gesetzt werden: weil
Liutprand, der im Jun. 968 nach Constantinopel kam, dieser Belagerung schon
Erwähnung thut l. c. S. 485. Er spricht hier zu den Kaisern Otto I. und II.
„Cum obsederitis Bareas." Auch K. Nicephorus spottet darüber, daß Otto
diese Stadt nicht habe in seine Gewalt bekommen können: S. 480 „cum civita-
tunculam unam etc. capere nesciret." Endlich schreibt Liutprand S. 487:
„Induperator enim Bareas conscenderat Otto Caede simul flammisque sibi loca
subdere tentans." Vergl. auch Camill. Peregrini Hist. Longob. P. VII. c. 3 b.
Mur. T. II. P. I. S. 299. ²) Bei Liutpr. l. c. S. 483. Hier sagt Liutpr. zum griech.
Kaiser: ne terminos, quos constituit mihi (Otto I.) transcenderem, präceptum
conscripsit, quod et sigillo signavit suo. ³) Bei Liutprand l. c. S. 487 Sed
precibus remeat Romanas victor ad urbes inde meis. Er war nach einer Url.
v. 4. Mai 968 bei Ugh. It. S. I. 1114 in der Grafschaft Penna.

auch gerechte Empfindlichkeit über das ganze Schreiben ergossen, eine Folge der unwürdigen Behandlung, die der Bischof von den Griechen erfuhr. [1]

„Am 4ten Junius (968), so beginnt Liutprand, sind wir zu Constantinopel angekommen, vor dem goldenen Thor und zu Eurer Schmach ungeziemend empfangen, und hart und schändlich behandelt worden. Nachdem wir bis zur 11ten Stunde mit unsern Pferden gewartet, hat uns der Kaiser den Einlaß verstattet, und, weil er uns nicht für werth hielt, unsern Einzug zu Pferde und in festlichem Schmucke zu halten, sofort in ein großes, aber von allen Seiten offenes Haus von Marmor zu führen befohlen. Dieses Haus, das weder vor Kälte, noch Hitze uns schützte, lag einsam, weit von dem Palaste, wo der Kaiser wohnt, entfernt, so daß, als wir zur Audienz nicht zu Pferde ritten, sondern zu Fuße wandeln mußten, uns der Athem verging. Man stellte sogleich vor die Thüren unsrer Wohnung gewaffnete Männer, die allen meinen Begleitern den Ausgang zu verwehren und Niemand hereinzulassen, befehliget waren. Ein Sicilianer, ein Mensch, der seines Gleichen auf Erden nicht hat, sondern den nur die Hölle zu stellen vermag, ward uns zum Wächter gegeben, die täglichen Bedürfnisse uns zu schaffen: er hat, die vier Monden hindurch, die wir in Constantinopel geblieben sind, täglich, wie ein übertretender Strom, alles erdenkbare Leiden und Ungemach auf uns geschüttet. Unsere schlimme Lage vermehrte, daß wir den Wein der Griechen, den sie mit Pech und Gyps vermischen [2]), nicht zu trinken vermochten: kaum mit Geld konnten wir Wasser, das außerhalb unsrer Wohnung geholt werden mußte, erlangen, um den Durst uns zu löschen.“

„Acht Tage nach unsrer Ankunft, am heiligen Abend vor dem Pfingstfeste, ließ Leo, des Kaisers Bruder, mich vor sich kommen: wir geriethen sogleich Eures kaiserlichen Namens wegen in harten Streit. Denn Leo nannte Euch nicht Kaiser, βασιλεύς in seiner

---

[1]) In Ranke's Jahrbüchern des deutschen Reiches unter dem sächsischen Hause, Bd. I., Abth. 3. S. 129 heißt es: „der mit Recht gegen den griechischen Hof erbitterte Bischof von Cremona verdient nicht in Allem Glauben; und besonders da nicht, wo er über Nicephorus und seiner Umgebungen Sitten, Gebräuche und Character spricht, wo er mit Schmähworten geifert, die ihn als einen Boshaften offenbaren, der sich selbst nicht entblödet haben möchte, die Wahrheit zu entstellen.“ (Letzteres ist namentlich der Fall bei den Stellen über Nicephorus Gestalt und Aeußeres, welche der Schilderung des Leo Diaconus geradezu widersprechen.)

[2]) ein auch in Spanien erhaltener altafrikanischer Gebrauch.

Sprache, sondern verächtlich König, φῆξ. Als ich ihm nun entgegnete, daß beides einerlei, wenn auch die Bedeutung verschieden sei, sprang er voll Zornes auf und sprach: ich sei nicht des Friedens, sondern Streites halber gekommen, weigerte sich Euer Schreiben selbst in Empfang zu nehmen, und ließ es durch einen Dolmetscher, der von außen ziemlich vornehmen Anstand zeigte, aber ein kriechender Schmeichler war, erbrechen."

„Darauf, am 7ten des Innius, am heil. Pfingstfeste, bin ich vor Nicephorus selbst in den Kronenpalast geführt worden. Der Kaiser ist ein kleiner, ziemlich dicker Mann mit einem schweren Kopf, schlechten Augen, wie ein Maulwurf, einem kurzen, breiten, spitzigen und halbgrauen Barte, großem, dichten, struppigen Haupthaar, braun wie ein Aethiopier von Gesichtsfarbe, so daß man sich scheuen würde, ihn um Mitternacht zu begegnen; sein Bauch ist gedehnt, sein Hintertheil eingefallen, der Schenkel für seine kleine Gestalt übermäßig lang, die Beine klein, Fersen und Füße der übrigen Gestalt angemessen. Er war mit einem Gewande von zarter Leinwand, das aber sehr alt oder durch den öfteren Gebrauch verunstaltet und bleich geworden war, und mit Schuhen von Sicyon[1]) bekleidet. Seine Sprache ist frech; in seinem ganzen Wesen verräth er die Natur eines Fuchses; an Lügenhaftigkeit und Wortbrüchigkeit kommt er dem Ulysses sehr gleich. Wie seid Ihr, erlauchte Kaiser, meine Herren, die Ihr mir immer schön und wohlgebildet gewesen, damals noch schöner und wohlgebildeter, wie seid Ihr, immer glanzvoll und herrlich, damals noch glänzender und herrlicher, immer mächtig und mild, damals noch mächtiger und milder, wie immer durch alle Tugenden verherrlicht, seitdem noch verherrlichter mir erschienen! — Zur Linken des Kaisers, nicht in einer Reihe, sondern weit hinter ihm zurück, saßen die beiden jungen Kaiser Basilius und Constantinus, ehemals seine Herren, jetzt seine Untergebenen. Nicephorus begann seine Rede also: „„Wohl hätten wir Dich freundschaftlich und mit gebührender Pracht aufnehmen mögen, ja sollen! Aber deines Herrn Gottlosigkeit verstattete es nicht, der Rom mit Waffengewalt in Besitz genommen, Berengar und Adalbert gegen alles Recht verdrängt, viele Römer mit dem Schwert und dem Strange gemordet, andere geblendet und verwiesen, selbst in griechische Lande Mord und Verwüstung getrage[n] und nun, weil sein schlimmer Anfang keinen glücklichen Fortga[ng]

---

1) im ehemal. Peloponnes, im heut. Morea — schon im Alterthum [war] seine Schuhe berühmt. Cic. de Oratore I. 54.

nimmt, Dich, der ihm zu solchem Frevel gerathen, unter der Miene der Freundschaft als Kundschafter zu uns gesandt hat!"" Darauf antwortete ich dem Kaiser also: „„„Die Stadt Rom hat mein Herr nicht mit Gewalt, noch wie ein Thrann überfallen, sondern von dem Joche der Thrannen befreit. Herrschten nicht vorher Weichlinge dort, ja was noch stärker und schändlicher ist, feile Weiber? Damals schlief, wie ich meine, Deine Macht und die Macht Deiner Vorfahren die nur dem Namen, nicht aber der That nach römische Kaiser gewesen. Dafern sie mächtig waren und in Wahrheit römische Kaiser, warum ließen sie Rom in den Händen dieser Weiber? Sind nicht viele der heiligen Väter auf dem Stuhle S. Peters von Euch verwiesen und so hart bedrängt worden, daß sie weder die tägliche Nahrung, noch ein mildes Almosen besaßen? Hat nicht Adalbert Deinen Vorfahren, den Kaisern Romanus und Constantinus Schreiben voll Schmähungen übersandt? Hat er nicht die Kirchen der heil. Apostel beraubt und geplündert? Welcher unter Euch Kaisern ist von gottesfürchtigem Eifer, solchen Frevel zu rächen und die heil. Kirche wieder aufzurichten, beseelt gewesen? Ihr habt sie vernachlässigt, nicht mein Herr, der von dem Ende der Erde aufbrechend und nach Rom kommend, jene Gottlosen gebändigt und die alte Würde und Herrlichkeit den Stellvertretern der Apostel wieder geschenkt hat. Jene Römer, die nachher gegen ihn aufgestanden sind und den Papst, obgleich sie ihm mit einem heiligen Eide Gehorsam geschworen, hat er als Rebellen und Hochverräther nach den Gesetzen Justinians, Valentinian's, Theodosius und andrer römischer Kaiser hinrichten, am Strange hängen, und in die Verbannung weisen lassen: er selbst wäre ein grausamer und ungerechter Thrann gewesen, wenn er diese Strafe nicht an ihnen hätte vollziehen lassen wollen. Offenkundig ist es, daß Berengar und Adalbert seine Lehnsleute geworden sind und die Lande Italien durch Ueberreichung eines goldenen Scepters aus seiner Hand empfangen haben. Deine eigenen Unterthanen, die noch jetzt und in dieser Stadt leben, sind Zeugen gewesen, wie sie eidlich Treue gelobt haben. Und weil sie diese, vom Teufel geblendet, schändlich gebrochen, hat mein Herr mit Recht sie, als Abtrünnige und Rebellen, des Reiches beraubt — nicht anders, als wie Du selbst mit Deinen Unterthanen, die sich Dir entgegensetzen wollten, verfahren würdest."" Darauf entgegnete der Kaiser: „„„Nicht also redet der Ritter, den mir Adalbert geschickt hat."" „„„Wenn er etwas anderes behauptet, fiel ich ihm ein, so soll gleich morgen einer meiner Ritter, dafern Du es befiehlst, in biederm Zweikampf die Wahrheit

meiner Worte erhärten.'" Nicephorus sprach darauf: „„„Dein
Herr mag recht gehandelt haben: jetzt aber erkläre, warum er in die
Grenzen meines eigenen Reiches mit Kriegsgewalt eingefallen ist? Wir
waren Freunde und gedachten durch eine Heirath uns zu einer unauflös=
lichen Freundschaft zu verbinden.'"" Ich aber erwiderte: „„„Das
Land, das Du zu Deinem Reiche zählst, gehört zum italischen Reiche,
wie solches die Herkunft, die Sprache und die Sitten der Einwohner
bezeugen: die Lombarden haben es seit ihrer Ankunft in Italien[1])
besessen und Ludwig, Kaiser der Franken und der Longobarden[2]), hat
es aus den Händen der Saracenen, nachdem er sie in einem großen
Treffen geschlagen[3]), befreit. Auch Landulphus, der Fürst von Ca=
pua und Benevent, hat sieben Jahre lang mit mächtigem Arm es
behauptet.[4]) Es wäre nie der Herrschaft der lombardischen Könige
entzogen worden, wenn nicht der Kaiser Romanus[5]), Dein Vorfahr,
mit unermeßlichen Geldsummen die Freundschaft unsers Königs Hugo
erkauft hätte, welche Freundschaft nachher durch eine Verbindung von
Hugo's natürlicher Tochter mit Eurem kaiserlichen Prinzen bekräftigt
wurde.[6]) Dank solltest Du meinem Herrn es wissen, daß er dieß
Land, nachdem er die Herrschaft über Italien und Rom überkommen,
Dir so viele Jahre gelassen hat: mit Unrecht glaubst Du, daß er zu
schwach dazu sei, es seinem Scepter zu unterwerfen. Uebrigens hal=
ten wir das freundschaftliche Verbündniß, das, wie Du sagst, die Hei=
rath besiegeln soll, für Hinterlist und Betrug — nur Zeit willst Du
gewinnen, Dich zu rüsten: die Lage der Sachen lehrt augenscheinlich,
daß es Dir nicht Ernst sei, und daß mein Herr keinen Stillstand der
Waffen eingehen kann. Endlich, damit alle Verstellung falle, und das,
was mich hierher führt, Dir wissend sei, so vernimm, daß mein Herr
mich gesandt hat, vor Deinem Throne um die Tochter des Kaisers
Romanus und der Kaiserin Theophano zu werben. Dafern Du
die Vermählung eidlich mir zusagst, so werde ich meines Theils Dir
eidlich geloben, daß mein Herr, zum Danke dafür, dir bestimmte Ge=

---

[1]) seit 568 fg. unter Alboin. [2]) Ludwig II., Sohn Lothar's I. wird gemeint. [3]) im J. 866 bei Lucera in Apulien. S. Leo's von Ostia Chronik von
M. Casino B. I. c. 36 bei Mur. S. R. I. T. IV. [4]) Dieser Landulph war der
Vater Pandulph's des Eisenkopfs. Er that nach Lupus Protospata z. J. 929
einen Einfall in Apulien und siegte noch im J. 935 mit Hülfe des Herzogs von
Spoleto über die Griechen. Die sieben Jahre, welche hindurch er Apulien besessen
haben soll, sind daher wahrscheinlich die Jahre 929—935. Vergl. Mur. Geschichte
von Italien V. S. 381. 401. 402. [5]) Romanus I. 919—44. [6]) Der kaiserl.
Prinz hieß Romanus II., Hugo's Tochter Bertha. Das Beilager war 944.

genleiſtungen thun und ſolche feſtiglich halten wird. Schon jetzt hat er ein treffliches Unterpfand für Deine Freundſchaft ... den Händen, die Landſchaft Apulien, die ſich ihm ganz unterworfen hat, nach ſeinem eigenen Willen, nicht wie Du ſagſt, auf meinen Rath und meine Veranſtaltung, was alle Einwohner Apulien's Dir zu bezeugen vermögen.'''' Darauf entgegnete der Kaiſer: „„„Es iſt ſchon 2 Uhr, wir müſſen zur Proceſſion uns begeben: auf das, was Du zu uns geſprochen, werden wir zu gelegener Stunde Dir Antwort ertheilen.''''

„Sofort begann der Zug ſich in Bewegung zu ſetzen: er ging von dem Kronenpalaſt aus nach der Sophienkirche hin; eine große Menge von Kaufleuten, Soldaten mit dünnen Schildern und kleinen Wurfſpeeren und viel gemeines Volk, die meiſten mit nackten Füßen, war auf den Straßen verſammelt, um den Kaiſer mit Frohlocken zu empfangen. Er, mit ſeinen Großen, die ihm folgten, ging langſam durch die Reihen hindurch unter beſtändigem Zuruf [1]): ich ſelbſt ward auf einen erhöhten Ort, wo die Sänger aufgeſtellt waren, geführt, dieſe aber ſangen laut: „„„Seht, es kommt der Morgenſtern, es erhebt ſich die Morgenröthe, Er, der mit ſeinem Blicke die Strahlen der Sonne zurückwirft, Nicephorus, der gewaltige Kaiſer, der blaſſen Tod den Saracenen bringt! Ihm wünſcht langes Leben, ihr Völker verehrt ihn, huldigt ihm, beugt Eure Nacken vor dieſer erlauchten Erſcheinung.''''

„Nur der Kaiſer allein war mit Edelſteinen bedeckt; die kaiſerlichen Inſignien, die für ſeine Vorfahren gemacht und offenbar für ihn zu unförmlich waren, machten ſeine häßliche Geſtalt noch häßlicher. Auch ſeine Hofleute hatten zu große und abgetragene Kleider, die ſchon ihre Großväter gebraucht haben mochten. Bei Eurem Heil, erlauchte Kaiſer, meine Herren, das mir lieber als das meine iſt, ein einziges Prachtkleid eines Großen an Eurem Hofe iſt prächtiger, als hundert und mehr von denen, die ich hier ſah. — Als nun der Zug bei der Sophienkirche angelangt war, ging der Kaiſer durch die Pforten: die jungen Kaiſer folgten ihm weit hinterdrein und verehrten ihn mit dem Friedenskuſſe, indem ſie ſich auf die Erde vor ihm warfen. In der Kirche ward von ſeinem Waffenträger ein Altar aufgerichtet, darauf geſchrieben ſtand, wie lange es her ſei, daß er die Herrſchaft über das Reich in den Händen trage.''

„An demſelben Tage Abends ward ich von dem Kaiſer zur Tafel

---

[1]) „πολλα, πολλα, πολλα!" „langes Leben!"

geladen: da er mich nicht für würdig hielt, mir vor einem seiner Großen den Vorrang zu gestatten, so mußte ich als der 15te von ihm ab ganz unten ohne Tischtuch niedersitzen. Keiner meiner Begleiter ward dieß und ein andres Mal zur Tafel gezogen, ja nicht einmal den Palast, darin ich Gast war, bekamen sie zu sehen. Die Mahlzeit selbst dauerte ziemlich lange; es ward, wie unter Trunkenbolden, ansehnlich gezecht. Der Kaiser fragte mich Vieles über Regierungssachen und Kriegswesen: ich antwortete ihm auf Alles der Wahrheit gemäß, fest und bestimmt. Er aber rief: „„Du lügst, die Ritter und Kriegsvölker sind unbeholfene schlechte Reiter und schlechte Kämpfer zu Fuß. Die Größe ihrer Schilde, die Schwere ihrer Harnische, die Länge ihrer Schwerter und die Wucht ihrer Helme hindern sie zu Roß und zu Fuße zu streiten!"" Ueberdem, setzte er lächelnd hinzu, ist nur der Leib ihr Gott, ihr Muth ist Trunkenheit, nüchtern sind sie furchtsam. Auch hat Dein Herr keine Flotte; ich allein habe eine Seemacht: ich will ihm mit meinen Schiffen seine Provinzen, die dem Meere zunächst liegen, und, was an den Ufern der Flüsse sich findet, in Asche verwandeln. Wer will mir auch auf dem Festlande Widerstand leisten? Bei Deines Herrn letztem Feldzuge in Apulien, wo sein Sohn und alle Sachsen, Schwaben, Baiern und Italiener ihm zur Seite waren, hat er die kleine Stadt Bari nicht überwältigen können — wie will er mir, wenn ich selbst mich erhebe, widerstehen, mir, dem so viele Truppenmassen folgen, als der Himmel Sterne und das Meer Wellen hat?"" — Als ich nun dem Kaiser darauf antworten und seinen Prahlereien mit einer gebührenden Antwort entgegenreden wollte, verstattete er es nicht, sondern setzte, um uns noch mehr zu verspotten, hinzu: „„Ihr seid keine Römer, sondern Longobarden!"" Darauf wollte er noch weiter reden und winkte mit der Hand, daß ich schweigen solle; ich aber aufgebracht, sprach: „„Daß Romulus, von dem die Römer den Namen führen, ein Brudermörder und im Ehebruch geboren sei, bezeugt die Geschichte; sie bezeugt ferner, daß er ein Asyl für flüchtige Schuldner, Sclaven, Räuber, Mörder und andere todeswürdige Verbrecher errichtet und solchem Gesindel, das er um sich her versammelt, den Namen Römer zuertheilt habe. Von diesen edlen Ahnen sind die entsprossen, welche ihr die Beherrscher der Welt, d. i. Kaiser nennt; sie, die wir Lombarden, Sachsen, Franken, Lothringer, Baiern, Schwaben und Burgunder so gänzlich verachten, daß wir im Zorn unsere Feinde, um sie auf's stärkste zu beschimpfen, nicht anders als Römer zu nennen pflegen: denn allein unter diesem Namen begreifen wir alles, was

unadelig, was furchtſam, was Geiz, Wolluſt, Lügen, kurz alles, was
ein Laſter zu nennen iſt. — Und ob wir ohnmächtig ſind und uner=
fahren im Kriegswerk, wofür Du uns hältſt, wird im nächſten Kriege
ſich zeigen, falls die Sünden der Chriſten es verdienen, daß Gott
auf Deinem harten Sinne Dich läſſet beharren!‘‘‘ Ueber dieſe Rede
gerieth der Kaiſer in ſichtlichen Zorn, gebot mit der Hand Stillſchwei=
gen, ließ die Tafel aufheben und mich unverzüglich nach dem einſamen
Hauſe, oder vielmehr zum Gefängniß, zurückführen.‘‘

„„Hier warb ich nach Verlauf von zwei Tagen ſowohl durch den
Gram, als durch die Hitze und den Durſt von einer heftigen Unpäß=
lichkeit überfallen; keiner meiner Gefährten blieb von dieſem Kelche
des Leidens verſchont; alle fürchteten, den letzten Tag herankommen
zu ſehen: denn ſalziges Waſſer war ihnen ſtatt des beſten Weines
geboten, nicht auf Heu oder Stroh, nicht einmal auf der Erde, ſon=
dern auf hartem Marmor mußten ſie liegen; ihre Kopfpolſter waren
Steine, das offne Haus ſchützte weder vor Hitze noch Regen. End=
lich bewog ich meinen Wächter durch Geld, folgenden Brief an den
Bruder des Kaiſers zu tragen: „„„An Leo, Aufſeher der kaiſerlichen
Paläſte und oberſten Reichspoſtmeiſter, Biſchof Liutprand. — Wenn
der erlauchte Kaiſer das Geſuch, wegen deſſen ich gekommen bin, zu
erfüllen gedenket, dann ſoll das Ungemach, dem ich hier mich preis=
gegeben, mich nimmermehr ermüden; nur bitte ich, daß mein Herr
durch ein Schreiben von mir und durch einen Boten erfahre, daß ich
nicht umſonſt hier verweile. Iſt des Kaiſers Wille aber ein anderer,
ſo laſſe er mich, der ich erkrankt bin, auf einem venetianiſchen Laſt=
ſchiffe wieder zurückkehren, damit, wenn die Zeit meines Hintritts
gekommen, die vaterländiſche Erde wenigſtens meine Gebeine em=
pfange.‘‘‘‘

„Vier Tage darauf warb ich bei Leo zur Audienz gelaſſen: mit
ihm ſaßen, um Eure Angelegenheit zu berathen, drei der weiſeſten
Männer, wie ſie mir vorgeſtellt wurden, die ausgezeichnet ſeien in
attiſchen Rednerkünſten: Baſilius, der Kämmerer, des Kaiſers
oberſter geheimer Rath und Schatzmeiſter, und zwei Lehrer der ſieben
freien Künſte. Ihre Unterhandlung mit mir fing damit an, daß ſie
mich fragten: „„Aus was für Urſache, geliebter Bruder, haſt Du
Dich hierher erhoben?‘‘‘ Und da ich ihnen erwiderte, daß die Ver=
mählung die Urſache ſei, die einen dauerhaften Frieden begründen
ſolle, entgegneten ſie: „„„Unerhört iſt es, daß die in Purpur geborene
Tochter eines im Purpur Gebornen in ein fremdes Volk ſich ver=
mähle: da Ihr indeß einen ſo hohen Preis verlangt, ſo werbet Ihr,

wenn Ihr das gebt, was sich gebührt, auch das empfangen, was Ihr wollt. Ihr müßt nämlich unserm Kaiser abtreten: Ravenna und Rom und die ganze Strecke Landes, die bis zu unsern italischen Besitzungen herabreicht. Dafern Ihr aber nur unsere Freundschaft ohne die Vermählung, verlangt, so lasse Dein Herr Rom frei sein, die Fürsten aber von Capua und Benevent, ehemals unsere Vasallen, jetzt abtrünnig Gewordene, weise er wieder an uns, ihre vorigen Herren!"" Darauf erwiederte ich ihnen also: „„Euch selbst kann nicht unbewußt sein, daß mein Herr mächtigere Slavenfürsten unter seinem Scepter stehen habe, als Petrus der Bulgarenkönig war, der sich mit der Tochter des Kaisers Christophorus vermählte. [1]"" Jene entgegneten: „„Christophorus war nicht im Purpur geboren. [2]" " „„Was Rom betrifft, fuhr ich fort, das Ihr so angelegentlich frei gegeben wünschet, wem dient es, wem zahlt es Tribut? War es nicht früher feilen Weibern unterworfen und hat nicht mein Herr, da die Euren ohnmächtig auf dem Throne eingeschlafen waren, es von einer so schändlichen Herrschaft befreit? Constantinus, der erlauchte römische Kaiser, der dieser Eurer Stadt den Namen gegeben, hat der heil. röm. Kirche — wie er in Wahrheit ein Beherrscher der Welt war — viele Geschenke verliehen, nicht in Italien allein und beinahe in allen abendländischen Reichen, sondern auch im Morgenland: in Griechenland nämlich, in Judäa, in Persien, Mesopotamien, in Babylonien, Aegyptus und Lybien, wie solches die Briefe beweisen, die noch bei uns aufbewahrt werden. Was in italischen Landen, was in Sachsen und Baiern, und was in anderen Reichen meines Herrn ist, das zur Kirche der heil. Apostel gehört, das hat er dem Papste überwiesen. Und wenn mein Herr von solchem Allen nur eine Stadt, ein Dorf, einen Lehnsmann, ja nur einen einzigen Unterthan an sich behalten hat, so will ich Gott verleugnet haben. — Warum thut Euer Kaiser nicht desgleichen und stellt, was in seiner Herrschaft gelegen, der Kirche zurück und macht sie, die mein Herr mit großer Freigebigkeit reich und frei gemacht hat, noch reicher und freier?"" „„Solches, entgegnete Leo, der Kämmerer, wird er thun, wenn nach seinem Wink Rom und die römische Kirche wird geordnet werden."" „„Dann wird es der Kirche ergehen, sprach ich, wie jenem Manne,

---

[1] ohngefähr 927. Die Prinzessin hieß Maria. [2] er war der Sohn des Admirals Romanus I. Lacopenus, der Pater Imperatoris, Schwiegervater b. Kaisers Constantinus Porphyrogenitus wurde, und seine Söhne zu Mitregenten krönen ließ.

der vieles Unrecht von Andern erlitt und also zu Gott sprach: Herr befreie mich von meinen Widersachern! und dem der Herr antwortete: Solches will ich thun an jenem Tage, wo ich einen Jeden nach seinen Werken will richten, worauf der Mann sprach: dann wird es ziemlich spät werden.'''' Ueber diese Erwiderung lachten Alle, außer dem Bruder des Kaisers, brachen die Unterhandlung ab, und befahlen, mich nach meiner einsamen Wohnung zurückzugeleiten.''

„Hier wurde ich von neuem sehr sorgsam bewacht, bis zum 29ften Junius, dem Feste der heiligen Apostel Petrus und Paulus. Da ließ mich, der ich ziemlich krank war, der Kaiser wieder, zugleich mit den bulgarischen Gesandten, die Tages zuvor angelangt waren, zur Kirche laden. Nachdem das Todtenamt und die Messe vorüber war, ward ich zur Tafel gezogen, und sollte hier ganz unten Platz nehmen: dem Gesandten der Bulgaren, der nach ungarischer Sitte geschoren, mit einer ehernen Kette geschmückt war und mir wie ein Catechumene vorkam, ward der Vorrang vor mir gegeben, offenbar zu Eurer Beschimpfung, erlauchte Kaiser, meine Herren! In Euch ward ich verachtet, geschmäht und weggeworfen; aber ich danke dem Herrn Jesus Christus, dem Ihr mit heiligem Eifer dienet, daß ich würdig erfunden worden bin, Euretwegen Verachtung zu leiden. Indessen, da der Schimpf nicht mich, sondern Euch betraf, entfernte ich mich von der Tafel. Und da ich, im Unwillen wegzugehen, im Begriff stand, kamen Leo, des Kaisers Bruder und Simeon, sein geheimer Rath, mir nachgegangen und polterten also: „„Damals als die Tochter des Kaisers Christophorus dem Bulgarenkönig Petrus sich vermählt habe, sei ausgemacht und eidlich die Uebereinkunft getroffen worden, daß bei ihrem Hofe die Botschafter der Bulgaren vor den Botschaftern aller andern Völker den Vorrang haben sollten. Jener Gesandte, der allerdings, wie ich erklärt hatte, geschoren, schmutzig und mit einer ehernen Kette geschmückt sei, sei dennoch ein Patricier, vor dem ein Bischof, zumal ein fränkischer, ohnmöglich den Rang verlangen könne. Und weil sie, daß ich dieses mit Unwillen aufgenommen, bemerkt hätten, so solle ich nun nicht in meine Wohnung zurückgehen dürfen, sondern in einem Seitenzimmer mit des Kaisers Hofbedienten speisen.'''' Darauf entgegnete ich wegen des tiefen Schmerzes meiner Seele nichts, sondern that nach ihrem Gebote, indem ich die Ursache für schimpflich erkannte, wegen der nicht mir, dem Bischof Liutprand, sondern Eurem Gesandten der Gesandte der Bulgaren vorgezogen wurde. Des Kaisers Majestät aber linderte meinen Schmerz durch ein großes Geschenk: er überschickte mir von den ausgesuchtesten

Speisen, unter andern ein gebratenes Böcklein, von dem er selbst ge=
essen hatte, das mit Knoblauch, Zwiebeln und Porei vortrefflich ge=
spickt war und in einer köstlichen Brühe aufgetragen wurde — so
ausgesucht und schmackhaft zubereitet, daß ich es wohl auf Euren Tisch
gewünscht hätte, damit Ihr selbst sehen möchtet, wie herrlich der grie=
chische Kaiser zu speisen pflege."

„Acht Tage darauf, am 7ten Julius, nachdem die bulgarischen
Gesandten wieder abgereist waren, ließ mich Nicephorus, meinend,
daß ich seine Tafel verherrlichen werde, wieder im Kronenpalast zu
Gaste laden — dießmal speisten viele Bischöfe mit und auch der
Patriarch. Hier legte mir der Kaiser viele Fragen über die heilige
Schrift vor, die ich unter Beistand des heil. Geistes trefflich beant=
wortete: zuletzt aber fragte er, um Euch wieder zu verspotten, was
wir Deutschen für Concilien hätten? Und da ich ihm nun die von
Nicäa, Chalcedon, Ephesus, Antiochien, Carthago und das byzanti=
nische nannte, fing er laut an zu lachen und sagte: „„Du hast ja
das sächsische zu erwähnen vergessen: das ist wohl noch ungeschrieben?
der Glaube der Sachsen ist wohl noch neu? wir haben es zum we=
nigsten noch nicht in die Hände bekommen."" Darauf sprach ich zum
Kaiser: „„Wo die meisten Krankheiten zu Hause sind, da sind auch
die meisten Heilmittel vonnöthen: alle Ketzereien sind von griechischen
Landen ausgegangen und bei Euch im Schwunge gewesen — darum
habt Ihr Concilien bedurft; von uns, den Abendländern, ist Euch
jederzeit die Abhülfe gekommen. Das Volk der Sachsen aber ist, so
lange die heilige Kreuzesfahne darin aufgepflanzt worden, und die
Lehre vom Heiland dort ausgebreitet ist, von keinem ketzerischen Glau=
ben befleckt worden — deßhalb hat es auch keiner Concilien bedurft.
Auch ich sage, was Du sagst, daß der Glaube der Sachsen noch neu
ist: denn immer ist bei denen der wahre Glauben neu, wo die Werke
dem Glauben nachfolgen. Hier unter Euch ist der Glaube alt: hier
folgen ihm auch die Werke nicht nach; man verachtet ihn hier, als
wenn er zu alt sei, wie eine abgenutzte Kleidung. — Dennoch aber
weiß ich von einem Concilium, das man in sächsischen Landen gehal=
ten, und auf welchem ist festgesetzt und ausgemacht worden, daß es
besser sei, mit dem Schwert als mit der Feder zu streiten und ehren=
voller dem Tode die Brust entgegen zu tragen, als dem Feinde den
Rücken zu zeigen, wie solches (setzte ich bei mir selbst hinzu) Deinem
Kriegsheere begegnet."

„Nach diesem Gespräch kehrte ich des Nachmittags wieder nach
meinem Quartiere zurück; auf dem Wege dorthin ließ mich der Kaiser

durch gedungene Leute verspotten: er selbst veranstaltete, daß ich ihm zu Pferd begegnen mußte, um sich an meiner Beschimpfung zu weiden — doch reizte er mich selbst nicht wenig zum Lachen. Denn da er auf einem großen, ziemlich unbändigem Pferde saß, kam seine kleine Gestalt mir wie eine Puppe vor, die Eure Slaven auf Füllen binden und den vorausgehenden Mutterpferden in eiligem Laufe nachsenden. — Von nun an blieb ich drei ganze Wochen lang völlig eingesperrt und durfte nur mit meinen Begleitern Umgang haben; deßhalb stellte ich im Geiste mir vor, daß Nicephorus mich nimmermehr wieder zurückkehren lassen wolle, und meine Krankheit stieg durch diese un- bändige Trauer zu solcher Höhe hinan, daß ich gestorben sein würde, wenn nicht die heilige Jungfrau, die in einer nicht trüglichen, sondern wahren Erleuchtung mir erschien, mein Leben von Gott dem Vater und ihrem Sohne erfleht hätte. Während dieser drei Wochen ver- weilte Nicephorus außerhalb Constantinopel auf einem Lustschlosse und dorthin ließ er mich kommen: stehend und mit unbedecktem Haupte mußte ich vor ihm erscheinen, ohnerachtet ich so krank war, daß auch das Sitzen mir schwer ward. Er begann also: „„Die Botschafter Deines Herrn Otto, die in vorigem Jahre vor Dir hergekommen sind, haben eidlich mir versprochen und noch ist die Eidesformel in meinen Händen, daß er in keinem Stücke uns, den Kaiser, ärgern wolle. Giebt es aber ein größeres Aergerniß, als daß er sich Kaiser nennt und Stücke von unserm Kaiserthum sich zueignet? Beides ist nicht zu dulden, am wenigsten das, daß er den Kaisertitel führt. Dich aber, wenn Du mir schwörest, wie jene geschworen, wollen wir reich und hochbeglückt unverzüglich wieder abreisen lassen.““ So sprach der Kaiser, nicht als wenn er geglaubt hätte, daß, wenn meine Thorheit sich zum Schwure bereitwillig erklärt, Ihr, meine Herren, Euch dabei beruhigen würdet, sondern nur, um zu seinem Ruhme und zu unserer Schande etwas aufweisen zu können für künftige Zeiten. Ich aber entgegnete ihm: „„„Mein Herr, wie er an Weisheit reich und von göttlichem Geiste erfüllt ist, hat vorausgesehen, was Du be- gehrest und darum hat er, damit ich die Grenzen meines Auftrages nicht überschreiten möge, eine schriftliche Vollmacht mit seinem Siegel versehen mir in die Hände gegeben, die ich Dir zeigen kann, so wie ich Dir auch eidlich versichern will, was seine Befehle gewesen. Die Botschafter, die im vorigen Jahre vor Dich gekommen sind, haben wider seinen Auftrag Dir zugesagt und geschworen.““„ Hierauf kam der Kaiser wieder auf die edlen Fürsten von Capua und Benevent, die er seine Knechte nannte, und wegen deren er vorzüglich betrübt ist.

„„„Dein Herr, so sprach er zu mir, hat meine Knechte in seinen Schutz aufgenommen: er kann unsere Freundschaft nicht erlangen, wenn er sie nicht wieder frei giebt und der alten Herrschaft überliefert. Sie selbst begehren wieder in unser Reich aufgenommen zu werden; aber unser Reich verschmäht sie, damit sie erkennen und einsehen lernen, wie gefährlich es sei, wenn Knechte ihrem Herrn entlaufen. Ehrenvoller ist es in Wahrheit für Deinen Herrn, daß er sie freiwillig losgiebt, als daß er dazu mit Gewalt gezwungen wird. Erfahren sollen sie, so ich leben bleibe, was es bedeute, dem Herrn abtrünnig zu werden und aus der Unterthanenpflicht zu treten — vielleicht merken sie es schon jetzt, wo ich dieß spreche, mit Hülfe meiner Kriegsvölker jenseits des Meeres."" Darauf ließ er mich nichts antworten, sondern befahl mir, da ich meinen Abtritt nehmen wollte, zur Tafel zu bleiben. Dießmal speiste sein Vater mit, ein Greis von mehr denn 100 Jahren, wie es mir vorkam. Auch ihm, wie dem Sohne, wünschten die thörichten Griechen in ihren Lobliedern, daß Gott ihm die Jahre verdoppeln möge. Es ward, wie vorher nie geschehen war, mit lauter Stimme eine Homilie des heil. Vaters Johannes Chrysostomus über die Apostelgeschichte vorgelesen. Nachdem sie zu Ende war, bat ich den Kaiser, daß er mir verstatten möge, zu Euch zurückzukehren: er nickte mit dem Kopfe Gewährung mir zu — dann ward ich durch meinen Wächter zu meinen Gefährten wieder nach Constantinopel geführt."

„Darauf bis zum zwanzigsten Julius ward ich nicht wieder vor ihn gelassen, obwohl aber, wie erwähnt, aufs strengste bewacht, damit ich Niemanden sprechen möchte, der mir Kunde von seinen Unternehmungen brächte. Denn unterdessen ließ der Kaiser den Botschafter des Adalbert, Grimizio, zu sich kommen, dem er Befehl gab, mit seiner Kriegsflotte nach Italien zu schiffen: es waren 28 Segel, worunter 2 russische und 2 gallische Schiffe — mehr habe ich nicht mit Augen erblickt, doch kann er noch mehrere haben abgehen lassen. Die Tapferkeit Eurer Kriegsvölker, meine Herren, erlauchte Kaiser, bedarf es nicht, daß sie die Schwäche ihrer Gegner ermuthige. Haben doch oftmals die schwächsten Völker im Vergleiche mit andern die griechische Tapferkeit zu Boden geworfen und zum Tribute gezwungen. Auch weiß ich, daß es Euch nicht erschrecken würde, wenn ich Euch sagte, daß die Griechen höchst tapfere Männer seien und ähnlich dem großen macedonischen Alexander. Ich berichte die Wahrheit. Glaubt mir, und ich weiß es, das Ihr mir glaubt, ihr ganzes Heer, das, um Euch zu beschimpfen, ein Castrate anführt, sind,

wenn Graben und Mauern Euch nicht hindern, 400 Eurer Ritter zu
vernichten im Stande. — Adalbert hatte dem Kaiser Nicephorus
entbieten lassen, daß er 8000 Geharnischte habe, mit denen er, unter
Beistand des griechischen Heeres, Euch in die Flucht zu schlagen ge=
denke; er hatte den Kaiser gebeten, ihm Geld zu überschicken, um es
unter seine Leute zu vertheilen, damit sie desto besser streiten möchten.
Jetzt aber meine Herren, vernehmet die betrügliche Arglist der Grie=
chen, und lernt durch ein einziges Verbrechen, daß sie zu allen fähig
sind. Darauf hat Nicephorus seinem Feldherrn, dem Castraten,
den er über seine Söldner gesetzt, eine große Summe Geldes mit
dem Befehle gegeben, daß er sie als Geschenk dem Adalbert über=
liefere, dafern er mit 7000 Geharnischten oder mehreren, wie er ver=
sprochen, zu ihm stoßen würde; dann solle sein Bruder Konrad mit
dem griechischen Heere Euch angreifen, Adalbert aber Bari fleißig
bewachen, bis sein Bruder siegreich zurückkehre. Ergäbe es sich aber,
daß Adalbert nicht so viel tausend Krieger zu stellen vermöge, so
solle er gefangen genommen, in Fesseln geschlagen und in Eure Hände
sammt dem Gelde, das man ihm zugedacht, überliefert werden. Was
ist Treulosigkeit, wenn es ein solches Verfahren nicht ist? Am 19ten
Julius sah ich die Flotte von meiner Wohnung aus in die See
gehen. Am 20sten dann, dem Feste der Himmelfahrt des Propheten
Elias, das die vergnügungssüchtigen Griechen mit Schauspielen feiern,
ließ der Kaiser mich zu sich bescheiden und hier sprach er also zu mir:
„„Unsre Majestät gedenkt Truppen nach Assyrien abgehen zu lassen,
nicht mit Christen zu fechten, wie Dein Herr thut, sondern mit den
Saracenen: schon im abgewichenen Jahre ist dieß mein Plan gewesen
— damals erfuhr ich aber, daß Dein Herr unsres Reiches Lande
anzugreifen sich rüste und deßhalb gab ich Assyrien auf und wandte
meine Kraft gegen ihn hin. So eben ist in Macedonien uns ein ve=
netianischer Herr begegnet, von Deinem Herrn Otto gesandt, der uns
inständig bat, umzukehren und uns eidlich zusagte, daß Dein Herr
nimmermehr uns zu bekriegen gesonnen sei: darum kannst Du zurück=
kehren und Deinem Herrn meine Forderungen erklären — dafern er
darauf eingeht, magst Du wieder zu uns kommen!"" Hierauf befahl
er mir Hocherfreutem bei der Tafel zu bleiben. An diesem Tage
erreichte ich es endlich, daß er Eure Geschenke annahm, die er lange
von sich abgewiesen hatte. Bei Tische spottete er wieder über die
Franken, unter welchem Namen er die Lateiner und Deutschen begriff,
und endlich fragte er: „„wo mein Bisthum gelegen sei, und wie es
heiße?"" Ich erwiderte ihm: „„Cremona am Poffluß in dem Reiche

Italien. Und da Deine Majestät Schiffe dorthin zu senden sich be-
eilt, so wünsche ich mir Glück, Dich gesehen und kennen gelernt zu
haben: gieb Frieden dem Orte, damit er durch Deine Gnade bestehe,
da er Dir nicht würde widerstehen können.'''' Der Kaiser merkte
wohl, daß ich dieß im Scherze nur sagte; er schlug die Augen nieder
und gelobte mir, meine Bitte zu erfüllen; auch schwur er bei der
Kraft seines heiligen Reiches und indem er die Finger auf die Brust
legte, daß ich nichts Uebles erfahren, sondern in kurzem auf seinen
Schiffen nach dem Hafen von Ancona übergeführt werden solle. —
Wie gottlos er aber seinen Eid gebrochen hat, vernehmet! Denn am
20sten des Juliusmondes, einem Montag, geschah diese Unterredung;
darauf erhielt ich neun Tage lang keinen Unterhalt von ihm, weil eine
so große Hungersnoth in der Stadt herrschte, daß ich meinen 25 Gefährten und den 4 griechischen Wächtern kaum mit 3 Goldstücken eine
Mahlzeit schaffen konnte. Am Mittwoch derselben Woche reiste Nicephorus von Byzanz ab, um nach Assyrien aufzubrechen. Am
Donnerstag ließ mich sein Bruder zu sich rufen und sprach: „Des
Kaisers Majestät steht im Begriffe abzureisen: ich bin heute im Palaste auf seinen Befehl zurückgeblieben: dafern Du Verlangen trägst,
des Kaisers Majestät zu sehen oder sonst etwas, was Du uns noch
verschwiegen, mitzutheilen hast, so erkläre Dich!" Ich erwiderte:
„„Ich habe weder Ursache, des Kaisers Majestät zu sehen, noch etwas Neues vorzubringen. Das Einzige bitte ich, daß mir nach des
Kaisers Zusage ein Schiff gegeben werde, um mich nach dem Hafen
von Ancona zu führen.'''' Als Leo dieß angehört hatte, fing er an,
wie die Griechen es pflegen, beim Haupte des Kaisers, bei seinem
eigenen Leben, beim Heil seiner Kinder zu schwören, mein Wille solle
erfüllt werden. Und da ich fragte, wann dieses geschehen solle, erwiderte er: „„Bald, wenn der Kaiser abgereist ist: denn Delonga-
ris, unter dessen Befehl die Segelflotte steht, hat den Auftrag erhalten, in seiner Abwesenheit Deinetwegen Sorge zu tragen.'''' Darauf
ging ich, durch solche Hoffnung verblendet, froh von ihm weg."

„Den Sonnabend darauf ward ich nochmals zum Kaiser, 18
Meilen weit von Constantinopel, nach Umbria gerufen; er sprach zu
mir also: „„Ich hatte geglaubt, daß Du als ein biebrer und ehren-
werther Mann deshalb hierher gekommen seiest, um, nachdem Du in
Allem meinen Willen erfüllt, eine beständige Freundschaft zwischen mir
und Deinem Herrn zu stiften. Und weil Du, wegen Deines Herzens
Härtigkeit solches zu thun Dich weigerst, so gestehe mir wenigstens
das Eine zu, was Du mit gutem Grunde thun kannst, daß Dein

Herr den Fürsten von Benevent und Capua, meinen Knechten, die ich mit Krieg zu überziehen gedenke, keinen Vorschub verleihe. Da er, was sein ist, uns nicht geben will, so erstatte er uns wenigstens das Unsre! Eine alte Sache ist es, daß ihre Väter und Großväter unserm Reiche Tribut gezahlt haben und daß sie solchen in kurzem wieder mir zahlen, wird mein Kriegsheer bewirken.‘‘‘ Hierauf entgegnete ich ihm: „„Diese Fürsten sind besonders edle Männer und Vasallen meines Herrn: sobald griechische Heere auf sie losbrechen, wird mein Herr ihnen Hülfe zusenden, mit ihnen die Deinen vernichten und jene beiden Stücke, die Du jenseits des Meeres hast, die Landschaften Apulien und Calabrien, Dir entreißen.‘‘‘ Als ich solches gesprochen, ward der Kaiser so heftig erbittert, daß er sich wie eine Kröte blähte und mir zurief: „„Entferne Dich! Ich will, so wahr meine Eltern mich geboren haben, bewirken, daß Dein Herr an etwas anderes denkt, als abtrünnig gewordene Knechte zu beschützen!‘‘‘ Da ich hierauf fortging, befahl er seinem Dolmetscher, mir aufzutragen, bei ihm zu Gaste zu bleiben: über der Tafel, welcher der Bruder der beneventanischen Fürsten[1]) und Bariscinus, ein Byzantiner, beiwohnten, ließ er durch diese auf Euch und das Volk der Lateiner und Deutschen mächtige Schimpfreden ausstoßen. Doch als ich vom Tische hinwegging, thaten diese Herren durch Boten mir zu wissen und bekräftigten mir eidlich, daß der Kaiser sie durch harte Drohungen zu den ungebührlichen Reden selbst verleitet habe. Noch fragte mich über dieser Mahlzeit der Kaiser: „„ob Ihr Thiergärten hättet und in diesen Waldesel oder andere Thiere hegtet?‘‘‘ Ich erwiderte ihm: „„daß Ihr allerdings Thiergärten und Thiere in diesen, nur keine Waldesel hättet.‘‘‘ Er aber sprach: „„So will ich Dich zu meinem Thiergarten führen, dessen Größe Du bewundern wirst, so wie die Waldesel, die darinnen sind.‘‘‘ Darauf wurde ich dorthin geleitet: der Garten war ziemlich groß, bergig, fruchtreich, doch keineswegs anmuthig. Ich ritt an des Kaisers Seite mit dem Hut auf dem Haupte. Als dieses Leo, der Aufseher der kaiserlichen Paläste, sein Bruder, von ferne erblickte, sandte er eilig seinen Sohn zu mir und ließ mir entbieten, „„daß, wo der Kaiser sich befinde, Niemand den Hut auf dem Haupte behalten dürfe.‘‘‘ Darauf ließ ich ihm zurückwissen: „„Bei uns gehen die Weiber mit der Kopf-

---

[1]) Er hieß Romualt und kommt später als griechischer Feldherr in den Kämpfen gegen die beiden Ottonen in Apulien und Calabrien vor.

binde, wir reiten im Hute. Schlecht steht es Euch an, mich zu veranlassen, die vaterländische Sitte zu ändern, zumal, da wir allen den
Euren, die zu uns kommen, diese zugestehen: denn mit langen Tala-
ren bekleidet, in Handschuhen, mit der Brustbinde, dem Leibgurt und
in lang herabwallenden Haaren reiten und gehen sie unter uns, speisen
auch so und umarmen allein und mit bedecktem Haupte unsern Kaiser
— „„was aber künftig nicht mehr geschehen soll,"" setzte ich im
Stillen hinzu. Darauf hieß er mich umkehren: und nun kamen mir
die gepriesenen Waldesel mit Rehen vermischt, entgegengelaufen. Aber
was für Esel! Gerade so, wie zu Cremona die zahmen. Dieselbe
Farbe, dieselbe Gestalt, eben solche Ohren, dasselbe Geschrei, die
Größe ziemlich gleich, eine Geschwindigkeit in der Bewegung. Ich
sprach zu einem Griechen, der neben mir ritt: „„Solche Thiere habe
ich in Sachsen niemals gesehen!"" „„Nun, entgegnete dieser, wenn
Dein Herr unseres Kaisers Majestät zu Willen sich fügt, so wird er
mit vielen ihn beschenken und es wird kein geringer Ruhm für ihn
sein, das zu besitzen, was keiner von seinen Vorfahren gesehn hat.""
Glaubt mir das, erlauchte Kaiser, meine Herren, mein Amtsbruder
Antonius[1] kann keine geringeren Esel verschenkt haben und der
Markt zu Cremona hat solche Thiere in Menge. — Der Kaiser aber,
da ihm meine Antwort hinterbracht worden war, übersandte mir zwei
Rehe und entließ mich."

„Des Tages darauf reiste er nach Syrien ab. Zwei Ursachen
sind es, weßhalb er gegen dieses Land zieht. Einmal haben die
Griechen, wie die Saracenen, prophetische Bücher, welche sie die Ge-
sichte des Daniel nennen: in ihnen steht geschrieben, wie lange ein
jeglicher Kaiser lebe, was sich begeben werde unter seiner Regierung,
ob Frieden unter ihm sein werde oder Streit, ob Glück im Kriege
mit den Saracenen oder keines. Nun heißt es in eben diesen Büchern, daß zu den Zeiten des Nicephorus die Syrer den Griechen
keinen Widerstand werden leisten können, daß der Kaiser nur sieben
Jahre als solcher leben[2] und nach seinem Tode ein noch schlechterer
und unkriegerischer Kaiser aufstehen werde (was ich gänzlich bezweifle,
daß es möglich sein könne): zu dessen Zeiten aber würden die Assyrer

---

[1] Der Einsiedler in Aegypten, der alle seine Habseligkeiten verkaufte, an die
Armen schenkte, in die Wüste zog und der Stifter des Klosterlebens ward.
[2] Diese Prophezeihung ging in Erfüllung. Nicephorus starb im siebenten
Jahre seiner Regierung. Er ward am 22. Jul. 963 von dem Heere zum Kaiser
ausgerufen, am 14. Aug. gekrönt und am 10. Decbr. 969 ermordet.

so weit vordringen, daß sie sogar bis nach Chalcedon, nicht weit von Byzanz kämen, und alles Land zwischen inne würde ihnen unterthan werden. — Die zweite Ursache, die den Kaiser zu dem Feldzuge treibt, ist aber diese: Das ganze griechische Reich war um diese Zeit durch Gottes Willen von einer entsetzlichen Hungersnoth heimgesucht worden, obgleich dort eigentlich der größte Ueberfluß zu Hause ist. Diese Hungersnoth, von den Mäusen verursacht, suchte Nicephorus dadurch noch zu vergrößern, daß er zur Erntezeit alles vorräthige Getreide um ganz geringen Preis von den wehklagenden Besitzern er= preßte, und, da er solches auch in der Provinz Mesopotamien that, wo die Mäuse nicht hingekommen waren, und wo eine herrliche Ernte gemacht worden war, brachte er so viel Getreide, wie Sand am Meere zusammen. Und als nun das Bedürfniß aufs höchste gestie= gen, versammelte er an 80,000 Menschen um sich, unter dem Vor= wande, mit ihnen den Feldzug zu thun: ihnen verkaufte er einen gan= zen Monat hindurch um zwei Goldstücke, was er um eins gekauft hatte. Diese Menschen, die das Heer des Kaisers bilden, sind sehr erbärmliche Krieger, zwar mit der Zunge verwegen, aber im Streite erkalten ihre Hände. Der Kaiser sieht durchaus nicht auf die Eigen= schaften seiner Soldaten, allein auf die Menge: welche Gefahr ihm dieß bringen müsse, wird er einsehen, wenn seine unzählbaren unkrie= gerischen Rotten von unsern wenigen, aber des Kriegswerkes wohl= kundigen Rittern werden vernichtet worden sein. Die besten im grie= chischen Heere sind Leute von Venedig und Amalfi."

„Jetzt aber vernehmet, wie es mir weiter ergangen! Am 27sten Julius sprach ich das letztemal mit dem Kaiser zu Umbria, wo er mir die Rückkehr zusagte. Als ich wieder nach Constantinopel kam, ließ der Patricier Christophorus, ein Castrat, den der Kaiser zu seinem Statthalter verordnet, mir sagen: „„daß ich jetzt noch nicht abreisen könne: das Meer sei von den Saracenen besetzt, das Festland von den Ungarn bedroht, ich müsse mich gedulden, bis jene sich zurückge= zogen hätten."" Darauf wurden mir wieder scharfe Wachen gesetzt, die mich und die Meinen nicht aus dem Hause herausließen. Einige arme Lateiner, die, ein Almosen zu erflehen, zu mir kamen, wurden ergriffen, in Bande geworfen und in's Gefängniß geschleppt. Meinem griechischen Dolmetsch verwehrte man den Ausgang, sogar um die Speisen einzukaufen; allein einen Koch, der nicht griechisch verstand, durfte ich wegsenden, der durch die Finger und durch Kopfnicken mit den Verkäufern handeln mußte und gerade viermal theurer, als der griechische Dolmetsch einkaufte. Und da einer meiner Freunde mir

Specereien, Honig, Brod und Obst übersandte, haben die Wächter alles auf die Erde geworfen und die Abgeschickten mit Faustschlägen in's Weite gejagt. — Damit mein Elend aber noch größer werde, kamen am Tage der Himmelfahrt der heil. Jungfrau Gesandte von Herrn Johannes, dem Papste mit Schreiben an, darin der griechische Kaiser Nicephorus ersucht wurde, in die Vermählung und eine feste Freundschaft mit seinem geliebten Sohne in Christo, Otto, dem erlauchten römischen Kaiser zu willigen. Die Griechen entsetzten sich, als sie diese Titel erblickten: sie verwünschten und verfluchten das Meer, und fanden es unbegreiflich, wie es dieses schändliche Schreiben habe tragen können, und das Schiff vom bodenlosen Abgrund nicht verschlungen worden sei. „„Wie hat es geschehen können, riefen sie aus, daß ein fremder, armseliger Mensch unsern erlauchten, großen, römischen Kaiser einen griechischen Kaiser hat nennen können? O Himmel, Erde und Meer, was sollen wir mit den Gottlosen machen, die dieses Schreiben zu überbringen gewagt haben? Es sind armselige Knechte; wenn wir sie geißeln lassen, entehren wir nicht sie, sondern uns. O, daß der Eine von ihnen ein Markgraf, der Andere ein Bischof wäre, wir wollten sie, nachdem wir sie entsetzlich gegeißelt und ihnen Bart und Haupthaar ausgerauft, in Säcke genäht, in die Tiefe des Meeres werfen lassen. Aber im harten Gefängniß sollen sie schmachten, bis der heiligste Kaiser zurückkehrt, ihr Verbrechen zu bestrafen."" Und sofort wurden die Gesandten des Papstes in's Gefängniß geworfen und das offene Schreiben, das sie gebracht, dem Nicephorus nach Mesopotamien zugefertigt; am 12ten kehrte er selbst nach Constantinopel zurück. Ich, der ich nichts davon wußte, erlangte endlich zwei Tage darauf, am Feste der Kreuzes-Erhöhung, durch Bitten und Geschenke, daß ich meine Andacht verrichten konnte: da im großen Getümmel des Volks, ohne daß die Wächter es merkten, kamen viele zu mir heran, die meine bekümmerte Seele durch heimliche Tröstungen erheiterten."

„Am 17ten September ward ich, zwischen Leben und Tod inneschwebend, in den Palast vor den Patricier und Castraten Christophorus gerufen: er nahm mich sehr freundlich auf und setzte sich nebst drei andern mit mir zusammen. Darauf hob er also an zu sprechen: „„Die blasse Farbe Deines Gesichtes, die Magerkeit Deines Körpers, Dein herabhängendes Haupthaar, Dein ungewöhnlich langer Bart sind Zeichen Deines ungeheuren Kummers, daß Du noch nicht hast abreisen können. Aber zürne darum nicht auf den heiligsten Kaiser noch auf uns: wir eröffnen Dir die Ursache der Säumniß.

Der römische Papst (wenn der noch Papst zu nennen ist, der unter dem Sohne des Albericus, dem Ketzer, Ehebrecher und Kirchenräuber gedient hat) hat Briefe an unsern heiligsten Kaiser gesandt, würdig seiner, unwürdig für ihn: er nennt in darin nicht einen römischen, sondern griechischen Kaiser, — dieß ist offenbar mit Wissen und Willen Deines Herrn geschehen!"" Ich rief: „„Was muß ich hören? ich bin verloren, ich muß geradeswegs in die Wache nun wandern!"" Sie aber sprachen: „„Du wirst sagen, der Papst sei der Unwissendste aller Menschen und das allerdings behaupten auch wir."" „„Ich sage das nicht,"" fiel ich ein. Christophorus fuhr fort: „„Höre denn! der abgeschmackte Papst muß nicht wissen, daß der heilige Kaiser Constantinus den kaiserlichen Sitz hierher verlegt und den ganzen römischen Senat und die Edlen von Rom alle hierher geführt hat. Zu Rom ließ er nichts, als armselige Knechte, Fischer nämlich, Bäcker, Vogelfänger, Bastarde, Plebejer und Sclaven zurück. Der Papst würde nie so an unsern Kaiser geschrieben haben, wenn Dein König es ihm nicht eingegeben hätte, aber bald, dafern sie nicht Genugthuung leisten, soll es sich zeigen, wie es beide gereuen wird."" Darauf sprach ich also: „„Gewiß hat der Papst in edler Einfalt den Kaiser in keiner Weise beschimpfen, vielmehr ihn beehren wollen. Recht gut ist es uns wissend, das Constantinus, der römische Kaiser mit den Edlen von Rom sich hierher gewendet und diese Stadt, die nach seinem Namen genannt, begründet hat. Weil Ihr aber die Sprache, die Sitten und Kleider geändert, hat der heiligste Papst ohne Zweifel geglaubt, daß Euch der Name Römer eben so zuwider sei, wie die römische Kleidung: solches wird er, dafern Gott seine Tage ihm fristet, in den nächsten Briefen Euch erwahren, deren Aufschrift lauten soll: „„Johannes, römischer Papst an Nicephorus, Constantinus, Basilius, die großen und erlauchten römischen Kaiser."" Wie ich dieses gemeint habe, will ich Euch, meine Herren, erklären: Nicephorus ist durch Hochverrath und Ehebruch zum Throne gekommen, und weil das Heil aller Christen dem römischen Papste am Herzen liegt, so soll er einen Brief an Nicephorus schicken, der den Gräbern gleich ist, auswendig nämlich übertüncht, inwendig aber voller Todtengebeine. Die Aufschrift soll ganz nach dem Sinne der Griechen lauten, der Inhalt aber eine Anklage sein, daß Nicephorus durch Hochverrath und Ehebruch sich des Thrones seiner Herren bemächtigt, eine Vorladung vor einer Synode sich zu stellen, und der Bannfluch, wenn er nicht erscheine. — Als nun die griechischen Minister meine nachgebende Erklärung von wegen der Aufschrift vernommen, nahmen sie die Sache für Ernst und sprachen zu mir: „„O Bischof, es macht Deiner Weisheit beträchtliche Ehre, daß Du so wichtige Streitigkeiten so trefflich beizulegen verstehst: darum bist Du auch der einzige Franke, den wir zu lieben vermögen. Wenn die andern auf Deinen Rath das Versehene wieder gut machen, wollen wir sie auch lieben, Du aber sollst, wenn Du wieder zu uns kommst, nicht unbeschenkt von uns hinweggehn. Jetzt aber sprich, ist Dein Herr geneigt, mit unserm heiligsten Kaiser durch eine Vermählung Freundschaft zu schließen?““ Ich erwiderte: „„Als ich hierher kam, war er dazu geneigt, weil ich aber hier so lange bin festgehalten worden und ihm nicht habe schreiben können, so glaubt Er, Ihr habt Euch an mir vergangen und ich sei in Ketten und Banden und seine ganze Seele ist aufgebracht, gleich einer Löwin, der die Jungen geraubt sind und dürstet, gerechte Rache an Euch zu nehmen. Die Heirath ist ihm jetzt zuwider und er wird nicht ruhen, bis er seinen Zorn Euch hat fühlen lassen.““ Darauf sprachen die Minister: „„Schwerlich wird er uns in Italien Schaden zufügen: er muß froh sein, sich in seinem armen Sachsen, dem Lande der Pelze, zu behaupten. Mit dem Gelde, das wir haben, wollen wir alle Völker gegen ihn anregen und ihn zerbrechen, wie ein irdenes Gefäß, das wenn es zerbrochen ist, nicht wieder kann zusammengesetzt werden. Und weil wir wissen, daß Du zu Ehren Deines Herrn einige Mäntel gekauft hast, befehlen wir Dir, sie zur Stelle zu schaffen: die, die Eurer würdig sind, wollen wir mit Bleie bezeichnen, die übrigen aber, die wir andern Völkern nicht zu tragen erlauben und die nur für uns Römer sind, müssen Dir gegen Erstattung des Kaufpreises weggenommen werden.““ Darauf, als die Mäntel herbeigeschafft waren, haben sie fünf der prächtigsten von Purpur mir entrissen, indem sie Euch Italiener, Sachsen, Franken, Baiern und Schwaben, ja Euch alle übrigen Völker für unwürdig hielten, solche Kleider zu tragen. Welch' eine Verachtung! Diese Weichlinge, diese Lügner, diese Treulosen, diese Müßiggänger, diese Castraten wollen Purpur tragen und ihr Helden, Männer voll Muth, voll Glauben und Liebe, die Ihr Gott dienet und von so vielen Tugenden verherrlicht seid, Ihr sollt keine tragen? Was ist Beschimpfung, wenn dieses keine ist? — Endlich berief ich mich auf die Zusage, die mir der Kaiser gegeben: denn, da ich von ihm Abschied nahm, bat ich ihn noch, mir zu erlauben, zu Ehren der Kirche Mäntel um jeden Preis und in jeder Gattung zu erkaufen; ich berief mich auch auf das Zeugniß seines Bruders, des Dolmetschen Evodius, und noch zwei anderer Männer, die damals zugegen gewesen. Sie aber sprachen:

„„Das ist verbotene Waare: der Kaiser hat unmöglich glauben kön=
nen, daß Du solche Mäntel meintest! Es muß auch in der Kleidung
ein Unterschied sein zwischen uns und andern Völkern, wie in den
Reichthümern und in der Weisheit.““ Und da ich ihnen sagte, daß
sie gar nichts Besonderes hätten, da solche Mäntel bei uns sogar von
Weibern und alten Mönchen getragen würden, fragten sie eifrig, wo=
her wir den Stoff nähmen? Ich erklärte ihnen: „„von Kaufleuten
aus Venedig und Amalfi, die ihn auf unsere Märkte brächten und
gegen andere Waaren vertauschten.““ Darauf sprachen sie: „„Das
soll in Zukunft nicht mehr geschehen; es soll strenge Aufsicht gehalten
und, wo es wieder begegnet, der Verkäufer gegeißelt und kahl gescho=
ren werden.““ Ich aber sagte: „„Als ich zu den Zeiten des Kaisers
Constantinus hierher kam, nicht als Bischof, sondern als Diacon,
nicht von einem Kaiser oder König, sondern von dem Markgrafen
Berengar gesendet, habe ich viel mehrere und prächtigere Mäntel
gekauft, die von den Griechen weder bespäht, noch untersucht, noch mit
Bleie sind bezeichnet worden. Jetzt, Gott dem Herrn sei es geklagt,
bin ich als Bischof und von den erlauchten Kaisern, den Ottonen, ge=
sendet und es wird mir so unwürdig begegnet, daß man meine Män=
tel, wie man es mit den venetianischen Kaufleuten zu thun pflegt, mit
dem Bleie bezeichnet und die von einigem Werthe mir wegnimmt, ob=
gleich ich sie zum Gebrauche meiner Kirche zu verwenden gedachte.
Schämt Ihr Euch nicht, mich so zu beschimpfen, ja meine Herren so
zu beschimpfen, in denen ich geschmäht werde, daß ich zu enger Haft
gebracht, durch Hunger und Durst geplagt, bis hierher so treulos bin
zurückgehalten worden und nun sogar meiner Sachen beraubt werde,
Nehmt, was ich gekauft, laßt mir wenigstens, was meine Freunde mir
geschenkt haben!““ Darauf erwiderten sie: „„Der Kaiser Constan=
tinus war ein gutmüthiger Mann, er blieb stets im Palaste; der
Kaiser Nicephorus aber ist ein Kriegsheld, der die Mauern seines
Palastes wie die Pest flieht und keineswegs durch Gold die Völker
sich zu Freunden, sondern durch das Schrecken und Schwert sich un=
terwürfig macht. Und damit Du siehst, wie sehr wir Deine Könige
achten, so nehmen wir Dir beide Arten Purpurmäntel, die gekauften
und geschenkten hinweg!““ Darauf reichten sie mir zwei Schreiben,
eins mit Gold geschrieben und besiegelt, von dem Kaiser für Euch und
Eins mit Silber gesiegelt, von Leo, des Kaisers Bruder, an den
Papst: denn sie sagten, sie hielten den Papst nicht für würdig, kaiser=
liche Briefe zu erhalten und der Inhalt des Schreibens sei: wenn
der Papst nicht Genugthuung leiste, solle er sicherlich glauben, daß er

gänzlich verloren sei. — Darauf sagten sie mir Lebewohl und entließen sie mich unter höchst zärtlichen Umarmungen. Als ich eben fortgehen wollte, ließen sie mir noch anzeigen, daß sie nur mir und meinen Gefährten Pferde geben könnten; für mein Gepäck hätten sie keine, worauf ich denn meinem Führer an 50 Goldstücke Werthes von Sachen übergab. — Zuletzt, da ich nichts hatte, was ich dem Kaiser Nicephorus für seine Mißhandlungen entgegenstellen konnte, schrieb ich an die Wände meines einsamen Hauses und auf einen hölzernen Tisch folgende Verse:

„Sicher ist nicht die Treue der Griechen: fern bleibet Lateiner!
Nimmer glaubt ihrem Wort, noch vertraut ihren trüglichen Schwüren!
Meineidig wird der Grieche, dafern er nur Vortheil davon hat. —
Dieses marmorne Haus, mit hohen, offenen Fenstern,
Einsam gelegen im Feld, wo kein Trunk den Schmachtenden labet,
Preisgegeben der Sonne Brand und der Kühle der Nachtluft,
Hat vier Monden des Sommers in seinen Mauern gehalten
Mich Liutprand, dem Pfleger des cremonesischen Bisthums,
Der ich hierher nach Byzanz, den Frieden zu stiften, gesandt ward.
Schon war Otto, der Kaiser, vor Bari mit Kriegsmacht gezogen,
Hatte mit Feuer und Schwert die griechischen Lande bezwungen —
Da bewegt ihn mein Flehen, zurück zu den römischen Städten
Wieder zu gehen; denn die Braut versprach der griechische Kaiser.
Wäre sie nie geboren und wär' ich hier nimmer erschienen,
Deine unbändige Wuth Nicephorus fühlen zu müssen,
Der Du der Tochter wehrst, den Sohn meines Herrn zu erwählen!
Siehe! aber es naht der Tag der schweren Vergeltung!
Wendet Gott es nicht ab, soll der Erdkreis von Waffen erzittern —
Frieden sollst Du nicht haben, bis Du Deinen Frevel gebüßt hast! —

„Und nachdem ich diese Verse niedergeschrieben, bin ich am 2ten des Weinmonds um die zehnte Stunde aus dieser sonst so reichen und blühenden, jetzt knechtischen, meineidigen, lügnerischen, hinterlistigen, räuberischen, geizigen, aufgeblasenen Stadt vor Anker gegangen." — — —

Hiermit und nachdem er noch seine Fährlichkeiten auf der Rückreise über Naupaktus, Patras, die leukadische Insel und Corfu erzählt hat, beschließt Liutprand seinen Gesandtschaftsbericht[1]), den er wahrscheinlich von diesem letzteren Eilande, wohin er am 18ten des Christmonds 968 gelangte, an seine Herren absandte: er ist von da

---

[1]) Er findet sich bei Murat. Scr. R. Ital. T. I. P. I. und nach dieser Ausgabe ist er hier dem Wesentlichen nach übertragen worden. Das Orig.-Ms. soll sich in dem Stiftsarchiv zu Trier befinden.

nach Italien übergesegelt, wo er im folgenden Jahre bei den beiden
Kaisern anlangte. —

Diese hatten indeß den ganzen Sommer hindurch mit Ungeduld
die Rückkunft ihres Botschafters erwartet und schlossen mit Recht, daß
ihm zu Byzanz unziemlich begegnet worden sei: sie rückten daher mit
dem Eisenkopf Pandulfus gegen die Herbstzeit wieder in das untere
Italien vor, um durch die vollständige Bezwingung dieser Staaten
die Griechen zur Nachgiebigkeit zu vermögen. Dießmal fiel die ganze
Landschaft Calabrien in ihre Hände[1]), die Griechen wurden bis an
die Küsten gedrängt, das innere Land mit Schwert und Feuer ver=
wüstet. Auch Gisulfus, Fürst zu Salerno, der sich wieder auf die
griechische Seite gestellt, ward zur Unterwerfung genöthigt. Erst zu
Anfang des Weinmondes kehrten die beiden Kaiser siegreich nach dem
obern Italien zurück gen Ravenna, wo eine große Kirchenversammlung
ausgeschrieben war: Pandulfus, dessen Bruder während des cala=
bresischen Feldzugs gestorben, ging nach Benevent, wo er seinen Sohn
Landulphus zum Mitregenten annahm. Zu Ravenna sollte eine
sehr wichtige Angelegenheit, die dem Kaiser schon längst am Herzen
gelegen hatte, zu Stande gebracht werden: die Erhebung nämlich des
Moritzklosters zu Magdeburg zur erzbischöflichen Kirche, um die jen=
seits der Elbe und Saale wohnenden Slaven, die zum christlichen
Glauben sich gewendet und hinfüro noch wenden würden, unter eine
oberste geistliche Herrschaft zu versammeln. Die Stadt Magdeburg
und ihr Weichbild hatte seit alten Zeiten unter dem Hirtenstabe des
halberstädter Bisthums gestanden und der zeitherige Bischof Bern=
hard war nicht zu vermögen gewesen, einen Theil seines Sprengels
zur Errichtung des neuen Erzbisthums sich zu begeben, obgleich die
päpstliche Bestätigung desselben schon 962 auf einer römischen Kirchen=
versammlung im Februar[2]), und dann wiederholt 967 auf der zu
Ravenna im April[3]) erfolgt war. Jetzt aber, da der greise Herr
nach 45 jähriger[4]) Regierung am 3ten Februar des Jahres 968 mit
Tode abgegangen, ward dem Kaiser eine bestimmtere Aussicht eröffnet,
seinen Lieblingswunsch zur Erfüllung zu bringen. Sein Plan war,

---

[1]) Camillus Peregrinus Hist. Longob. bei Mur. T. II. P. I. Seite 299.
[2]) S. das päpstliche Schreiben Johannes XII. bei Leukf. Ant. Halb. S. 645 fg.
[3]) S. das päpstliche Schreiben Johannes XIII. daselbst S. 647 fg. [4]) Dithmar II. S. 29 hat fälschlich das 48ste Jahr. Er selbst erzählt, daß Sigismund,
Bernhard's Vorgänger, 14 ten Januar 923 gestorben sei. Vergl. Leukf. l. c.
S. 232 fg.

dem neu zu errichtenden Erzstifte die beiden Bisthümer an der Havel, Havelberg und Brandenburg, das Bisthum Posen an der Warthe, im Lande der Polen, und das erst vor wenig Monden eingerichtete Bisthum zu Meißen an der Elbe [1]) zu untergeben und noch zwei neue bischöfliche Kirchen, zu Zeitz und zu Merseburg an der Saale, zu gründen. Die traurige Nachricht von dem Hintritt seiner ehrwürdigen Mutter Mathilde, die zu Quedlinburg am 14ten März [2]) und seines Sohnes, des Reichsverwesers [3]) und Erzbischofs Wilhelm, der nach seiner Rückkehr aus Welschland am 2ten desselben [4]) Monats zu Radulverothe, im halberstädter Bisthum gelegen, zu den Todten hinübergegangen war, ließ auch in des Kaisers Seele eine Ahnung seines nahen Hinscheidens aufsteigen und bewog ihn — denn noch immer war das Gelübde, das er auf dem Lechfelde gethan, nicht erfüllt worden — was er dem Herrn in schwerer Stunde versprochen, zu gelegener Zeit zu vollführen. [5])

Zu solchem Ende ließ er jetzt den von der Geistlichkeit und dem gesammten Volke zum Bischof gewählten Hildiward, vorher Probst des Stiftes des heil. Stephan zu Halberstadt und zugleich den Metropolitan dieses Bisthums, den an Wilhelm's Statt zum Erzbischof von Mainz gewählten Hatto, vorher Abt zu Fulda, um ihnen seine kaiserliche Bestätigung zu ertheilen, nach Italien gen Ravenna kommen: hierher hatte er auch den Papst und die übrigen Bischöfe vom deutschen und lombardischen Reiche, an der Zahl gegen 50, geladen. Hier nun, in der Kirche des heiligen Severus vor den Mauern der Stadt, in feierlicher Versammlung der geistigen Fürsten, sagte Hildiward dem Kaiser zu, alles Land seines Sprengels zwischen Elbe, Saale, Ohre und Bode dem heil. Moritz zu Magdeburg [6]) und was zwischen Saale, Unstrut und Helme gelegen sei, bis gen Walhausen, dem heil. Laurentius zu Merseburg zu geben, worauf Otto, nachdem er ihn reich durch anderes Besitzthum entschädigt, durch den Krummstab die geistliche Herrschaft in die Hände ihm legte. Hatto, Erzbischof von Mainz, Petrus, Erzbischof zu Ravenna und alle übrigen

---

[1]) S. Urk. v. 3. Jan. 968, die auf der röm. Kirchenversammlung gegeben und wo Meißen unmittelbar dem römischen Stuhle unterworfen ward, bei Mansi XVIII. 532. Eine frühere Urk. v. 948 ist jedenfalls untergeschoben, wie schon Abt Bessel in s. Chron. Gottw. S. 180 erwiesen hat. [2]) Dithm. II. 29. [3]) Derselbe l. c. [4]) Ders. l. c. [5]) Ders. S. 30. [6]) Nach Mitternacht war der Peenefluß die Grenze des Erzstifts Magdeburg; hier ging nach Adam von Bremen II. 28, der Sprengel des Erzstifts Hamburg an.

Prälaten bestärkten durch ihres Namens Unterschrift die Bulle, die Papst Johannes XIII. ausstellte [1]), welche solche Verfügung enthielt. Und nun erkor Otto jenen Abalbert, der einst als Bischof zu den Russen gegangen und, nachdem er vergeblich des Kreuzes Lehre dort zu pflanzen versucht, wieder zurückgekehrt und mit der Abtei Weißen= burg im Elsaß war begnadigt worden, zum ersten Erzbischof zu Magdeburg und Metropolitan aller slavischen Lande jenseits der Elbe und Saale.

Hierauf zogen die beiden Kaiser, Papst Johannes XII. und die übrigen geistlichen Herren gen Rom: am Feste Lucas, des Evangelisten, am 18ten des Weinmonds, ward Abalbert von dem Papste geweiht; er erhielt von ihm den Primat vor allen Bischöfen Deutschlands, so daß er in gleichem Range mit Mainz, Cölln und Trier stehen solle, auch das Pallium, der erzbischöfliche Schmuck, ward ihm zu tragen erlaubt. Und damit das Magdeburger Erzstift noch größeren An= sehens theilhaftig werde, ward festgesetzt, daß, wie an der römischen Kirche, 12 Priester, 7 Diaconen und 34 Sub=Diaconen dem Erzbischof als Helfer hinführo zur Seite stehen sollten. [2])

Nachdem solches Alles vollendet, hat Kaiser Otto den Erzbischof Abalbert mit einem Schreiben an die Bischöfe, Grafen und Herren seines Reiches[3]) wieder über die Alpen gesandt: am heil. Weihnachts= fest ist er von Bischof Guido, Bibliothekar der röm. Kirche, dem Cardinal Benedictus und dem Bischof Hildiward von Halber= stadt, im Beisein der übrigen Fürsten und unzähligen Volkes, feierlich in sein Amt eingeführt worden[4]): er hat an demselben Feste Boso auf dem Stuhle zu Merseburg[5]), Burchard auf dem Stuhle von Meißen[6]) und Hugo auf dem zu Zeitz eingesetzt; auch die Bischöfe Dudo, Diethmar und Jordan zu Havelberg, Brandenburg und Posen haben ihm, als seine künftigen Suffraganen, die gewöhnliche Eidespflicht geleistet. [7])

---

[1]) Sie steht bei Leukf. l. c. S. 649 fg. und ward im Anfang des Octobers ge= geben. Vergl. über Alles Dithm. II. 30 und die Narratio fundat. A. E. Magdeb. bei Meibom. I. 735. [2]) S. die Urk. vom Octbr. 968 bei Leukf. l. c. Seite 653 und die Urkunde vom 18. Octbr. 968 daselbst u. fg. [3]) Dithm. II. 31. [4]) Das Schreiben selbst bei Leukf. l. c. S. 656 und aus dem Originale abgedruckt in Pertz. Monum. Germ. Ligg. II. pag. 560. [5]) Narrat. fundat. A. E. Magd. l. c. [6]) Der Stiftungsbrief von Meißen, am 19. Octbr. 968 zu Rom durch Kaiser Otto I. ausgefertigt, worin nun Meißen dem neuen Erzstifte Magdeburg unterge= ben wird und die römische Unmittelbarkeit wegfällt, steht bei Meib. I. 752. der fälschlich den 20. Oct. hat. [7]) Dithm. u. Narrat fundat. A. E. M. l. c. Boso,

Froh über den glücklichen Ausgang dieser Angelegenheit gedachte nun der Kaiser die ganze Stärke seiner Waffen von neuem gegen die Griechen zu richten: er zog daher mit seinem Sohne, Kaiser Otto II., zu Ende des Jahres wieder nach dem untern Italien, ging über den Fluß Alterno bei Pescara[1]) nach Apulien und feierte hier das Weihnachtsfest.[2]) Gegen den Frühling des Jahres 969 brach er nach Calabrien auf und hier hielt er am 8ten des Ostermonds auf der schönen, fruchtreichen Ebene bei Cassano, zwischen dem Apennin und dem Meere gelegen, einen großen Reichstag, wo er, wie er selbst in einem noch erhaltenen Briefe bekennt[3]), allen seinen Völkern, den Calabresen und übrigen Italienern, wie den Franken und Deutschen, neue Gesetze verlieh. Auch das Osterfest beging er noch in diesen Gegenden[4]): dann aber zog er wieder nach Apulien; hier hat er am 1sten des Maimonds vor Bovino gestanden.[5])

Hier nun, in seinem Feldlager erschienen Gesandte vom griechischen Hofe, welche die Reue ihres Kaisers über die Verweigerung der Heirath bezeugten, und sogleich die Kunde mitbrachten, daß Theophania an den Küsten Calabriens gelandet sei, um sich seinem Sohne Otto II. zu vermählen.[6]) Der Kaiser, der nichts Arges fürchtete, ließ sogleich die Feindseligkeiten einstellen und schickte einen Theil seines Heeres mit vielen der angesehensten Herren aus seinem Gesolge ab, um die Braut an dem bestimmten Orte einzuholen und mit allen Ehren zu sich her zu geleiten. — Aber nicht ohne Grund hatte der Bischof Liutprand seinen Herren die Treulosigkeit der Griechen mit den stärksten Farben geschildert: unwahr war die Nachricht von der Landung der Kaiserstochter und die Griechen hatten diese List nur ersonnen, um die Ottonen in die Falle zu locken. Denn kaum hatten die deutschen Ritter sich den calabresischen Küsten genähert, um die Braut zu empfangen, als der griechische Heereshaufe, der dort gelandet war und sich versteckt hielt, auf sie, die solcher Schändlichkeit

---

der Bischof zu Merseburg ward, war erst vorher Mönch zu S. Emmeren, dann kaiserl. Kapellan.

[1]) Hier gab er seiner Gemahlin eine Schenkungsurkunde vom 16. November 968 (unter andern Gütern über Selz im Elsaß, wo sie ein Kloster stiftete und begraben liegt) siehe Schöpfl. Als. Dipl. I. 122. 123. [2]) Fragm. Chron. Lobiensis bei Würdtw. Subs. Nova Dipl. XIII. 213 und A. S. z. J. 969. [3]) Er steht bei Ugh. It. S. II. 159 und ist gegeben am 8. April 969. [4]) Chron. Lob. und A. S. [5]) Urk. v. d. T. im Chron. Cassaur. bei Mur. R. Scr. It. II. T. 2. P. [6]) Dieß und das Folgende nach Sigbert von Gemblours z. J. 969. Dithm. II. 27 und Wittich. III. 661.

sich nicht versahen, unvermuthet losbrach und mit geringer Mühe das Lager erstürmte. Viele der edelsten deutschen Herren fielen hier unter den Händen der meineidigen Griechen, viele andere wurden gefangen genommen und nach Byzanz abgeschickt, um die unübertreffliche Tapferkeit des Kaisers Nicephorus den Einwohnern dieser Hauptstadt zu bezeugen.

Als die, welche mit der Flucht aus dem Gemetzel sich zu retten vermocht hatten, zum Kaiser nach Bovino zurückkehrten und ihm die Kunde von dem unglückseligen Vorfalle hinterbrachten, gerieth derselbe in den heftigsten Zorn und schickte unverzüglich einen starken Heereshaufen nach Calabrien, um die erlittene Schmach auf der Stelle blutig zu rächen. An die Spitze dieser Tapfern setzte er zwei seiner bewährtesten Ritter, Günther und Siegfried. Diese trafen zum Glück noch das griechische Heer, das in übermüthiger Freude über den erfochtenen Sieg keines Ueberfalles gewärtig war. Sofort stürzten die deutschen Ritter sich auf die unbesorgten Griechen: ihren rächenden Schwertern mußten fast alle erliegen; die Gefangenen wurden der Nasen beraubt und nach Constantinopel zu ihrem meineidigen Kaiser gesendet. Hierauf zogen die Deutschen in allen griechischen Landen herum, erpreßten Tribut und kehrten dann, siegreich und mit Beute beladen, zu Kaiser Otto zurück.

Dieser war unterdessen wieder nach dem obern Italien aufgebrochen, wo er am 10ten des Maimonds in der Gegend des Castells Conca an der Meeresküste verweilt hatte[1]); dann, gegen Ende des Monats war er nach Rom gegangen. Hier saß er am 26sten, am Mittwoch vor dem heil. Pfingstfeste, zugleich mit dem Papste einer Kirchenversammlung im S. Peter vor, darin auf Bitten Pandulphus, des Eisenkopfs, Fürsten zu Capua und Benevent und des Herzogs zu Spoleti, und Landulphs, seines Sohnes, die Kirche zu Benevent, dem heil. Bartholomäus gewidmet, zu einer erzbischöflichen erhoben ward.[2]) Und weil eben dieser Pandulphus bisher in den Feldzügen gegen die Griechen sich vornehmlich treu und tapfer bewiesen, vertraute Otto ihm die weitere Führung des Krieges; er selbst ging

---

[1]) Urk. vom 19. Mai 969 in Romania prope Castellum Conca bei Ughelli It. S. IV. 348. Conca ist eine vom mittelländischen Meere jetzt verschlungene Stadt, südlich von Rimini gelegen. [2]) Urk. bei Ughelli It. S. VIII. in Episc. Benevent. „ Residentibus nobis (sagt Papst Johannes XIII.) in S. Synodo acta ante Confessionem B. Petri App. Princ. 7 Cal. Jun. präsente Dno. Ottone gloriosissimo Imperatore Augusto Romanorum.

nach Lombardien, wo er seit beinahe zwei Jahren nicht gewesen; hier blieb er das ganze Jahr hindurch, meist zu Pavia ¹) und Lucca ²) Hof haltend.

Pandulphus aber zog mit den Truppen, die ihm der Kaiser gegeben und mit anderen, die von Capua und Benevent zu seinen Fahnen gestoßen waren, nach Apulien vor Bovino: diese Stadt vertheidigte hartnäckig der griechische Patricier Eugenius.³) Anfangs war Pandulphus im Vortheil und schlug die Belagerten bei einem Ausfall auf's Haupt; aber kurz darauf ward er, als dieselben einen neuen Angriff aus der Stadt wagten, durch ein ihm in den Rücken kommendes griechisches Heer überwältigt, seine ganze Mannschaft zersprengt, und er selbst, nachdem er schwer verwundet und ihm sein Streitroß getödtet worden, mit Vielen gefangen. Vergebens hatte Gisulph, Fürst von Salerno, den Gastalden Lando dem bedrängten Herzog zu Hülfe gesandt; er kam, als die Schlacht schon vorbei war. Darauf ward nun Pandulphus von dem Patricier Eugenius nach Constantinopel zum griechischen Kaiser geschickt, der den abtrünnigen Knecht in ein schmähliches Gefängniß werfen und auf's härteste behandeln ließ. Eugenius aber rückte mit seinen Griechen über den Apennin in das Fürstenthum Benevent ein: hier fällt Avellino in seine Hände; von da geht er plündernd nach Capua und beginnt die Belagerung dieser Hauptstadt. Aber wiewohl auch Marinus, Herzog zu Neapolis, ihm mit Heereskraft zuzog, trotzten dennoch die festen Mauern der Stadt, und nachdem sie beinahe 40 Tage war berannt worden, sahen die Griechen sich zum Abzuge genöthigt. Sie kehrten durch das verwüstete und von Gut und Menschen entblößte Land nach Apulien zurück, nachdem sie in Salerno, wo Gisulphus, von neuem unter die griechische Herrschaft sich stellend, sie herrlich bewirthen ließ, einige Tage verweilt hatten.

Mittlerweile war das Gerücht von der Gefangennehmung des Fürsten Pandulphus und den Fortschritten der Griechen zu Kaiser Otto gelangt, der sogleich ein neues Heer von Deutschen und Spoletinern um sich versammelte, um es zum Entsatz des bedrängten Capua zu senden: Konrad, ein Deutscher, und Sico, ein Spoletiner,

¹) Urk. vom 26. Jul. 969 gegeben zu Pavia bei Gerken Cod. Dipl. Brand. VIII. 632. ²) Urk. vom 30. Octbr. 969 bei Lucca am Arnofluß in Gewölb Zui. zu Hund Metrop. Salisb. II. 163. ³) Dieß und alles Folgende nach b. Anonymus Salernitanus, herausgegeben von Camillus Peregrinus Hist. Longob. bei Murat. Scr. R. It. T. II. P. I. S. 299 fg.

wurden zu Anführern dieser Kriegsmacht gesetzt. Eilig zogen diese Schaaren nach dem Volturno; aber als sie vor Capua anlangten, waren die Griechen schon gewichen. Deshalb erhoben jene sich in das Herzogthum Neapel, um dem Herzoge den an den Capuanern verübten Frevel zu bezahlen; von da gingen sie nach Avellino: die Stadt, weil sie sich den Griechen ergeben, ward geplündert und angezündet. Darauf rücken sie ohne Widerstand in Benevent ein. Hier, in der Kirche des heil. Bartholomäus, hält der Erzbischof Landulph feierliches Hochamt und stärkt den Muth dieser Tapfern durch das Nachtmahl zu dem weiteren Zuge nach Apulien, um hier die Griechen aufzusuchen.

In diesen Landen war unterdessen der Patricier Eugenius wegen seiner Grausamkeit von seinen eigenen Leuten gefangen genommen und nach Byzanz geschickt worden: ein anderer, Abbila, war an seine Stelle getreten. Während Abbila dem gewaltigen Andrang der deutschen Ritter nicht zu bestehen vermag, und von Graf Konrad, der ihn lebendig zu fangen gedachte, schwer verwundet, nach der Stadt zurückflieht, wird auch ein griechisches Heer, das der Patricier ausgesandt, um den Feind im Rücken zu überfallen, von den Spoletinern aus dem Felde geschlagen und gänzlich vernichtet. 1500 Leichen der Griechen bedecken die Wahlstadt; Romuald, Bruder des Fürsten Pandulphus, der als Feldherr ihnen diente, wird gefangen genommen; kein einziger Deutscher ward getödtet, nur ein Spoletiner verwundet.[1]) Siegreich und mit unermeßlicher Beute beladen, zog das Heer nach Avellino in die Winterquartiere.

Seitdem ruhten die Waffen der Deutschen und Griechen in dem untern Italien: der Kaiser Otto feierte das Weihnachtsfest des Jahres 969 in der lombardischen Hauptstadt Pavia und blieb hier in Ruhe und Frieden den ganzen Winter hindurch; auch das Osterfest des folgenden Jahres beging er noch hier.[2]) In diesen Tagen hat er

---

[1]) Die Glaubwürdigkeit dieser Nachricht beweist die sonst günstige Stimmung des Camillus Peregrinus für die Griechen. Er selbst nennt den Nicephorus S. 300 C. einen guten und gerechten Herrn. [2]) Chron. Lobiense und Ann. Saxo z. J. 970 haben zwar: Imperator natale Domini Papiae, Pascha Ravennae celebravit — Ostern 970 feierte Otto aber in Pavia, wie die Erzählung von der Erhebung Gero's zum Erzbischof von Cölln nach dem Tode Volkmar's († 969 d. 18. Jul.) bei Dithm. II. 33 beweist. Der sächs. Annalist hat des letzteren Tod fälschlich beim Jahr 970; denn den 29. Aug. 970 gab Gero schon, nachdem er nach dem Osterfest 970 aus Italien zurückgereist war, als bestätigter Erzbischof von Cölln, den Stiftungsbrief des Kl. Thangmaresfeld b. Harzgerode b. Leukf. Ant. Halb. 658.

ten berühmten Gerbert von Auvergne, der schon seit dem Jahre 968, als er mit Graf Bovel von Barcellona und dem catalonischen Bischofe Chitou von Vich eine Wallfahrt nach Rom unternommen, am kaiserlichen Hofe gelebt hatte, die reiche Abtei Bobbio an der Trebia verliehen, zum Lohne für den Eifer, mit dem er Kaiser Otto II. in den mathematischen Wissenschaften und der Sternkunde, die er selbst lange zu Barcellona und bei den Arabern in Cordova erlernt, unterrichtet hatte. [1]) Darauf hat Gerbert jene berühmte Schule zu Bobbio eröffnet, zu der nicht nur aus Italien, sondern auch von fremden Landen, eine Menge Schüler hinströmte. Aber auch für Deutschland sorgte Otto jenseits der Alpen: er verlieh am Osterfeste des Jahres 970 seinem Capellan Gero[2]), dem Schwestersohn des berühmten Markgrafen gleichen Namens, das Erzbisthum Cölln, nachdem Volkmar, der Nachfolger Bruno's, im vorigen Jahre zu den Todten gegangen war.

Nach dem Osterfeste[3]) zog der Kaiser nach seiner Lieblingsstadt Ravenna: hier verweilte er bis zum heiligen Pfingstfeste.[4]) Dann aber brach er selbst wieder mit Heereskraft in das untere Italien auf[5]): schon am 25sten des Wonnemonds stand er im Gebiete des Fürstenthums Capua.[6]) Von hier aus rückte er in das neapolitanische Herzogthum ein, um Marinus, den Herzog, die Schwere seines Armes fühlen zu lassen. Als er in dieser Landschaft stand, kam Aloara, die Gemahlin des Herzogs Pandulphus mit ihrem Sohne Landulphus zu ihm, um ihm auf's inständigste ihren zu Byzanz gefangen gehaltenen Gemahl zu empfehlen. Darauf brach der Kaiser, um die Griechen zu nöthigen, denselben auf freien Fuß zu stellen, nach Apulien auf[7]), befahl alles mit Feuer und Schwert zu verwüsten, berannte die Stadt Bovino und ließ die Vorstädte anzünden. — Aber die großen Veränderungen, die sich inzwischen zu Byzanz ereignet hatten, und die Rückkunft des Fürsten Pandulphus, der, seiner Banden entledigt, den Frieden zu vermitteln, im Feldlager der Ottonen erschien, machten schnell allen weiteren Kriegsunternehmungen ein Ende.

In Constantinopel nämlich[8]) war über die öfteren Niederlagen,

---

[1]) Siebzehnter Brief Gerbert's ohngefähr um's Jahr 970 geschrieben.
[2]) Dithm. II. 33. [3]) 27sten März. [4]) 15ten Mai. [5]) Dieß und das Folgende wieder nach Camillus Peregrinus l. c. [6]) Urkunde bei Gattola Access. Hist. Casin. III. 73 „in loco, ubi Cellice dicitur in Capuano territorio." [7]) Er war hier nach einer Urk. v. 3. Aug. 970 bei Teschenmacher Annal. Cleviae Cod. Dipl. S. 27 „in Apulia ad Civitatem Bentz." [8]) Dieß und das Folgende nach Sig-

welche die Griechen im untern Italien bisher erlitten hatten, eine
große Unzufriedenheit gegen den Kaiser Nicephorus entstanden, der,
wie aus Liutprand's Gesandtschaftsberichte erhellet, ohnedem seine
Völker mit der äußersten Härte bedrückte. Hierzu kam, daß er seinen
tapfern Feldherrn Johannes Tzimisces, einen Armenier von Geburt, seiner Feldherrnstelle entsetzt hatte, weil großer Verdacht vorhanden war, daß dieser mit der Kaiserin Theophania in allzuvertrau-
tem Umgange lebe. Tzimisces war hierauf nach Chalcedon in
Kleinasien gegangen, immer aber im Geheimen mit des Kaisers Gemahlin in Verbindung geblieben. Bald hernach drang Theophania
in ihren Gemahl, den Tzimisces zurückzuberufen und ihn mit einem
Frauenzimmer von Stande zu vermählen. Doch war ihre eigentliche
Absicht nur die, den Kaiser zu täuschen, und während sie in seiner
Seele jeden Argwohn entfernte, Gelegenheit zu seiner Wegschaffung zu
erhalten, da er ihr immer verhaßter zu werden anfing. — Tzimisces erschien darauf wieder am Hofe, ließ aber zu keiner Vermählung
sich bewegen, sondern genoß nur wieder in der Stille der Kaiserin
Umgang. Ja diese hatte sogar eine Maschine verfertigen lassen, in
welcher Tzimisces durch Seile, ohne, daß es die Wachen bemerkten,
in ihre Zimmer gehoben werden konnte. Bei diesen Zusammenkünften
warb der Plan zur Ermordung des Nicephorus entworfen, und da
dieser damit umging, die beiden jungen Kaiser Basilius und Constantinus der Mannheit zu berauben, aus Furcht von ihnen des
Reiches entsetzt zu werden, die Ausführung beschleunigt. Vergebens
warb Nicephorus noch an seinem Todestage durch den Brief eines
Hofgeistlichen vor seiner ungetreuen Gemahlin gewarnt und aufgefordert, die Zimmer des kaiserlichen Palastes untersuchen zu lassen, darin
versteckte Bewaffnete sich vorfinden würden: die Kaiserin wußte auch,
die, die hierzu den Befehl überkommen hatten, zu gewinnen, und so
warb Nicephorus, in der Nacht vom 10ten auf den 11ten des
Christmonds 969, in seinem Schlafgemach durch Tzimisces getödet.
Hierauf bestieg dieser den Thron, erhob die beiden jungen Kaiser zu
seinen Reichsgehülfen und ließ sogleich den Fürsten Pandulphus
seiner Ketten entledigen und nach Apulien segeln, um den Ottonen
Freundschaft anzubieten.

Pandulphus landete zu Bari und nachdem Kaiser Otto davon

---

bert von Gemblours z. J. 969 und 970 nach Wittich III. und nach Zonaras und
Cedrenus.

Nachricht erhalten, ließ er dem Patricier Abdila entbieten, ihn nach
seinem Feldlager vor Bodino zu geleiten. Hier versicherte Pandul=
phus selbst seinen beiden Herren, daß dießmal die Griechen ernstlich
den Frieden verlangten: diesem Worte vertraute Kaiser Otto, stellte
die Feindseligkeiten ein und brach darauf wieder nach dem mittleren
Italien auf. Hier hielt er im Herbstmond in dem Herzogthume
Spoleto auf freiem Felde, ohnfern der Tiber bei Marsciano, offenes
Gericht mit dem Herzog Pandulphus[1]), dann wendete er sich nach
Rom: hier hat er das Weihnachtsfest mit dem Papste gefeiert.[2])

Auch das ganze folgende Jahr 971 verlebte Otto mit seinem
Sohne und seiner Gemahlin im italischen Lande in Frieden und Ruhe:
er zog von einer Stadt in die andre und ordnete überall mit Weis=
heit die Geschäfte des Landes. Das Osterfest beging er zu Ravenna[3]):
dort sprach Ubalrich, der fromme Bischof von Augsburg, seit dem
Tage auf dem Lechfeld dem Kaiser besonders theuer, auf einer Wall=
fahrt nach Rom jetzt begriffen, bei ihm ein, und ward mit der höchsten
Ehrerbietung empfangen.[4]) Im Sommer darauf ward, weil Liut=
prand, der Bischof von Cremona gestorben war[5]), Gero, der neue
Erzbischof zu Cölln, mit einem glänzenden Gefolge von zwei Bischöfen
und mehreren Herzogen und Grafen als Gesandter nach Constantino=
pel geschickt, um den Frieden vollends zu Stande zu bringen und we=
gen der Vermählung Kaiser Otto's II. eine förmliche Anwerbung bei
der Prinzessin Theophania zu thun.[6]) — Gero ward vom grie=
chischen Kaiser mit Ehren und Auszeichnungen überhäuft; die Freund=
schaft zwischen dem Abend= und Morgenlande fest und dauernd ge=
schlossen, und die Uebersendung der kaiserlichen Braut zur Bekräftigung
derselben auf den Frühling künftigen Jahres zugesagt. Darauf reiste
der Erzbischof, nachdem er von Tzimisces noch den Leichnam des
Märtyrers Pantaleon, ihn in das von Erzbischof Bruno diesem
Heiligen zu Ehren gestiftete Kloster gen Cölln zu versetzen, zum Ge=
schenke empfangen, wieder nach Italien ab.

Kein einziger gleichzeitiger Schriftsteller hat die Bedingungen ver=

---

[1]) Urkunde in den Zusätzen z. Chron. Cassaur. bei Murat. T. II. P 2. Rer.
Ital. „Qualiter in territorio Marsicano in Campo Castiri ad ipsam Civitatem
Marsicanam, dum in placito resideret Dnus Otto Magnus, Imperator Serenis-
simus Augustus et Pandulfus, Dux et Marchio pro singulorrm hominum justitia
facienda" etc. Mense Septembri. [2]) Chron. Lobiense und A. S. ad a. 971.
[3]) Dieselben. [4]) Leben des heil. Ulrich c. 21 22. [5]) Er starb kurz nach dem
Jahre 970 s. Mur. Scr. It. T. II. P. I. S. 420. [6]) Hugo Flaviniacensis Chron.
Virdunense S. 166.

zeichnet, unter denen die Ottonen den Frieden mit dem griechischen Hofe geschlossen: neuere haben zwar Vermuthungen mitgetheilt, doch ohne auf einer festen Grundlage zu fußen. [1]) Das Tzimisces den Kaisertitel der Ottonen zugestanden und, was schon Nicephorus bewilligt, die Stadt und das Herzogthum Rom und das Exarchat von Ravenna ihnen abgetreten habe, ist keinem Zweifel unterworfen. Nicht minder steht fest, daß die lombardischem Blute entsprossenen Fürsten von Benevent, Capua und Salerno dem abendländischen, die Herzoge von Neapel aber, von Amalfi und Gaëta, welche stets die griechische Hoheit anerkannt hatten, so wie Venedig dem morgenländischen Kaiserthume sind unterworfen geblieben. Wem aber Apulien und Calabrien zugefallen sei, ob der griechische Kaiser solches Theophanien zur Morgengabe ertheilt, oder ob Otto diese von ihm eroberten Lande den Griechen wieder ausgeliefert habe, darüber herrscht große Dunkelheit in der Geschichte. Dennoch aber ist aus Liutprand's Gesandtschaftsberichte die Auflösung dieser Schwierigkeiten zu erholen. Als dieser nämlich vor Nicephorus Throne die Rechte seines Herrn auf die griechischen Besitzungen im untern Italien verfocht, sagt er ausdrücklich [2]): „Die Staaten, die der griechische Kaiser in Anspruch nähme, gehörten zum italischen Reiche, solches bewiesen der Einwohner Herkunft, Sitten und Sprache, die Lombarden hätten sie seit ihrer Ankunft in Italien besessen." Daraus geht hervor, daß Otto alles das Land von dem griechischen Hofe zurück für sich verlangte, darauf anjetzo noch Lombarden, welche die vaterländische Sprache redeten und die alten Sitten bewahrt hätten, säßen. Nicht glaubhaft ist, daß Otto, der mit so entschiedenem Vortheil gegen die Griechen gefochten, und den der Kaiser Johannes Tzimisces so dringend aus eigenem Antrieb um Frieden gebeten hatte, von dieser seiner Forderung solle abgegangen sein. Und darum ist anzunehmen, daß von Otto nur die Gebiete von Bari, Taranto und Otranto auf der Ostküste Unteritaliens und von Calabrien der unterste Theil unterhalb Cosenza — welches alles gleich zu Anfang die Griechen gegen die Lombarden behauptet hatten — jenen zugestanden worden; das ganze

---

[1]) Mascov in seinen Comment. L. II. in Ott. M. § 31 meint, Benevent, Capua und Salerno sei dem griechischen Kaiser abgetreten, Apulien aber, Calabrien und Neapel zurückbehalten worden. Theodericus de Niem in Nemore Unionis Tract. VI. c. 33 glaubt dagegen, Apulien, Calabrien und Sicilien sei der Theophania als Brautschatz mitgegeben worden. [2]) Legat. Liutpr. bei Mur. T. II. P. I. S. S. It. S. 480.

übrige Calabrien und Apulien aber, ehedem den Fürsten von Benevent unterworfen, wieder zum italischen Reiche gelegt sei. Und wirklich
ist noch ein alter Brief vorhanden, aus welchem klar zu ersehen, daß
der Kaiser, als er wieder über die Alpen zurückgegangen war, einen
Statthalter zu Calabrien und Apulien niedergesetzt hat; von diesem
hat im Christmond des J. 972 der Abt zu M. Casino eine Bestätigung seiner Gerechtsame erhalten. [1]

Nachdem nun Gero, der Erzbischof zu Cölln, mit solchen erfreulichen Friedensbedingungen aus Byzanz zurückgekehrt war, haben die
Kaiser das heil. Weihnachtsfest des J. 971 zu Ravenna gefeiert. [2]
Dann aber, bei Annäherung des Frühlings, zogen sie gen Rom, wo
die Vermählung mit der griechischen Kaiserstochter stattfinden sollte.
In der Charwoche, in den ersten Tagen des Aprilmonds des Jahres
972 [3]), kam Theophania, von Bischof Theoderich zu Metz [4]),
dem Vetter der beiden Kaiser, feierlich in Benevent eingeholt, unter
einer prächtigen Begleitung und mit kostbaren Geschenken [5]) in der
Hauptstadt des Abendlandes an. Ihre Schönheit — denn sie war
ihrer Mutter, die man für ein Wunder der Natur hielt [6]), würdig
— ihr heller Verstand und ihr leutseliges Betragen gewannen ihr
beim ersten Anblick das Vertrauen und die Verehrung der abendländischen
Völker. [7]) Unter dem Frohlocken und allgemeinem Beifall aller Großen

---

[1]) S. d. Zus. d. Angelus de Nuce zur Chronik des Leo von Ostia Bd. II.
c. 2. bei Mur. R. Ital. T. IV. S. 338 n. 4. „Sigillum factum a Mariano, Pa-
tricio et Stratygo Calabriae atque Longobardiae (so hieß zu jener Zeit
das diesem Volke ursprünglich gehörende Stück von Apulien) et datum vobis Ali-
gerno etc. in mense Decembris ind. 15. Diese indictio trifft auf das Jahr 972.
Aligernus war Abt zu Monte Casino und Leo von Ostia sagt in der Einleitung
zum 2ten Buche von ihm S. 336, daß er zur Zeit Otto's des Großen und seines Sohnes Otto's II., zur Zeit Landulph's und Pandulph's des Eisenkopfes
und dessen Sohn Landulph's und unter den Päpsten Johannes XII., Leo VIII.,
Joh. XIII. u. s. w. bis zu Joh. XV. († 996) gelebt habe. — Alle Zeugnisse der
gleichzeitigen Schriftsteller erwähnen übrigens nur der Eroberung von Apulien und
Calabrien, keineswegs deren Rückgabe an die Griechen. — Dithm. II. 26 Bene-
ventum, Calabriam et Apuliam sibi vendicavit u. Prolog zum 2ten B. et
maritimi solvunt tributa remoti. Witt. III. 659. Qualiter Otto Duces Beneven-
tanorum subjecerit, Graecos in Apulia Calabriaque superaverit, inperiumque
cum filio quam magnifice dilataverit etc. V. Theoderici Ep. Metensis
b. Leibn. I. 301. Ottone cum filio Italiae sceptra usque in fines Calabriae
gubernantibus. [2]) Chron. Lobiense und A. S. z. J. 972. [3]) Lambert v. Aschaffenburg z. J. 972. Chron. Saxo und A. S. ad h. a. „In pascha fecit adduci
Romam." [4]) Sigbert im Leben Theoderich's c. 23. [5]) Witt. III. 661.
[6]) Zonaras 16. [7]) Chronographus Saxo z. J. 972: ingenio facunda et vultu

von deutschen und italischen Landen[1]) ward die Vermählung am Sonntag nach dem Osterfeste, dem 14ten des Aprilmonds[2]), in der höchsten Pracht und Herrlichkeit[3]) in der Peterskirche vollzogen. Papst Johannes XIII. verrichtete selbst die Einsegnung und legte die Hände des kaiserlichen Paares, durch welches hinfüro das Abend- und Morgenland in Frieden verbunden sein sollten, zusammen. Darauf ward Theophania, wie vordem Adelheid, mit der Kaiserkrone gekrönt.[4])

Noch an demselben Tage ließ Otto II. seiner Braut eine reiche Mitgift verschreiben: die Urkunde darüber, mit sauberen gülbenen Buchstaben auf purpurfarbenes Pergament geschrieben und mit glänzenden Bildern verziert, hat die Kaiserin Theophania ihrer Tochter Sophia, der Aebtissin zu Gandersheim, geschenkt — dort im Stifte ist sie bis auf die neuesten Zeiten aufbewahrt worden.[5]) Sie lautet folgendermaßen:

„Im Namen der heiligen und untheilbaren Dreieinigkeit. Otto, durch die göttliche Gnade römischer Kaiser. Als Gott, der ewige Schöpfer und Ordner aller Dinge, im Anfang der entstehenden Welt in vollkommener Schönheit die ersten Naturen geschaffen, hat er auch den Menschen nach seinem Bilde in's Dasein gerufen, damit dieser über alles, was Leben hat, gebiete und herrsche. Und da der Allgütige nicht wollte, daß er allein sei, sondern daß in vielfältiger Verbreitung eine immerwährend dauernde Nachkommenschaft hinreiche, den Chor der aus Stolz gefallenen Engel zu ergänzen, hat er eine Rippe aus dem Leibe des ersten Menschen entnommen und die eheliche Gemeinschaft gestiftet, hat mit bewundernswürdiger Vorsicht geordnet, daß zwei hinfüro ein Fleisch sein sollen und nach einem geheiligten Gesetz das Band zwischen Vater und Mutter und die eheliche Treue begründet. Darauf ist auch der Stifter des heiligen Bundes, der Mittler zwischen Gott und den Menschen, in menschliches Fleisch herniedergestiegen, von der unbefleckten Jungfrau, gleich wie ein Bräutigam geboren, um mit der Kirche, seiner Braut, sich zu vermählen

---

elegantissima. Dithm. IV. 71: quamvis sexu fragilis, modestae tamen fiduciae et quod in Graecia rarum est, egregiae conversationis fuit.
[1]) Dithm. II. 18. arridentibus cunctis Italiae Germaniaeque primatibus
[2]) oct. Paschae, XVIII. Cal. Maji — so die Ann. Hildesh. z. b. J. bei Leibn. I. 719. Ostern fiel 7. April. [3]) Sigbert, im Leben Theoderich's, Bischof's von Metz, sagt: magnificentia Imperiali nuptias Romae celebravit. [4]) Albericus in s. Chronik z. J. 972. [5]) Dem Vernehmen nach befindet sie sich jetzt im Wolfenbüttler Archiv. In Kupfer gestochen steht sie in den Origg. Guelf. T. IV. S. 460.

und hat, damit er Zeugniß ablege, daß rechtmäßig geschlossene Ehen heilig und gut, er selbst ihr Urheber sei und zu ihnen komme, mit dem ersten Wunder seiner erhabenen Macht sie verherrlichen und heiligen, indem er Wasser in Wein umgewandelt.[1]) Endlich, um völlig zu beweisen, daß die Ehen von Gott gestiftet seien, sagt er im Evangelio selbst: „„Was Gott zusammenführt, das soll der Mensch nicht scheiden!"" Ebenso beweisen der apostolische Spruch: „„Ehrenvoll ist eine reine, unbefleckte Ehe"" und viele Zeugnisse heiliger Bücher, daß unter Gottes Beistand das eheliche Band geknüpft werde, und daß es zu Erzeugung der Kinder in gegenseitiger, unauflöslicher Liebe bestehe."

„Daher habe auch ich Otto, durch die göttliche Veranstaltung römischer Kaiser, vertrauend auf die Bestimmung der himmlischen Güte, nach dem Willen meines Vaters Otto, des großen und heiligsten römischen Kaisers, und nach dem Rath der heil. Kirche und aller Getreuen unseres Reiches mich entschlossen, hier zu Rom, in der Hauptstadt der Welt, unter dem Beistande des höchsten Fürsten der Kirchen, des heil. Apostels Petrus, Theophanien, der erlauchten Nichte Johannes, des Kaisers von Constantinopel, als meiner künftigen Ehe- und Reichsgefährtin mich durch die Einsegnung Johannes XIII., des heiligsten und allgemeinen Papstes, zu verloben und sie unter dem glücklichen Schutze des Heilands zur Gemahlin zu nehmen."

„Daher sei kund und zu wissen allen denen, die jetzt und künftig der heil. Kirche Gottes und uns treu und gewärtig sind, daß wir dieser unsrer geliebtesten Braut zur rechtmäßigen Morgengabe, nach der Sitte unserer Altvordern, sowohl in italischen Landen, als jenseits der Alpen, innerhalb der Grenzen unserer Reiche nachfolgende Besitzthümer zum Gebrauch und auf ewige Zeiten zu eigen gegeben haben: In Italien die Landschaft Istrien[2]) und die Landschaft Piscarien[3]). — Ueber den Alpen: die Landschaften Walchern[4]) und Wigeln[5]) mit der Abtei Nivelles[6]) und 14,000 dazu gehörigen Mannwerken. Auch folgende Pfalzen unserer kaiserlichen Majestät: Boppard[7]), Thiel[8]),

---

[1]) Auf der Hochzeit zu Cana in Galiläa. Evang. Joh. II. 1—11. [2]) zu beiden Seiten des Karsts, östlich von Aquileja. [3]) Pescara am Fluß gleichen Namens an der Ostküste Italiens — jetzt in Abruzzo citra gelegen. [4]) Die Insel am Ausfluß der Schelde in's Meer. [5]) wahrscheinlich in eben der Gegend. [6]) in Brabant. [7]) am Rheine, nicht weit von Coblenz. [8]) an der Waal im Herzogthum Gelbern, eine reiche Stadt zu Otto's Zeiten mit einer Hauptzollmünzstätte, s. Urk. Otto's II. vom 26. Jun. 975 bei Gerken Cod. Dipl. Brand. V. 65.

Hervorden[1]), Tüllera[2]) und Norrhausen[3]), letzteres Gut in eben der Maaße, wie unsere Großmutter, die erlauchte Frau Mathilbis, das= selbe Zeit ihres Lebens besessen. Solches alles überlassen wir durch diesen unsern Brief der heiligsten und geliebtesten Theophania, un= serer Braut, geben und schenken es ihr, und tragen es von unserm Eigen und Rechten in das ihrige über, zugleich mit allen Burgen, Häusern und Bewohnern, mit allem Land und Feld, allen Weinber= gen, Wiesen, Wäldern, in Ebenen und Bergen, allen Wässern, Was= serläuften, Mühlen, Fischereien und allen Hoheitsrechten und Gewal= ten, daß sie eigenthümlich es habe, innehalte, und festiglich besitze, auch ermächtigt sei, es zu verschenken, zu verkaufen, zu vertauschen und was ihr sonst zu Recht beständig damit zu thun beliebet."

„Daß aber Niemand diese unsere Mitgiftsbestallung zu übertre= ten sich erkühne, so wisse ein Jeder, daß er sich dadurch unsrer Ma= jestät schwere Ungnade zuziehe und mit einer Strafe von 1000 Pfund des besten Goldes Theophanien, unsrer geliebtesten Braut, und unsern Erben verfallen sein solle. — Und damit solches Alles besser geglaubt und fleißiger für alle Zeiten beobachtet werde, haben wir mit eigener Hand uns unterzeichnet und unsern Siegelring zu Ende auf= drucken lassen."

„Gegeben am 14ten des Aprilmonds im J. des Heils 972, im 11ten des Kaiserthums unsres Vaters und im 5ten des unsern. Ge= schehen zu Rom an der Schwelle der heiligen Apostel."

Nachdem nun Kaiser Otto der Große — denn so ward er jetzt überall genannt, in Briefen[4]) und im Munde seiner Völker[5]) — durch diese Vermählung seinen letzten großen Entwurf, die beiden Kai= serthümer des Morgen= und Abendlandes durch ein festes Freundschafts= bündniß zu verknüpfen, zur Ausführung gebracht sah, gedachte er wieder über die Alpen nach Deutschland zu gehen, wo er seit beinahe sechs Jahren nicht gewesen. Italien, das bis zur Spitze Calabriens hinunter willig seinem Scepter gehorchte[6]), bedurfte nicht mehr seines

---

[1]) An der Werra und Aa — damals im Lande Engern, jetzt preußisch. Hier war ein großes Jungfrauenkloster zu Anfang des 9. Jahrhunderts gestiftet worden: Kaiser Otto's I. Mutter Mathilbis war hier erzogen. [2]) unterhalb des Kyff= häuserberges in der goldenen Aue. [3]) am Fuße des Harzgebirges. Norbhausen war Mathilden's Witthum. Siehe Urk. Heinrich's I. vom 16. September 929 bei Leukf. Ant. Halb. S. 632. [4]) Urkunde bei Meib. T. I. S. 747. 750. 752 und viele andere. [5]) Ekkebardus de Cas. Mon. S. Galli, c. 10. 16. S. 43. 58. 64. [6]) V. Theod. Ep. Met. b. Leibn. I. 30, Ottone cum filio Italiae sceptra usque in fines Calabriae gubernantibus.

mächtigen Armes: denn auch Abalbert, welchem die Verbindung der beiden Kaiserhöfe die Hoffnung auf fernere Unterstützung der Griechen benommen, war aus dem Lande gegangen [1]) und seinen Bruder Konrad [2]) hatte ein gütlicher Vertrag zur Ruhe gebracht. — Eben so auch waren die Saracenen im untern Italien durch einen tapfern italischen Herren Asto, dem der Kaiser sechstausend seiner Getreuen gegeben, in einem nochmaligen harten Treffen besiegt, bis nach Taranto in Apulien verfolgt und ins Meer, daher sie gekommen, wieder zurückgejagt worden. [3]) — Und endlich hatte auch Wilhelm, Graf von Provence, der Bruder König Konrad's von Burgund, die Mauren aus Frazinetum, die Otto hier hatten angreifen wollen, herausgeschlagen [4]): so konnte der Kaiser mit ruhigem Herzen Welschland verlassen.

Er brach daher mit seinem Gefolge, nachdem die Feste und Lustbarkeiten, die das Beilager seines Sohnes verschönt hatten, vorüber waren, von Rom nach dem obern Italien auf: schon am 28sten des Maimonds weiset ihn ein Brief, den er dem Bischof Abraham von Freisingen gegeben, im Thiergarten von Pavia, der Hauptstadt Lombardiens, nach [5]) und hier, in lombardischen Landen, ist er den Sommer hindurch noch geblieben. [6]) Gegen die Mitte des Erntemonds aber überstieg er mit Abelheid, Otto II. und Theophanien die graubündner Alpen und war am Abend vor dem Feste der Himmelfahrt der heil. Jungfrau im Kloster S. Gallen. [7]) Von da ging er den Rhein entlang nach Constanz am Bodensee, wo er länger als eine Woche verweilte. [8]) Dann aber zog er weiter, immer am Rheinstrom in's Frankenland hin; am 17ten September war er zu Ingelheim in der Kaiserpfalz. [9]) Hierher hatte er eine große Anzahl von weltlichen

---

[1]) Er ist, nachdem er lange auf der See herumgeirrt, zuletzt in der Gefangenschaft zu Autun, im Herzogthum Bourgogne, gestorben. Nota Mansi ad Baron z. J. 966. Das vom Verfasser als Autun gedeutete Augustodunum ist Augsburg. [2]) Landulph der Aeltere, Geschichte von Mailand I. 8 bei Murat. S. R. It. T. IV. [3]) Lupus Protospata in Chron. z. J. 972 bei Mur. T. V. Rer. Ital. S. 40. [4]) Odilo et Syrus, in V. S. Majoli bei P. Mabillon Annal. Bened. Sec. V. S. 779. [5]) Urk. vom 28. Mai 972 gegeben in pruilo (brolio) Papiae in Hunds Metrop. Salisb. I. 91. [6]) Urkunde vom 25. Jul. 972 gegeben zu Mailand bei Margarinus Bullar. Casin. II. 48. Urk. vom 1. Aug. 972 gegeben zu Pavia bei Mir. Opp. Dipl. I. 506. [7]) Urkunde Otto's II. vom 14. August 972 bei Herrg. Gen. Habsb. II. 83 geg. zu S. Gallen. [8]) Urkunde vom 18. Aug. 972 b. Crus. Ann. Suev. P. II. 138. Urkunde vom 25. Aug. b. Neugart Cod. Dipl. Alem. II. 18 und Urkunde v. 28. Aug. 972 bei Hergott l. c. II. 84. alle geg. zu Constanz. [9]) Urk. v. 17. Septbr. 972 geg. zu Ingelh. b. Möser Osnabr. Gesch. II. Urk. B. S. 6.

und geistlichen Herren, einen Reichstag und eine Kirchenversammlung zu halten, beschieden[1]): der Erzbischof Rotbert von Mainz mit den Bischöfen von Augsburg, Straßburg, Würzburg, Eichstädt, Worms, Speier, Hildesheim und Verden, der Erzbischof Gero von Cölln mit den Bischöfen von Lüttich, Osnabrück und Münster, der Erzbischof Thiedrich von Trier mit den Bischöfen von Metz, Toul und Verdun, der neue Erzbischof Adalbert von Magdeburg mit den Bischöfen von Merseburg und Meißen, die Erzbischöfe Adeldag von Hamburg und Friedrich von Salzburg, viele andere Fürsten[2]), Herzoge, Grafen, Geistliche und Laien waren hier um des Kaisers Thron versammelt. Und nachdem er alle Geschäfte des Reichs mit Weisheit geordnet, ist er die übrige Zeit in fränkischen Landen geblieben und hat das heil. Weihnachtsfest am Ufer des Mains zu Frankfurt begangen.[3])

Gegen den Frühling des folgenden Jahres 973 brach er mit Gemahlin, Sohn und Schwiegertochter nach der Heimath in sein geliebtes Sachsenland auf und kam nach Magdeburg, wo er mit hoher Freude seine neue Stiftung, die erzbischöfliche Kirche seines großen Schutzpatrons, des heil. Mauritius begrüßte. Den Palmsonntag feierte Otto in dieser Stadt.[4]) Wie es sonst an allen Festtagen Brauchs war, ward der Kaiser auch dießmal, wenn er zum Morgengebet, zur Vesper und zur Messe ging, an der Hand des ehrwürdigen Erzbischofs Adalbert unter dem Geläut aller Glocken, in Procession der Bischöfe und der gesammten Geistlichkeit, unter Vortragung der Kreuze, der heil. Reliquien und Räuchergefäße zur Kirche begleitet. Hier stand und saß der fromme Herr mit vorzüglicher Andacht, bis der Gottesdienst völlig zu Ende war; sprach da nur von göttlichen Dingen und ward alsdann im Gefolge vieler geistlichen Herren, Herzoge und Grafen, und unter Vortragung vieler Lichter, zurück in seinen steinernen Kaiserpalast geleitet. Zum Heil für seine Seele brachte er am folgenden Tage Gott dem Herrn und dessen unüberwindlichem Streiter, dem heil. Moritz, unaussprechlich viele Geschenke an Landgütern, Büchern und anderem königlichen Geräth und bestätigte solches

---

[1]) Dieselbe Urkunde S. 7. [2]) multique alii nostri Regni Principes, Duces, Comites, Clerici et Laici, quorum nomina et numerus comprehendi non possunt. [3]) Chron. Lobiense u. A. S. z. J. 973 Urk. vom 27. Decbr. 972 gegeben zu Frankfurt am Main in Cod. Lauresh. Dipl. I. 131. [4]) Dieß und das Folgende wörtlich nach Dithm. II. 36. 37. Vergl. S. 35, wo er von den kaiserlichen Ehren redet, die Herzog Hermann von Sachsen sich angemaßt hatte.

Alles als des Erzstifts rechtmäßiges Eigen, in Gegenwart und mit Bewilligung der Kaiserin Adelheid und seines Sohnes, unter dem Zeugniß einer ganzen christlichen Versammlung durch geschriebene Urkunden.

Noch in der Charwoche reiste Otto mit seiner Gemahlin, Kaiser Otto II. und Theophanien nach Quedlinburg. Nach dieser hochberühmten Statt[1]), in der schönen Aue an der Morgenseite des Harzes gelegen, wo auf sanftem Hügel die hohe Pfalz sich erhob, aus welcher der Kaiser in das waldige Gebirg und die lachenden Gefilde herabblickte, hatte er zur Osterfeier alle Fürsten des Reiches geladen. Hier, zum letztenmale, sollten sie ihn, den erlauchten Herrn, in der Fülle der Kaiserpracht schauen. Seinem Gebote gehorchend, ritten alle Erzbischöfe und Bischöfe des Reichs, die Herzoge Hermann von Sachsen, Burkhard von Schwaben, Otto von Franken[2]) Heinrich von Baiern, die vom Lothringer und Thüringerland[3]), die Markgrafen, Grafen und übrigen edlen Herren des Reichs zu dem Hoflager ein. Auch die Herzoge Mjesko von Polen und Boleslaw von Böhmen waren gekommen und eine große Anzahl von Gesandten aus Griechenland, Lombardien, Rom, Benevent, von Dänemark, Ungarn, den slavischen Landen, Bulgarien und Rußland[4]); sie alle traten mit reichen Geschenken vor den Thron des mächtigen Kaisers, ihm Freundschafts und GehorsamsVersicherung zu bringen. Unter göttlichem Lob und dem Frohlocken aller Menschen ward das Fest der Auferstehung begangen; viele Tage hintereinander blieb die glänzende Versammlung um den Kaiser in Frieden und Eintracht; erst spät entließ er sie, hocherfreut und mit reichen Geschenken beehrt. Nur ein einziger Unfall, der Tod seines geliebten Herzogs Hermann von Sachsen, der am ersten des Aprilmonds erfolgte[5]), trübte die Freuden des Kaisers: nur zu bald sollte er ihm selbst in die Gruft hinab folgen.

Siebzehn Tage blieb der Kaiser in Quedlinburg, dann aber erhob er sich, um in Merseburg das Fest der Himmelfahrt zu begehen.[6]) Traurig zog er an der Saale hinauf, weil der Hintritt seines Lieblings ihm eine tiefe Wunde geschlagen: eine Vorahnung seines eignen

---

[1]) Witt. III. 661 loco celebri Quidelingeburg. Das Folgende nach ihm l. c. u. fg. und nach Dithm. II. 37. [2]) Der Sohn Konrab's des Weisen: er heißt dux bei Ekkeh. d. Cas. Mon. S. Galli c. 16 bei Gold. I. 57. [3]) Sie hießen wahrscheinlich Friedrich und Thiebrich. [4]) Dithm. l. c. Lambert von Aschaffenburg zum J. 973. [5]) Dithm. l. c. Er ward in dem Kloster des heil. Michael zu Lüneburg, das er selbst gegründet, begraben. Annal. Saxo z. J. 973. [6]) Dieß und alles Folgende nach Dithm. II. 44 u. Wittech. III. 662.

nahen Scheidens mochte seine Seele erfüllen. In Merseburg vollbrachte er mit frommer Gesinnung Alles, was er dem heil. Laurentius auf dem Lechfeld zugesagt hatte, auch Gesandte, welche die Saracenenfürsten aus Afrika, von Ehrfurcht gegen ihn erfüllt und mit reichen Geschenken ihm schickten, empfing er hier und ließ sie eine Zeitlang an seinem Hoflager verweilen. Dann aber zog er weiter in's Thüringerland und kam am Dienstag vor dem heil. Pfingstfeste, dem sechsten des Maimonds im Jahre des Heils 973, in die goldene Aue nach Memleben, ohnfern der Unstrut, wo dereinst sein großer Vater zu den Todten gegangen war: hier, an dieser geheiligten Stätte, sollte auch ihn der Engel des Herrn abrufen.

Nachdem er einen Theil der Nacht über sanft geruht, erhob er sich von seinem Lager, um, wie er es pflegte, in der Klosterkirche den nächtlichen Horen und den Frühmetten beizuwohnen. Darauf schlief er ein wenig, theilte nach dem Hochamt, wie er gewohnt war, Almosen unter die Armen aus, nahm etwas Speise zu sich und legte sich darauf wieder zur Ruhe. Als aber die Mittagszeit kam, trat er heiter aus seinem Gemach heraus und saß vergnügt noch bei der Mahlzeit. Als die Tafel aufgehoben, begab er sich in die Klosterkirche zur Vesper und hier, da der Evangeliengesang vorüber war, fing er an in Schweiß und Mattigkeit zu gerathen. Als die ihm zunächst stehenden Fürsten solches sahen, ließen sie ihn auf einen Lehnstuhl niedersitzen und brachten ihn, der das Haupt schon gesenkt hielt, als wenn er verschieden wäre, wieder zu sich. Darauf verlangte der fromme Kaiser das heil. Nachtmahl und fand sich, nachdem er es erhalten, gestärkt. Alle Anwesende beteten zum Himmel um einen seligen Abschied: er starb, ruhig und fest, wie er im Leben gewesen, im 61sten Jahre seines Alters, im 37sten seiner Regierung und dem 12ten, seit er die Kaiserkrone getragen [1]) — es war eine große Stunde, wo der hohe Mann hinüberschlummerte zu einer besseren Welt, zu Gott, dem Herrn, für dessen Reiches Zukunft er unablässig gekämpft hatte bis auf den letzten Athemzug seines Lebens. — Der Leichnam des entschlafenen Kaisers ward hierauf aus der Kirche in den Kaiserpalast [2]) gebracht und erst spät am Abend sein Tod dem Volke verkündigt. In derselben Nacht noch wurden die Eingeweide aus dem Körper genom-

---

[1]) Am 7ten des Maimonds 973. S. Necrologium Fuldense zum Jahr 973 bei Leibn. III. 764. Witt. Dithm. ll. cc. [2]) Ueberreste von Mauerwerk, vielleicht davon herrührend, findet man noch heut zu Tage ohnfern der Kirche.

men und in der U. L. Frauen gewidmeten Klosterkirche zu Memleben in einer goldenen Kapsel begraben, der Körper selbst aber einbalsamirt, um, wie es des Kaisers Wille gewesen, in Magdeburg, seiner geliebtesten Stadt in der Kirche des heil. Moritz neben seiner ersten Gemahlin Editha beigesetzt zu werden.

Tieftrauernd geleitete Adelheid, die kaiserliche Witwe, ihr Sohn Kaiser Otto II. und dessen Gemahlin Theophania mit den übrigen geistlichen und weltlichen Herren die Ueberreste des heimgegangenen großen Kaisers nach Magdeburg. Hier wurden dieselben mit höchster Pracht und unter Thränen seiner Getreuen übernommen, in einen Sarg von Marmor gelegt und von den Erzbischöfen Adalbert von Magdeburg und Gero von Cölln, vielen Bischöfen und der gesammten Geistlichkeit in dem hohen Chor der erzbischöflichen Kirche in die Gruft gesenkt. Nachdem dies Gotteshaus 1207 ein Raub der Flammen geworden, fanden die Särge des Kaisers und seiner ersten Gemahlin Editha in der neuerbauten Domkirche eine neue Ruhestätte. Die Gebeine Otto's setzte man im hohen Chor bei. Die weiße, graugeäderte Marmorplatte, unter welcher sie in einem Steinsarge ruhen, war anfangs von einem silbernen und vergoldeten Gitter umschlossen. Räuberische Hände entführten dasselbe im dreißigjährigen Kriege, und ein hölzernes trat an seine Stelle. Beim Reparaturbau der Kirche ward dies 1831 weggenommen und 1844 im November durch ein broncirtes Eisengitter ersetzt. Die Inschrift des Leichensteins: „daß eine dreifache Ursach der Trauer hier ruhe: ein König, eine Zierde der heil. Kirche und des Vaterlandes herrlichste Ehre [1])" ist im Laufe der Jahrhunderte unkenntlich geworden. Ein Monument von Sandstein, unter einem achtseitigen offenen Hause auf dem magdeburger Markte, zeigt die lebensgroße Figur des Kaisers mit der Krone, im Mantel und in einem enganliegenden Kleide, auf einem schön geformten Pferde sitzend und nach Sonnenaufgang hin reitend, in der Mitte zwischen zwei weiblichen Figuren — die Sage nennt sie die Gemahlinnen Otto's, Editha und Adelheid — die aber wohl nur Personificationen des Staates und der Kirche, der geistlichen und weltlichen Macht, welche in dem Kaiser ihre mächtigste Stütze besaßen, hat die dankbare Stadt ihm setzen lassen. Dem ursprünglichen, durch viele spätere Reparaturen entstellten Style nach zu schließen, möchte die Errichtung die-

---

[1]) Chronographus Saxo ad a 973 bei Leibn. Access. Hist. I. 188 Tres luctus causae hoc sunt sub marmore clausae: Rex, decus ecclesiae, summus honor patriae.

ses Monuments in die zweite Hälfte des dreizehnten Jahrhunderts fallen.

Wenn aber auch nichts Körperliches mehr uns die Erinnerung an den großen Kaiser zuführte, so sind es doch seine Thaten, die seinem Namen ein dauerndes Andenken sichern. Treu bewahrt, was er Großes gethan hat, die Geschichte: in ihr, die verherrlicht, was edel und erhaben war auf Erden, hat er eine Denksäule sich gesetzt, die weithin jenes Monument überragt. Wenn jemals die Stimme der Welt und der Nachwelt gerecht war in der Ertheilung des Beinamens des Großen, so ist sie es bei ihm gewesen: solch einen Kaiser, so groß, aber einfach, so ernst, aber sanft, hat Deutschland nicht wieder gesehen.[1]) Das ist aber das Heil, das die Welt hat von großen Männern auf den Thronen, daß sie nicht bloß unter denen, die mit ihnen leben, Wohlfahrt verbreiten und die ganze Zeit, in der sie stehen, zu gleicher Tugend erheben, sondern daß der Einfluß ihrer reichen, bildenden Kraft noch in spätern Jahrhunderten gefühlt wird und selbst dann, wenn keine äußerliche Spur von ihren Thaten mehr da ist, geistig noch durch das Vorbild fortdauert, an dem edle Gemüther sich zu gleicher Vortrefflichkeit entzünden.

Möge denn überall in deutschen Landen das Gefühl recht lebendig jenem ächt christlichen Heldengeist, jener Kraft und jener Milde entgegenschlagen, mit welcher Er, der wahrhaft deutsche Mann, über das Reich geherrscht und den Flor der folgenden Zeiten begründet hat. Uns aber, uns Sachsen, deren Stamme der große Otto entsprossen, möge seine ehrwürdige Gestalt, die wie ein geistiger Riese aus dem grauen Alterthum in unsere veränderte Zeit blickt, an nichts stärker mahnen, als immer treu zu der gemeinsamen deutschen Sache zu stehen, wie er dazu gestanden, vor allem aber fest zu jeder Zeit an jenem lebendigen Gottvertrauen zu halten, welches allein Weisheit und Kraft giebt, so große Dinge zu vollbringen, wie er sie vollbracht hat.

---

[1]) Prophetisch hat der ehrwürdige Bischof Dithmar gesprochen: Non fuerat tantus Caroli de morte patronus Nec puto simili regnum pastore potiri. (Prolog zum 2ten B.) und mit Recht Papst Johannes XIII. ihn tertium post Constantinum et Carolum Augustorum Augustissimum genannt. Und wie noch zur Zeit der Hohenstauffen das Andenken an den großen Kaiser die Gemüther mit Bewunderung erfüllte, und wie man nach seinen Zeiten, als nach den goldenen, sich zurücksehnte, das beweist eine Stelle beim sächsischen Chronographen, der zu Ende des 12ten Jahrhunderts lebte (l. c. S. 187): „Hujus (Ottonis) aurea tempora merito nunc gravi gemitu memorat pressa malis S. Ecclesia und der Vers bei demselben „Mundus erat felix, Otto dum sceptra gerebat.‛‛

Beilage I.

Chronologische Uebersicht der Aufenthaltsorte Otto's des Großen, zusammengestellt mit den vorzüglichsten Begebenheiten unter seiner Regierung.

In dem folgenden Urkundenverzeichniß, das durchaus nicht auf Vollständigkeit Anspruch macht, sind nur diejenigen enthalten, deren Ortsunterschriften mit den in den gleichzeitigen Schriftstellern bemerkten Aufenthaltsorten zusammentreffen, so daß eine Nachweisung die andere ergänzt. — Recht wohl ist mir bekannt, daß der Tag der Ausfertigung der Urkunden nicht immer mit dem des Aufenthalts der Könige und Kaiser der mittleren Zeit zusammenfällt: das actum aber, das dabei steht, bezeugt wenigstens, daß sie in den verschiedenen Pfalzstädten und Bischofssitzen wirklich hinter einander gewesen sind. — Es soll durch diese Zusammenstellung vornehmlich ein Beweis gegeben werden, wie regsam die Könige und Kaiser des Mittelalters waren, und wie sie in allen Theilen ihres Reichs unermüdet umherzogen, um die Angelegenheiten des Staats und der Kirche zu ordnen, um Recht und Gerechtigkeit zu handhaben, den Frieden und die Ruhe zu befestigen, die Mächtigen und Großen im Zaume zu halten und um den Armen und Unterdrückten überall mit ihrer Hülfe nahe zu sein.

936.

2. Jul. † Heinrich zu Memleben.
8. Aug. Krönung Otto's zu Aachen.
28. Spt. Ermordung Herz. Wenzel's von Böhmen.

14. Octbr. zu Magdeburg Urk. bei Schannat. Hist. Fuld Prob. S. 143. (Herzogth. Sachsen).
17. Octbr. bei Werla. Schaten Ann. Paderb. S. 277. (Hzth. Sachsen), [wo jetzt das Pfarrdorf Burgdorf ist, zwischen Schladen und Wolfenbüttel an der Ocker. Büsching Erdbeschreibung III. Th. 3. Bd. Seite 481].
30. Decbr. zu Forchheim. Schaten S. 278. (Herzogth. Baiern, Mark Ostfranken).

937.

26. April S. Gallen beim Einfall der Ungarn niedergebrannt. (Hepidan).
12. Jun. † Herzog Arnulf von Baiern.

30. Jun. zu Werla. Meib. Scr. R Germ. I. 793. (Herzogth. Sachsen).
8. Aug. zu Walhausen ders. 740. (Herzogth. Thüringen).
13. Septbr. zu Queblinburg Leukf. Ant. Halberst. 637. (Herzogthum Sachsen). . . . .
21. Septbr. zu Magdeburg derselbe 639. (Herzogth. Sachsen). . .

Stiftung des Servatiusklosters zu Queblinburg.
Stiftung des Moritzklosters zu Magdeburg.

25. Septbr. Sieg Hermann Billung's über die Böhmen.

27. Sept. zu Magdeburg Gerken Cod. Dipl. Brand. IV. 353. (Herzogth. Sachsen).
11. Octbr. zu Dornburg an der Elbe Lünig Sp. Eccl. Theil I., Fortf. Anh. S. 3. (Herzogthum Sachsen).
21. Octbr. zu Altstädt. Leukf. A. Altst. S. 234. (Herzogth. Thüringen).
20. Decbr. zu Queblinburg. ad Erath. Cod. Dipl. Quedl. S. 4. (Herzogth. Sachsen).

938.

4. Jan. Dalahem (im Hildesheimischen). Heda de Episc. Ultraj. S. 81. (Herzogth. Sachsen).
18. Mai. Stela an der Ruhr. Möser Osnabr. Gesch. II. Urk. B. S. 3. (Herzogth. Sachsen).

Mai. Reichstag zu Stela wegen Herzog Eberhard von Franken.
Tancmar † in Eresburg.
Hugo der Große, Graf zu Paris, heirathet Hedwig, Otto's Schwester.

939.

7. Jun. Magdeburg. Gerken C. D. B. VII. 5. (Herzogthum Sachsen).
17. Septbr. Werla. Neugart Cod. Dipl. Alem. II. 16. (Herzogthum Sachsen).

Unruhen Heinrich's, Herzog Eber-
harb's von Franken u. Herzogs
Giselbert's von Lothringen. Siege
Otto's bei Bierthen und Anber-
nach. Eberhard u. Giselbert †.
Heinrich wird Herzog zu Loth-
ringen. Konrad, Graf v. Worms,
wird Herzog von Franken.
Ludwig, der Ueberseeische, König von
Frankreich, heirathet Gerberga,
Otto's Schwester, Herzog Gisel-
bert's Wittwe.

940.

7. April. Quedlinburg. Neugart
C. D. Al. I. 585. (Herzogthum
Sachsen).

19. April. Werla. Falk. Trad. Corbej. 210. (Herzogth. Sachsen).

23. April. Magdeburg. Leuber
Disq. Stap. Sax. no. 1183. (Herzogth. Sachsen).

29. Mai. Salz. Meichelb. Hist.
Fris. I. 171. (Herzogth. Franken
— bei Königshofen).

30. Mai. Ingelheim. Mir. Opp.
Dipl. II. 1127. (Herzogth. Franken).

1. Jun. Salz. Hund. Metrop.
Salisb. I. 90. (Herzogth. Franken).

3. Jun. Mainz. Honth. Hist. Trev.
I. 276. (Herzogth. Franken).

15. Septbr. Bullingen. Cod. Lauresh. Dipl. I. 116. (Herzogthum
Lothringen — b. Stablo).

25. Septbr. Corvei. Falk. Trad.
Corbej. 745. (Herzogth. Sachsen).

1. Decbr. Frankfurt am Main.
Schannat. Hist. Prob. Fuld. S.
145. (Herzogth. Franken.)

Markgraf Berengar kommt an Otto's
Hof.

Feldzug Otto's nach Frankreich gegen
Ludwig den Ueberseeischen.

Heinrich aus Lothringen vertrieben;
Graf Otto von Berdün erhält das
Herzogthum.

941.

1. Januar. Frankfurt am Main.
Origg. Guelf IV. 396. (Herzogth.
Franken).

10. Januar. Dalahem. Schaten Ann.
Pad. 285. (Herzogth. Sachsen). .

28. März. Magdeburg. Leuber. 1184.
(Herzogth. Sachsen).

18. April. Osterfest zu Queblinburg.
Verschwörung Heinrich's gegen
Otto's Leben.

20. April. Queblinburg. Broweri
Ann. Trev. 454. (Herzogthum
Sachsen).
6. Jun. Rohr. Meibom. II. 417.
(Herzogth. Thüringen — im Henne-
bergischen).
6. August. Magdeburg. Sagittarius Ant. Magdeb. 23. (Herzogthum Sachsen).
13. Decbr. Salz. Lünig Sp. Eccl.
Cont. II. 1016. (Herzogth. Franken).

25. Decbr. Weihnachtsfest zu Frankfurt am Main. Versöhnung mit
Heinrich.

942.

18. Januar. Fritzlar. Lang Regesta
Boica z. d. J. (Herzogth. Franken — an der Eder).
22. Jun. Memleben. Schaten Ann.
Paderb. S. 286. Herzogth. Thüringen — in der goldenen Aue).
22. Octbr. Jülich. Schannat Hist.
Worm. II. 18. (Herzogthum Lothringen).

Synode zu Bonn.

943.

18. Jan. Wetzlar. Honth. Hist.
Trev. I. 278. (Herzogth. Franken).
26. Novbr. Walhausen. Hede Episc.
Ultraj. 83. (Herzogthum Thüringen).

Otto, Herzog von Lothringen †. Konrad der Weise von Franken erhält
das Herzogthum.

944.

12. Febr. Bobfelb. Lünig Sp. Eccl.
I. Theil. Fortf. Anh. S. 4. (Her-
zogth. Sachsen — im Harz).
25. Febr. Kiffenbrück. Beckm. Hist.
Aub. III. 167. (Herzogth. Sachsen
— bei Wolfenbüttel). ₉
24. Mai. Balgstet ? Ballenstädt.
Schannat Vind. Arch. Fuld. Dipl.
Taf. 9. (Herzogth. Thüringen, im
Freiburgischen — oder Herzogthum
Sachsen).

19.—25. Mai Reichstag zu Duisburg.

4. Jul. Quedlinburg. Mir. Opp.
Dipl. I. 258. (Herzogth. Sachsen).
17. Jul. Rheenen. Heda de Episc.
Ultraj. 83. (Herzogth. Lothringen
— in Holland ohnfern Wyk).
19. Septbr. Bodfeld. Leuber 1592.
(Herzogth. Sachsen).
30. Septbr. Dornburg. ab Erath
C. D. Q. 5. (Herzogth. Sachsen).
26. November. Walhausen. Heda
de Episc. Ultraj. 84. (Herzogth.
Thüringen).

945.

1. März. Altstädt. Beckm. Hist.
Anh. III. 382. (Herzogthum Thüringen).
4. Mai. Altstädt. Lenkf. Ant.
Alst. 235. (Herzogth. Thüringen).
15. Mai. Dnisburg. Würdtwein
Subs. Dipl. V. 396. (Herzogthum
Lothringen — an der Yssel).
11. Jun. Magdeburg. Leukfeld
Ant. Pöld. 274. (Herzogthum
Sachsen).
17. December. Dornburg Honth.
Hist. Trev. I. 280. (Herzogthum
Sachsen).
29. Decbr. Dalahem. Derf. I. 281.
(Herzogth. Sachsen).

Herzog Berthold von Baiern †.
Heinrich, Otto's Bruder, überkommt das Herzogthum.

946.

29. Jan. Magdeburg. Gerken C.
D. B. VI. 381. (Herzogth. Sachsen).
4. Mai. Werla. Meib. I. 734. (Herzogth. Sachsen).
9. Mai. Magdeburg. Lünig Spic.
Eccl II. Thl. Anh. S. 80. (Herzogth. Sachsen) . . . . .
30. Mai. Frosa. Schaten Ann. Pad.
z. d. J. (Herzogth. Sachsen — an
der Elbe).
21. Jul. Siptenfelde. Lang Regesta
Boica. (Herzogth. Sachsen — bei
Harzgerode).
29. Jul. Magdeburg. Leuber 1593.
(Herzogth. Sachsen).
19. Septbr. bei Rheims. Mir.
Opp. Dipl. I. 259. (Königreich
Frankreich).

Stiftung des Bisthums Havelberg.

Septbr. Octbr. Novbr. Feldzug in
Frankreich gegen Hugo d. Gr.,
Herzog von Franzien.

27. Octbr. Frankfurt am Main.
Neugart C. D. Al. I. 589. (Herzogth. Franken).
29. Decbr. Dalahem. Origg. Guelf.
IV. 397. (Herzogth. Sachsen).

947.

14. Jan. Frankfurt am Main.
Schannat Hist. Worm. II. 18.
(Herzogth. Franken).
22. Jan. Frankfurt a. Main. Honth.
Hist. Trev. I. 282. (Herzogth.
Franken).

26. Jan. † Editha.

27. März. Magdeburg. Wenk Heff.
Landes-Gesch. III. 28. (Herzogth.
Sachsen).
30. März. Magdeburg. Leuber 1594.
(Herzogth. Sachsen).

30. April. Aachen. Mir. Opp. Dipl.
I. 539. (Herzogth. Lothringen).
12. Jun. Magdeburg. Neugart C.
D. Al. I. 593. (Herzogthum
Sachsen).

11. April. Osterfest zu Aachen mit
Ludwig, König von Frankreich.

Ludolf, Sohn Otto's heirathet Ida
von Schwaben.
Konrad, Herzog v. Franken u. Lothringen, heirathet Luitgard, Tochter Otto's.

948.

24. Jan. Frankfurt am Main.
Neugart C. D. Al. I. 594. (Herzogth. Franken).
7. Febr. Worms. Herrgott Geneal. Habsb. II. 74. (Herzogthum
Franken).
27. Febr. Salz. Cod. Lauresh. Dipl.
I. 117. (Herzogth. Franken).
1. Jun. Nimwegen. Honth. Hist.
Trev. I. 283. (Herzogthum Lothringen).
7. Jun. Ingelheim. (Flodoard).
Herzogth. Franken). . . . .
29. Jun. Frankfurt am Main. Mir.
Opp. Dipl. I. 41. (Herzogthum
Franken).
1. Jul. Nimwegen. Heda de Ep.
Ultraj. 84. (Herzogthum Lothringen).
?8—?14. Jul. Dortmund. ab Erath
C. D. Q. S. 6. (Herzogthum
Sachsen).

Reichstag zu Nimwegen.

Concil zu Ingelheim wegen der
Streitigkeiten Ludwig's v. Frankreich und Hugo's von Franzien.

22

949.

2. Febr. Frankfurt am Main.
Wenk Heff. Landes-Gesch. II. 30.
(Herzogth. Franken).

1. April. Quedlinburg. Heda
de Ep. Ultraj. 85. (Herzogthum
Sachsen).

2. Mai. Aachen. Martene Vet.
Mon. I. 290. (Herzogthum Lothringen).

11. Jun. Ingelheim. Calmet Hist.
de Lorraine. I. Preuv. 354. (Herzogth. Franken).

4. Jul. Quedlinburg. Schaten
Ann. Paderb. 293. (Herzogthum
Sachsen).

1. Octbr. Magdeburg. Lünig Sp.
Eccl. I. Th. Anh. S. 3. (Herzogth. Sachsen). . . . . . .

22. April. Osterfest zu Aachen mit
Gerberga, Königin von Frankreich. Gesandte der Griechen, Italiener, Engländer und anderer
Völker.

Stiftung von Brandenburg.
10. Decbr. † Herzog Hermann von
Schwaben.

950.

1. Febr. Badenweiler. Martene
Vet. Mon. II. 43. (Herzogthum
Alemannien — ohnfern des Rheins).

26. Febr. Speier. Schöpflin Als.
Dipl. I. 112. (Herzogth. Franken).

27. Febr. Speier. Honth. H. Trev.
I. 284. (Herzogth. Franken).

15. April. Quedlinburg. Falk
Trad. Corbej. 747. (Herzogthum
Sachsen).

20. April. Quedlinburg. Heda
de Ep. Ultraj. 86. (Herzogthum
Sachsen).

16. Jul. in Böhmen vor Neuburg (? Bunzlau). Lang Regesta Boica. z. b. J. (Herzogthum
Böhmen). . . . .

15. Septbr. Quedlinburg. Kettner
Ant. Qnedl. 13. (Herzogthum
Sachsen).

26. Septbr. Quedlinburg. ab Erath
Cod. Dipl. Quedl. 7. (Herzogthum
Sachsen)

2. Febr. in Frankfurt a. M. Dann
nach Worms. Ludolf wird Herzog
von Schwaben.

Böhmischer Feldzug.

951.

20. Jan. Frankfurt am Main.
Schannat Hist. Fuld. Prob. 147.
Herzogth. Franken).

13. Jun. Frankfurt am Main. Schannat Hist. Worm. II. 19. (Herzogth. Franken).

9. Aug. Balgstedt? Ballenstädt. Ludw. Rel. Mss. XI. 573. (Herzogth. Thüringen oder Sachsen).

10. Octbr. Pavia. Puric. Mon. Ambros. S. 136. Thes. Ital. T. IV. P. I. (Königreich Lombardien).

30. März. Osterfest zu Aachen mit Herzog Hugo von Franzien.

Weihnachtsfest zu Pavia. Hochzeit mit Abelheib.

952.

21. Jan. Pavia. Calmet Hist. de Lorraine T. I. Preuv. 361. (Königreich Lombardien).

6. Febr. Pavia. Murat. Ant. Ital. Diss. 65. (Königreich Lombardien).

Febr. Aufbruch nach Deutschland.

1. März. bei Zürich. Neugart. C. Dipl. Al. I. 598. (Herzogth. Alemannien).

10. März. Erstein. Derselbe I. 599. (Herzogth. Alemannien).

16. Apr. Pölde. Leukf. Ant. Pöld. S. 18. (Herzogth. Sachsen). ..

Stiftung des Klosters Pölde. 18. April Osterfest zu Pölde.

29. April. Magdeburg. Schaten Ann. Pad. 295. (Herzogth. Sachsen).

13. Jun. Dornburg. Daselbst. (Herzogth. Sachsen).

26. Jun. Merseburg. Origg. Guelf. IV. 558. (Herzogth. Sachsen).

28. Jul. Walhausen. Meib. I. 744. (Herzogth. Thüringen).

7. Aug. Augsburg. Mansi XVIII. 435. (Herzogth. Alemannien) . .

Synode und

9. Aug. Augsburg. Hergott Gen. Habsb. II. 76. (Herzogthum Alemannien.)

Reichstag zu Augsburg (Mitte Aug). Berengar erhält Italien zu Lehen.

16. Octbr. Frosa. Würdtwein Nova Subs. Dipl. III. 363. (Herzogth. Sachsen).

26. Octbr. Walhausen. Schaten A Pad. 296. (Herzogth. Thüringen).

Weihnacht zu Frankfurt am Main.

953.

13. Febr. Erstein. Würdtwein N. S. D. III. 365. (Herzogth. Alemannien).

24. Febr. Erstein. Schöpfl. Als. Dipl. I. 113. (Herzogthum Alemannien).

D. König im Elsaß.

3. April. Osterfest zu Dortmund.

22*

21. April. Quedlinburg. Heda de
Episc. Ultraj. 86. (Herzogtum
Sachsen.

1J. Aug. Mainz. Cod. Lauresheim
Dipl. I. 120. (Herzogth. Franken).
20. Aug Mainz. Honth H. Trev.
I. 286. (Herzogth. Franken).
30. Aug. Mainz. Calmet Hist. de
Lorr. I. Preuv. 354. (Herzogth.
Franken).

Jul. — Septbr. Belagerung Ludolf's
und Konrad's in Mainz.

Sept. — Decbr. 1ste Belagerung Lu-
dolf's in Regensburg.
Bruno wird Erzbischof zu Cölln und
Erzherzog zu Lothringen.

954.

19. März. Palmsonntag. Die Ungarn
zu Worms.
April, Mai. 2te Belagerung Ludolf's
in Regensburg.
15. Jun. Reichstag zu Cinna wegen
Ludolf und Konrad. — Treffen
bei Roßtal.
Jul. Aug. 3te Belagerung Ludolf's
in Regensburg.
17. Decbr. Reichstag zu Arnstadt.
Versöhnung mit Ludolf.
Wilhelm wird Erzbischof von
Mainz. Burkhard wird Herzog
von Schwaben.

30. Decbr. Frankfurt a. M. Leuber 1595. (Herzogth. Franken).

955.

16. April. Pölbe. Mabill. Sec. Bened.
V. 352. (Herzogth. Sachsen).
25. Mai. Magdeburg ab Erath. C.
D. Q. 7. (Herzogth. Sachsen).

10. Aug. Sieg auf dem Lechfeld über
die Ungarn.
16. Octbr. Sieg im nördlichen Deutschland über die Slaven. Herzog
Heinrich von Baiern †.

956.

1. Jan. Dalahem. Sagittar. Ant.
Magd. 35. (Herzogth Sachsen).
28. Febr. Lorsch (im Rheingau). Cod.
Lauresh. Dipl. I. 121. (Herzogth.
Franken).

5. März. Frankfurt a. M. Daj.
   I. 122. (Herzogth. Franken).
8. März. Lorsch. Schann. H. Worm.
   II. 20. (Herzogth. Franken).
10. März. Frankfurt a. M. Honth.
    H. Trev. 1. 288. (Herzogthum
    Franken).

Um die Osterzeit (6. April.) Reichstag
zu Ingelheim.
Nach Ostern Reichstag zu Cölln.

21. April. Werla. Origg. Guelf. IV.
    390. (Herzogth. Sachsen).
26. April. Walhausen. Dreihaupt
    Beschr. des Saalkreises. I. 12.
    Herzogth. Thüringen).
30. Mai. Frosa. Falk. Trad. Corbej.
    358. (Herzogth. Sachsen).
2. oder 5. Jul. Deventer. Leuber
   1596. (Herzogth. Lothringen — an
   der Yssel in Holland).
13. Aug. Magdeburg. Hempel in-
    vent Dipl. Hist. Sax. Inf. z. d. J.
    (Herzogth. Sachsen).
24. Aug. Quedlinburg. ab Erath.
    C. D. Q. S. (Herzogth. Sachsen).
27. Octbr. Frankfurt a. M. Mabill.
    Ann. Bened. Sec. V. 242. (Her-
    zogth. Franken).
5. Decbr. Memleben. ab Erath
   C. D. Q. 9. (Herzogth. Thüringen).

Ludolf geht nach Lombardien.

957.

6. Septbr. † Ludolf in Plombia im
   Gebiete von Novara.

2. Decbr. Altstädt. Origg. Guelf.
   IV. 558. (Herzogth. Thüringen).

Feldzug Otto's gegen die Slaven.

958.

4. April. Mainz. Joann. Scr. Rer.
   Mog. II. 735. (Herzogth. Franken).

11. April. Osterfest zu Ingelheim.
    Dann nach Cölln zur Reichsver-
    sammlung.

25. Jun. Paderborn. Schaten Ann.
    Pad. 303. (Herzogth. Sachsen).
23. Aug. Magdeburg. Lünig Spic.
    Ecc. Cont. II. Fortf. 3. S. 342.
    (Herzogth. Sachsen).

959.

6. Jan. Pölbe. Herrgott G. Habsb.
II. 78. (Herzogth. Franken).

16. Jan. Fritzlar. Crus. Ann. Suev.
II. 129. (Herzogth. Franken).

6. April Queblinburg. Als. Dipl.
I. 113. (Herzogth. Sachsen).

7. April. Queblinburg. Mabillon
Sec. Bened. V. 279. (Herzogthum
Sachsen). . . . .

9. April. Queblinburg. Pfeffinger
Brschw. Lüneb. Histor. I. 309.
(Herzogth. Sachsen).

14. April. Walbeck. Als Dipl. I. 114.
(Herzogth. Sachsen — im Mans-
felbischen).

9. Jun. Rohr. Pez Thes. Anect.
T. I. P. III. 52. (Herzogthum
Thüringen).

12. Jun. Rohr. Schütz Corp. hist.
Brandenb. IV. 25, (Herzogthum
Thüringen).

13. Jun. Rohr. Meusel's Gesch.
Forscher. I. 193. (Herzogth. Thüringen).

2. Jul. Magbeburg. Lünig Spic.
Eccl. I. Th. Fortf. Anh. S. 6.
(Herzogth. Sachsen).

23. Aug. Magbeburg. Leuber 1597.
Herzogth. Sachsen).

3. April. Ostern zu Queblinburg.

25. Decbr. Weihnachtsfest zu Frankfurt a. M.
Feldzug Otto's gegen bie Slaven.

960.

11. Febr. Regensburg. Haremberg
Histor. Gandersh. 619. (Herzogth.
Baiern).

3. Jun. Cölln. Calmet Hist. de
Lorr. I. Preuv. 367. (Herzogth.
Lothringen).

25. Decbr. Weihnachtsfest zu Regensburg.
Feldzug Otto's gegen bie Slaven.

961.

3. Febr. Regensburg. Neugart C.
Dipl. Alem. I. 602. (Herzogth.
Baiern).

4. Febr. Regensburg. Pez Thes.
Anect. T. I. P. III. 50. (Herzogthum Baiern).

23. April. Ohrdruff. Gerken Cod.
Dipl. Brand. VII. 8. (Herzogthum
Thüringen).
17. Mai. Worms. Als. Dipl. I. 115.
Herzogth. Franken).

Im Mai. Reichsversammlung zu
Worms. Wahl Otto's II.

29. Mai. Ingelheim. Honth. H.
Trev. I. 292. (Herzogthum
Franken).
  7. Jun. Brugheim. Würdtw. Subs.
Dipl. VI. 293. (Herzogth. Sachsen
— an der Leine).
15. Juli. Quedlinburg. ab Erath
C. D. Quedl. 11. (Herzogthum
Sachsen).
16. Jul. Siptenfelde. Beckmann
Histor. Anh. III. 169. (Herzogth.
Sachsen bei Harzgerode).
25. Jul. Ohrdruff. Sagittarius Ant.
Magd. 39. „auf der Reise nach
Italien.“ (Herzogth. Thüringen).
29. Jul. Ohrdruff. Leuber Disq.
Stap. Sax. 1599. (Herzogth. Thü-
ringen).
  6. Aug. Walhausen. Kettner Ant.
Quedl. 18. (Herzogth. Thüringen).
15. Aug. Augsburg. Lünig Sp.
Eccl. T. III. S. 117. (Herzogth.
Alemannien).

26. Mai. Pfingstfest zu Aachen. Krönung Otto's II.

Bestätigungsbrief von Kl. Gernrode.

Im August durch Baiern und das
Thal von Tribent über Verona
nach Italien.
Nov. Krönung Otto's zu Mailand.
25. Dec. Weihnachtsfest zu Pavia.

962.

2. Febr. Kaiserkrönung zu Rom.

12. Febr. Rom. Baronius Ann. Eccl.
z. d. J. (Herzogth. Rom).
13. März. Lucca. Mur. Ant. Ital.
Diss. 62. (Herzogth. Tuscien).

30. März. Osterfest zu Pavia.
Im Sommer Belagerung der Veste S.
Julio im lago d'Orta.

29. Jul. vor St. Julio im lago
d'Orta. Ughelli Ital. Sacra IV.
697. (Königreich Lombardien).
  6. Aug. Como. Ugh. V. 176. (Königreich Lombardien).
24. Septbr. Pavia. Ugh. IV. 347.
(Königr. Lombardien).
  6. Octbr. Pavia. Mur. Ant. It.
Diss. 73. (Königreich Lombardien.)

25. Decbr. Weihnachtsfest zu Pavia.

963.

26. Jan. Pavia. Cod. Lauresh. Dipl.
I. 123. (Königr. Lombardien).

29. April. Pavia. Mur. Ant. It. Diss.
22. (Königr. Lombardien).
10. Mai. vor S. Leo in Monte
Feltro. Daselbst Diss. 36. (Kirchenstaat, Patrimonium Petri).

19. Mai. vor S. Leo. Ugh. It. Sacra
I. 836. (Kirchenstaat).
14. Jun. vor S. Leo. Neugart Cod.
D. Al. I. 606. (Kirchenstaat).
27. Jun. vor S. Leo. Mur. Ant. It.
Diss. 70. (Kirchenstaat).
11. Aug. Pavia. Guichenon Bibl.
Sebus. Cont. II. n. 88. (Königreich
Lombardien).
10. Sept. vor S. Leo. Ugh. V. 148.
(Kirchenstaat).
12. Sept. vor S. Leo. Ugh. II. 105.
(Kirchenstaat).

19. April. Osterfest zu Pavia.

Den Sommer hindurch vor S. Leo.

6. Nov. Kirchenversamml. zu Rom.
Absetzung Johann's XII. Wahl
Leo's VIII.
25. Decbr. Weihnachtsfest zu Rom.

964.

Anfang Jan. Berengar gefangen in
S. Leo — nach Babenberg gesandt.
3. Jan. Verschwörung zu Rom gegen
den Kaiser.

18. Febr. Paterno. Gattola Access.
Hist. Casin. I. 71. (Herzogth. Spoleto — Grafschaft Penna).

3. April. Osterfest mit Papst Leo VIII.
in der Mark Camerino.
23. Jun. Einzug des Kaisers in Rom.
Wiedereinsetzung Papst Leo's VIII.

6. Jul. Aquapendente. Ughelli It.
S. IV. 431. (Herzogth. Tuscien).

Im Jul. Zug über Lucca nach Pavia.

29. Jul. Lucca. Murat. Ant. It. 14.
(Herzogth. Tuscien.
3. Aug. Lucca. Ugh. III. 617. (Herzogth. Tuscien).
7. Aug. Lucca. Ugh. II. 269. (Herzogth. Tuscien).

Im Herbst Jagd in den lombardischen
Wäldern.
25. Dec. Weihnachtsfest zu Pavia.

965.

13. Jan. Chur. Neugart C. D. Al. I.
610. (Herzogth. Alemannien).

23. Jan. Reichenau im Bodensee.
Herrg. Gen. Habsb. II. 81. (Herzogth. Alemannien).

28. März. Ingelheim. Leuber 1600
(Herzogth. Franken).
5. April. Ingelheim. Lünig Spic.
Eccl. I. Thl. Forts. 261. (Herzogth.
Franken).
11. April. Wiesbaden im Taunus.
Gerken C. D. Brand. V. 383.
(Herzogth. Franken).
12. April. Wiesbaden. Daselbst VIII.
634. (Herzogth. Franken).
6. Mai. Erstein im Elsaß. Cod.
Dipl. Lauresh. I. 126. (Herzogth.
Alemannien).

23. Mai. Ingelheim. Als. Dipl. I.
118. (Herzogth. Franken).
2. Jun. Cölln. Calmet H. de Lorr.
I. Preuv. (Herzogth. Lothringen).
8. Jun. Cölln. Falk Tradit. Corbej.
550. (Herzogth. Lothringen).

17. Jun. Dornburg. Leuber 1601.
(Herzogth. Sachsen).

29. Jun. Magdeburg. Meib. I. 749.
(Herzogth. Sachsen).
27. Jun. Magdeburg. Gerken Cod.
Dipl. Brand III. 40. (Herzogthum
Sachsen).
9. Jul. Magdeburg. Daselbst III.
36. (Herzogth. Sachsen).
12. Jul. Magdeburg. Daselbst III.
(Herzogth. Sachsen).
15. Jul. Quedlinburg. Möser Osnabr. Gesch. II. Urk. B. 5. (Herzogth. Sachsen).
28. Jul. Walhausen. Leuber 1604.
(Herzogth. Thüringen).
27. Nov. Walhausen. Schannat Hist.
Worm. II. 21. (Herzogth. Thüringen).

Ueber den Monte Cenere und S.
Bernhardino nach Deutschland zurück. (Herm. Contr.).

13. Jan. zu Chur in Graubünden.
(Herm. Contr.)

In Heimbsheim auf der Grenze
von Alemannien und Franken Ein-
holung Otto's II. u. Wilhelm's.
2. Febr. zu Worm's mit Bruno.
26. März zu Ingelheim. Osterfest.

14. Mai. Pfingstfest zu Cölln. Große
Festlichkeiten daselbst.

Dann nach Sachsen.

18. Jun. † Markgraf Gero.

29. Nov. **Walhausen.** Leukf. Ant. Walhus. 340.. (Herzogthum Thüringen).
12. Decbr. **Brugheim.** Leukf. Ant. Numm. 158. (Herzogth. Sachsen — an der Leine).

25. Decbr. Weihnachtsfest zu Cölln.

966.

1. Jan. **Dalaheim** Leuber 1605 (Herzogth. Sachsen).
7. Jan. **Cölln.** Honth. Hist. Trev. I. 302. (Herzogthum Lothringen).
24. Jan. **Utrecht.** Mart. Vet. Mon. II. 48. (Herzogth. Lothringen).
4. Febr. **Nimwegen.** Honth. Hist. Trev. I. 304. (Herzogth. Lothringen).
12. April. **Wiesbaden.** Gerken Cod. Dipl. Brand. VI. 383. (Herzogth. Franken).

15. April. Osterfest zu Queblinburg. Einweihung der Aebtissin Mathilde.

22. April. **Queblinburg.** (Würdtw. Nova Subs. Dipl. III. 397. (Herzogth. Sachsen).
23. April. **Queblinburg.** Falk Trad. Corbej. 337. (Herzogth. Sachsen).
28. Jul. **Walhausen.** Origg. Guelf. IV. 559. (Herzogth. Thüringen).
10. Aug. **Merseburg.** Meib. I. 705. (Herzogth. Sachsen).

15. August. Mariä Himmelfahrt zu Worms.

21. Aug. **Speier.** Lünig Spic. Eccl. Cont. III. 1293. (Herzogthum Franken).
24. Aug. **Straßburg.** Leuber 1607. (Herzogth. Alemannien).
25. Aug. **Straßburg.** Gerken C. D. Br. VIII. 627. (Herzogthum Alemannien).
27. Aug. **Rheingau.** Derselbe. 628. (Herzogthum Alemannien — bei Straßburg).

August. Ueber Elsaß und Chur nach Italien.

8. Nov. **Cremona.** Mur. Scr. R. It. T. II. P. I. 421. (Königr. Lombardien).

25. Dec. Weihnachtsfest zu Rom.

967.

11. Jan. Rom. Mur. Ant. It. Diss. 65. (Herzogth. Rom). . . . . .
13. Febr. Benevent. Ugh. It. S. VIII. 58. (Fürstenth. Benevent). . . .
23. März. Ravenna. Meib. I. 751. (Exarchat).

22. April. Ravenna. P. Baccheni Ist. del Monast. di Polirone im Anh. (Exarchat).
29. April. Ravenna. Ughelli V. 45. (Exarchat).

12. Jun. Volterra. Murat. Ant. Estense I. 15. (Herzogthum Tuscien).
8. Sept. an der Tiber. Ughelli IV. 732. (Herzogth. Tuscien oder Herzogth. Spoleto).
23. Sept. Rom. Sagitt. Ant. Magd. 55. (Herzogth. Rom).
24. Sept. Rom. Ugh. V. 741. (Herzogth. Rom).

(Urkunden Otto's II.)

15. Oct. Brixen. Hund. Metrop. Salisb. I. 372. (Herzogthum Baiern).
25. Octbr. Verona. Als. Dipl. I. 121. (Königr. Lombardien — Mark Verona).
27. Octbr. Verona. Lindenbrog Scr. R. Sept. 131. (Königreich Lombardien — Mark Verona).

2. Decbr. Schloß Laba. Fontanini Vind. Dipl. 259. (Herzogth. Tuscien, Grafsch. Pisa — am Tuscischen Meere).

Jan. Kirchenvers. zu Rom.

Zug nach Benevent. Unterwerfung Pandulf's des Eisenkopfs.
31. März. Osterfest mit Papst Johann XIII. zu Ravenna.

Ende April. Kirchenversammlung zu Ravenna. Rückgabe des Exarchats an den päpstl. Stuhl.

Sept. Otto II. geht nach Italien. Michaelisfest zu Augsburg.

Zusammentreffen Otto's I. und Otto's II. in Verona. Allerh. Fest daselbst (1. Novbr.).

25. Dec. Weihnachtsfest zu Rom. Kaiserkrönung Otto's II.

968.

(Bullen P. Joh. XIII.)

1. Jan. Rom. Mansi Suppl. Collect. Concil. I. 1150. (Herzogth. Rom).
2. Jan. Rom. Daselbst I. 1152. (Herzogth. Rom).
3. Jan. Rom. Daselbst. (Herzogth. Rom).

Jan. Kirchenversamml. zu Rom. Dann nach dem untern Italien. Großer Sieg über die Saracenen.

18. Jan. bei Capua. Wittech. Ann. III. 661. (Fürstenthum Capua).

4. Mai. in der Grafschaft Penna. Ughelli It. S. I. 1114. (Herzogth. Spoleto).

2. oder 5. Oct. Ravenna. Leuber 1609. (Exarchat).
19. (nicht 29.) Oct. Rom. Meibom I. 732. (Herzogth. Rom).
31. Oct. Ancona. Leuber 1610. (Herzogth. Rom).
16. Nov. (Peicara. Als. Dipl. I. 122. 123. Herzogthum Spoleto — am Fluß gleiches Namens auf der Ostküste Italiens).

2. März † Wilhelm, Erzbischof zu Mainz.
11. März † Mathilde.

4. Jun. Ant. Bischof Liutprand's v. Cremona in Constantinopel.
Octbr. Kirchenversammlung zu Ravenna.
22. Octbr. Abreise Liutprand's v. Constantinopel.

25. Decbr. Weihnachtsfest in Apulien auf dem Feldzuge gegen die Griechen.
Errichtung des Erzbisthums Magdeburg und der Bisthümer Meißen, Merseburg und Zeitz.

969.

9. April. bei Cassano. Ugh. II. 158. (Calabrien).

1. Mai vor Bovino. Chron. Cassaur. bei Mur. R. Scr. It. T. II. P. II. (Apulien).
19. Mai. beim Castell Conca. Ugh. IV. 349. (Romagna? Patrim. Petri).
26. Mai. Rom. (Bulle Johann's XIII). Ugh. VIII. (Episc. Benevent). (Herzogth. Rom).
26. Jul. Pavia. Gerken C. D. Br. VIII. 632. (Königreich Lombardien).
30. Octbr. bei Lucca oberhalb des Arnoflusses. Gewold zu Hund Metrop. Salisb. II. 163. (Herzogth. Tuscien).

11. April. Osterfest in Calabrien auf dem Feldzuge gegen die Griechen.

10. Decbr. Ermordung des griechischen Kaisers Nicephorus.
25. Dec. Weihnacht zu Pavia.

970.

17. Jan. Pavia. Sagittar. Ant. Magd.
97. (Königr. Lombardien).
22. Jan. Pavia. Mur. Ant. It. Diss.
34. (Königr. Lombardien).
23. Jan. Pavia. Sagittar. 93. (Königreich Lombardien).
24. Jan. Pavia. Sagittar. 93. (Königreich Lombardien).
25. Jan. Pavia. Gerken C. D. Br.
VIII. 631. (Königr. Lombardien).
26. Jan. Pavia. Lünig Spic. Eccl.
1 Th. Fortsetz. S. 21. (Königreich Lombardien).

27. März. Ostern in Pavia. (Dithm.
II. 33).

29. März. Ravenna. Honth. H. Trev.
I. 306. (Exarchat).
30. März. Ravenna. Lünig Spic.
Eccl. 1 Thl. Fortsetz. S. 263.
(Exarchat).
10. April. Ravenna. Schannat. Hist.
Worm. II. 22. (Exarchat).
25. Mai. Im Gebiete von Capua.
Gattola Access. Hist. Casin. III.73.
3. Aug. in Apulien. Teschenmach.
Ann. Cliviae C. D. S. 27.
Im Sept. zu Marsciano. Zus. zur
Chron. Cassaur. b. Mur. Scr. R.
It. T. II. P. 2. (Herzogth. Spoleto
— ohnfern der Tiber).

Im Sommer auf dem Feldzuge gegen
die Griechen.

25. Dec. Weihnachtsfest zu Rom.

971.

1. Dec. zu Ravenna. Sagittarius
Ant. Magd. 98. (Exarchat).

16. April. Osterfest zu Ravenna.
Gero, Erzbischof von Cölln geht als
Gesandter nach Constantinopel.

25. Dec. Weihnachtsfest zu Ravenna.

972.

14. April. Rom. Origg. Guelf. IV. 461.
(Herzogthum Rom). Ehestiftung
Otto's II.
28. Mai. im Thiergarten zu Pavia. Hund. Metrop. Salisb. I. 91.
(Königr. Lombardien).
25. Jul. Mailand. Margarinus Bullar. Casin. II. 48. (Königr. Lombardien).
1. Aug. Pavia. Mir. Opp. Dipl. I.
506. (Königr. Lombardien).

7. April. Osterfest zu Rom.
14. April. Beilager Otto's II. und
Theophanien's zu Rom.

14. Aug. S. Gallen. (Urt. Otto's
II). Herrgott Gen. Habsb. II. 83.
(Herzogth. Alemannien).
18. Aug. Constanz. Crus. Ann. Suev.
P. II. 138. (Herzogth. Alemannien).
25. Aug. Constanz. Neugart C. D.
Al. II. 18. (Herzogth. Alemannien).
28. Aug. Constanz. Hergott. II. 84.
(Herzogth. Alemannien).
17. Sept. Ingelheim. Möser Osna-
brücker Gesch. II. Urt. B. S. 6.
(Herzogth. Franken).

27. Decbr. Frankfurt a. M. Cod.
Lauresh. Dipl. I. 131. (Herzogth.
Franken).

Aug. Aufbruch nach Deutschland.

25. Dec. Weihnachtsfest zu Frankfurt a. M.

973.

16. März. Palmsonntag zu Magdeburg.
23. März. Osterfest zu Queblinburg.
Alle Bischöfe und weltliche Fürsten
des Reichs hier; Gesandte aus
Griechenland, Lombardien, Rom,
Benevent, Dänemark, Ungarn, Bulgarien, Rußland und der slavischen
Völker.

28. März. Queblinburg. Mur. Ant.
It. Diss. 71. (Herzogth. Sachsen).

1. April. † Herz. Hermann v. Sachsen.
1. Mai. Himmelfahrtsf. zu Merseburg.
Gesandte der Saracenenfürsten aus
Afrika.
6. Mai. Mittwoch vor dem Pfingstfeste
Ankunft zu Memleben.
7. Mai. Donnerstag vor dem Pfingstfeste Tod Otto's.

Beilage II.

I. Fürsten des deutschen Reichs unter Otto's Regierung.

I. Geistliche.

Erzbischöfe von Mainz.

Hildebert, Bruder König Konrab's, 926. † 937 31. Mai. (Dithm.) Krönt Otto 8. Aug. 936.

Friedrich, Bruder Herzog Giselbert's von Lothringen, 937 †. 954 25. Oct. (Mar. Scot.)

Wilhelm, natürlicher Sohn Otto's, geb. 928 (C. Rheg.), erwählt auf dem Reichstage zu Arnstadt, 17. Dec. 954, geweiht zu Mainz 24. Dec. 954 (Mar. Scot.) Krönt Otto II. 26. Mai 961. † 968 2. März zu Rabulverothe. (Dithm.)

Hatto war Abt zu Fulba. † 969. (Sigeb. Gembl.)

Rotbert, † 975. (C. S.)

Erzbischöfe von Trier.

Rotbert 928. † 969 an der Pest in Deutschland. (Cont. Rheg.) Krönt Otto 8. Aug. 936).

Heinrich, Vetter Otto's (Flod.) † 964 an der Pest in Italien (Cont. Rheg.). Krönt Otto II. 26. Mai 961.

Thiebrich, † 975 (Honth.).

Erzbischöfe von Salzburg.

Egilolf 937. † 943. (Hund Metrop. Salisb.)

Herold 943—956. geblendet. (Derf.)

Friedrich 956. † 990. (Derf.)

Erzbischöfe von Cölln.

Wicfried 923. † 953. Krönt Otto 8. Aug. 936.

Bruno, Kaiser Otto's Bruder, 953. Krönt Otto II. 26. Mai 961. † 965 11. Oct. zu Rheims (Sigbert v. Gemblours).

Volkmar? 965. † 969 18. Jul. (Dithm.)

Gero, Schwestersohn des Markgrafen Gero, Capellan Otto's, 970 vom Kaiser zu Pavia bestätigt; ist als Brautwerber für Otto in Constantinopel 971. †. 974. (A. S.)

Erzbischöfe von Hamburg.

Adelbag 936. † 986. (A. S.)

Erzbischöfe von Magdeburg.

Adelbert, Mönch von S. Maximin, Bischof der Russen, Abt von Weissenburg im Elsaß, geweiht zum Erzbischof von Magdeburg zu Rom 18. Octbr. 968. † 981. 21. Mai. (Dithm.)

II. Weltliche.

Herzoge von Sachsen.

Siegfried, Graf von Merseburg. †
937. (A. S.)
Hermann Billung (? vor 953) †
1. April. 973).
Bernhard I. sein Sohn, 973—1011.

Herzoge von Baiern.

Arnulf, Sohn des ersten Herzog Luit-
pold's. † 937.
Berthold, dessen Bruder, vorher
Markgraf an der Etsch. 937. 942
Gemahl der Wiltrude, Tochter Gi-
selbert's von Lothringen und Ger-
berga's, der Schwester Otto's. †
945. (C. Rheg.)
Heinrich I., Otto's Bruder, 945.
Gem. Jueith, Tochter Herzog
Arnulf's. Wird 952 auf dem
Tage zu Augsburg Markgraf zu
Verona und Aquileja. † 955 Win-
termont.
Heinrich II. s. Sohn, geb. 951.

Herzoge von Lothringen.

Giselbert 924. Gem. Gerberga,
Schwester Otto's, seit 929. (Cout.
Rheg.) † 939.
Heinrich, s. Sohn, 939. † 943. Sein
Vormund:
Otto, Graf von Verdun. † 943.
Konrad der Weise, Herzog v. Fran-
ken. Gem. Luitgard, Otto's Toch-
ter, 947 — verliert das Herzogthum
953. † 955 10. Aug. in der Ungarn-
schlacht.
Bruno, Erzbisch. von Cölln, wird
Erzherzog von Lothringen 953. †
935 11. Oct. Unter ihm:

Gottfried in | Friedrich in Ob.-
Nieder-Lothringen, | Lothringen, Gem.
† 964 an der Pest | Beatrix, Tochter
in Italien. (Cout. | Hugo's d. Gr.
Rheg.) | 954.

Herzoge von Rheinfranken.

Eberhard, König Konrad's Bruder.
† 939.
Konrad der Weise, Graf von Worms.
Sohn Werner's, Grafen v. Rothen-
burg, Neffe König Konrad's und
Eberhard's, Herzog von Franken
939, Gem. der Luitgard, Otto's
Tochter 947; wird auch Herzog in
Lothringen 943—953 † 955. 10. Aug.
in der Ungarnschlacht auf dem Lechfeld.
Otto, sein Sohn.

Herzoge von Alemannien.

Hermann, Sohn Gebhard's, Gra-
fen in Rheinfranken, Neffe Con-
rad's und Eberhard's v. Fran-
ken. Gem. Reginlinde, Witwe des
ersten Herzogs Burkhard's I. von
Alemannien 926. † 949 10. Decbr.
(C. Rheg.)
Ludolf, Sohn Otto's, geb. 931,
Gem. Jda, einzige Tochter Herzog
Hermann's 947, (C. Rheg.) 950
Herzog auf dem Wormser Reichstag,
entsetzt 953. † zu Plombia im Ge-
biete von Novara 6. Septbr. 959.
Burkhard II. ? Sohn Burkhard's
I., Gem. Hedwig. Tochter Herzog
Heinrich's von Baiern, 953. † 973.

Herzoge von Thüringen.

? Thiedrich
erwähnt als Dux bei Dithm. II. 23 u.
bei Witt. III. 653. (J. 953) und bei
Witt. III. 661 (J. 968).

III. Im Lehnsverband mit Deutschland.

Herzoge von Böhmen.

Wenzel, ermordet 28. Septbr. 936.
Boleslaw, der Grausame, s. Bruder, † 15. Jul. 967.
Boleslaw, der Fromme, s. Sohn, † 999.

Herzoge von Polen.

Mjesko, † 992. Gem. Dombrowka, Tochter Boleslaw's des Grausamen von Böhmen.

Könige von Burgund.

Rudolf II. † 937. Gem. Bertha, Herzog Burkhard's von Schwaben Tochter.
Konrad, s. Sohn, Bruder der Adelheid, Gemahlin Otto's. Gemahl.: Mathilde, Tochter Ludwig's des Ueberseeischen von Frankreich, 937. † 993.

Könige von Dänemark.

Gorm der Alte † 939. Gemahlin Thyra, Tochter König Eduard's von England.
Harald Blauzahn, sein Sohn, 939. † 980.
Suen Otto, sein Sohn.

II. Die Päpste unter Otto.

Leo VII. 936—939.
Stephan IX. 639—942.
Martin III. 942—946.
Agapet II. 946—956.
Johann XII. Sohn Alberich's des Patriciers von Rom, heißt vorher Octavian, geb. ohngefähr 937 oder 938. Patricius 954, Papst 956. Krönt Otto 962 2. Febr. Abgesetzt 963 Wintermond. † 964 14. Mai.
Leo VIII. (Kanzler des röm. Stuhles und Vorsteher der h. Archive), erwählt 963 Wintermond, coniecrirt 963 6. Decbr. † 965.
Johannes XIII. (Bischof von Narni) 965. Vertrieben von den Römern 966 — wieder eingesetzt von Otto 967. † 6. Sept. 972.
Benedict VI. 972—974.

III. Erzbischöfe zu Mailand und Ravenna unter Otto.

Mailand.

Arbericus, † 949. (Ughelli).
Manasses, Erzbischof zu Arles und Albemarius — 953. (Ughelli.)
Walbert 953. † 969. (Ughelli.). Krönt Otto Wintermond 961.
Arnulph 969. † 973. (Ughelli.)

Ravenna.

Petrus 923. † 971. (Ughelli).
Honestus 971. † 683. (Ughelli.)

IV. Die übrigen Könige und die byzant. Kaiser unter Otto.

Morgenländische Kaiser.

Romanus I. (Admiral) 919, entthront 944. † 948.
Stephan, s. Sohn, 944—945.
Constantinus Porphyrogenitus,

Könige von Frankreich.

Ludwig der Ueberseeische 936. † 954. Gemahlin Gerberga, Witwe Herzog Giselbert's von Lothringen, Otto's Schwester, 939.

Sohn Leo's des Philosophen, Schwiegersohn Romanus I. † 959.
Romanus II., s. Sohn, Mitregent seit 948. † 963. Gemahlinnen: 1. Bertha, König Hugo's v. Italien natürl. Tochter, 944. 2. Theophano. — Seine Tochter Theophania, Otto's II. Gem.
Nicephorus Phocas, heirathet Theophano 963, ermordet ¹⁰/₁₁ Decbr. 969.
Johannes Tzimisces 969—976.

Könige von England.

Athelstan 927—941, Bruder der Editha, König Otto's Gemahlin.
Edmund 941—946, sein Bruder.
Ethelred 946—955, sein Bruder.
Edwin 955—959, Edmund's Sohn.
Edgar 959—975, sein Bruder.

Lothar, sein Sohn, 954. † 986. Gem. Emma, Lothar's, Königs v. Italien und Adelheid's Tochter, 965.

Könige von Italien.

Hugo von Arles 926—945. †. 947 24. April.
Gem. 1. Alba,
2. Marozia, die Römerin, 932.
3. Bertha, Witwe König Rudolph's II. v. Burgund, 988.
Lothar (von 1.) Mitregent seit 931. allein 945. † 950 22. Nov. Gem. Adelheid, Tochter Rudolph's II., Königs v. Burgund.
Berengar und
Adalbert sein Sohn, erwählt zu Pavia 950 15. Dec. — beide bis zum J. 961 Wintermond, wo Otto die eiserne Krone selbst übernimmt.